Die Digitalisierung der öffentlichen Verwaltung

Herausgegeben von

Natalia Kohtamäki und Enrico Peuker

Die Digitalisierung der öffentlichen Verwaltung

Deutsch-polnische Perspektiven

Herausgegeben von

Natalia Kohtamäki und Enrico Peuker

Mohr Siebeck

Natalia Kohtamäki, geboren 1981; seit 2022 Professorin für Öffentliches Recht und Europarecht an der Fakultät für Recht und Verwaltung der Kardinal-Stefan-Wyszyński-Universität in Warschau mit einem Schwerpunkt im internationalen und europäischen Finanzrecht.
orcid.org/0000-0002-3094-4614

Enrico Peuker, geboren 1982; seit Oktober 2023 Inhaber des Lehrstuhls für Recht der Digitalisierung und des Datenschutzes an der Julius-Maximilians-Universität Würzburg und Leiter des dortigen Zentrums für soziale Implikationen künstlicher Intelligenz (SOCAI).
orcid.org/0000-0002-1681-6667

Vorbereitet und gedruckt mit Unterstützung des Nationalen Wissenschaftszentrums, Polen (Narodowe Centrum Nauki). Entscheidungsnummer: 2018/30/M/HS5/00296.

Project financed with the resources from the National Science Centre, Poland. Decision Number: 2018/30/M/HS5/00296.

ISBN 978-3-16-161936-6 / eISBN 978-3-16-162528-2
DOI 10.1628/978-3-16-162528-2

Die Deutsche Nationalbibliothek verzeichnet diese Publikation in der Deutschen Nationalbibliographie; detaillierte bibliographische Daten sind über *http://dnb.dnb.de* abrufbar.

Das Buch wurde von Gulde-Druck in Tübingen aus der Garamond gesetzt, auf alterungsbeständiges Werkdruckpapier gedruckt und gebunden.

Printed in Germany.

Vorwort

Die Digitalisierung ist in den letzten Jahren zu einem Schlüsselbegriff der öffentlichen Debatte über die Entwicklung der Gesellschaften in liberalen Demokratien geworden. In einem weiten Sinne dient sie als Chiffre für einen umfassenden gesellschaftlichen und kulturellen Wandel, der durch die Entwicklung neuer digitaler informations- und kommunikationstechnischer Systeme angestoßen wurde und der sich im Bedeutungszuwachs dieser Systeme für die private und die öffentliche Kommunikation manifestiert.[1] So verstanden findet Digitalisierung in nahezu allen Lebensbereichen statt, vom Arbeits- und Wirtschaftsleben über Kultur, Bildung oder Gesundheit bis zur öffentlichen Verwaltung.

Hier wird Digitalisierung oft auch mit Innovation im weitesten Sinne gleichgesetzt, das heißt mit der Suche nach innovativen Lösungen, die sich aus der Entwicklung der sozialen Bedürfnisse ergeben. Das gilt auch für die öffentliche Verwaltung: Neue Herausforderungen wie (1.) die Vernetzung der öffentlichen Verwaltungen innerhalb internationaler Organisationen (z.B. der Europäische Verwaltungsverbund) aber auch in Zusammenarbeit mit dem Privatsektor (Privatisierung von Tätigkeiten der öffentlichen Verwaltung), (2.) der wirtschaftliche Wettbewerb zwischen verschiedenen Regionen der Welt, (3.) der Wandel des Lebensmodells in den westlichen Gesellschaften, der sich u.a. aus der Entwicklung der Technologie und dem Zugang zum Internet ergibt (der Wunsch, verschiedene Arten von Verwaltungsdienstleistungen aus der Ferne in Anspruch zu nehmen) oder auch (4.) die demografischen Veränderungen (Überalterung der westlichen Gesellschaften, Migration) erzwingen einen Wandel der öffentlichen Verwaltung bei der Wahrnehmung ihrer Aufgaben.

Daher ist E-Government seit über drei Jahrzehnten fester Bestandteil von Reformdiskussionen in der öffentlichen Verwaltung (z.B. im Rahmen des New Public Management-Konzeptes). Zielte der Begriff ursprünglich auf die Abwicklung geschäftlicher Prozesse im Zusammenhang mit Regieren und Verwalten (Government) mit Hilfe von Informations- und Kommunikationstechniken über elektronische Medien (sog. „Speyerer Definiti-

[1] Zum engen und weiten Digitalisierungsbegriff nur *Peuker*, Verfassungswandel durch Digitalisierung, 2020, 13ff. m.w.N.

on")[2], reduzieren neuere Definitionsansätze das E-Government nicht mehr darauf, dass die Verwaltung Computer mit Internetanschluss verwendet oder Informationen auf einer Website bereitstellt. Die Digitalisierung der öffentlichen Verwaltung steht vielmehr für einen grundlegenden Wandel von Verwaltung und Verwaltungskultur, der sich – gestützt auf moderne Informations- und Kommunikationsmittel – auf die internen Arbeitsabläufe, die Verwaltungsorganisation und die Kommunikation mit anderen Verwaltungsstellen sowie den Bürgern erstreckt. Leitbilder wie One-Stop- oder gar No-Stop-Government zeigen hierbei an, in welche Richtung die Digitalisierung Verwaltungsstrukturen und Verwaltungskulturen verändern kann.

Als Motor für die Digitalisierung der Verwaltung wirken unionsrechtliche Vorgaben und solche des nationalen Rechts. Da Verwaltungsorganisation und Verwaltungsverfahren zuvörderst Sache der Mitgliedstaaten sind und die Digitalisierung der Verwaltung in den einzelnen Mitgliedstaaten auch unterschiedlich weit vorangeschritten ist (vgl. die regelmäßigen Erhebungen zu „Digitalen öffentlichen Diensten" im Digital Economy and Society Index der Europäischen Kommission), erscheint eine vergleichende rechts- und verwaltungswissenschaftliche Perspektive sinnvoll. Als Referenzordnungen sollen im vorliegenden Band die föderal gegliederte Bundesrepublik Deutschland, in der die Länder (und Kommunen) die Hauptverantwortung beim Verwaltungsvollzug tragen, und das eher zentralistisch organisierte Polen dienen.

Der Band gliedert sich in drei Abschnitte. Der erste Abschnitt möchte historische, rechtliche und verwaltungswissenschaftliche Grundlagen der Digitalisierung der Verwaltung näher beleuchten. Im zweiten Abschnitt sollen technische Grundlagen der Verwaltungsdigitalisierung und ihre Regulierung dargestellt werden. Der dritte Abschnitt nimmt einzelne Verwaltungssektoren in den Blick. Jedes Thema wurde aus deutscher und aus polnischer Perspektive beleuchtet. Die Beiträge zeigen, wie sich die einzelnen Lösungen trotz unionsrechtlicher Harmonisierungsimpulse unterscheiden können. Diese Unterschiede verweisen auf den wirtschaftlichen, kulturellen und historischen Kontext, in dem die Digitalisierung der öffentlichen Verwaltung steht.

Der Sammelband ist im Rahmen eines vom Polnischen Nationalen Wissenschaftszentrum (National Science Centre, NCN) geförderten Projekts unter dem Titel „Rechtliche Herausforderungen bei innovativen Formen der öffentlichen Verwaltung" (Nr. 2018/30/M/HS5/00296) entstanden. Die Herausgeber des Bandes bedanken sich für diese großzügige Unterstützung.

[2] *Reinermann/v. Lucke*, Electronic Government in Deutschland, 2002, 1.

Ein herzlicher Dank geht auch an alle Autorinnen und Autoren aus Deutschland und Polen, die mit großem Engagement an der Erstellung dieser rechtsvergleichenden Studie mitgewirkt haben. Ralf Klimt hat die polnischen Texte ins Deutsche übersetzt, die wissenschaftliche Mitarbeiterin am Würzburger Lehrstuhl für Recht der Digitalisierung und des Datenschutzes Frau Schirin Hafezi Rachti hat sich um die redaktionelle Bearbeitung der Beiträge verdient gemacht – auch hierfür danken wir sehr herzlich.

Warschau/Würzburg, Oktober 2023

Natalia Kohtamäki
Enrico Peuker

Inhaltsverzeichnis

Dritter Teil

Digitalisierung in einzelnen Verwaltungsbereichen

Erster Teil

Rechts- und verwaltungswissenschaftliche Grundlagen

Entwicklung und aktuelle Leitbilder der Verwaltungsdigitalisierung in Deutschland

Annette Guckelberger

I. Einleitung

Bei den internationalen und europäischen Vergleichsstudien zu den digitalen Behördendiensten schneidet Deutschland in aller Regel nur mittelmäßig ab.[1] Im Index für die digitale Wirtschaft und Gesellschaft (DESI) 2022 war seine Performance mit Platz 18 unterdurchschnittlich.[2] Daran zeigt sich, dass die digitale Transformation der Verwaltung kein Selbstläufer ist. Häufig werden zur Erreichung der ambitionierten Zielsetzungen Leitbilder eingesetzt, die im Fokus dieses Beitrags stehen. Kürzlich wurde etwas ernüchternd festgestellt, dass die Improvisation in der Krisensituation der Coronapandemie zuweilen mehr als kluge Strategien und ausgefeilte Planungsmethoden bei der Digitalisierung der Verwaltung bewirken konnte.[3] Laut der Bertelsmann Stiftung über die „Digitale Transformation der Verwaltung" haben viele Reform-Leitbilder der vergangenen Jahre, wie das Smart Government, Open Government, Joined-Up und Whole-of-Government in der deutschen Verwaltung bislang kaum Spuren hinterlassen.[4] Möglicherweise mag dies daran liegen, dass die hier verwendeten Begriffe zu wenig aussagekräftig oder griffig sind. Außerdem kann eine inflationäre Verwendung von Leitbildern deren Wirkung schmälern.[5]

---

[1] *Europäische Kommission*, DESI 2022 Deutschland, 18.

[2] *Europäische Kommission* (Fn. 1), 18.

[3] *Andermatt*, in: Pleger/Mertes (Hrsg.), Digitale Transformation der öffentlichen Verwaltung in der Schweiz, 2022, 89 (97).

[4] *Hunnius*, in: Bertelsmann Stiftung (Hrsg.), Digitale Transformation der Verwaltung, 2017, 12 (14).

[5] Siehe auch *Peuker*, Verfassungswandel durch Digitalisierung, 2020, 188f. und zum „Verbrennen" von Leitbildern *Kersten*, in: Kahl/Ludwigs (Hrsg.), Handbuch des Verwaltungsrechts, Bd. 1, 2021, § 25 Rn. 30.

II. Leitbilder der Verwaltung

Leitbilder können ein Selbstverständnis, aber auch Zielvorstellungen beschreiben.[6] Diesen wird für die Entwicklung der Verwaltung eine wichtige Bedeutung beigemessen, da durch den jeweiligen Leitbildbegriff in Gestalt eines mentalen Bildes verwaltungspolitische Entwicklungen und Konzepte verallgemeinert werden.[7] Durch die Veranschaulichung einer bestimmten Vision[8] sollen sie die Aufmerksamkeit und das Denken in eine bestimmte Richtung lenken.[9] Daher gehören Leitbilder zu den weichen Steuerungsmitteln.[10] Sie dienen der Orientierung[11] und sind aufgrund ihrer Reduktion der Komplexität bis zu einem gewissen Maß deutungsoffen.[12] Dies ermöglicht den intra- und interdisziplinären Austausch,[13] die Freisetzung neuer Assoziationskräfte[14] ebenso wie die Aktualisierung oder auch Dynamisierung des Leitbildes.[15]

Die Neue Verwaltungsrechtswissenschaft hat sich die kritische Begleitung der Entwicklung und Umsetzung von Leitbildern zum Ziel gesetzt, weil ihnen die Gefahr einer großen Suggestivkraft und überschießenden Bedeutung immanent ist.[16] Ferner können nur solche Leitbilder erfolgreich sein, die sich in den rechtlichen Rahmen – möglicherweise auch durch dessen Änderung – einfügen.[17] In zeitlicher Hinsicht sollen Leitbilder insbesondere in ihrer Anfangsphase eine Aufbruchstimmung, Änderungsbereitschaft und Zuversicht ausstrahlen.[18] In einer späteren Phase dienen sie (zugleich) als Rahmen für die Bestimmung, ob und welche Fortschritte zur

---

[6] *Peuker* (Fn. 5), 175.

[7] *Kersten* (Fn. 5), § 25 Rn. 29.

[8] *Martini*, in: Voßkuhle/Eifert/Möllers (Hrsg.), Grundlagen des Verwaltungsrechts, Bd. 2, 2022, § 33 Rn. 128.

[9] *Franzius*, in: Voßkuhle/Eifert/Möllers (Hrsg.), Grundlagen des Verwaltungsrechts, Bd. 1, 2022, § 4 Rn. 21; siehe auch *Braun*, Leitbilder im Recht, 2015, 23 ff.

[10] *Hoffmann-Riem/Bäcker*, in: Voßkuhle/Eifert/Möllers (Hrsg.), Grundlagen des Verwaltungsrechts, Bd. 2, 2022, § 32 Rn. 44; siehe auch *Guckelberger*, Öffentliche Verwaltung im Zeitalter der Digitalisierung, 2019, Rn. 30; *Peuker* (Fn. 5), 180.

[11] *Guckelberger* (Fn. 10), Rn. 29; *Peuker* (Fn. 5), 177 f.

[12] *Peuker* (Fn. 5), 181; *Franzius* (Fn. 9), § 4 Rn. 22.

[13] *Guckelberger* (Fn. 10), Rn. 30; siehe auch *Peuker* (Fn. 5), 180.

[14] *Peuker* (Fn. 5), 179.

[15] Siehe auch *Peuker* (Fn. 5), 179.

[16] *Kersten* (Fn. 5), § 25 Rn. 30.

[17] *Franzius* (Fn. 9), § 4 Rn. 22.

[18] *v. Lucke*, in: Seckelmann/Brunzel (Hrsg.), Handbuch OZG, 2021, 119 (122); siehe auch *Guckelberger* (Fn. 10), Rn. 29.

Erreichung des gesetzten Ziels gemacht wurden.[19] Wird das mit einem Leitbild verfolgte Ziel erreicht oder erachtet man zwischenzeitlich andere Ziele für erstrebenswerter, wird es durch ein anderes Leitbild abgelöst.[20]

1. E-Government

Seit US-Vizepräsident *Al Gore* 1993 die Schlussfolgerung formuliert hatte: „We can design a customer-driven *electronic government* that operates in ways that, 10 years ago, the most visionary planner could not have imagined“,[21] hat der Begriff des E-Governments auch im europäischen Raum erhebliche Verbreitung erfahren. Als besonders markantes Beispiel dafür sei nur die „Tallinn Declaration on eGovernment“ vom 6.10.2017 genannt. Während das Präfix in E-Government für elektronisch steht,[22] divergieren die Ansichten hinsichtlich der genauen Begriffsbedeutung.[23] Zu den bekanntesten Umschreibungen von E-Government gehört die Speyerer Definition von *Reinermann/v. Lucke*. Sie beziehen das Wort Government auf alle drei Gewalten[24] und verstehen darunter „die Abwicklung geschäftlicher Prozesse im Zusammenhang mit Regieren und Verwalten (Government) mit Hilfe von Informations- und Kommunikationstechnologien über elektronische Medien“.[25] E-Government zeitigt nicht nur Folgen innerhalb des öffentlichen Sektors, sondern wirkt sich auch auf die Außenbeziehungen aus.[26] Als drei bedeutsame Bausteine werden die Information, Kommunikation und Transaktion ausgemacht.[27] Obwohl sich *Reinermann/v. Lucke* vom E-Government auch Service-, Qualitäts- und Organisationsverbesserungen versprachen,[28] stieß ihre Begriffsumschreibung auf Kritik, weil sie als reine Elektronifizierung bestehender Prozesse missverstanden werden könne.[29]

---

19 *Guckelberger* (Fn. 10), Rn. 29; *Peuker* (Fn. 5), 179; *Voßkuhle,* Der Staat 40 (2001), 495 (509, 523).

20 *Guckelberger* (Fn. 10), Rn. 30; ähnlich *Braun* (Fn. 9), 72; *Peuker* (Fn. 5), 179.

21 *Al Gore,* Creating a government that works better & costs less, 1994, 112 (Kursivhervorhebung durch Verf.).

22 *Guckelberger* (Fn. 10), Rn. 30; siehe auch *Kneuer,* in: Schünemann/dies. (Hrsg.), E-Government und Netzpolitik im europäischen Vergleich, 2019, 323 (324 f.).

23 *Andermatt* (Fn. 3), 89 (93); *Kneuer,* in: Hofmann u. a. (Hrsg.), Politik in der digitalen Gesellschaft, Bd. 1, 2019, 189 (190).

24 *Reinermann/v. Lucke,* Electronic Government in Deutschland, 2002, 1.

25 *Reinermann/v. Lucke* (Fn. 24), 1.

26 *Reinermann/v. Lucke* (Fn. 24), 3.

27 *Reinermann/v. Lucke* (Fn. 24), 3 f.

28 *Reinermann/v. Lucke* (Fn. 24), 6.

29 *Britz,* in: Hoffmann-Riem/Schmidt-Aßmann/Voßkuhle (Hrsg.), Grundlagen des Verwaltungsrechts, Bd. 2, 2012, § 26 Rn. 2 ff.; siehe auch *Albrecht,* in: Hoeren/Sieber/

Andere Umschreibungen verbinden daher den Einsatz der Informations- und Kommunikationstechnologien (IKT) mit dem Ziel einer Verbesserung der Verwaltung[30] oder der Transformation bzw. Rekonstruktion bestehender Strukturen.[31] Dementsprechend betont § 1 S. 1 EGovG SH im Unterschied zu den an die Speyerer Definition anknüpfenden § 2 Abs. 1 S. 1 BerlEGovG und § 1 Abs. 1 S. 1 ThürEGovG stärker den Reformcharakter des E-Governments.

Im Jahr 2003 beschrieb die Europäische Kommission E-Government als „Nutzung der IKT *im Zusammenspiel mit* organisatorischen Veränderungen und neuen Fähigkeiten, um öffentliche Dienste, demokratische Prozesse und die Gestaltung und Durchführung staatlicher Politik zu verbessern".[32] Laut dem EU-eGovernment-Aktionsplan 2016–2020 können als eGovernment-Dienste bezeichnete elektronische Behördendienste zur Erleichterung von Verwaltungsverfahren, zur Verbesserung der Qualität öffentlicher Dienstleistungen sowie zu Effizienzvorteilen führen,[33] wobei in diesem Kontext auch auf das europäische Justizportal eingegangen wird.[34] Ausweislich einer auf Entwicklungsländer bezogenen Studie verspricht man sich vom E-Government eine Erhöhung der Qualität der öffentlichen Dienstleistungen, der Verbesserung der Effizienz und Reaktionsfähigkeit der Verwaltung, eine Stärkung der Partizipation der Bürger, ein Mehr an Transparenz und weniger Korruption.[35]

Daher muss man sich stets Gedanken darüber machen, in welchem Sinne das Wort E-Government verwendet wird und was man sich davon verspricht. Durch dieses Leitbild soll der umfassende Einsatz von IKT im öffentlichen Sektor ausgedrückt werden.[36] Außerdem wird im E-Government ein Modernisierungsinstrument gesehen. Bei einem solchen Verständnis zieht das Leitbild vielfältige Änderungen in organisatorischer, technischer, personeller, finanzieller und rechtlicher Hinsicht nach sich.[37] Wegen der da-

---

Holznagel (Hrsg.), Handbuch Multimedia Recht, 58. EL März 2022, Teil 28 Rn. 6 f.; *Hornung*, in: Schoch/Schneider, Verwaltungsrecht, Bd. 3, 3. EL August 2022, VwVfG, Vorb. § 3a Rn. 4; *Siegel*, DVBl. 2020, 552 (553).

[30] *Eifert*, Electronic Government, 2006, 21.

[31] *Lau*, Kommunale Demokratie 2.0, 2018, 116.

[32] KOM(2003) 567 endg., 4; ähnlich KOM(2010) 743 endg., 3; KOM(2016) 179 endg., 2.

[33] KOM(2016) 179 endg., 1.

[34] KOM(2016) 179 endg., 8.

[35] *Deng/Karunasena*, Evaluating the performance of e-government in developing countries, 2018, 169.

[36] *Denkhaus*, in: Seckelmann (Hrsg.), Digitalisierte Verwaltung – Vernetztes E-Government, 2019, Kap. 1 Rn. 14.

[37] *Heckmann*, in: ders./Paschke (Hrsg.), jurisPK-Internetrecht, 2022, Kap. 5 Rn. 3, 8.

mit verbundenen Folgen für die Organisation der Verwaltung sowie der erheblichen Anstrengungen und finanziellen Ressourcen für seine erfolgreiche Implementierung ist es nicht verwunderlich, wenn dieses Leitbild nicht überall sofort Zuspruch erfährt und seine Implementierung längere Zeit benötigt.[38]

Wie die verschiedenen Deutungen des E-Governments zeigen, wird das Wort Government teils sehr weit i.S.e. Erfassung aller staatlichen Gewalten verstanden, teils aber auch auf die Verwaltung verengt. Für ein weites Verständnis lässt sich u.a. anführen, dass es Wechselwirkungen zwischen den verschiedenen Gewalten gibt und sie alle vor zumindest ähnlichen Herausforderungen stehen.[39] Damit Verwaltungsleistungen besser elektronisch erbracht werden können, hat sich die aktuelle Bundesregierung in ihrem Koalitionsvertrag auf einen Digitalcheck der Gesetze verständigt.[40] Seit 2023 wird deren digitale Ausführung bereits im Vorfeld des Gesetzgebungsverfahrens geprüft (s.a. § 4 Abs. 3 NKRG). Für das engere Verständnis spricht hingegen, dass die rechtlichen Rahmenbedingungen für die drei Gewalten unterschiedlich und die Modernisierungsvorstellungen des E-Governments vor allem auf die Verwaltung ausgerichtet sind.[41]

Mit Art. 91c Abs. 5 GG, wonach der übergreifende informationstechnische Zugang zu den Verwaltungsleistungen von Bund und Ländern durch Bundesgesetz mit Zustimmung des Bundesrates zu regeln ist, hat der verfassungsändernde Gesetzgeber die externe Dimension des E-Government-Leitbilds aufgegriffen.[42] Diese Verfassungsnorm dient der Verwirklichung des verwaltungswissenschaftlichen Prinzips des One-Stop-E-Governments.[43] Die damit verbundenen Erleichterungen für Bürger und Unternehmen beim Zugang zu Verwaltungsleistungen, bei denen diese nur noch über einen Kontaktpunkt mit der Verwaltung zu tun haben und die internen, oft arbeitsteilig vollzogenen Prozesse dagegen oft unsichtbar werden,[44] setzt eine elektronische Vernetzung innerhalb der Verwaltung voraus.[45] Während

---

38 *Hornung* in: Schoch/Schneider, Verwaltungsrecht, Bd. 3, 3. EL August 2022, VwVfG Vorb. § 3a Rn. 6.

39 Dazu *Guckelberger* (Fn. 10), Rn. 33; siehe auch *Albrecht* (Fn. 29), Teil 28 Rn. 6, 7.

40 Koalitionsvertrag „Mehr Fortschritt wagen“, 2021, 8.

41 *Guckelberger* (Fn. 10), Rn. 38, 46 ff.

42 Ähnlich auch *Starosta*, Der Portalverbund zwischen Bund und Ländern, 2022, 210; allgemein zur inzidenten Anerkennung auch schon *Volkmann*, in: v. Mangoldt/Klein/Starck, GG, Bd. 3, 2010, Art. 91c Rn. 4.

43 *Starosta* (Fn. 42), 218 f.

44 *Albrecht* (Fn. 29), Teil 28 Rn. 22.

45 *Reiling*, M-Government: Recht und Organisation mobilen Verwaltens, Online-Zeitschrift Administory, Bd. 6, 2021, 187 (191); *Schuppan*, in: Veit/Reichard/Wewer

beim One-Stop-E-Government das Erbringen einer Verwaltungsleistung durch einen Anstoß von außen in Gang gesetzt wird, geht das Leitbild des No-Stop-Government einen Schritt weiter, indem bestimmte finanzielle Leistungen, etwa anlässlich der Geburt eines Kindes, von den staatlichen Stellen antragslos gewährt werden.[46] In § 2 Abs. 3 der estnischen „Principles for Managing Services and Governing Information" werden unmittelbare öffentliche Leistungen als Initiativleistungen bezeichnet, die von einer Behörde aus eigener Initiative nach Maßgabe des mutmaßlichen Willens von Personen und auf der Grundlage der Daten in den zum Landesinformationssystem gehörenden Datenbanken erbracht werden. All dies verdeutlicht, dass E-Government zugleich den Austausch zwischen verschiedenen Verwaltungsstellen, das Entstehen von Informationsverbünden sowie den Abbau hierarchischer Kommunikationsstrukturen fördert, ohne die Hierarchie zwangsläufig auszuhebeln.[47]

Die hinter dem Leitbild E-Government stehenden Vorstellungen können sich im Laufe der Zeit wandeln.[48] Gerade weil das Kürzel E-Government deutungsoffen ist, bedarf das Leitbild für seine Implementierung weiterer Konkretisierungen. Diese können rechtlicher oder politischer Natur sein. Beispielsweise wurde durch die in der Tallinn Declaration on E-Government enthaltenen fünf Prinzipien klargestellt, was in Europa damals und in der Folgezeit darunter zu verstehen ist.[49] Beschränkte man sich in Deutschland in der Anfangszeit vor allem auf den Abbau von Schriftformerfordernissen, um den zunehmenden Einsatz von IKT zu ermöglichen, führt deren Einsatz im Außenverhältnis oft zu datenschutzrechtlichen Implikationen, was entsprechende rechtliche Vorschriften nach sich zieht, etwa um das Once-Only-Prinzip realisieren zu können. Recht kann dazu verwendet werden, um mit dem IKT-Einsatz verbundenen Gefahren, wie Hackerangriffen, zu begegnen oder auch gewisse technische Neuerungen in einem positiven Sinne zu gestalten. Schon seit einiger Zeit befindet sich das Leitbild des E-Governments somit in der Phase der Implementierung und Verrechtlichung.[50]

(Hrsg.), Handbuch zur Verwaltungsreform, 2019, 537 (538); dazu, dass die Umsetzung des OZG dem Leitbild der Netzwerkverwaltung folgt *Engel*, in: Seckelmann/Brunzel (Hrsg.), Handbuch OZG, 2021, 269 (270).

[46] *Peuker,* DÖV 2022, 275 (282); zu den antragslosen Leistungen *Guckelberger* (Fn. 10), Rn. 666 ff.

[47] *Reiling* (Fn. 45), 187 (191).

[48] *Heckmann* (Fn. 37), Kap. 5 Rn. 94.

[49] *Marti/Estermann/Neuroni*, in: Pleger/Mertes (Hrsg.), Digitale Transformation der öffentlichen Verwaltung in der Schweiz, 2022, 299 f.

[50] *Eifert*, in: FS für Ulrich Battis, 2014, 421; *Maurer/Waldhoff*, Allgemeines Verwaltungsrecht, 2020, § 18 Rn. 1.

2. E-Government und Neues Steuerungsmodell

Das von der Kommunalen Gemeinschaftsstelle für Verwaltungsmanagement (KGSt) zu Beginn der 1990er Jahre aus den Ideen des New Public Management hervorgegangene Neue Steuerungsmodell zielte auf den Aufbau einer unternehmensähnlichen, dezentralen Führungs- und Organisationsstruktur, die Einführung einer auf Instrumenten der Leistungsmessung basierenden Output-Steuerung sowie eine stärkere Betonung von Wettbewerb und Kundenorientierung ab.[51] Aus heutiger Sicht hat dieses Modell an Strahlkraft verloren.[52] Gewisse Elemente der Rhetorik des Neuen Steuerungsmodells, wie die Begriffe der Effizienzsteigerung und Kundenorientierung, sind jedoch auch in der Folgezeit wirkmächtig geblieben[53] und schlagen sich in den Zielen des E-Governments, wie der Möglichkeit für die Bürger, die Verwaltung unabhängig von Ort und Uhrzeit online zu erreichen,[54] sowie in Gestalt des Lebenslagenkonzepts und des One-Stop-Governments nieder.[55] Das Leitbild des E-Governments unterscheidet sich von dem Neuen Steuerungsmodell durch seine Fokussierung auf die Umstellung der Verwaltung auf die IKT.[56] Um deren Optimierungspotenziale möglichst weitgehend zum Tragen kommen zu lassen, sollen bestehende Verwaltungsabläufe vor deren Implementierung dokumentiert, analysiert und optimiert sowie so gestaltet werden, dass die Verfahrensbeteiligten Informationen zum Verfahrensstand und zum weiteren Verfahren samt Kontaktinformationen erhalten (§ 9 Abs. 1 EGovG Bund). Während das Reformleitbild des New Public Management entsprechend seiner Bezeichnung auf eine Verbesserung der Managementebene abzielt, betrifft das E-Government in den Worten von *Schuppan* viel stärker die Produktionsebene.[57]

3. Open Government

Das Leitbild des Open Governments unterscheidet sich von dem des E-Governments durch die Verwendung des Wortes „Open“ und steht deshalb für

[51] *Stelkens*, in: Kahl/Ludwigs (Hrsg.), Handbuch des Verwaltungsrechts, Bd. 1, 2021, § 6 Rn. 22.

[52] *Stelkens* (Fn. 51), § 6 Rn. 23; siehe auch *Bull/Mehde*, Allgemeines Verwaltungsrecht, 2022, Rn. 1255.

[53] *Stelkens* (Fn. 51), § 6 Rn. 24.

[54] *Schuppan* (Fn. 45), 537.

[55] *Guckelberger* (Fn. 10), Rn. 52; *Hornung* in: Schoch/Schneider, Verwaltungsrecht, Bd. 3, 3. EL August 2022, VwVfG Vorb. § 3a Rn. 5.

[56] *Guckelberger* (Fn. 10), Rn. 52.

[57] *Schuppan* (Fn. 45), 537 (539).

diverse Konzepte und Visionen zur Öffnung des Staates.[58] In seiner Anfangszeit wurde es vor allem für die Herbeiführung von mehr Transparenz des staatlichen Handelns verwendet, seit dem Wahlsieg des früheren US-Präsidenten *Barack Obama* wird es stärker im Lichte der Interaktionsfähigkeit verstanden.[59] Nach der Begriffsumschreibung von *v. Lucke/Gollasch* zielt das Leitbild des Open Government auf „einen Kulturwandel von Politik und Verwaltung hin zu mehr Transparenz, Partizipation der Zivilgesellschaft und Zusammenarbeit innerhalb des öffentlichen Sektors sowie mit Akteuren aus Wirtschaft und Wissenschaft".[60] Ein wesentlicher Bestandteil des Open Governments stellt die Offenheit der Daten dar, indem Daten aus dem öffentlichen Sektor zugänglich gemacht werden sowie frei verwendet und verbreitet werden dürfen.[61] Ausgehend von der Vorstellung, dass die mittels staatlicher Ressourcen erhobenen Daten der Allgemeinheit gehören,[62] sollen Unternehmen oder auch Start Ups diese beispielsweise für die Verfeinerung bestehender Geschäftsmodelle oder die Entwicklung neuer Konzepte oder Anwendungen, sei es für den Privatsektor oder die Verwaltung selbst, nutzen können.[63] Open Government Data, die proaktiv bereitgestellt werden, können sich zugleich positiv auf die Verwaltung auswirken, indem auch andere staatliche Stellen auf diese zugreifen können, sich dadurch die Doppelerhebung gewisser Daten vermeiden lässt oder die verstärkte Auseinandersetzung mit diesen zu einem stärker ausgeprägten Datenbewusstsein führt.[64] Weil Fehler in den Datenbeständen bei vielen Nutzern schneller entdeckt werden können, erhofft man sich davon auch eine Steigerung der Datenqualität.[65] Last but not least sind offene Daten ein wichtiges Element für die Smart City.[66]

---

[58] *Guckelberger* (Fn. 10), Rn. 60; zum Fehlen einer allgemein akzeptierten Begriffsumschreibung *G. Wewer*, in: Veit/Reichard/ders. (Hrsg.), Handbuch zur Verwaltungsreform, 2019, 547 (548); ausführlich *G. Wewer/T. Wewer*, Open Government – Stärkung oder Schwächung der Demokratie?, 2019, 6 ff.

[59] *Guckelberger* (Fn. 10), Rn. 60; *G. Wewer/T. Wewer* (Fn. 58), 39, 42, 151 ff.

[60] *v. Lucke/Gollasch*, Open Government, 2022, 6; *G. Wewer* (Fn. 58), 547, 555; zu diesen drei Parametern auch *Heckmann* (Fn. 37), Kap. 5 Rn. 25; *Herr* u. a., DÖV 2018, 165 (166).

[61] *Albrecht* (Fn. 29), Teil 28 Rn. 13; *Guckelberger* (Fn. 10), Rn. 63 f.; *Wrage*, Verwaltungstransparenz – quo vadis?, 2021, 238.

[62] *G. Wewer,* in: Veit/Reichard/ders. (Hrsg.), Handbuch zur Verwaltungsreform, 2019, 559 (562); *Wrage* (Fn. 61), 235.

[63] *Wrage* (Fn. 61), 235.

[64] *Wrage* (Fn. 61), 235; siehe auch *G. Wewer* (Fn. 62), 559 (561).

[65] *G. Wewer* (Fn. 62), 559 (561).

[66] *G. Wewer* (Fn. 62), 559 (561).

Oft werden E-Government und Open Government in einem Atemzug genannt.[67] Die unterschiedlichen Präfixe deuten aber darauf hin, dass diese Leitbilder nicht identisch sind.[68] Richtigerweise wird das E-Government bzw. die Digitalisierung der Verwaltung als ein Treiber des offenen Staates identifiziert.[69] Während das E-Government für den umfassenden Einsatz der IKT auf Seiten der Verwaltung steht, hat das Open Government die Öffnung von Staat und Verwaltung zum Gegenstand.[70] Schon aus rechtlichen Gründen, etwa des Schutzes personenbezogener sowie sicherheitsrelevanter Daten, ist sorgfältig zu überlegen, welche Daten der Allgemeinheit zugänglich gemacht werden können.[71] Die Zugänglichmachung von Papierakten lässt sich zwar dem Open Government, nicht jedoch dem E-Government zuordnen.[72] Auch wenn mit dem Open Government ein Kulturwandel i.S.e. Öffnung von Staat und Verwaltung angestrebt wird, zielt es doch nicht primär wie das E-Government auf die allgemeine Optimierung der Organisation und Tätigkeit der Verwaltung durch IKT ab.[73] Dieser Unterschied wird auch darin deutlich, dass der Schwerpunkt des Open Government auf den Schnittstellen der Verwaltung zu ihrer Außenwelt liegt.[74] Werden IKT auf Seiten der Verwaltung eingesetzt und wird damit zugleich eine Öffnung nach außen bezweckt, lässt sich dieser Vorgang beiden Leitbildern zuordnen. Diese Überlappung der Leitbilder dürfte der Grund sein, warum bei den E-Government-Vergleichsstudien regelmäßig auch ein Blick auf die offenen Daten geworfen wird.[75] Insoweit kann man auch von Open E-Government sprechen.[76]

---

[67] *Marschall/Möltgen-Sicking*, in: Klenk/Nullmeier/Wewer (Hrsg.), Handbuch Digitalisierung in Staat und Verwaltung, 2020, 279 (280); für einen Einschluss des Open Government *Kneuer* (Fn. 23), 189 (191).

[68] *Guckelberger* (Fn. 10), Rn. 68.

[69] *v. Lucke/Gollasch* (Fn. 60), 19.

[70] In diese Richtung *Guckelberger* (Fn. 10), Rn. 68; siehe auch *Marschall/Möltgen-Sicking* (Fn. 67), 279 (280).

[71] *Guckelberger* (Fn. 10), Rn. 27; *v. Lucke/Gollasch* (Fn. 60), 55; vgl. auch *Neumann*, in: Seckelmann (Hrsg.), Digitalisierte Verwaltung – Vernetztes E-Government, 2019, Kap. 24 Rn. 71; *Ksoll/Schildhauer/Beck*, Open Data – Wertschöpfung im digitalen Zeitalter, 2017, 10.

[72] *Guckelberger* (Fn. 10), Rn. 68.

[73] *Guckelberger* (Fn. 10), Rn. 68; dazu, dass Open Government zugleich ein Instrument der Verwaltungsmodernisierung sein kann *G. Wewer* (Fn. 58), 547 (548).

[74] *G. Wewer* (Fn. 58), 547 (548 f.).

[75] *Europäische Kommission* (Fn. 1), 15.

[76] *Guckelberger* (Fn. 10), Rn. 69; *Albrecht* (Fn. 29), Teil 28 Rn. 12 bezeichnet wohl deshalb technikbezogene Ansätze auf dem Gebiet des Open Governments als Variante bzw. Unterfall des E-Government.

Das Open Government Leitbild befindet sich in der Phase der Implementierung und Verrechtlichung. Letztere trägt u.a. dem Datenschutz Rechnung und sorgt für mehr Rechtsklarheit. Bedeutsame Rechtsakte auf Unionsebene sind u.a. die Richtlinie (EU) 2019/1024 über offene Daten und die Weiterverwendung von Informationen des öffentlichen Sektors.[77] Große Erwartungen sind mit der als sog. Daten-Governance-Rechtsakt titulierten Verordnung (EU) 2022/868[78] verbunden, die ab dem 24.9.2023 gelten wird. Die offenen Daten werden oft in den E-Government-Gesetzen von Bund und Ländern erwähnt. Beispielsweise stellen nach § 12a Abs. 1 S. 1 EGovG Bund die Behörden des Bundes unbearbeitete maschinenlesbare Daten zum Datenabruf über öffentlich zugängliche Netze bereit. Jedoch wird nach § 12a Abs. 1 S. 2 EGovG Bund dadurch kein Anspruch auf eine solche Bereitstellung begründet. Demgegenüber betrifft das Gesetz für die Nutzung von Daten des öffentlichen Sektors (DNG)[79] allein die Weiterverwendung bzw. Nutzung der zur Verfügung gestellten Daten.[80] Nach § 1 Abs. 1 DNG sollen in den Anwendungsbereich dieses Gesetzes fallende Daten, soweit möglich, nach dem Grundsatz „konzeptionell und standardmäßig offen" erstellt werden, ohne dadurch aber – so Absatz 2 – Rechtsansprüche begründen zu wollen. § 9 DNG verpflichtet die öffentlichen Stellen und Unternehmen der Daseinsvorsorge zur Nutzung hochwertiger Datensätze in maschinenlesbarem Format.[81]

Einen wesentlichen Beitrag zur Öffnung der Verwaltung leisten die Informationsfreiheitsgesetze (IFG), an deren Stelle auf Landesebene inzwischen teils Transparenzgesetze getreten sind. Laut dem Koalitionsvertrag soll das IFG des Bundes zu einem Bundestransparenzgesetz weiterentwickelt werden.[82] Während beim Informationsfreiheitsrecht regelmäßig ein kostenpflichtiger Antrag auf Zugang zu bestimmten amtlichen Informationen gestellt werden muss, können nach den Transparenzgesetzen derartige Daten ohne vorherigen Antrag kostenfrei über in das Internet eingestellte Informationsregister recherchiert werden.[83] Auch wenn Art. 3 Abs. 4 S. 1 BayDiG (Bayerisches Digitalgesetz), wonach die Behörden bei Neuanschaffungen offene Software und offene Austauschstandards nutzen sollen, soweit dies wirtschaftlich und zweckmäßig ist, hauptsächlich den Schutz der

77 ABl. L 172/56.
78 ABl. L 152/1.
79 BGBl I 2021, 2941, 4114.
80 *Richter*, ZD 2022, 3.
81 Zu diesem Novum *Richter*, ZD 2022, 3; *Hartl/Daum*, CR 2022, 485 (491 Rn. 43).
82 Koalitionsvertrag „Mehr Fortschritt wagen", 2021, 11.
83 *Herr* u.a., DÖV 2018, 165 (168); *Heckmann* (Fn. 37), Kap. 5 Rn. 24.

digitalen Souveränität der bayerischen Staatsverwaltung bezweckt, sollen damit langfristig weitere Potenziale von offener Software im Kontext von Innovation und Kostenvorteilen erschlossen werden.[84] So erlaubt der Einsatz solcher Software – wenn gewünscht – auch eine Kontrolle durch Externe ebenso wie die Kollaboration.[85]

Zwar werden offene Daten in Deutschland bislang innerhalb und zwischen den Verwaltungen bereits nennenswert genutzt, jedoch soll die Nachfrage von Bürgern und Wirtschaft gering sein.[86] Letzteres wird auf verschiedene Gründe zurückgeführt, die von der technischen Verwendbarkeit über die mangelnde Aussagekraft bis hin zur anspruchsvollen Interpretierbarkeit der Daten reichen.[87] Auch beteiligen sich bislang noch nicht alle Bundesländer an dem nationalen Metadatenportal GovData und die Angebote der Landes- und Kommunalportale seien noch heterogen und nicht ausreichend verknüpft.[88] Soweit man nicht der These folgt, dass die Bevölkerung ohnehin nur ein begrenztes Interesse an Open Government Data hat,[89] lässt sich hoffentlich durch nutzerfreundlichere Ausgestaltung deren Nachfrage erhöhen.[90] Dementsprechend sind die Behörden nach Art. 14 Abs. 1 S. 2 BayDiG zur zielgruppenorientierten und nutzerfreundlichen Aufbereitung öffentlich zugänglicher Daten verpflichtet. Auch können sie nach Art. 14 Abs. 2 S. 1 BayDiG vorhandene Daten für ein datenbasiertes Verwalten für neue, zukunftsorientierte Leistungen für Bürger und Unternehmen kombinieren. Da durch den (Unions)Gesetzgeber zunehmende und anspruchsvollere datenbezogene Anforderungen an die Verwaltung gestellt werden, sind noch erhebliche Anstrengungen notwendig.[91]

4. Mobile Government

In der Berliner Erklärung zur Digitalen Gesellschaft und wertebasierten digitalen Verwaltung vom 8.12.2020 ist von einem „Paradigmenwechsel von ‚eGov' (elektronische Verwaltung) zu ‚mGov' (mobile Verwaltung)" die Re-

---

[84] BayLT-Drs. 18/19572, 48.

[85] Zur Anschaffung eigener Software in der Stadt Dortmund *Heckmann* (Fn. 37), Kap. 5 Rn. 26.

[86] *Boockmann* u. a., DÖV 2022, 463 (463 f.).

[87] *Boockmann* u. a., DÖV 2022, 463 (464).

[88] *Martini*, in: Kahl/Ludwigs (Hrsg.), Handbuch des Verwaltungsrechts, Bd. 1, 2021, § 28 Rn. 71; siehe auch *Fuchs*, ZGI 2022, 151 (155).

[89] *G. Wewer* (Fn. 62), 559 (568).

[90] Vgl. *Heuberger*, in: Klenk/Nullmeier/Wewer (Hrsg.), Handbuch Digitalisierung in Staat und Verwaltung, 2020, 587 (591).

[91] *Richter*, ZD 2022, 3 (8) spricht insoweit von „Herkulesaufgabe".

de.[92] Da die Mehrheit der Bevölkerung mobile Endgeräte für den Zugang zum Internet nutzt, müsse diesem Umstand Rechnung getragen werden, um übergangslose, barrierefreie und benutzerfreundliche digitale Behördendienste anzubieten.[93] Dies lässt erahnen, dass das M-Government in Deutschland in Zukunft eine stärkere Bedeutung erlangen wird, das momentan von einem flächendeckenden Angebot noch weit entfernt ist.[94]

Das Wort „mobil“ wird im Leitbild des M-Government auf mobile Endgeräte, wie Smartphones, Tablets oder vergleichbare Geräte, bezogen.[95] Diese können zum einen dann bedeutsam werden, wenn Bürger und andere Personen auf sog. Gov- bzw. Verwaltungsapps zugreifen, die je nach Applikation zugleich mit einer Bezahlfunktion für etwaig anfallende Gebühren verbunden sein können.[96] Das M-Government kann aber auch auf staatlicher Seite Relevanz erlangen, indem z. B. verwaltungsinterne Anfragen oder sonstige Verfahrensbeiträge über Smartphones vollzogen werden.[97] Außerdem fördert das M-Government das örtlich flexible Arbeiten, da die Behördenmitarbeiter Informationen, etwa den Akteninhalt zu bestimmten Vorgängen, potenziell überall abrufen können, und Informationen zu Vorgängen außerhalb des Büros umgehend an andere Bedienstete zur Kenntnisnahme oder zur Bearbeitung zur Verfügung stellen können.[98] Es erlangt u. a. im Bereich der Vollzugspolizei in Gestalt der mobilen Polizeiarbeit Bedeutung.[99] Damit geht die Erwartung einer Reduzierung von Erfassungsfehlern und Medienbrüchen sowie einer Steigerung der Datenqualität und schnelleren Verfügbarkeit von Informationen einher.[100] In den Worten von *Reiling* erleichtert M-Government „etwa die Ausübung von Hoheitsverwaltung, da sie vor Ort sichtbarer werden kann, erlaubt eine bessere Erreichbarkeit schwer zugänglicher Personengruppen wie immobiler Mitbür-

---

[92] Berliner Erklärung zur Digitalen Gesellschaft und wertebasierten digitalen Verwaltung, 2020, 5.

[93] Berliner Erklärung (Fn. 92), 5.

[94] *Heckmann* (Fn. 37), Kap. 5 Rn. 13.

[95] *Albrecht* (Fn. 29), Teil 28 Rn. 9; *Guckelberger* (Fn. 10), Rn. 55; *Reiling* (Fn. 45), 187 (192).

[96] *Albrecht* (Fn. 29), Teil 28 Rn. 9; siehe auch *Guckelberger* (Fn. 10), Rn. 57; *Heckmann* (Fn. 37), Kap. 5 Rn. 7.

[97] *Albrecht* (Fn. 29), Teil 28 Rn. 9.

[98] *Reiling* (Fn. 45), 187 (188).

[99] *Houy* u. a., in: Klenk/Nullmeier/Wewer (Hrsg.), Handbuch Digitalisierung in Staat und Verwaltung, 2020, 517 (522); dazu auch *Guckelberger* (Fn. 10), Rn. 56.

[100] *Houy* u. a. (Fn. 99), 517 (522).

ger oder Personen mit Schwellenängsten und verbessert für den Bürger durch eine größere Kundenorientierung die Akzeptanz der Verwaltung".[101]

Infolge des Einsatzes mobiler Endgeräte kann es zu Veränderungen im Kontaktgefüge zwischen Verwaltung und Bürgern bzw. Unternehmen kommen, indem an die Stelle des Büros oder Wohnorts-/sitzes ein dynamisches Geflecht virtueller Beziehungen tritt.[102] Da aber viele behördliche Kontrolltätigkeiten seit jeher außerhalb der Verwaltungsbüros wahrgenommen werden,[103] bleibt abzuwarten, ob sich durch den Einsatz mobiler Endgeräte auf Verwaltungsseite deren ortsflexibles Handeln tatsächlich erheblich ausweiten wird.

Nach dem eGovernment Monitor 2022 möchte man durch das M-Government die Behördendienste stärker an die realen Verhältnisse annähern, obwohl „der Wunsch der Bürger*innen nach einer zentralen mobilen Verwaltungsanwendung [...] bisher nicht sonderlich stark ausgeprägt ist".[104] Ein wichtiger Schritt zur Förderung des M-Governments bildet daher die angestrebte Weiterentwicklung der eID zur mobilen Nutzung auf dem Smartphone.[105] Sieht man von besonderen Vorschriften, wie der Richtlinie (EU) 2016/2102[106] über den barrierefreien Zugang zu den Websites und mobilen Anwendungen öffentlicher Stellen, ab, sind allgemeine Vorschriften zum M-Government selten. Hervorzuheben ist insoweit insbesondere Art. 13 BayDiG zur mobilen Bereitstellung öffentlicher Dienste.[107]

Richtigerweise knüpft das M-Government an bestehende E-Government-Lösungen an und lässt sich daher als Teilsegment[108] bzw. Erweiterung des E-Governments verstehen.[109] Nicht alle IKT-Anwendungen der Verwaltung eignen sich auch für mobile Endgeräte.[110] Die Verwendung eines eigenen Leitbildes ist sinnvoll, da mit dem Einsatz mobiler Endgeräte besondere Vor- und Nachteile ebenso wie technische und/oder rechtliche Besonderheiten, etwa datenschutzrechtlicher Art, verbunden sind.[111] Das M-Government verlangt ebenfalls ein Überdenken der Abläufe sowie Über-

---

101 *Reiling* (Fn. 45), 187 (192).

102 *Reiling* (Fn. 45), 187.

103 Dazu, dass mobiles Verwalten kein Novum ist *Reiling* (Fn. 45), 187 (189).

104 Initiative D21 e. V./Lab (Hrsg.), eGovernment Monitor 2022, 15; hierzu auch *Heckmann* (Fn. 37), Kap. 5 Rn. 961.

105 Initiative D21 e. V./Lab (Fn. 104), 4.

106 ABl. L 327/1.

107 *Malzer/Engelmann/Denkhaus*, Kommunalpraxis Bayern 2022, 294.

108 *Guckelberger* (Fn. 10), Rn. 58; siehe auch *Albrecht* (Fn. 29), Teil 28 Rn. 9.

109 *Reiling* (Fn. 45), 187 (192).

110 *Reiling* (Fn. 45), 187 (195).

111 *Guckelberger* (Fn. 10), Rn. 58; *Reiling* (Fn. 45), 187 (197).

legungen, wie man für eine hinreichende Wahrnehmbarkeit von GovApps sorgen kann.[112] Die Optimierung von E-Government-Lösungen für mobile Endgeräte wird regelmäßig erst einmal einen Mehraufwand erzeugen.[113]

5. Smart Government

Das Leitbild des Smart Governments konnte sich in Deutschland bislang nicht etablieren, was auf die Bedeutungsvielfalt des Adjektivs smart sowie die mangelnde Griffigkeit dieses Leitbilds zurückzuführen sein dürfte.[114] In Fortentwicklung der Speyerer Definition zum E-Government wurde vorgeschlagen, unter Smart Government die Abwicklung geschäftlicher Prozesse im Zusammenhang mit dem Regieren und Verwalten (Government) *mit Hilfe von intelligent vernetzten* IKT zu verstehen.[115] Mit dieser Umschreibung soll der Fokus stärker auf intelligent vernetzte Objekte,[116] auf das Internet der Dinge und der Dienste[117] und in Anlehnung an das Bild der Industrie 4.0 auf hochautomatisierte Prozesse insbesondere im Bereich der Verwaltung gelenkt werden.[118] Als Beispiel dafür sei der Einsatz von Sensornetzwerken mit unmittelbaren Rückmeldungen an die Verwaltung, etwa zum Straßenzustand, genannt.[119] Teils wird der Begriff des Smart Government auch für das Verwalten mit einem großen Einsatz von KI-Technologien verwendet.[120] Da nicht alle Verwaltungstätigkeiten intelligenter Vernetzungen bedürfen, würde es sich bei dem Smart Government wohl um einen Teilbereich[121] bzw. eine Weiterentwicklung des E-Governments handeln.

6. Digitale Verwaltung bzw. digitale Transformation der Verwaltung

Anstelle des Leitbilds des Smart Governments ist in Politik und Schrifttum vermehrt von der digitalen Verwaltung oder auch der digitalen Transforma-

---

112 *Reiling* (Fn. 45).

113 Dazu auch *Reiling* (Fn. 45).

114 *Guckelberger* (Fn. 10), Rn. 72 ff.

115 *v. Lucke*, in: Seckelmann (Hrsg.), Digitalisierte Verwaltung – Vernetztes E-Government, 2019, Kap. 2 Rn. 18.

116 *v. Lucke* (Fn. 115), Kap. 2 Rn. 19.

117 *Albrecht* (Fn. 29), Teil 28 Rn. 10; *v. Lucke* (Fn. 115), Kap. 2 Rn. 18 f.

118 *v. Lucke* (Fn. 115), Kap. 2 Rn. 20.

119 *Albrecht* (Fn. 29), Teil 28 Rn. 10; siehe auch *Guckelberger* (Fn. 10), Rn. 71.

120 *Djeffal*, in: Klenk/Nullmeier/Wewer (Hrsg.), Handbuch Digitalisierung in Staat und Verwaltung, 2020, 51 (59).

121 *Albrecht* (Fn. 29), Teil 28 Rn. 10; zu den Unterscheidungsschwierigkeiten *Guckelberger* (Fn. 10), Rn. 74 (76).

tion der Verwaltung die Rede. Im Unterschied zu den Government-Leitbildern sind die neuen Formulierungen klar auf die Verwaltung zugeschnitten. Dagegen ist der Begriff der Digitalisierung schillernd.[122] Während mit diesem ursprünglich nur die Umwandlung analoger Formate in digitale, regelmäßig binäre Werte gemeint wurde, wird diese Begrifflichkeit inzwischen phänomenologisch zur Umschreibung des Wandels aller Lebensbereiche durch die heutzutage zur Verfügung stehenden Datenverarbeitungsmöglichkeiten, die Konvergenz und das Zusammenspiel verschiedener Techniken einschließlich umfassender Vernetzungen der IKT verwendet.[123] Versteht man die Digitalisierung in dem zuletzt genannten Sinne, handelt es sich dabei um einen auf (fast) alle Bereiche bezogenen Brückenbegriff zur bereichsübergreifenden Verständigung auch über technologische Innovationen.[124] In eine ähnliche Richtung weist die Umschreibung der Digitalisierung von *Schliesky* als eines dauerhaften Prozesses des zunehmenden Einsatzes von IKT.[125]

G. Wewer versteht unter der digitalen Verwaltung eine daten-gesteuerte und daten-gestützte Verwaltung, die konsequent Daten erhebt, um eine bessere Erfüllung der staatlichen Aufgaben, eine ständige Optimierung interner Arbeitsprozesse, ein möglichst intelligentes Managen des öffentlichen Lebens und eine fundierte Vorbereitung politischer Entscheidungen zu gewährleisten.[126] Obwohl er Zweifel an der Attraktivität eines solchen die Mittel betonenden Leitbildes äußert, geht er davon aus, dass die Verwaltung infolge der digitalen Transformation viel stärker als bei einigen früheren Reformkonzepten verändert werden wird.[127] *Thapa* sieht ebenfalls in der datengesteuerten Verwaltung ein im Diskurs um IKT und Staat vor allem von Beratungs- und Technologieunternehmen propagiertes Verwaltungsreformleitbild.[128] *Britz/Eifert* gehen ebenso wie *Denkhaus* von einem eigenständigen Leitbild der digitalen Transformation der Verwaltung aus.[129] In

[122] *Mayrhofer/Parycek*, Digitalisierung des Rechts, 21. ÖJT, Bd. 4/1, 2022, 4.

[123] *Albers*, in: Seckelmann (Hrsg.), Digitalisierte Verwaltung – Vernetztes E-Government, 2019, Kap. 23 Rn. 8; eingehend dazu *Peuker* (Fn. 5), 14 ff.

[124] *Denkhaus* (Fn. 36), Kap. 1 Rn. 60.

[125] *Schliesky*, in: Kahl/Ludwigs (Hrsg.), Handbuch des Verwaltungsrechts, Bd. 4, 2022, § 113 Rn. 2.

[126] *G. Wewer*, in: Veit/Reichard/ders. (Hrsg.), Handbuch zur Verwaltungsreform, 2019, 213 (214).

[127] *G. Wewer* (Fn. 126), 213.

[128] *Thapa*, in: Klenk/Nullmeier/Wewer (Hrsg.), Handbuch Digitalisierung in Staat und Verwaltung, 2020, 209 (210).

[129] *Britz/Eifert*, in: Voßkuhle/Eifert/Möllers (Hrsg.), Grundlagen des Verwaltungsrechts, Bd. 1, 2022, § 26 Rn. 5; *Denkhaus* (Fn. 36), Kap. 1 Rn. 24.

engem Kontext zur Digitalisierung ist das Leitbild der agilen Verwaltung zu sehen, bei welcher man anstelle langfristiger Planungen verstärkt auf iterative Vorgehensweisen sowie flache und durchlässige Hierarchien zur Problemlösung setzt.[130]

Hinsichtlich des Verhältnisses dieser Leitbilder zu demjenigen des E-Governments könnte man überlegen, ob darin nicht nur eine Umfirmierung des zwischenzeitlich in die Jahre gekommenen Bildes des E-Governments liegt.[131] *Thiele* sieht in dem Begriff der Digitalisierung ein zunehmend positiv konnotiertes Modewort.[132] Gerade weil die deutsche Verwaltung in den E-Government-Vergleichsstudien nur mäßig abschneidet, könnte durch einen Wechsel der Terminologie mehr Zuversicht und Offenheit für neue Anstrengungen hervorgerufen werden. Da intelligente Vernetzungen oder auch der Einsatz von Technologie wie Künstliche Intelligenz in der Verwaltung in einem bestimmten Maße an bereits erfolgte Umstellungen auf IKT, etwa die elektronische Aktenführung, anknüpfen, kann man darin auch eine besondere Facette des E-Governments oder dessen Weiterentwicklung sehen.[133] Versteht man das Wort Digitalisierung i.S.e. immer intensiveren IKT-Einsatzes unter Implementierung technologischer Neuerungen, würde das damit verbundene Leitbild, sobald ein gewisses Grundlevel umfassenden IKT-Einsatzes in der Verwaltung erreicht wurde, an die Stelle des E-Governments treten. Da ein solcher Grundstandard noch nicht bundesweit erreicht ist, weil manche Bundesländer als Umstellungstermin für die Einführung der E-Akte spätestens 2025 vorgesehen haben oder sich deren Implementierung infolge von Fehlern bei der Auftragsvergabe verzögert, würden die beiden Leitbilder eher fließend ineinander übergehen und sich überlappen.[134]

Ebenso präsentiert sich die Lage, wenn man für das E-Government eine verwaltungszentrierte Perspektive als leitend und bei der digitalen Verwal-

---

[130] *Klenk* u.a., in: ders./Nullmeier/Wewer (Hrsg.), Handbuch Digitalisierung in Staat und Verwaltung, 2020, 3 (14); siehe zur agilen Verwaltung auch *Hill*, VerwArch 106 (2015), 397ff.; *Rölle*, in: Klenk/Nullmeier/Wewer (Hrsg.), Handbuch Digitalisierung in Staat und Verwaltung, 2020, 137ff.; zu den rechtlichen Grenzen *Siegel*, in: Hill/Mehde (Hrsg.), Herausforderungen für das Verwaltungsrecht, Tagungsband, 2023, 23ff.

[131] In diese Richtung *Gollan*, in: Zilkens/ders. (Hrsg.), Datenschutz in der Kommunalverwaltung, 2019, Rn. 910; wohl auch *Funke*, in: Chibanguza/Kuß/Steege (Hrsg.), Künstliche Intelligenz, 2022, § 10 Rn. 1.

[132] *Thiele*, in: Chibanguza/Kuß/Steege (Hrsg.), Künstliche Intelligenz, 2022, § 10 Rn. 2.

[133] In diese Richtung *Hoffmann-Riem*, in: Terhechte (Hrsg.), Verwaltungsrecht der Europäischen Union, 2022, § 3 Rn. 13.

[134] *Denkhaus* (Fn. 36), Kap. 1 Rn. 22.

tung bzw. der digitalen Transformation der Verwaltung dagegen die Außenperspektive auf die Verwaltung dominierend ansieht, da diese in gesamtgesellschaftliche Digitalisierungsprozesse eingebunden ist.[135] Besonders markant wird dieser Unterschied bei *G. Wewer*, wonach hinter diesen Formulierungen kein ausformuliertes Reformkonzept für den öffentlichen Sektor steht, sondern die „These, dass Staat und Verwaltung immer weiter von Wirtschaft und Gesellschaft abgekoppelt würden, wenn diese nicht auch alle jene Instrumente nutzen, die in der Plattform-Ökonomie heute gang und gäbe sind“.[136] Dabei ist aber zu beachten, dass einem solchen Leitbild in Deutschland aus rechtlicher Hinsicht angesichts der Gemeinwohlorientierung des Staates Grenzen gesetzt sind, so dass sich eine Digitalisierung der Verwaltung um der Digitalisierung willen[137] kaum mit den Aufgaben von Staat und Verwaltung in Einklang bringen lässt.[138]

In den Materialien zum BayDiG wird die Digitalisierung unter Rekurs auf den politisch-wissenschaftlichen Diskurs „als ein Prozess beschrieben, der auf der intelligenten Vernetzung von Prozessketten und einer durchgängigen Erfassung, Aufbereitung, Analyse und Kommunikation von Daten beruht“.[139] Aufgrund der beinahe kontinuierlichen Erreichbarkeit von Personen über das Smartphone, Maschinen (Stichwort: Industrie 4.0), von Objekten sowie Diensten (Internet of Things und Internet of Services), der Unmenge an Daten (Stichwort: Big Data) und zwischenzeitlichen Rechenleistungen hätten sich neue Formen der Kommunikation, der sicheren Transaktion und Dokumentation (Kryptographie, Blockchain) sowie des maschinellen Lernens (KI) etabliert.[140] Deshalb soll mit diesem Gesetz „ein umfassender, allgemeiner Rechtsrahmen für die Digitalisierung von Gesellschaft und Wirtschaft, Staat und Verwaltung geschaffen werden“.[141] Zwar habe der Freistaat bereits frühzeitig mit dem Erlass des BayEGovG auf die Herausforderungen der Digitalisierung reagiert, jetzt bedürfe es aber eines übergreifenden rechtlichen Ordnungsrahmens mit allgemeinen, entwicklungsoffenen rechtlichen Leitplanken, insbesondere für die Weiterentwicklung der Ziele des Freistaats unter den Bedingungen der Digitalisierung, der

[135] *Denkhaus* (Fn. 36), Kap. 1 Rn. 23 f.

[136] *G. Wewer* (Fn. 126), 213 (216).

[137] *Bull*, CR 2019, 478 (484 Rn. 17); bezogen auf die Justiz *Müller/Gomm*, jm 2021, 222 (223).

[138] Dazu, dass dies kein Ziel bei der Justiz sein kann *Müller/Gomm*, jm 2021, 222 (223 ff.).

[139] BayLT-Drs. 18/19572, 1.

[140] BayLT-Drs. 18/19572, 1.

[141] BayLT-Drs. 18/19572, 2.

Normierung digitaler Freiheits- und Teilhaberechte, der damit verbundenen Gewährleistungsverantwortungen sowie der Grundlagen der Zusammenarbeit der öffentlichen Einrichtungen im Freistaat.[142] Dabei werden frühere BayEGovG-Regelungen nun in den deutlich weiter gefassten gesetzlichen Regelungsrahmen integriert.[143]

Der Landesgesetzgeber sieht im BayDiG eine Möglichkeit zur aktiven Mitgestaltung von Gesellschaft und Wirtschaft, aber auch eine Chance für die „weitere" Modernisierung von Staat und Verwaltung.[144] Ferner kann das Recht zur Begrenzung der Nachteile des IKT-Einsatzes verwendet werden. Laut der Begründung des Gesetzentwurfs stellt das BayDiG „den Menschen in den Mittelpunkt der Digitalisierung".[145] Dies ist wichtig, wenn entsprechend Art. 5 Abs. 1 BayDiG geeignete staatliche Prozesse der Verwaltung vollständig digitalisiert und bereits digitalisierte Prozesse in einem Verbesserungsprozess fortentwickelt werden sollen. Aus Akzeptanzgründen legt Art. 5 Abs. 2 S. 1 BayDiG fest, dass bei der Durchführung von Verwaltungsverfahren vollständig durch automatische Einrichtungen die IT-Systeme regelmäßig auf ihre Zweckmäßigkeit, Objektivität und Wirtschaftlichkeit zu prüfen sind. In Art. 4 Abs. 2 BayDiG wird bestimmt, dass der Freistaat samt Gemeindeverbänden und Gemeinden zur inhaltlichen Vermittlung und Förderung der Akzeptanz ihrer digitalen Angebote qualifizierte Ansprechpartner bereitstellen wird. Durch Art. 7 Abs. 2 BayDiG, wonach nutzerfreundliche digitale Verfahren und Anwendungen in den Behörden eingesetzt und die Einrichtung von Telearbeitsplätzen gefördert werden, soll nach den Materialien klargestellt werden, dass die Binnendigitalisierung der Verwaltung maßgeblich zum Wohle der Beschäftigten, auf deren Belange als Nutzer der IKT die internen Verfahren auszurichten seien, erfolgt.[146]

7. Nachhaltigkeit und E-Government bzw. Digitalisierung

1992 wurde auf der UN-Konferenz für Umwelt und Entwicklung in der sog. Rio-Deklaration das Leitbild einer „nachhaltigen Entwicklung" anerkannt.[147] Wie es für ein Leitbild charakteristisch ist, gibt es unterschiedliche

[142] BayLT-Drs. 18/19572, 30.

[143] BayLT-Drs. 18/19572, 30f.

[144] BayLT-Drs. 18/19572, 2; siehe auch *Britz/Eifert* (Fn. 129), § 26 Rn. 13.

[145] BayLT-Drs. 18/19572, 2.

[146] BayLT-Drs. 18/19572, 50.

[147] *Durner*, in: Landmann/Rohmer (Hrsg.), Umweltrecht, 98. EL April 2022, Umweltvölkerrecht, Rn. 57; eingehender *Ingold*, in: Kahl (Hrsg.), Nachhaltigkeit durch Organisation und Verfahren, 2016, 117 (125ff.), zuvor wurde der Begriff vom Brundtland-Bericht 1987 geprägt.

Ansichten, was unter Nachhaltigkeit zu verstehen ist.[148] Auch wenn dieses Leitbild im Hinblick auf seine Komplexität als Multi-Ebenen-, Multi-Akteur- und Multi-Themen-Ansatz konzeptualisiert wurde und vergleichbar der Digitalisierung über den staatlichen Bereich hinausweist, zeitigt es auch Wirkungen für die Verwaltung.[149] Eine Ausprägung dieses Leitbilds ist in Art. 20a GG zu sehen.[150] Der Bayerische Landesgesetzgeber betont in den Materialien zum BayDiG nicht nur die Bedeutung der in der Digitalisierung liegenden Chance für nachhaltige Entwicklungen,[151] sondern hält die staatlichen Behörden in Art. 6 S. 1 BayDiG zur Berücksichtigung von Aspekten der Ökologie und Nachhaltigkeit bei ihrer digitalen Aufgabenerfüllung an.

III. Fazit

Leitbilder sind weiche Steuerungsmittel, die aufgrund ihrer Kürze deutungsoffen sind. Deshalb können sie sich im Laufe der Zeit wandeln und bedürfen einer Konkretisierung. In Deutschland befindet sich das Leitbild des E-Governments schon seit geraumer Zeit in der Phase der Implementierung und Verrechtlichung. Es ist abzusehen, dass das M-Government in Deutschland zukünftig erhebliche Bedeutung erlangen wird. Gerade wegen der Offenheit und Konkretisierungsbedürftigkeit kann man geteilter Meinung sein, wie sich das E-Government und das neue Leitbild der digitalen Transformation der Verwaltung unterscheiden. Dass sich Leitbilder überschneiden können, zeigt sich in der zunehmend in den Fokus rückenden Nachhaltigkeit des IKT-Einsatzes. Obwohl das Leitbild der Nachhaltigkeit inzwischen auf eine 30-jährige Geschichte zurückblicken kann, ist allein dies kein Grund, um von ihm Abstand zu nehmen. Zutreffend wird darauf hingewiesen, dass es heute nicht mehr nur ein einziges Leitbild „der" öffentlichen Verwaltung gibt, sondern diese durch mehrere Leitbilder geprägt wird.[152]

---

[148] *Heinrichs/Schuster*, in: Veit/Reichard/Wewer (Hrsg.), Handbuch zur Verwaltungsreform, 2019, 201 (203) keine konsistente, allgemein akzeptierte Nachhaltigkeitstheorie; eingehend zur Bedeutung des Begriffs z. B. *Kahl*, in: ders. (Hrsg.), Nachhaltigkeit als Verbundbegriff, 2008, 1 (6 ff.).

[149] *Heinrichs/Schuster* (Fn. 148), 201 (202); zu den Auswirkungen auf die Verwaltung *Kahl* (Fn. 148), 1 (29 ff.).

[150] *Gärditz*, in: Landmann/Rohmer (Hrsg.), Umweltrecht, 98. EL April 2022, Art. 20a GG Rn. 2; dazu auch *Kahl* (Fn. 148), 1 (12 ff.).

[151] BayLT-Drs. 18/19572, 1.

[152] *Klenk* u. a. (Fn. 130), 3 (14).

Entwicklung und aktuelle Leitbilder der Verwaltungsdigitalisierung in Polen

Irena Lipowicz

I. Einleitung

Viele Jahre lang galt die Digitalisierung der öffentlichen Verwaltung als Synonym für die Modernisierung dieser Verwaltung. In Polen war dies oft ein idealisiertes Bild einer modernen öffentlichen Verwaltung, die unter dem früheren Regime der Volksrepublik Polen (im Folgenden: PRL) nur schwer zu erreichen war. Regimewechsel und Computer waren gleichermaßen weit entfernt.[1] Man verwendete den zweideutigen Begriff der „Informatisierung der öffentlichen Verwaltung", der viele Jahre lang in der polnischen Doktrin gebräuchlich war.[2] In diesem Zusammenhang ist anzumerken, dass das wichtigste polnische Gesetz im Bereich der Digitalisierung gerade das Gesetz über die Informatisierung der öffentlichen Verwaltung ist (dazu später mehr). Die Informatisierung wurde als identisch mit der Modernisierung der Verwaltung und dem Entgegenwirken der Bürokratisierung angesehen. Außerdem wurde ein erheblicher Personalabbau als unmittelbare Folge der Informatisierung angenommen, was zum Teil den Widerstand der Mitarbeiter der öffentlichen Verwaltung erklärt und ein Beispiel für die mangelhafte Bewältigung des Wandels durch die Fokussierung auf die negativen Folgen für diejenigen ist, die ihn durchführen. Der Vorstoß zur Umstellung auf fortgeschrittene Informatik-Praktiken wurde auch zu oft als Ziel und nicht als Mittel zur Herbeiführung von Veränderungen in der öffentlichen Verwaltung dargestellt.[3]

Die frühen Regelungen zum Schutz personenbezogener Daten nach dem Systemwechsel 1989 – vor allem die Einführung einschlägiger Bestimmungen zum Schutz personenbezogener Daten, deren Erhebung, Verarbeitung und Nutzung durch Behörden nur in dem Umfang zulässig war, wie es in

[1] Vgl. *Dobosz*, in: FS für Jan Jeżewski, 2018, 105 ff.; *Jagielski/Gołaszewski*, in: ebd., 143–146; siehe dazu auch *Lipowicz*, in: FS für Jacek Jagielski, 2021, 747 ff.

[2] Mehr dazu *Hołyński*, Polska informatyka. Zarys historii, 2019, 73–79.

[3] *Hołyński* (Fn. 2), 182–186.

einem demokratischen Rechtsstaat erforderlich ist – waren noch vor dem Gesetz zur Informatisierung der öffentlichen Verwaltung Teil der Umsetzung des Systemwechsels.

Dies spiegelt sich vor allem in der polnischen Verfassung vom 2.4.1997 und dem ersten Datenschutzgesetz von 1997 wider.[4] Beide Gesetze haben den Horizont für einen libertären Ansatz in der IT-Perspektive abgesteckt, bei dem die Menschenrechte und die Idee der staatlichen Selbstbeschränkung in den Vordergrund rücken. Dabei ist es der Staat, der das größte Potenzial hat, neue Techniken und Technologien in der Wirtschaft und im Rahmen von Strategien zur Straffung der Verwaltung einzusetzen. Dies war von Anfang an ein sehr europäischer Ansatz, anders als das amerikanische Primat der wirtschaftlichen Entwicklung.[5]

Zum Begriff „Rahmen der Rechtsinformatik" ist anzumerken, dass er ursprünglich (vor 1989) als Informatisierung von Elementen der Rechtsetzung und Rechtsanwendung verstanden wurde. Von der so verstandenen Rechtsinformatik unterschied sich das IT-Recht. Ursprünglich sollte es die Informatisierung der Wirtschaft betreffen, und erst im Laufe der Zeit wurde sein Anwendungsbereich auf bestimmte spezialisierte Bereiche der öffentlichen Verwaltung ausgedehnt.[6] Die Informatisierung war ein wichtiger Bestandteil des Wandels in der Arbeit eines Juristen, einschließlich eines Rechtswissenschaftlers, der sich mit dem öffentlichen Recht beschäftigt. Die Informatisierung war ein Beweis für die Innovationskraft der Behörde. Die Verkrustung des politischen Systems führte jedoch dazu, dass versucht wurde, die mit der Modernität verbundene Informatisierung/Digitalisierung der Verwaltung über die alten, starren Strukturen zu stülpen, ohne sie radikal zu reformieren. Dies galt z.B. für die Kommunalverwaltung (wobei die Rückkehr zu einem System der Kommunalverwaltung in der PRL aus ideologischen Gründen blockiert wurde).

Eine solche Modernisierung konnte nicht gelingen. Während schließlich nach dem Regimewechsel 1989 die Informatisierung der Verwaltung mit einer grundlegenden Modernisierung der öffentlichen Verwaltung auf lokaler und überkommunaler Ebene einherging (vor allem dank der systemischen Reformen des demokratischen Rechtsstaates, einschließlich der Einführung der kommunalen Selbstverwaltung), blieb die staatliche Verwaltung trotz der als bahnbrechend deklarierten, aber tatsächlich geringfügigen Ände-

[4] Dz.U. 1997 Nr. 133, Pos. 883; mehr dazu *Fajgielski*, Ogólne rozporządzenie o ochronie danych. Ustawa o ochronie danych osobowych, 2018, 5f.

[5] Vgl. *Kassen*, Understanding Systems of e-Government, 2015, 27–40.

[6] Vgl. Szpor/Grochowski (Hrsg.), Wielka Encyklopedia Prawa: Prawo informatyczne, Bd. 12, 2021, 352f.

rungen in Form des Gesetzes zu den Ressorts der Regierungsverwaltung[7] und der Möglichkeit, neue Ministerien um von der jeweiligen Regierung ernannte Minister zu bilden, eine starre, hierarchische Verwaltung alten Typs. Im Mittelpunkt stand eine grundlegende Verwaltungseinheit, das heißt eine Abteilung. Die einem solchen institutionellen Raster aufgezwungene Informatisierung führte zu einer weiteren Versteifung der bestehenden (formal als modern geltenden) Strukturen. Sie waren nicht an die neuen Informationsfunktionen angepasst, bei denen die Aggregation von Informationen und teilweise deren Verarbeitung automatisiert wurden.[8]

Auch in den klassischen Konzepten des Verwaltungsrechts hat Digitalisierung lange Zeit nicht funktioniert. So findet sich beispielsweise in *Jan Zimmermanns* Werk „Das Alphabet des Verwaltungsrechts" kein Begriff der „Digitalisierung".[9] Stattdessen hat sich der Begriff der „Steuerung"[10] herausgebildet, der sich auf das Konzept von *Eberhard Schmidt-Aßmann*[11] bezieht und als eine Handlung zu verstehen ist, die innerhalb eines formalisierten Rahmens durchgeführt wird. Das Verwaltungsrecht ist in dieser Konzeption eine Art Ordnungsidee.

Im Polnischen gibt es beide Begriffe: sowohl „digitalizacja", als auch „cyfryzacja". Heute ist der am häufigsten verwendete Begriff im Recht und in der öffentlichen Politik jedoch die „digitale Transformation". Im Falle der „Digitalisierung" gibt es eine lange Geschichte der Verwirrung zwischen den Begriffen. Das PWN-Wörterbuch der polnischen Sprache definiert „Digitalisierung" (engl. *digitalization*) als digitale Formgebung von geschriebenen und gedruckten Daten, unabhängig davon, ob sie auf magnetischen oder anderen Medien enthalten sind.[12] Nach der im Englischen verwendeten Terminologie heißt es jedoch die Analog-Digital-Umwandlung (engl. *digitisation*). Sowohl „Digitalisierung" als auch „digitale Transformation" werden im Polnischen häufig mit „cyfryzacja" übersetzt. Wie *Grażyna Szpor* hervorhebt, war dies sogar ursprünglich der Fall für die englische offizielle Version des Namens der Verwaltungsbehörde, das heißt des Mi-

[7] Dz.U. 1997 Nr. 141, Pos. 943; siehe dazu *Maciejewski*, Folia Iuridica Universitatis Wratislaviensis 10 (2021), 108 (110 ff.).

[8] Dazu *Fajgielski*, Informacja w administracji publicznej, 2008; *Monarcha-Matlak*, Obowiązki administracji w komunikacji elektronicznej, 2008; Szpor (Hrsg.), Jawność i jej ograniczenia: Idee i pojęcia, Bd. 1, 2016, XIX ff.; *Szpor*, in: ebd., 232–237. Art. 12a des Gesetzes v. 4.9.1997 über die Gliederung der staatlichen Verwaltung, Dz.U. 1997 Nr. 141, Pos. 943.

[9] Siehe *Zimmermann*, Alfabet prawa administracyjnego, 2022.

[10] *Zimmermann* (Fn. 9), 237 f.

[11] Siehe *Schmidt-Aßmann*, Verwaltungsrechtliche Dogmatik, 2013, 20, 40 f.

[12] Vgl. https://sjp.pwn.pl/sjp/dygitalizacja;2555621.html (22.8.2023).

nisters für Digitalisierung (poln. *minister cyfryzacji*), der sich mit digitalen Angelegenheiten befasst (engl. *digital affairs*).[13]

Wegen dieser Missverständnisse lohnt es sich, die Begriffe zu klären. Bei der „digital distribution" geht es um die Erstellung einer digitalen Version von physischen Objekten (dies kann die Signalumwandlung von analogen Gesundheitsakten, Archiven, Standortdaten sein; das digitale Format kann von Computersystemen verwendet werden). Im Zusammenhang mit der öffentlichen Verwaltung bedeutet „digitalization" nicht nur die digitale Darstellung (wie bei der digitalen Verteilung); in der Regel ist es wichtiger, Daten zu verwenden.[14] Die Digitalisierung ist eine Vorstufe zur Automatisierung, und digitale Prozesse erfordern digitale Informationen. Bei der Digitalisierung geht es also um die Umgestaltung von Abläufen, Modellen und Aktivitäten durch den Einsatz digitaler Technologien. In diesem Sinne ist die Digitalisierung nur ein Vorspiel für eine vollständige digitale Transformation, das heißt den Übergang zu einem vollständig digitalen Betrieb der öffentlichen Verwaltung.

Parallel dazu gibt es den Begriff der „Informatisierung", dessen Bedeutungsumfang sich mit den oben beschriebenen Begriffen überschneidet. Die Informatisierung ist ein Bereich der Verwaltung, der im Jahr 2002 ausgewiesen wurde. Eines ihrer Elemente sollte die Modernisierung des öffentlichen Bereichs im weitesten Sinne des Wortes werden, wobei die Informatisierung der Verwaltung lange Zeit als Randthema behandelt wurde.

II. Rechtlicher Rahmen – allgemeine Fragen

Das erste Gesetz im Bereich der Digitalisierung war das Gesetz vom 17.2.2005 über die Informatisierung der Tätigkeiten von Einrichtungen, die öffentliche Aufgaben erfüllen.[15] Es enthielt u.a. Bestimmungen für Normungspläne sowie für die Bescheinigung, Registrierung und Kontrolle der öffentlichen Politiken. Die koordinierende Funktion im System der öffentlichen Verwaltung sollte der für die Informatisierung zuständige Minister wahrnehmen. Es fand eine schrittweise Standardisierung von IT-Lösungen statt, die einen normativen Akt in Form einer Verordnung als Rechtsgrundlage hatte. Der zuständige Minister hatte die gesetzliche Aufgabe, Planent-

---

[13] Mehr dazu *Szpor*, in: Tarwacka (Hrsg.), Tempora mutantur cum legibus, 2019, 182–196.

[14] *Szpor* (Fn. 13), 182–196.

[15] Dz.U. 2005 Nr. 64, Pos. 565; einheitliche Fassung: Dz.U. 2023, Pos. 57; im Folgenden: Gesetz über die Informatisierung bzw. Informatisierungsgesetz.

würfe für die Informatisierung des Staates zu erstellen und über den Großteil der finanziellen Mittel zu verfügen. Der Ministerialcharakter des Informatisierungsgesetzes erwies sich als dauerhaft. Änderungen wurden erst 2018 im Rahmen der bereits fortgeschrittenen digitalen Transformation eingeführt.

Das Gesetz über die Informatisierung von 2005 enthielt zwar einige neue Lösungen, aber ebenso einen Mangel an Komplexität.[16] Die Hoffnung auf eine Überwindung der pathologischen „Autarkie der Ressorts" wurde „mit der Skepsis der parlamentarischen Rechtsexperten – in der Koordinierungsfunktion des für die Informatisierung zuständigen Ministers in Bezug auf die durch Verordnungen aufgestellten Pläne der Ressorts und der übergeordneten Behörden"[17] gesehen. Der Mangel an Komplexität ist darauf zurückzuführen, dass die Erstellung von Entwürfen für die Informatisierung des Staates und die Verfügung über die meisten Mittel, einschließlich der EU-Mittel[18], in den Händen einer einzigen Behörde, des Ministers für innere Angelegenheiten und Verwaltung, konzentriert wurde.

Der Bereich „Informatisierung" wurde als Abteilung der öffentlichen Verwaltung nacheinander in die Zuständigkeit des Ministers für Inneres und Verwaltung (2005 bis 2011), des Ministers für Verwaltung und Digitalisierung (2011 bis 2015) und des Ministers für Digitalisierung (2015 bis 2020) übertragen. Gleichzeitig waren die Minister im Durchschnitt nur etwa zwei Jahre im Amt, was die Entwicklung langfristiger, gut durchdachter Strategien erheblich erschwerte. Daher muss man der kritischen Aussage der Rechtslehre, dass es in Polen in den letzten Jahren keine stabilen Strukturen der öffentlichen Verwaltung gab, voll und ganz zustimmen.[19] Ab Oktober 2020 wird das Ressort der Regierungsverwaltung „Informatisierung" vom Premierminister geleitet, der auch Minister für Digitalisierung ist; die Kanzlei des Premierministers (im Folgenden: KPRM) ist ein unterstützender Apparat für die Umsetzung dieser beiden Funktionen. Innerhalb der KPRM-Struktur gibt es ein Zentrum für die Entwicklung digitaler Kompetenzen, das u. a. folgende Aufgaben wahrnimmt:[20]

---

[16] Szpor/Martysz/Wojsyk (Hrsg.), Ustawa o informatyzacji działalności podmiotów realizujących zadania publiczne. Komentarz, 2007, 11–22.

[17] Szpor/Martysz/Wojsyk (Fn. 16), 11–22.

[18] Im folgenden Jahrzehnt wurde der Stellenwert der IT-Planung in der öffentlichen Verwaltung sukzessive reduziert.

[19] Mehr dazu Szpor (Hrsg.), Prawne problemy informatyzacji administracji, 2008; *Szpor*, in: Gołuchowski/Frączkiewicz-Wronka (Hrsg.), Technologie wiedzy w zarządzaniu publicznym '09, 2009, 45–53.

[20] Vgl. https://www.gov.pl/web/premier/sekretariaty-departamenty-biura2 (22.8. 2023).

- Initiierung und Koordinierung von Aktivitäten zur Entwicklung digitaler Kompetenzen;
- Aktivitäten zur digitalen Erreichbarkeit und Regierungsstrategien für die digitale Aktivierung von Menschen mit Behinderungen;
- Durchführung von Forschungs- und Analysearbeiten mit besonderem Schwerpunkt auf der Frage der digitalen Kompetenzen und Ermittlung der Herausforderungen im Zusammenhang mit der Entwicklung der digitalen Technologien und der Koordinierung der öffentlichen Politik in diesem Bereich;
- Förderung positiver Einstellungen bei der Interaktion natürlicher und juristischer Personen im digitalen Bereich und Bekämpfung negativer Phänomene im digitalen Raum, einschließlich Desinformation, sowie Durchführung sonstiger Tätigkeiten, die darauf abzielen, das Niveau der digitalen Kompetenzen in der Gesellschaft anzuheben oder Initiativen zu diesem Zweck zu fördern;
- Initiierung, Koordinierung und Durchführung von Maßnahmen zur Verbesserung der Kompetenzen des öffentlichen Sektors, u.a. durch die Förderung der Interaktion von Innovationsgemeinschaften, einschließlich junger Menschen, mit dem öffentlichen Sektor.

Die in den letzten Jahren vorgenommenen Änderungen haben sich auch auf die Rechtsvorschriften über die Aufbewahrung von Unterlagen über die Tätigkeiten öffentlicher und nichtöffentlicher Stellen ausgewirkt. Das Gesetz über das nationale Archivgut und die Archive[21] aus dem Jahr 1983 wurde durch die Änderungsbestimmungen des Gesetzes vom 17.2.2005 über die Informatisierung der Tätigkeiten von Einrichtungen, die öffentliche Aufgaben wahrnehmen,[22] und die Durchführungsbestimmungen des Ministeriums für Inneres und Verwaltung zu diesem Gesetz geändert, um den Erfordernissen im Zusammenhang mit der Digitalisierung und der elektronischen Kommunikation Rechnung zu tragen.[23]

[21] Gesetz v. 14.7.1983 über das nationale Archivgut und die Archive, Dz.U. 1983 Nr. 38, Pos. 173; einheitliche Fassung: Dz.U. 2020, Pos. 164.

[22] VO des Ministers für Kultur und Nationales Erbe v. 6.2.2008 über die Änderung des Namens und des Tätigkeitsbereichs des 1955 gegründeten Archivs für mechanische Dokumentation in Warschau in das Nationale Digitale Archiv, Dz.U. 2008 Nr. 29, Pos. 167.

[23] VO des Ministers für Inneres und Verwaltung v. 30.10.2006 über die wesentlichen Elemente der Struktur elektronischer Dokumente, Dz. U. 2006 Nr. 206, Pos. 1517; VO des Ministers für Inneres und Verwaltung v. 30.10.2006 über die Einzelheiten des Umgangs mit elektronischen Dokumenten, Dz.U. 2006 Nr. 206, Pos. 1518; VO des Ministers für Inneres und Verwaltung v. 2.11.2006 über die technischen Anforderungen an Auf-

Die bisherige Praxis des traditionellen Dokumentenumlaufs in Papierform in Verwaltung und Justiz wurde dadurch nicht grundlegend geändert. Es gab Dienstanweisungen, die selbst in einem Amt, in dem der elektronische Dokumentenverkehr eingeführt worden war, vorschrieben, dass eine eingegangene Nachricht ausgedruckt und in einem speziellen Postregister registriert und dann wie ein Papierdokument behandelt werden musste, wodurch die elektronische Kommunikation behindert wurde.[24] Diese Bestimmungen wurden nur teilweise durch die Verordnung des Premierministers vom 18.1.2011 über die Registeranweisung, einheitliche Materialdateilisten und die Anweisung über die Organisation und den Umfang der Tätigkeit von Unternehmensarchiven geändert.[25] Die damals geschaffenen Modernisierungsmöglichkeiten wurden jedoch durch die uneinheitliche Regelung für die Kommunalverwaltung und für die allgemeine Verwaltung in der Woiwodschaft[26] sowie für die Hilfsorgane der zentralen Behörden und deren Organisationseinheiten grundlegend geschmälert.[27]

Für elektronisch erbrachte Dienstleistungen hingegen wurde der wesentliche Rechtsrahmen durch die Richtlinie (EG) 2000/31 vom 8.6.2000 über bestimmte rechtliche Aspekte der Dienste der Informationsgesellschaft, insbesondere des elektronischen Geschäftsverkehrs im Binnenmarkt (Richtlinie über den elektronischen Geschäftsverkehr) geschaffen.[28] Sie wird durch das Gesetz vom 18.7.2002 über die Erbringung von Dienstleistungen auf elektronischem Wege in polnisches Recht umgesetzt.[29] Sie legt die Verpflichtungen im Zusammenhang mit der Erbringung elektronischer Dienstleistungen und die Regeln für die Befreiung von dieser Verpflichtung sowie die Regeln für den Schutz der personenbezogenen Daten der Personen, die diese Dienste nutzen, fest. Die Probleme in der Umsetzung dieser Richtlinie

---

zeichnungsformate und Computerdatenträger, auf denen die dem Staatsarchiv übergebenen Archivalien aufgezeichnet wurden, Dz.U. 2006 Nr. 206, Pos. 1519.

24 Szpor (Hrsg.), Dokumentacja elektroniczna w podmiotach publicznych, 2013, 9–10; *Chromicka*, in: ebd., 191 ff.

25 Dz.U. 2011 Nr. 14, Pos. 67.

26 Eine Woiwodschaft ist ein Verwaltungsbezirk der obersten Stufe in der territorialen Gliederung Polens.

27 Sie stellen u. a. ein Hindernis für die Digitalisierung von administrativen Rechtsetzungsverfahren dar.

28 Vgl. RL (EG) 2000/31 v. 8.6.2000 über bestimmte rechtliche Aspekte der Dienste der Informationsgesellschaft, insbesondere des elektronischen Geschäftsverkehrs, im Binnenmarkt, ABl. 2000 L 178/1; RL (EU) 2019/770 v. 20.5.2019 über bestimmte vertragsrechtliche Aspekte der Bereitstellung digitaler Inhalte und digitaler Dienstleistungen, ABl. 2019 L 136/1.

29 Dz.U. 2002 Nr. 144, Pos. 1204; einheitliche Fassung: Dz.U. 2020, Pos. 344.

wirken sich negativ auf die Kohärenz und die Qualität der sektoralen Regulierung aus.[30] Erst die jüngste EU-Verordnung, der Digital Services Act (DSA), der in allen Mitgliedstaaten, auch in Polen, direkt anwendbar sein wird, bringt diesbezüglich Änderungen mit sich.[31]

Was die elektronischen Dienste der öffentlichen Verwaltung betrifft, so ist das wichtigste Gesetz in Polen, wie bereits erwähnt, das Gesetz über die Informatisierung.[32] Der Begriff „Dienstleistungen der öffentlichen Verwaltung“ wurde erst mit der Novelle von 2010 in das Gesetz aufgenommen.[33] Zu diesem Gesetz wurden zahlreiche Durchführungsbestimmungen erlassen, darunter die Verordnung über den nationalen Interoperabilitätsrahmen.[34] Auch das Geodateninfrastrukturgesetz von 2010 ist für elektronische Dienste von besonderer Bedeutung,[35] mit dem die INSPIRE-Richtlinie in polnisches Recht umgesetzt wird[36] sowie das Gesetz über die Grundsätze der Entwicklungspolitik,[37] auf dessen Grundlage 2014 das integrierte staatliche Informatisierungsprogramm verabschiedet und das 2019 aktualisiert wurde.[38]

---

[30] Vgl. Gesetz v. 11.3.2004 über die Mehrwertsteuer, Dz.U. 2004, Nr. 54, Pos. 535; RL (EG) 2006/112 v. 28.11.2006 über das gemeinsame Mehrwertsteuersystem, ABl. 2006 L 347/1; VO (EU) 282/2011 v. 15.3.2011 zur Festlegung von Durchführungsvorschriften zur RL (EG) 2006/112 über das gemeinsame Mehrwertsteuersystem, ABl. 2011 L 77/1.

[31] Vgl. VO (EU) 2022/2065 v. 19.10.2022 über einen Binnenmarkt für digitale Dienste und zur Änderung der RL (EG) 2000/31, ABl. 2022 L 277/1.

[32] Vgl. Gesetz über die Informatisierung (Fn. 15).

[33] Siehe *Szpor*, Art. 3, in: ders./Martysz/Wojsyk (Hrsg.), Ustawa o informatyzacji działalności podmiotów realizujących zadania publiczne. Komentar, 2015, SI LEX.

[34] VO des Ministerrats v. 9.11.2017 über den nationalen Interoperabilitätsrahmen, Mindestanforderungen an öffentliche Register und den Austausch von Informationen in elektronischer Form sowie Mindestanforderungen an IKT-Systeme, Dz.U. 2017, Pos. 2247.

[35] Gesetz v. 4.3.2010 über die Geodateninfrastruktur, Dz.U. 2010 Nr. 76, Pos. 489 m. Änderungen.

[36] Vgl. RL (EG) 2007/2 v. 14.3.2007 zur Schaffung einer Geodateninfrastruktur in der Europäischen Gemeinschaft (INSPIRE), ABl. 2007 L 108/1. Der Zugang zu diesen Diensten soll über die Website „INSPIRE-Geoportal“ erfolgen. Die Richtlinie verpflichtet die EU-Mitgliedstaaten, parallel zur Modernisierung der Datensätze die technischen, organisatorischen und rechtlichen Grundlagen für den allgemeinen Zugang zu diesen Daten zu schaffen, wobei Ausnahmen innerhalb der von der Richtlinie erlaubten Grenzen zu begründen sind.

[37] Gesetz v. 6.12.2006 über die Grundsätze der Entwicklungspolitik, Dz.U. 2006 Nr. 227, Pos. 1658.

[38] Mitteilung des Ministers für Verwaltung und Digitalisierung v. 23.5.2014 über die Verabschiedung eines Beschlusses des Ministerrats zur Verabschiedung des Entwicklungsprogramms „Programm zur integrierten Landesinformatik“, M.P. 2014, Pos. 394; Mitteilung des Ministers für Digitalisierung v. 3.11.2016 über die Verabschiedung eines

Eines der Hauptthemen für den gesamten Digitalisierungsprozess bleibt die Identifizierung der Person. Eine weit verbreitete, klare und eindeutige Identifizierung kann, wie am Beispiel Estlands zu sehen ist, der Schlüssel zum Erfolg bei der Einführung innovativer Lösungen in diesem Bereich sein.[39] Im Falle Polens war es anfangs in der Region führend bei der Einführung eines relativ einfachen PESEL-Identifizierungssystems (das übrigens jahrelang auf einer unzureichenden Rechtsgrundlage beruhte, nämlich dem unveröffentlichten Ministerratsbeschluss Nr. 208). Im Laufe der Zeit geriet Polen jedoch ins Hintertreffen: Auf zentraler Ebene wurden Identifizierungssysteme gewählt, die im Betrieb teuer (da kostenpflichtig) und für den durchschnittlichen Standardnutzer zu komplex waren. So war z. B. die Identifizierungsregelung im Signaturgesetz vom 18.9.2001,[40] die auf einer sehr teuren, aber sicheren und mit einem qualifizierten Zertifikat verifizierten Signatur basierte, mangelhaft.[41]

Nach der Novelle des Informatisierungsgesetzes von 2010 wurde ein vertrauenswürdiges Profil auf der elektronischen Plattform für öffentliche Verwaltungsdienste (im Folgenden: e-PUAP) erstellt. Doch selbst diese Methode der freien Identifizierung bei Kontakten mit Einrichtungen, die öffentliche Aufgaben wahrnehmen, war zu kompliziert und wurde in den folgenden Jahren kaum genutzt. Im internen Bereich der Verwaltung, der mit dem e-Siegel zu einem in der Region erkennbaren Verwaltungserfolg hätte werden können, fand es keine breite Anwendung. Das elektronische Siegel wurde erst durch die Verordnung über elektronische Identifizierungs- und Vertrauensdienste für elektronische Transaktionen (e-IDAS) endgültig eingeführt.[42] In Polen gibt es immer noch keinen elektronischen Personalausweis als Identifikationsdokument. Die Bestimmungen des Gesetzes von 2010,[43]

Beschlusses des Ministerrats zur Änderung des Beschlusses über die Verabschiedung des Entwicklungsprogramms „Programm zur integrierten staatlichen Informatisierung", M.P. 2016, Pos. 1106.

[39] Vgl. *Laanemäe*, Public Governance 2018, 4 f., abrufbar unter https://t1p.de/0vczn (22.8.2023).

[40] Einheitliche Fassung: Dz.U. 2013, Pos. 262.

[41] Vgl. *Czaplicki*, in: Szpor (Hrsg.), Internet: publiczne bazy danych i Big data, 2014, 137 ff.

[42] VO (EU) 910/2014 v. 23.7.2014 über elektronische Identifizierung und Vertrauensdienste für elektronische Transaktionen im Binnenmarkt und zur Aufhebung der RL (EG) 1999/93, ABl. 2014 L 257/73; ausführlich dazu *Pieńkosz*, Pieczęć elektroniczna w obrocie prawnym w Polsce, 2022.

[43] Das Gesetz v. 6.8.2010 über Personalausweise (Dz.U. 2010 Nr. 167, Pos. 1131) führte bereits in seiner ursprünglichen Fassung eine elektronische Version des Personalausweises zusammen mit persönlichen Signaturzertifikaten ein, aber während der *vacatio*

dessen Inkrafttreten immer wieder verschoben wurde, wurden schließlich aufgehoben und die neuen Lösungen haben keinen Durchbruch bei der elektronischen Identifizierung gebracht. In Polen haben die Passdokumente schon seit langem eine elektronische Form, während die neuen Personalausweise eine traditionelle Form haben und daher nicht ausreichend fälschungssicher sind.

III. Sektorspezifische Lösungen

Im Gegensatz zur Zentralverwaltung bei der Informatisierung und Digitalisierung sind bei der Informatisierung der Fachbereiche des öffentlichen E-Government und der allgemeinen und speziellen Verwaltung bzw. des materiellen Rechts Erfolge zu verzeichnen.[44]

Die Informatisierung der öffentlichen Verwaltung begann bereits Ende 1989, kurz nach der politischen Wende. Das Finanzministerium gab eine Ausschreibung für das Poltax-System für die Steuerverwaltung heraus. Ab 2013 wurde das Projekt e-Tax umgesetzt, bei dem die Einkommensteuerformulare online eingereicht werden. 2014 wurden die Steuererklärungen noch häufiger in Papierform eingereicht (42,2 Millionen in Papierform und 23,1 Millionen in elektronischer Form), aber schon 2016 gab es einen Durchbruch (62,3 Millionen in elektronischer Form und 17,2 Millionen in Papierform). Im Jahr 2021 hingegen wurden die Erklärungen überwiegend elektronisch eingereicht (87,9 Millionen, nur 5,8 Millionen in Papierform).[45] Auch das Gesundheitssystem wird digitalisiert (wie in dieser Studie in dem Kapitel von *Sebastian Sikorski* näher erläutert). In den letzten Jahren wurden insgesamt 106,1 Millionen elektronische Rezepte für 27,3 Millionen Patienten und 1.382,3 Millionen elektronische Rezepte für 36 Millionen Patienten im Rahmen des e-Health-Systems ausgestellt.[46] Für diese Systeme, die die Arbeit von Behörden unterstützen sowie für die Bereitstellung, das Ergreifen oder die Aufteilung von Verwaltungsaufgaben zuständig sind,

---

legis wurden die meisten seiner Bestimmungen aufgegeben. Mehr dazu *Czaplicki*, Dokumenty tożsamości. Jawność i bezpieczeństwo, 2016, 100ff.

[44] *Ganczar*, Informatyzacja administracji publicznej, 2009; *Grodzka*, Studia BAS 3 (2009), 57ff.

[45] Vgl. https://www.podatki.gov.pl/ (22.8.2023); https://www.podatki.gov.pl/inne-narzedzia/statystyka-e-deklaracje/ (22.8.2023); dazu auch *Monarcha-Matlak* (Fn. 8).

[46] Vgl. https://ezdrowie.gov.pl/ (22.8.2023); https://www.cez.gov.pl/ (22.8.2023).

war es wichtig, unter Umgehung elektronischer Signaturen, die Benutzer zu identifizieren.[47]

Das umfassende IT-System der Sozialversicherungsanstalt (im Folgenden: ZUS) wurde 1997 eingerichtet und erfasste 25 Millionen Bürger. Es war auch das erste umfassende E-Government-System in Polen. Die Einführung dieses Systems im Jahr 2005 führte dazu, dass die ZUS im Rahmen des europäischen E-Government-Award-Programms den Hauptpreis für das innovativste System zur Unterstützung der Verwaltung von Regierungseinrichtungen erhielt.[48] Mehr als 7 Millionen Menschen haben ein Profil auf der Plattform für elektronische Dienstleistungen der ZUS (im Folgenden: PUE ZUS) angelegt.[49]

Im Ministerium für Arbeit und Sozialpolitik wurden zwischen 1990 und 1999 die ersten IT-Systeme für die Arbeitsämter der Woiwodschaften und Bezirke eingerichtet. Im Jahr 2008 wurde die mit vielen Mängeln behaftete elektronische Plattform für Dienstleistungen der öffentlichen Verwaltung e-PUAP eingeführt. Dabei handelt es sich um eine landesweite IKT-Plattform für die Kommunikation zwischen Bürgern und öffentlichen Verwaltungsstellen. Die e-PUAP-Plattform hat aufgrund zahlreicher technischer Mängel und des schwierigen Zugangs die meisten Kontroversen ausgelöst.

Das Zentralregister und Informationen über die Geschäftstätigkeit nahm 2011 seine Arbeit auf der Grundlage von 2.500 verschiedenen Registern auf. Nach dem Beitritt Polens zur Europäischen Union und zum Schengen-Raum konzentrierte sich das Zentralregister seit 2004 in erster Linie auf neue Standards für Personalausweise und Reisepässe.[50] Zu den Änderungen gehörten auch die Modifizierung der Grenzkontrollen und die Informatisierung der Zoll- und Visasysteme (in Systemen, die nach 2007 eingeführt wurden).[51]

---

[47] Um ein Profil auf der ZUS-Plattform (PUE ZUS) für elektronische Dienstleistungen einzurichten, muss man sich registrieren und seine Identität mit Hilfe eines vertrauenswürdigen Profils, durch *Electronic Banking* oder persönlich in einer ZUS-Geschäftsstelle oder bei einem E-Visit bestätigen.

[48] Vgl. *Hołyński* (Fn. 2), 179 ff.

[49] Gemäß dem Gesetz v. 24.6.2021 zur Änderung des Gesetzes über das Sozialversicherungssystem und einiger anderer Gesetze ist ab dem 1.1.2023 jeder Beitragszahler gesetzlich verpflichtet, ein Profil auf der PUE ZUS zu haben; vgl. https://www.prawo.pl/kadry/pue-zus-liczba-kont,508855.html (22.8.2023).

[50] Siehe z. B. Passinformationssystem und Zentrales Verzeichnis der ausgestellten und ungültig gemachten Passdokumente (CEWiUDP); vgl. https://www.gov.pl/web/cyfryzacja/paszportowy-system-informacyjny-i-centralna-ewidencja-wydanych-i-uniewaznionych-dokumentow-paszportowych-cewiudp- (22.8.2023).

[51] Ausführlich dazu *Ganczar*, Administracyjno-prawne uwarunkowania prowadzenia działalności gospodarczej w warunkach społeczeństwa informacyjnego, 2018, 148 ff.

Unter Bezugnahme auf die oben genannten ausgewählten Beispiele kann die berechtigte Frage gestellt werden, ob es in Polen bereits ein ausgereiftes E-Government gibt, verstanden als Einsatz von Informationstechnologie in der öffentlichen Verwaltungstätigkeit in ausgewählten Bereichen. Das grundlegende Ziel von E-Government ist die Einführung von Verwaltungsprozessen und -verfahren in digitaler Form unter umfassender Nutzung des Internets, elektronischer Daten, Informationen und auch elektronischer Kommunikation. Eine solche Verwaltung beinhaltet die Verbesserung der technologischen Prozesse, der elektronischen Kommunikation und der Interoperabilität.[52]

In Polen bilden die Bestimmungen der Verwaltungsverfahrensordnung die Grundlage für E-Government. Darin werden „traditionelle" und elektronische Verfahren gleichgesetzt. Viele Tätigkeiten in Verwaltungsverfahren können elektronisch durchgeführt werden, z.B. die Einreichung und der Empfang von Dokumenten sowie die Zustellung von Entscheidungen auf elektronischem Wege. Die Verwendung einer qualifizierten elektronischen Signatur im Sinne von Art. 3 der e-IDAS-Verordnung, das heißt einer elektronischen Signatur, die mit dem vertrauenswürdigen Profil e-PUAP verifiziert wurde, ist häufig erforderlich. Um ein Verwaltungsverfahren wirksam einzuleiten, muss das Schreiben in den elektronischen Briefkasten des Organs eingestellt werden, es sei denn, eine besondere Bestimmung sieht etwas anderes vor. Dies wiederum ist gleichbedeutend mit der Zustimmung zur elektronischen Zustellung aller Schreiben, einschließlich Verwaltungsentscheidungen, in elektronischer Form, es sei denn, die Partei verzichtet auf die elektronische Zustellung. In bestimmten Fällen weist die Steuerverordnung auch auf die elektronische Kommunikation zu Lasten der traditionellen Kommunikation hin. Solche Vorschriften verschärfen die digitale Ausgrenzung einiger Personen, die mit Schwierigkeiten beim Zugang zu den neuen Technologien zusammenhängen.

Zur Verbesserung der Zugänglichkeit gibt es stattdessen eines der jüngsten Gesetze in diesem Bereich: das Gesetz über die digitale Zugänglichkeit von Websites und mobilen Anwendungen öffentlicher Stellen vom 4.4.2019.[53] Das Gesetz dient der Umsetzung der RL (EU) 2016/2102,[54] setzt aber gleichzeitig die Strategie der Regierung um, die in der Entschließung des Ministerrats Nr. 102/2018 vom 17.7.2018 über die Einrichtung des

---

[52] Vgl. *Scholl/Klischewski*, International Journal of Public Administration 8–9 (2007), 889 (902ff.).

[53] Dz.U. 2019, Pos. 848.

[54] RL (EU) 2016/2102 v. 26.10.2016 über den barrierefreien Zugang zu den Websites und mobilen Anwendungen öffentlicher Stellen, ABl. 2016 L 327/1.

Regierungsprogramms „Barrierefreiheit Plus“ zum Ausdruck kommt.[55] Das Gesetz soll etwa 2 bis 3 Millionen Menschen abdecken, die aufgrund einer Behinderung, ihres Alters oder anderer gesundheitlicher Einschränkungen Schwierigkeiten bei der Nutzung des Internets haben. Es setzt gleichzeitig die Bestimmungen des Übereinkommens über die Rechte von Menschen mit Behinderungen vom 13.12.2006 um, das von Polen am 6.9.2012 ratifiziert wurde.[56] Das Übereinkommen garantiert die digitale Zugänglichkeit für Menschen mit Behinderungen nicht nur im materiellen Sinne (physischer Zugang zu Geräten), sondern auch im Kontext des Cyberspace und der Zugänglichkeit zu Informations- und Kommunikationssystemen. Gleichzeitig liegt die Bedeutung des Gesetzes von 2019 in der Einführung von rechtlichen Definitionen von Begriffen wie Website und mobile Anwendungen.

Das Gesetz legt sowohl (1) die Anforderungen an die digitale Zugänglichkeit von Websites und mobilen Anwendungen öffentlicher Stellen als auch (2) die Anforderungen an den Inhalt der Überprüfung und Aktualisierung der Zugänglichkeitserklärung und (3) die Zuständigkeit der verantwortlichen Behörde für die Überwachung der Zugänglichkeit und die Überwachung der Anwendung der Bestimmungen des Gesetzes fest. Einige der Bestimmungen des Gesetzes können mit denjenigen des Gesetzes vom 19.7.2019 über die Gewährleistung der Zugänglichkeit für Personen mit besonderen Bedürfnissen kollidieren.[57] In diesem letzten Gesetz sind auch die Verpflichtungen öffentlicher Stellen in Bezug auf die Zugänglichkeit, einschließlich der digitalen Zugänglichkeit, festgelegt. In Zukunft könnten Zweifel an der Auslegung aufkommen. Denn die Koordinierungsbefugnisse des für die Informatisierung zuständigen Ministers können mit den entsprechenden Befugnissen des Ministers für regionale Entwicklung kollidieren, der gemäß dem Gesetz vom 19.7.2019 über die Gewährleistung der Zugänglichkeit für Personen mit besonderen Bedürfnissen ebenfalls zu einer solchen Koordinierung befugt ist.

Bei der Bewertung der Digitalisierung der öffentlichen Verwaltung in Polen sollte auf das Programm zur integrierten staatlichen Informatisierung (im Folgenden: PZIP) verwiesen werden.[58] Dabei handelt es sich um ein strategisches Dokument, das die Aktivitäten des Ministerrats in den Jahren 2014 bis 2022 festlegt (das Programm wurde durch den Beschluss des Minis-

---

[55] https://www.gov.pl/web/fundusze-regiony/program-dostepnosc-plus (22.8.2023).

[56] Dz. U. 2012, Pos. 1169.

[57] Dz. U. 2019, Pos. 1996.

[58] Vgl. https://www.gov.pl/web/cyfryzacja/program-zintegrowanej-informatyzacji-panstwa (22.8.2023).

terrats Nr. 117/2016 vom 27.9.2016 geändert), die auf die Entwicklung der polnischen öffentlichen Verwaltung durch den Einsatz moderner digitaler Technologien abzielen sollten. Ziel der Informatisierung war es, die Funktionsweise des Staates zu verbessern und Bedingungen zu schaffen, die es den Bürgern erleichtern, mit der öffentlichen Verwaltung zu kommunizieren und die Informationsressourcen effizient zu nutzen.

Das Programm ist zu einem Bestandteil des gesamten Systems strategischer Dokumente im Zusammenhang mit der digitalen Entwicklung des Landes geworden. Das PZIP ist ein Umsetzungsdokument für den Beschluss des Ministerrats Nr. 8 vom 14.2.2017 über die Annahme der Strategie für eine verantwortungsvolle Entwicklung bis 2020 (mit einem Ausblick bis 2030) und alle sektoralen Strategien im Zusammenhang mit der Einführung digitaler Innovationen in bestimmten Bereichen der Wirtschaft. Ergänzt wird das Programm durch die Annahmen, die auf der Grundlage von bereits in Kraft stehenden Regierungsdokumenten getroffen wurden, z. B. in Bezug auf den Breitband-Internetzugang und die Sicherheit im Cyberspace. Auch im Bereich der Implementierung des 5G-Netzes, der Entwicklung digitaler Kompetenzen und der Künstlichen Intelligenz sollten Regierungsdokumente erstellt werden, die die notwendigen Aktivitäten zur Durchführung der aus dem PZIP resultierenden integrierten Informatisierung des Staates definieren sollten. Das Programm konnte nur teilweise umgesetzt werden.

Die Verwaltung ist nach wie vor durch papierbasierte und veraltete Prozesse überlastet. Aufgrund der Verzögerungen in der Umsetzung des Programms war es für die öffentliche Verwaltung besonders schwierig sich während der COVID-19-Pandemie fast über Nacht ab 2020 auf Fernarbeit umzustellen. Dies bedeutete, dass die Mitarbeiter darauf vorbereitet werden mussten und einen digitalen Zugang zu Dokumenten und Datenbanken, aber auch die erforderliche IT-Infrastruktur benötigten. Vor dem Hintergrund dieser Erfahrungen besteht die eigentliche Herausforderung für die polnische öffentliche Verwaltung in der Einführung einer belastbaren digitalen Verwaltung für die Regierung und die lokalen Behörden. Die Organe der öffentlichen Verwaltung, einschließlich der lokalen Verwaltung, müssen ihre eigene digitale Strategie haben.

Eine solche Strategie sollte die Ausbildung relevanter digitaler Kompetenzen im öffentlichen Sektor beinhalten, um Beamte und Angestellte der öffentlichen Verwaltung auf künftige Herausforderungen vorzubereiten.[59]

---

[59] Kusiak-Winter/Korczak (Hrsg.), Ewolucja elektronicznej administracji publicznej, 2021.

Eine Lösung zur Sicherstellung digitaler Kompetenzen könnte die Schaffung einer digitalen Verwaltungsakademie sein, in der sowohl Regierungs- als auch Kommunalangestellte ausgebildet würden, um nicht nur spezifische Fähigkeiten zu erwerben, sondern auch das sog. digitale Denken zu formen, das für ein innovatives Verständnis der Funktionsweise der öffentlichen Verwaltung notwendig ist.

Die digitale Bildung derjenigen, die verwalten, und derjenigen, die verwaltet werden, ist in Polen im Vergleich zu anderen europäischen Ländern immer noch ein Bereich mit erheblichem Rückstand. Eine objektive Bewertung des Fortschritts der Digitalisierung der polnischen öffentlichen Verwaltung anhand von Messwerten liefert der Digital Economy and Digital Society Index (DESI).[60] Der Index ist das Ergebnis der von der Europäischen Kommission seit 2014 durchgeführten Überwachung der digitalen Fortschritte der Mitgliedstaaten. Die DESI-Indikatoren konzentrieren sich auf vier Hauptbereiche des digitalen Kompasses, unter denen sich auch Elemente zur Bewertung der Digitalisierung der öffentlichen Verwaltung befinden. Polen nimmt unter den 27 EU-Ländern den 24. Platz ein und liegt bei einigen Indikatoren deutlich unter dem EU-Durchschnitt (z.B. beim Humankapital). Obwohl also ab 2020 deutliche Fortschritte zu verzeichnen sind, konnte die bestehende Lücke nicht wesentlich geschlossen werden – und das trotz des durch die Pandemie erzwungenen Entwicklungssprungs (vor allem im Bildungsbereich). Polen hingegen schneidet bei der Umsetzung seiner Politik der offenen Daten weiterhin sehr gut ab; in der Studie rückt es in diesem Bereich in die Kategorie der EU-Trendländer auf (90 % im Jahr 2020 gegenüber 78 % für die Europäische Union insgesamt).[61]

In der DESI-Studie wurden auch die polnischen Leistungen im Bildungsbereich gewürdigt, wie z.B. die „Europäische Woche des Programmierens". Mehr als 600.000 Schüler nahmen in Polen daran teil, die zweithöchste Zahl unter den EU-Ländern. Die Programme „Remote School" und „Academy of Innovative Applications of Digital Technologies" wurden ebenfalls angenommen. Das Projekt „Digitales Polen" für den Zeitraum 2021 bis 2027, das vom Europäischen Fonds für regionale Entwicklung (EFRE) kofinanziert wird und u.a. die Bereitstellung von Hochgeschwindigkeits-Internetzugängen für Grund- und Sekundarschulen vorsieht, wurde ebenfalls positiv bewertet. Mögliche Verzögerungen bei der Vermittlung digitaler Kompetenzen sind daher nicht auf mangelnde Kapazitäten zurückzuführen. Bei der

---

[60] Vgl. https://digital-strategy.ec.europa.eu/de/policies/desi (22.8.2023).

[61] *Europäische Kommission,* DESI 2022 Polen, 4, 16, abrufbar unter https://ec.europa.eu/newsroom/dae/redirection/document/88719 (22.8.2023).

Bewertung der Konnektivität rangiert Polen auf Platz 25, was die öffentliche Finanzierung und den Ausbau der Infrastruktur angeht, und auf Platz 22, was die digitalen öffentlichen Dienste angeht. Polen liegt unter dem EU-Durchschnitt, was die Verfügbarkeit digitaler Online-Dienste angeht. Trotzdem steigt die Beliebtheit des Vertrauensprofils, des wichtigsten Authentifizierungsdienstes (2020 wurden 4 Millionen Profile erstellt). Auch die Video-Identitätsprüfung wurde eingeführt. Ein E-Führerschein in der mCitizen-App und die Hinzufügung von Impffunktionen wurden in der DESI-Umfrage als wichtige Errungenschaften hervorgehoben.[62]

IV. Fazit

Im Falle der Digitalisierung der polnischen öffentlichen Verwaltung bestand das Grundproblem, das diesen Prozess im Laufe der Jahre begleitete, in der Spannung zwischen dem erklärten Willen der Regierungen zu einer raschen Digitalisierung und dem klaren Wunsch nach einer Modernisierung der Verwaltung, für die die Digitalisierung zum Symbol wurde, und den ständigen organisatorischen Veränderungen auf zentraler Ebene. Insbesondere die organisatorische Zuordnung des Amtes des Digitalisierungsministers änderte sich häufig, da es nacheinander als eigenständige Einrichtung oder als Bestandteil verschiedener Ministerien fungierte.

Ein weiteres Spannungsverhältnis betraf die Auffassung, dass die Digitalisierung ein nützliches Instrument für die Zentralisierung sei, insbesondere in der Anfangszeit der neuen Informationstechnologie in diesem Bereich. Es entstand die Überzeugung, dass der Aufbau großer Datenbanken und die damit verbundene Überwindung der Barriere der physischen Informationstrennung zwischen den Einheiten einen grundlegenden technischen und Machtvorteil für die Zentralverwaltung gegenüber den Kommunalverwaltungen schaffen würde.[63] Man ging davon aus, dass mit der neuen Technologie die Zentralisierung der Verwaltung endlich technisch möglich werden würde. Dies implizierte die subjektive Überzeugung der zentralen öffentlichen Funktionsträger, dass die Digitalisierung die Selbstverwaltung zu einer überholten Idee machen würde, die in der „Vor-Internet-Ära" sinnvoll und heute nicht mehr notwendig war. Weitere technologische und technische Veränderungen, insbesondere die Entwicklung der Cloud-Governance, haben diese Argumentation obsolet werden lassen. Es hat sich herausge-

[62] *Europäische Kommission* (Fn. 61), 9, 13, 16 f.

[63] Vgl. Szpor (Hrsg.) (Fn. 8), XV ff.

stellt, dass das Gegenteil der Fall ist, das heißt nicht nur die Zentralregierung, sondern auch die Kommunalverwaltungen erhalten jetzt Zugang zu umfangreichen Informationsressourcen, die z. B. für kleine Gemeinden bisher nicht verfügbar waren. Eine solche Entwicklung erfordert rechtliche und organisatorische Änderungen, damit die lokalen Verwaltungseinheiten von diesen Ressourcen profitieren können. Die Zentralisierung ist nicht die Antwort auf die Digitalisierung, im Gegenteil, sie wird zu einem archaischen Hindernis für die nationale Entwicklung.

Ein weiterer Aspekt der Digitalisierung ist die Schaffung „virtueller Gemeinschaften", die parallel zu den oben erwähnten Zentralisierungstendenzen in der Verwaltung eine Bedrohung für die Kommunalverwaltung darstellen können. Es geht um die Schaffung multipler, fließender Identitäten online, ein Phänomen, das als Avatarisierung bekannt ist. Virtuelle Gemeinschaften können für die Teilnehmer näher und realer sein als die traditionelle Gemeinschaft der Einwohner. Dies gilt insbesondere für die jüngste Generation, die sog. Digital Natives, für die Online-Gemeinschaften oft näher und bedeutungsvoller sind als die Zugehörigkeit zu einer bestimmten Gemeinde oder das Funktionieren innerhalb eines bestimmten Ballungsraums.

Angesichts dieser Trends wird es zur Aufgabe der modernen Verwaltung, insbesondere der Kommunalverwaltung, Antworten auf die Frage zu suchen, wie eine territoriale Gemeinschaft im virtuellen Raum rekonstruiert werden kann.[64] Denn die Kommunalverwaltung ist als Gemeinschaft entweder auf nachbarschaftliche Bindungen oder auf die Identifikation auf der Basis von Lokalpatriotismus mit der größeren kommunalen Verwaltungseinheit aufgebaut. Erschwerend kommt hinzu, dass die digitalen Netze eine sichere Optik der Außenwahrnehmung schaffen und die bloße Online-Beteiligung bereits den Anschein von Engagement erweckt. Dies steht mitunter in Konkurrenz zum systematischen Engagement in der lokalen Gemeinschaft. Das menschliche Streben nach Gemeinschaft geht jedoch nicht verloren, und der Vorteil der Digitalisierung ist die Möglichkeit, auch im Falle einer Migration an der virtuellen Gemeinschaft der Gemeinde oder Region teilzuhaben. Diese Themen spiegeln sich noch nicht im Gesetz über die kommunale Selbstverwaltung in Polen wider, aber die Aufgaben der kommunalen Selbstverwaltung und die Kompetenzvermutung zugunsten der Gemeinde ermöglichen die Einführung vieler innovativer Elemente in die Verwaltungsprozesse auf lokaler Ebene. Kurzum, es geht um das zukünftige optimale E-Government in einem E-Staat. Ein wichtiger Aspekt der Digitalisierung ist, dass viele der Entscheidungen der Kommunalverwaltung

---

[64] Mehr dazu *Lipowicz*, Samorząd terytorialny XXI wieku, 2019, 254ff.

bereits ohne tiefgreifende axiologische Überlegungen automatisiert werden. Wie *Czesław Martysz* betont, sollte das Gesetz jedoch manchmal im Namen der Grundwerte der Selbstverwaltung eine Barriere gegen die vollkommene Robotisierung der Verwaltung errichten.[65]

Auch die Verwaltung der Cloud bleibt ein wichtiges Thema. Da sie von jedem Ort und von einer Vielzahl von Geräten aus zugänglich ist und über riesige Speicherressourcen verfügt, führt sie dazu, dass Kunden aller Art, einschließlich der öffentlichen Verwaltung, nicht wissen, wo sich ihre Daten befinden. Cloud-Dienste für den öffentlichen Sektor sollten, wie z.B. *Wojciech Wiewiórowski* betont, sorgfältig eingeführt und genau überwacht werden.[66] Ein Nebeneffekt des Betriebs in der Cloud ist die Demokratisierung der Technologie einerseits und die Beschleunigung der Standardisierung andererseits, die der Feind der Vielfalt sein kann, die z.B. für die lokale Verwaltung wertvoll ist. In der Tat wird die wichtigste „staatliche" Cloud derzeit vom zuständigen Minister verwaltet. Cloud-Verträge sind nur theoretisch verhandelbar. Cloud-Verträge und -Dienste dürfen nicht wie gewöhnliche Verträge abgeschlossen werden, die die Autorität der lokalen Verwaltung bedrohen. Dies gilt insbesondere für sog. Integratoren, die Cloud-Stacks anbieten. Für Polen bedeutet dies die notwendige Stärkung der Zertifizierung und Akkreditierung von Dienstleistern und den Schutz der riesigen Datenmengen, die sich in der Zuständigkeit der lokalen Behörden befinden. Die „dezentralisierte" Verwaltung legt nahe, dass die öffentliche Stelle und nicht etwa der Cloud-Anbieter der alleinige Inhaber der personenbezogenen Daten bleiben sollte.

Abschließend lohnt es sich, die Frage zu stellen: Wie sieht der europäische Horizont dieses Prozesses aus, wie er in dem politischen Programm *Europas digitale Dekade: digitale Ziele für 2030*[67] der Europäischen Kommission zum Ausdruck kommt? Die Modernisierung der öffentlichen Verwaltung und der Dienstleistungen mit digitalen Werkzeugen ist unerlässlich, um den Verwaltungsaufwand für Unternehmen, einschließlich kleiner und mittlerer Unternehmen, sowie für die Bürger zu verringern. Das EU-Programm weist u.a. darauf hin, dass die digitale Transformation, z.B. in den Bereichen Gesundheit, Justiz, Umwelt, Bildung oder Kultur, durchdachtes Handeln und die Entwicklung digitaler Dienstinfrastrukturen erfordert, die einen sicheren grenzüberschreitenden Datenaustausch ermöglichen und die nationale Entwicklung fördern.

---

[65] Siehe *Martysz*, in: Szostek (Hrsg.), E-administracja, 2009, 15ff.

[66] Siehe *Wiewórowski*, in: Szpor (Hrsg.), Internet, 2013, 84–90.

[67] Vgl. https://commission.europa.eu/strategy-and-policy/priorities-2019-2024/europe-fit-digital-age/europes-digital-decade-digital-targets-2030_de (22.8.2023).

Die Einführung der erforderlichen digitalen Technologien, insbesondere derjenigen, die mit den spezifischen Zielen des Programms in Zusammenhang stehen, das heißt Großrechner, Künstliche Intelligenz, Cybersicherheit und Vertrauen, ist der Schlüssel zur Nutzung der Vorteile der digitalen Transformation. Sie kann auch durch andere Spitzentechnologien wie die Blockchain-Technologie ergänzt werden. Die digitale Transformation sollte gewährleisten, dass die Bürger der Mitgliedstaaten grenzüberschreitend und sicher auf ihre personenbezogenen Daten zugreifen, sie nutzen und verwalten können, unabhängig davon, wo sie sich befinden und wo die Daten gespeichert sind.[68] In der Erklärung von Tallinn über elektronische Behördendienste vom 6.10.2017 stellten die Minister der EU-Mitgliedstaaten und der Länder der Europäischen Freihandelsassoziation fest, dass der digitale Fortschritt Gesellschaften und Volkswirtschaften tiefgreifend verändert, die Wirksamkeit bisheriger nationaler Maßnahmen in vielen Bereichen untergräbt und die bestehende Rolle und Funktion der öffentlichen Verwaltung im Allgemeinen in Frage stellt. In Anbetracht dessen ist es Aufgabe der politischen Entscheidungsträger, die mit diesen Veränderungen verbundenen Herausforderungen zu antizipieren und sie wirksam anzugehen. Diese proaktive Haltung gegenüber der öffentlichen Verwaltung gab es schon lange vor dem Ausbruch der Pandemie und des Krieges in der Ukraine.

Eine Gesamtbewertung der Digitalisierung der Verwaltung in Polen sollte daher auch Schlussfolgerungen zur Zentralisierung und Dezentralisierung als Prozesse, die die Gestaltung der Verwaltung maßgeblich beeinflussen, beinhalten. Die polnischen Erfahrungen unterscheiden sich von denen in Westeuropa. Es ist erwähnenswert, dass die Zentralisierung selbst dort scheiterte, wo aufgrund der anfänglichen Entwicklung der IT Zentralisierungstendenzen zunächst gerechtfertigt schienen. Das kostspielige e-PUAP-System hat nicht die erwarteten Ergebnisse hinsichtlich der Nutzung seiner Funktionen gebracht. Die von der zentralen Verwaltung vorgesehene Überprüfung der Unterschriften und im weiteren Sinne der Identitäten der Nutzer erwies sich als zu schwerfällig und kostspielig. In den Fällen, in denen die Kommunalverwaltungen die Verwaltung digitalisiert haben, war die Wirksamkeit der Investitionen in die Informatisierung höher. Die Initiativen der Kommunalverwaltungen in diesem Bereich wurden jedoch von der zentralen Ebene nicht ausreichend unterstützt.

Andererseits waren Beispiele für die sektorale Digitalisierung, z.B. E-Steuern, erfolgreich, wie oben erwähnt. Ein Nebeneffekt war jedoch die

[68] Vgl. https://digital-strategy.ec.europa.eu/de/policies/europes-digital-decade#tab_2 (22.8.2023).

Verstärkung der Abteilungsbildung in der öffentlichen Verwaltung, die leider das Hauptproblem der polnischen Verwaltung seit den Zeiten der PRL geblieben ist. Dies ist das eigentliche Paradoxon des Digitalisierungsprozesses, der scheinbar untrennbar mit der Modernisierung der öffentlichen Verwaltung verbunden ist und in diesem Fall zur Konsolidierung der bisherigen „Silostrukturen“ der einzelnen Ministerien beitrug.[69] Solche institutionellen Entwicklungen bestätigen die Bedeutung des Zeitfaktors bei Reformen der öffentlichen Verwaltung. Das Versäumnis, die Zentralverwaltung rechtzeitig zu reformieren, hat dazu geführt, dass sich die Zentralverwaltung die Digitalisierung sozusagen „angeeignet“ und zur Stärkung der verkrusteten Strukturen genutzt hat. Das muss sich angesichts der dynamischen Veränderungen in Europa dringend ändern.

[69] Vgl. *Martysz* (Fn. 65), 15 ff.

Verfassungsrechtliche und einfachgesetzliche Grundlagen der Verwaltungsdigitalisierung in Deutschland

Enrico Peuker

I. Zunehmende Verrechtlichung der Verwaltungsdigitalisierung

Die Verrechtlichung des Einsatzes von Informations- und Kommunikationstechnik in der öffentlichen Verwaltung in Deutschland begann vergleichsweise spät.[1] Obwohl mechanische Lochkartengeräte und elektronische Datenverarbeitungsanlagen bereits in den 1920er bzw. 1950/60er Jahren Einzug in die Verwaltungstätigkeit gefunden hatten, blieb die Automatisierung bzw. Informatisierung der Verwaltung lange Zeit vor allem ein Projekt der Verwaltungspraxis und der Verwaltungspolitik sowie – schon früh – ein Erkenntnisgegenstand der (Verwaltungs-)Rechtswissenschaft.[2] Der Gesetzgeber reagierte eher zögerlich und nur punktuell, um rechtliche Hindernisse der Verwaltungsautomation zu überwinden, die etwa mit Massenverfahren der Sozial- und Steuerverwaltung verbunden waren. So sieht das Verwaltungsverfahrensgesetz des Bundes (VwVfG) seit seinem Inkrafttreten im Jahr 1977 vor, dass Anhörung, Begründung sowie Unterschrift und Namenswiedergabe bei einem Verwaltungsakt, der mit Hilfe automatischer Einrichtungen erlassen wird, entbehrlich sind (§ 28 Abs. 2 Nr. 4 Var. 3, § 37 Abs. 5 S. 1, § 39 Abs. 2 Nr. 3 Var. 2 VwVfG). Einen weiteren wichtigen Schritt stellte die Änderung des VwVfG im Jahr 2002 dar. Sie ermöglichte die elektronische Kommunikation im Verwaltungsverfahren (§ 3a Abs. 1 VwVfG) sowie die Ersetzung der Schriftform durch elektronische funktio-

---

[1] Im Überblick *Eifert*, in: FS für Ulrich Battis, 2014, 421 ff.; *Guckelberger*, Öffentliche Verwaltung im Zeitalter der Digitalisierung, 2019, Rn. 707 ff.; *Denkhaus/Richter/Bostelmann*, EGovG/OZG, 2019, EGovG Einl. Rn. 1 ff.

[2] *Bull*, Verwaltung durch Maschinen, 1964, 37 ff.; *Fiedler*, JZ 1966, 689 (690); rückblickend *Kaiser*, in: Collin/Lutterbeck (Hrsg.), Eine intelligente Maschine?, 2009, 233 (234 ff.), und ausführlicher *dies.*, Kommunikation der Verwaltung, 2009, 111 ff.; *Vahrenkamp*, Technikgeschichte 84 (2017), 209 (213 ff.).

nale Äquivalente (§ 3a Abs. 2 VwVfG) und erkannte die elektronische Form des Verwaltungsakts in § 37 Abs. 2 S. 1 VwVfG an.[3]

Erst in jüngerer Zeit ist unter dem neuen Leitbild der digitalen Verwaltung ein Funktionswandel des Rechts zu beobachten.[4] Es will nicht mehr nur digitale Kommunikation ermöglichen, sondern verpflichtet die Verwaltung vielmehr zur digitalen Transformation. Das gilt zunächst auf der Ebene des Verfassungsrechts: neben allgemeinen rechtsstaatlichen und grundrechtlichen Vorgaben für das Verwaltungshandeln, die auch für die digitale Verwaltung Geltung beanspruchen, sieht der 2013 neu eingeführte Art. 91c GG die Zusammenarbeit von Bund und Ländern in IT-Angelegenheiten vor. Seit 2017 enthält Art. 91c GG in Abs. 5 den verbindlichen Auftrag zur Regelung des übergreifenden informationstechnischen Zugangs zu den Verwaltungsleistungen von Bund und Ländern durch ein Bundesgesetz.[5] Vor allem zielen aber einfachgesetzliche spezielle Regelungswerke wie das E-Government-Gesetz (EGovG) oder das Onlinezugangsgesetz (OZG) auf Bundesebene oder die E-Government- bzw. Digitalgesetze auf Landesebene seit den 2010er Jahren auf eine umfassendere rechtliche Steuerung der Verwaltungsdigitalisierung, wobei sie zum Teil auch unionsrechtliche Vorgaben umsetzen.[6]

Dabei liegt der Schwerpunkt der gesetzlichen Regelungen auf den Außenbeziehungen der Verwaltung zu Bürgern und Unternehmen.[7] Vorschriften etwa über den elektronischen Zugang zur Verwaltung, die elektronische Form oder die vollständige elektronische Abwicklung von Verwaltungsvorgängen sollen die Grundlagen dafür schaffen, dass Bürger und Unternehmen ausschließlich elektronisch mit der Verwaltung kommunizieren können.[8] Deutlich zäher gestaltet sich die rechtliche Steuerung der Digitalisierung im Hinblick auf den Innenbereich der Verwaltung. Mit Vorgaben zur

---

[3] Vgl. hierzu *Schmitz/Schlattmann*, NVwZ 2002, 1281 ff.; *Groß*, VerwArch 95 (2004), 400 (403 ff., 415 f.).

[4] *Britz/Eifert*, in: Voßkuhle/Eifert/Möllers (Hrsg.), Grundlagen des Verwaltungsrechts, Bd. 1, 2022, § 26 Rn. 9 ff.; zum Wandel der Leitbilder der Beitrag von *Guckelberger* in diesem Band, S. 4 ff.

[5] Zu den verfassungsrechtlichen Vorgaben sogleich näher unter II.

[6] Näher unter III. *Guckelberger/Starosta*, NVwZ 2021, 1161, sprechen daher (mit Blick auf das OZG) zutreffend von der „Aktivierungsfunktion des Rechts"; ebenso *Denkhaus/Richter/Bostelmann*, EGovG/OZG, 2019, EGovG Einl. Rn. 3.

[7] Vgl. *Britz/Eifert* (Fn. 4), § 26 Rn. 50 ff.

[8] Über „Digital First" (am Beispiel des Art. 20 Abs. 1 S. 1 BayDiG) und „Digital Only" in der öffentlichen Verwaltung *Botta*, NVwZ 2022, 1247 ff.

elektronischen Aktenführung[9] oder zur Registermodernisierung[10] schaffen die Gesetzgeber in Bund und Ländern zwar die Voraussetzungen, um Verwaltungsleistungen ohne Medienbrüche vollständig digital erbringen zu können. Wenn jedoch die Nutzerzentrierung zum Maßstab für die Digitalisierung der Außenbeziehungen der Verwaltung erhoben wird, dann erfordert eine durchgehende Verwaltungsdigitalisierung auch im Innenbereich der Verwaltung organisatorische und prozedurale Anpassungen, die sich gerade nicht darauf beschränken können, analoge Verwaltungsvorgänge lediglich digital nachzubilden. Solche Anpassungen sind dann beispielsweise auf Szenarien ausgerichtet, in denen auf Seiten der Verwaltung ein einheitlicher Ansprechpartner für eine Vielzahl von Verwaltungsangelegenheiten der Bürger und Unternehmen bereitsteht („One-Stop-Government" durch die Trennung von Front End und Back End), eine Leistungsgewährung auch ohne jeden Antrag möglich ist („No-Stop-Government") und ein einmal bei der Verwaltung vorhandener Nachweis nicht immer erneut beigebracht werden muss, sondern von der zuständigen Stelle abgerufen werden kann („Once-only-Prinzip")[11].

Und so erörtert die verwaltungs(rechts)wissenschaftliche Literatur seit geraumer Zeit die Vorteile, die sich aus einer organisationsübergreifenden, stärker vernetzten, flexiblen und modularisierten Aufgabenerfüllung ergeben.[12] Das Leitbild der digitalen Verwaltung trifft hier auf eine teils verfassungsrechtlich konturierte und bisweilen sehr kleinteilige Zuständigkeitsordnung. Diese ist zwar nicht unüberwindbar, notwendig sind dann aber umfangreiche Gesetzes- und Verordnungsänderungen auf Bundes- und Landesebene. Hierbei sind die technische Rationalität und die Rationalität organisations- sowie verfahrensrechtlicher Regelungen stets neu auszubalancieren. Die – bislang soweit ersichtlich noch nicht genutzte – Möglichkeit für einen ersten Aufschlag bieten hier Experimentierklauseln in einigen E-Government-Gesetzen der Länder, die für einen bestimmten Zeitraum eine sachlich oder räumlich begrenzte Ausnahme von gesetzlichen Zustän-

---

[9] Vgl. zu §§ 6 f. EGovG *Ramsauer/Frische*, NVwZ 2013, 1505 (1512 f.); Überblick über die landesrechtlichen Regelungen bei *Denkhaus/Richter/Bostelmann*, EGovG/OZG, 2019, § 6 EGovG Rn. 54 ff.; allgemein *Guckelberger*, in: Hill/Schliesky (Hrsg.), Auf dem Weg zum Digitalen Staat, 2015, 129 ff.; *Braun Binder*, in: Seckelmann (Hrsg.), Digitalisierte Verwaltung, 2019, Kap. 12 Rn. 26 ff.

[10] Hierzu *Peuker*, NVwZ 2021, 1167 (1168 f.); *Ehmann*, ZD 2021, 509; *Knauff/Lehmann*, DÖV 2022, 159.

[11] Vgl. hierzu *Peuker*, DÖV 2022, 275 (281 f.).

[12] *Britz/Eifert* (Fn. 4), § 26 Rn. 73 m. w. N.

digkeitsvorschriften durch Rechtsverordnung zur Einführung und Fortentwicklung des E-Governments erlauben.[13]

Solche Experimentierklauseln verdeutlichen exemplarisch den dynamischen Charakter der Verwaltungsdigitalisierung. Sie erschöpft sich nicht in einmal verabschiedeten Regelungen über den Online-Zugang zu Verwaltungsleistungen, sondern bedeutet einen grundlegenden Strukturwandel der Verwaltung, der zudem mit einem entsprechenden Wandel der Verwaltungskultur einhergehen muss.[14] Die Dynamik nimmt denn auch den Regelsetzer fortwährend in die Pflicht. Das gilt zum einen mit Blick auf technische Neuerungen, deren Verwendung in der Verwaltung zeitnah und angemessen rechtlich einzuhegen ist.[15] So wird etwa der Einsatz von Künstlicher Intelligenz durch die Verwaltung noch nicht von gesetzlichen Vorgaben adressiert, sondern ist allenfalls verfassungsrechtlich vorgeprägt.[16] Aber auch hinsichtlich des bestehenden Rechtsrahmen sind der Änderungsbedarf und mögliche Reformoptionen regelmäßig zu evaluieren, was der Beitrag abschließend am Beispiel des OZG und der Diskussion über den Regelungsort der Verwaltungsdigitalisierung demonstrieren möchte.[17]

II. Verfassungsrechtlicher Rahmen

1. *Verwaltungskompetenzen*

a) Grundsätzliche Trennung der Verwaltungsräume im Bundesstaat

Im Verfassungsstaat des Grundgesetzes sind die Verwaltungskompetenzen nach Maßgabe der Art. 30, 83 ff. GG zunächst vertikal zwischen Bund und Ländern aufgeteilt. Wenn die Digitalisierung der Verwaltung durch Regelungen zur Verwaltungsorganisation oder zum Verwaltungsverfahren vorangetrieben werden soll, dann sind für deren Erlass der Bund und die Länder jeweils selbst zuständig.[18] Daher wurden beispielsweise sowohl für die

---

[13] Vgl. Art. 56 BayDiG; § 17 BbgEGovG; § 25 EGovG LSA; § 20 SächsEGovG; § 9 EGovG SH.

[14] Exemplarisch *Hill*, DVBl. 2014, 85 ff.; *Ogonek* u. a., in: Klenk/Nullmeier/Wewer (Hrsg.), Handbuch Digitalisierung in Staat und Verwaltung, 2020, 611 (612 ff.); jeweils m. w. N.

[15] Zur Technikabhängigkeit der digitalen Transformation der Verwaltung nur *Britz/Eifert* (Fn. 4), § 26 Rn. 5.

[16] Zu möglichen Einsatzszenarien der Beitrag von *Djeffal* in diesem Band, S. 89 ff.

[17] Näher unter IV.

[18] Zum Verlauf der Diskussion über die Frage, ob die Digitalisierung der Verwaltung als rein technische Frage behandelt oder aufgabenakzessorisch durch Regelungen zu Or-

Bundesverwaltung als auch für die Landesverwaltungen je eigene E-Government-Gesetze verabschiedet. Der Schwerpunkt des Verwaltungsvollzugs liegt bei den Ländern (einschließlich der Kommunen), da sie nicht nur die eigenen Landesgesetze, sondern im Regelfall gemäß Art. 84 Abs. 1 S. 1 GG auch die Bundesgesetze als eigene Angelegenheiten ausführen und der Bund hierbei das Verwaltungsverfahren nur ausnahmsweise wegen eines besonderen Bedürfnisses nach bundeseinheitlicher Regelung ohne Abweichungsmöglichkeit für die Länder regeln darf (Art. 84 Abs. 1 S. 5, 6 GG). Neben diese vertikale Kompetenzverteilung tritt die horizontale Kompetenzverteilung zwischen einzelnen Ressorts auf Bundes- oder Landesebene (vgl. Art. 65 S. 2 GG) oder unterschiedlichen Gebietskörperschaften (z. B. die Kommunen eines Landes).

Die verfassungsrechtliche Zuständigkeitsordnung soll die Ausübung von Staatsgewalt durch unterschiedliche Verwaltungsträger rechtsstaatlich limitieren, eine klare Verantwortungszurechnung ermöglichen und demokratische Legitimation vermitteln.[19] Sie widerstrebt damit aber der Funktionslogik der Digitalisierung, die durch Vernetzung, Flexibilität, Schnelligkeit, Entwicklungsoffenheit und Anpassungsfähigkeit an neue technische Entwicklungen gekennzeichnet und auf die Standardisierung und Harmonisierung der IT-Strukturen und IT-Anwendungen angewiesen ist. Stattdessen haben die verfassungsrechtlich garantierte Eigenverantwortlichkeit und die Eigeninteressen der beteiligten Akteure auf Bundes- und Landesebene (einschließlich der Kommunen) lange Zeit digitale Insellösungen befördert und die Akteure in den trägen Modus der Kooperation und Koordinierung gezwungen, um die Digitalisierung der Verwaltung gemeinsam voranbringen zu können. Flexibilität, Schnelligkeit und Anpassungsfähigkeit blieben dabei allerdings ebenso auf der Strecke wie nutzerfreundliche integrierte IT-Lösungen aus einer Hand und die hierfür ggf. erforderliche Vernetzung der IT-Systeme der Verwaltungen.[20] Vielmehr entstand zunächst ein Wildwuchs von inkompatiblen IT-Infrastrukturen und IT-Anwendungen in Bund und Ländern, die nur mit erheblichem Aufwand, punktuell und frei-

ganisation und Verfahren umgesetzt oder gar als eigenständige Sachaufgabe begriffen wird, jüngst umfassend *Starosta*, Der Portalverbund zwischen Bund und Ländern, 2022, 133 ff. m. w. N.

[19] Mit Blick auf E-Government *Schliesky*, DÖV 2004, 809 (816 f.).

[20] *Peuker*, in: Hill/Schliesky (Hrsg.), Auf dem Weg zum digitalen Staat, 2015, 59 (62 f.); *Schliesky*, DÖV 2004, 809 (816 ff.); *Ohler*, in: Hill/Schliesky (Hrsg.), Herausforderung e-Government, 2009, 53 (57 ff.); *Lemke*, Die Verwaltung 46 (2013), 123 (126); differenzierend zum (verfassungs-)rechtlichen Entwicklungsrahmen für eine Vernetzung *Britz/Eifert* (Fn. 4), § 26 Rn. 81 f.

willig miteinander verbunden und aufeinander abgestimmt werden konnten, wobei sich schwerfällige Instrumente wie Staatsverträge, eine organisatorische Gremienvielfalt sowie vergabe-, wettbewerbs- und kartellrechtliche Regelungen als Hindernisse einer gemeinsamen IT-Steuerung erwiesen haben.[21]

Hinzu kam, dass der vom Bundesverfassungsgericht wiederholt betonte Grundsatz der eigenverantwortlichen Aufgabenwahrnehmung einer gemeinsamem IT-Planung von Bund und Ländern entgegenstand. Zwar bedürfe nach Ansicht des Bundesverfassungsgerichts nicht jedes Zusammenwirken von Bund und Ländern im Bereich der Verwaltung einer besonderen verfassungsrechtlichen Ermächtigung. Wo einem anderen Kompetenzträger aber Mitwirkungs- und Entscheidungsbefugnisse eingeräumt werden, sei eine solche Ausnahme vom grundsätzlichen Verbot der Mischverwaltung nur dann zulässig, wenn dafür ein besonderer sachlicher Grund vorliege und sich das Zusammenwirken auf eine eng begrenzte Verwaltungsmaterie beschränke.[22] Zudem könnten die Einwirkungsmöglichkeiten von zentral vorgegebenen Softwarelösungen auf Verwaltungsverfahren und Verwaltungsentscheidungen jene Entscheidungsspielräume verschließen, die der Grundsatz eigenverantwortlicher Aufgabenwahrnehmung gerade eröffnen sollte.[23] Zwar könnten die durch die IT-Zusammenarbeit von Bund und Ländern bewirkten Effizienzgewinne einen solchen besonderen sachlichen Rechtfertigungsgrund für eine Mischverwaltung mit Auswirkungen auf Sachentscheidungen darstellen.[24] Die engen Grenzen einer einzelnen Verwaltungsmaterie sind wegen des Querschnittscharakters der Verwaltungsdigitalisierung dabei freilich kaum einzuhalten, so dass eine besondere grundgesetzliche Regelung angezeigt war.[25]

b) IT-Kooperation zwischen Bund und Ländern

Hierauf hat der verfassungsändernde Gesetzgeber im Jahr 2009 mit der Einführung des Art. 91c GG reagiert. Gemäß Art. 91c Abs. 1 GG können Bund und Länder bei der Planung, der Errichtung und dem Betrieb der für ihre

---

21 *Schallbruch/Staller*, CR 2009, 619 (621); zu früheren Koordinierungsgremien etwa *Wischmeyer*, in: v. Mangoldt/Klein/Starck, GG, Bd. 3, 2018, Art. 91c Rn. 2.

22 BVerfGE 63, 1 (41); 119, 331 (367).

23 BVerfGE 119, 331 (374).

24 Für die Einstufung als Mischverwaltung etwa *Ohler* (Fn. 20), 53 (61); *Siegel*, DÖV 2009, 181 (183); für eine Reduktion der IT-Zusammenarbeit von Bund und Ländern auf die Wahrnehmung technischer Funktionalitäten dagegen *Schliesky*, ZSE 2008, 304 (321).

25 Statt vieler *Martini*, in: v. Münch/Kunig, GG, Bd. 2, 2021, Art. 91c Rn. 1 ff.; *Siekmann*, in: Sachs, GG, 2021, Art. 91c Rn. 5; *Suerbaum*, in: BeckOK GG, 54. Ed. 15.2.2023, Art. 91c Rn. 7.

Aufgabenerfüllung benötigten informationstechnischen Systeme zusammenwirken. Diese verfassungsrechtliche Generalklausel legitimiert nunmehr die umfassende vertikale IT-Kooperation zwischen Bund und Ländern, ändert aber an der Komplexität der föderalen Umsetzungsstrukturen bei der Verwaltungsdigitalisierung unmittelbar nichts.[26] Sie wird in Absatz 2 mit Blick auf die Festlegung von Standards und Sicherheitsanforderungen für die Kommunikation zwischen den IT-Systemen von Bund und Ländern konkretisiert. Absatz 3 gestattet den Ländern – rein deklaratorisch – Vereinbarungen über den gemeinschaftlichen Betrieb von IT-Systemen und die Errichtung entsprechender Einrichtungen.[27] Absatz 4 verpflichtet den Bund schließlich zur Errichtung eines Netzes zur Verbindung der informationstechnischen Netze des Bundes und der Länder, wobei Details der Errichtung und des Betriebs dieses Verbindungsnetzes durch ein zustimmungsbedürftiges Bundesgesetz geregelt werden.[28]

Auf Grundlage des Art. 91c Abs. 1 und 2 GG haben Bund und Länder den sog. IT-Staatsvertrag (IT-StV) abgeschlossen.[29] Dieser Staatsvertrag sieht in § 1 Abs. 1 die Einrichtung eines IT-Planungsrats vor, der die Zusammenarbeit von Bund und Ländern in Fragen der IT koordinieren, fachunabhängige und fachübergreifende Interoperabilitäts- und Sicherheitsstandards für IT beschließen, die Zusammenarbeit von Bund und Ländern in Fragen der Digitalisierung von Verwaltungsleistungen koordinieren und unterstützen, Projekte und Produkte des informations- und kommunikationstechnisch unterstützten Regierens und Verwaltens steuern und die Koordinierungsaufgaben für das Verbindungsnetz nach Maßgabe des IT-NetzG wahrnehmen soll. Er setzt sich aus dem Beauftragten der Bundesregierung für Infor-

---

[26] Der Nationale Normenkontrollrat hat diese Komplexität in einem „Wimmelbild" eindrucksvoll veranschaulicht (ohne freilich an die detailverliebten Illustrationen von *Ali Mitgutsch* heranzureichen) – abrufbar unter https://www.normenkontrollrat.bund.de/Webs/NKR/SharedDocs/Downloads/DE/wimmelbild.jpg?__blob=publicationFile&v=1 (22.8.2023).

[27] Ein Beispiel für eine solche Einrichtung stellt „DATAPORT" dar, eine durch Staatsvertrag errichtete Anstalt des öffentlichen Rechts, die von den Ländern Bremen, Hamburg, Mecklenburg-Vorpommern, Niedersachsen, Sachsen-Anhalt und Schleswig-Holstein sowie dem kommunalen IT-Verbund Schleswig-Holstein getragen wird und für ihre Träger IT-Dienstleistungen erbringt.

[28] Gesetz über die Verbindung der informationstechnischen Netze des Bundes und der Länder – Gesetz zur Ausführung von Artikel 91c Absatz 4 des Grundgesetzes (IT-NetzG) v. 10.8.2009.

[29] Vertrag über die Errichtung des IT-Planungsrats und über die Grundlagen der Zusammenarbeit beim Einsatz der Informationstechnologie in den Verwaltungen von Bund und Ländern – Vertrag zur Ausführung von Artikel 91c GG (IT-Staatsvertrag), Bekanntmachung der Neufassung v. 13.12.2019, BGBl. 2019 I, 2852.

mationstechnik und jeweils einem für Informationstechnik zuständigen Landesvertreter zusammen, löst die bisherige, als unübersichtlich empfundene Gremienstruktur der gemeinsamen IT-Steuerung ab[30] und wird seit 2020 von einer rechtsfähigen Anstalt des öffentlichen Rechts namens „FIT-KO" (Föderale IT-Kooperation) unterstützt (§§ 5 ff. IT-StV).

c) Portalverbund

2017 hat der verfassungsändernde Gesetzgeber Art. 91c GG um einen neuen Absatz 5 ergänzt. Hiernach wird der übergreifende informationstechnische Zugang zu den Verwaltungsleistungen von Bund und Ländern durch Bundesgesetz mit Zustimmung des Bundesrates geregelt. Art. 91c Abs. 5 GG begründet nicht nur eine ausschließliche Gesetzgebungskompetenz, sondern zugleich einen ausdrücklichen Auftrag des Bundes, die Rechtsgrundlagen für die Errichtung und den Betrieb eines Portalverbundes zu schaffen, über den die Bürger einen einheitlichen Zugang zu den Verwaltungsleistungen von Bund und Ländern erhalten.[31] Der Bundesgesetzgeber hat diesen Auftrag durch das (zugleich mit der Verfassungsänderung verabschiedete) Gesetz zur Verbesserung des Onlinezugangs zu Verwaltungsleistungen (Onlinezugangsgesetz – OZG) erfüllt.

Da Art. 91c Abs. 5 GG nur von den Verwaltungsleistungen von Bund und Ländern spricht[32], ist umstritten, ob auch die Kommunen ihre Verwaltungsleistungen elektronisch anbieten und in den Portalverbund einbinden müssen.[33] Immerhin stellen gerade die kommunalen Bürgerämter regelmäßig den „wichtigsten und häufigsten direkten Anlaufpunkt der Bürger zur öffentlichen Verwaltung" und somit auch den „digitalen Erstkontakt" zur Verwaltung dar.[34] Die Begründung des Gesetzentwurfs zur Ergänzung des

[30] Der IT-Planungsrat löste die bisherigen Gremien „Arbeitskreis der Staatssekretäre für E-Government in Bund und Ländern (St-Runde Deutschland Online)", „Kooperationsausschuss von Bund und Ländern für automatisierte Datenverarbeitung (KoopA DAV)" sowie deren Untergremien ab und tritt deren Rechtsnachfolge an (§ 7 Abs. 3 IT-StV a. F.).

[31] *Siekmann*, in: Sachs, GG, 2021, Art. 91c Rn. 28; *Suerbaum*, in: BeckOK GG, 54. Ed. 15.2.2023, Art. 91c Rn. 31.

[32] Im zweistufigen Bundesstaat des Grundgesetzes bilden die Kommunen keine dritte staatliche Ebene, sondern sind staatsorganisationsrechtlich und finanzverfassungsrechtlich den Ländern zugeordnet. Sie können sich zwar auf die Selbstverwaltungsgarantie in Art. 28 Abs. 2 GG stützen, bleiben jedoch hinsichtlich der grundgesetzlichen Verteilung der Verwaltungskompetenzen stets Bestandteil der Länder, vgl. BVerfG 39, 96 (109); 119, 331 (364); 137, 108 (140).

[33] Zum Folgenden: *Peuker*, DÖV 2022, 275 (276 f.).

[34] Zitate bei *Bogumil/Kuhlmann*, Die Verwaltung 54 (2021), 105 (108); vgl. zuvor

Art. 91c GG um einen neuen Absatz 5 lässt jedenfalls keinen Zweifel daran, dass auch die Kommunen digitale Verwaltungsleistungen im Portalverbund anbieten sollen.[35] Und so entfaltet Art. 91c Abs. 5 GG in einer weiten, an der Entstehungsgeschichte und dem Sinn und Zweck der Norm orientierten Auslegung dort seine konstitutive Bedeutung, wo Kommunen Landesrecht vollziehen[36]: Indem der verfassungsändernde Gesetzgeber auf einen elektronischen Zugang über den Portalverbund abzielte, der alle Verwaltungsleistungen aller Verwaltungsebenen umfasst, um die Digitalisierung der öffentlichen Verwaltung insgesamt voranzutreiben, schuf er die verfassungsrechtliche Grundlage dafür, die Länder (und mit ihnen die Kommunen) durch Bundesgesetz mit Zustimmung des Bundesrates zu verpflichten, ihre das Landesrecht ausführenden Verwaltungsleistungen online bereitzustellen.[37]

2. *Materielle Vorgaben*

Für das digitale Verwaltungshandeln gelten in materieller Hinsicht zunächst keine anderen verfassungsrechtlichen Anforderungen als für das analoge Verwaltungshandeln auch. Besondere Spannungslagen entstehen allerdings, wenn die mit der Digitalisierung erhofften Vorteile wie eine größere Effizi-

---

schon *Martini*, DÖV 2017, 443 (449); *Herrmann/Stöber*, NVwZ 2017, 1401 (1403); *Martini/Wiesner*, ZG 2017, 193 (213).

[35] BT-Drs. 18/11131, 16: „Die Ergänzung des Artikels 91c um einen neuen Absatz 5 dient der Umsetzung der politischen Vorgabe, den übergreifenden informationstechnischen Zugang zu den Verwaltungsleistungen von Bund und Ländern (*einschließlich Kommunen*) zu ermöglichen." (Hervorhebung nur hier).

[36] Mit Blick auf die Ausführung von Bundesgesetzen durch die Kommunen bietet bereits Art. 84 Abs. 1 S. 5 GG eine hinreichende Ermächtigungsgrundlage, um durch ein Bundesgesetz mit Zustimmung des Bundesrates die elektronische Bereitstellung von Verwaltungsleistungen anzuordnen, ohne dass es eines Rückgriffs auf Art. 91c Abs. 5 GG bedürfte, vgl. *Herrmann/Stöber*, NVwZ 2017, 1401 (1403); *Siegel*, DÖV 2018, 185 (188). Zur im Hinblick auf freiwillige Selbstverwaltungsaufgaben der Kommunen herzustellenden praktischen Konkordanz zwischen der Verpflichtung aus Art. 91c Abs. 5 GG und der kommunalen Selbstverwaltungsgarantie aus Art. 28 Abs. 2 GG *Peuker*, DÖV 2022, 275 (277) m. w. N.

[37] BT-Drs. 18/11131, 16, dort auch der Bezug auf den Beschluss der Konferenz der Regierungschefs von Bund und Ländern v. 14.10.2016, „Online-Angebote aller Verwaltungsebenen in Deutschland […] zugänglich und abwickelbar" zu machen; *Herrmann/Stöber*, NVwZ 2017, 1401 (1402); *Siegel*, DÖV 2018, 185 (188); *Wischmeyer*, in: v. Mangoldt/Klein/Starck, GG, Bd. 3, 2018, Art. 91c Rn. 34; *Gröpl*, in: Dürig/Herzog/Scholz, GG, Bd. 6, 99. EL September 2022, Art. 91c Rn. 56 ff.; *Suerbaum*, in: BeckOK GG, 54. Ed. 15.2.2023, Art. 91c Rn. 25 ff.; *Britz/Eifert* (Fn. 4), § 26 Rn. 161; a. A. *Martini/Wiesner*, ZG 2017, 193 (207); *Starosta* (Fn. 18), 206 ff.

enz oder Nutzerfreundlichkeit des Verwaltungshandelns mit Einschränkungen von materiellen verfassungsrechtlichen Gewährleistungen verbunden sind. Der geringe Konkretisierungsgrad dieser verfassungsrechtlichen Vorgaben eröffnet indes (technische wie einfachgesetzliche) Umsetzungsspielräume bei der Digitalisierung der Verwaltung, innerhalb derer die Vorteile der Digitalisierung mit den beeinträchtigten verfassungsrechtlichen Gewährleistungen nach Maßgabe des Verhältnismäßigkeitsprinzips und unter Beachtung materieller Mindeststandards in Ausgleich gebracht werden können.[38]

a) Rechtsstaatliche (und grundrechtliche) Verfahrensgarantien

Das gilt zunächst mit Blick auf Verfahrensgarantien, die im Rechtsstaatsprinzip des Art. 1 Abs. 3, Art. 20 Abs. 3 GG sowie in der Idee des Grundrechtsschutzes durch Verfahren wurzeln. So hat der Bundesgesetzgeber bereits 1977 im VwVfG die Anhörung, die Begründung sowie die Unterschrift und Namenswiedergabe beim Erlass eines Verwaltungsakts mit Hilfe automatischer Einrichtungen für entbehrlich erklärt (§ 28 Abs. 2 Nr. 4 Var. 3, § 37 Abs. 5 S. 1, § 39 Abs. 2 Nr. 3 Var. 2 VwVfG).[39] Andererseits befreit auch die Vollautomatisierung des Verwaltungsverfahrens die Verwaltung gemäß § 24 Abs. 1 S. 3 VwVfG nicht davon, die für den Einzelfall bedeutsamen tatsächlichen Angaben des Beteiligten (z. B. über ein Freitextfeld) zu berücksichtigen, so dass stets eine Aussteuerung des Einzelfalls und ggf. eine weitere Bearbeitung außerhalb des automatisierten Verfahrens möglich sein muss.[40] Im Steuerverfahrensrecht ausdrücklich zugelassen ist der Einsatz von automationsgestützten Risikomanagementsystemen bei der automatisierten Prüfung von Steuererklärungen, die – zur anschließenden umfassenden Prüfung durch die Finanzbehörden – stichprobenartig einige Fälle auswählen sowie prüfungsbedürftige Steuererklärungen herausfiltern und dadurch eine gleichmäßige und gesetzmäßige Steuerfestsetzung gewährleisten sollen, zugleich aber einer regelmäßigen Überprüfung auf ihre Zielerfüllung hin unterliegen (§ 88 Abs. 5 AO).[41] Dagegen ist die wissenschaftliche Dis-

---

[38] Vgl. *Britz/Eifert* (Fn. 4), § 26 Rn. 31; *Kube*, VVDStRL 78 (2019), 289 (307 f.).

[39] Hierzu exemplarisch *Ludwigs/Velling*, VerwArch 114 (2023), 71 (89 ff.) m. w. N.; zur verfassungsrechtlichen Unbedenklichkeit der vergleichbaren Regelung in § 119 Abs. 4 AO 1977 (Entbehrlichkeit von Unterschrift und Namenswiedergabe bei mit Hilfe automatischer Einrichtungen erlassenen Verwaltungsakten) BVerfG, NJW 1994, 574 und zuvor BFHE 133, 250.

[40] *Schmitz/Prell*, NVwZ 2016, 1273 (1277 f.); *Kallerhoff/Fellenberg*, in: Stelkens/Bonk/Sachs, VwVfG, § 24 Rn. 57a ff.; *Guckelberger* (Fn. 1), Rn. 445 ff.; kritisch *Stegmüller*, NVwZ 2018, 353 (357 f.); *Bull*, DVBl. 2017, 409 (414); *v. Harbou*, JZ 2020, 340 (346 f.).

[41] § 88 Abs. 5 AO flankiert die Regelung des § 155 Abs. 4 S. 1 AO, wonach der Erlass

kussion um die rechtsstaatlich gebotene Nachprüfbarkeit von auf Künstliche Intelligenz gestützten Verwaltungsentscheidungen noch nicht abgeschlossen.[42]

b) Gleichheitsrechte

Der allgemeine Gleichheitssatz des Art. 3 Abs. 1 GG verpflichtet die Verwaltung beim Ausfüllen von gesetzlich eröffneten Entscheidungsspielräumen nicht nur, wesentlich Gleiches gleich, sondern auch wesentlich Ungleiches ungleich zu behandeln.[43] Das schließt Standardisierungen, Typisierungen und Fallgruppenbildungen, die für die technische Programmierung digitaler Verwaltungsvorgänge erforderlich und dementsprechend im Code implementiert sind, zwar nicht von vornherein aus, schließlich wird auch der „analoge“ Verwaltungsvollzug über inneradministrative Verwaltungsvorschriften gleichsam „programmiert“[44]. Sie werden daher bereits seit Längerem im Zusammenhang mit der Automatisierung von Verwaltungsverfahren erörtert.[45] Der Gesetzgeber hat gleichwohl unterschiedliche flankierende Vorkehrungen zur Gewährleistung von Einzelfallgerechtigkeit bei automatisierten Verwaltungsentscheidungen getroffen, mit denen atypische Fälle ausgesteuert und einer individuellen menschlichen Entscheidung zugeführt werden können (s. o.).

Die besonderen Diskriminierungsverbote des Art. 3 Abs. 3 GG sind schließlich angesprochen, wenn verpönte Unterscheidungskriterien wie Geschlecht, Rasse, Herkunft oder Religion mittelbar oder unmittelbar die Grundlage algorithmenbasierter Verwaltungsentscheidungen darstellen oder sich die Entscheidung zulasten von Gruppen auswirkt, die durch die verbotenen Unterscheidungskriterien gekennzeichnet sind.[46]

---

eines Steuerbescheides ausschließlich automationsgestützt möglich ist, soweit kein Anlass dazu besteht, den Einzelfall durch Amtsträger zu bearbeiten. Ein solcher Anlass zur Bearbeitung durch Amtsträger liegt nach Satz 4 insbesondere vor, soweit der Steuerpflichtige in einem Freitextfeld relevante Angaben gemacht hat. Zu verfassungsrechtlichen Risiken der Vollautomatisierung des Steuerverfahrens *Maier*, JZ 2017, 614 (615 ff.); *Kube*, VVDStRL 78 (2019), 289 (301 ff.).

[42] *Hoffman-Riem*, AöR 142 (2017), 1 (29); *Wischmeyer*, AöR 143 (2018), 1 (56 ff.); *ders.*, in: Eifert (Hrsg.), Digitale Disruption und Recht, 2020, 73 ff.; Beitrag von *Djeffal* in diesem Band, S. 99; *Kube*, VVDStRL 78 (2019), 289 (318 f.); *Tischbirek*, in: Kahl/Ludwigs (Hrsg.), Handbuch des Verwaltungsrechts, Bd. 5, 2023, § 126 Rn. 30 ff.

[43] Zur Bindung der Verwaltung an den Gleichheitssatz *Boysen*, in: v. Münch/Kunig, GG, Bd. 1, 2021, Art. 3 Rn. 39 ff.

[44] Vgl. nur *Guckelberger*, VVDStRL 78 (2019), 235 (264) m. w. N.

[45] *Britz/Eifert* (Fn. 4), § 26 Rn. 33 ff.

[46] Zum Diskriminierungsschutz bei algorithmenbasierten Entscheidungen umfassend *v. Ungern-Sternberg*, in: Mangold/Payandeh (Hrsg.), Handbuch Antidiskriminie-

c) Informationelle Selbstbestimmung

In dem Maße, in dem die (digitale) Verwaltung personenbezogene Daten verarbeitet, steigt auch die Bedeutung des Datenschutzrechts. Seine grundrechtliche Verankerung findet der Datenschutz in dem durch Art. 2 Abs. 1 i. V. m. Art. 1 Abs. 1 GG als Ausprägung des allgemeinen Persönlichkeitsrechts geschützten Recht auf informationelle Selbstbestimmung. Nach ständiger Rechtsprechung des Bundesverfassungsgerichts trägt das Recht auf informationelle Selbstbestimmung den Gefährdungen und Verletzungen der Persönlichkeit Rechnung, die sich unter den Bedingungen moderner Datenverarbeitung aus informationsbezogenen Maßnahmen ergeben: Die freie Entfaltung der Persönlichkeit setze den Schutz des Einzelnen gegen unbegrenzte Erhebung, Speicherung, Verwendung und Weitergabe seiner persönlichen Daten voraus; das Grundrecht gewährleiste insoweit die Befugnis des Einzelnen, grundsätzlich selbst über die Preisgabe und Verwendung seiner persönlichen Daten zu bestimmen. Die Gewährleistung greife insbesondere, wenn die Entfaltung der Persönlichkeit dadurch gefährdet wird, dass personenbezogene Informationen von staatlichen Behörden in einer Art und Weise genutzt und verknüpft werden, die Betroffene weder überschauen noch beherrschen können. Das Recht auf informationelle Selbstbestimmung werde aber nicht schrankenlos gewährleistet, vielmehr müsse der Einzelne Einschränkungen auf gesetzlicher Grundlage im überwiegenden Allgemeininteresse hinnehmen.[47] Mit der Entdeckung des Grundrechts auf informationelle Selbstbestimmung im sog. Volkszählungsurteil hat das Bundesverfassungsgericht den Datenschutz grundrechtlich fundiert und die Datenverarbeitung durch öffentliche Stellen einem weitgehenden Gesetzesvorbehalt sowie detaillierten materiellen, organisatorischen und verfahrensrechtlichen Anforderungen unterworfen, die durch das einfachgesetzliche Datenschutzrecht umgesetzt werden.[48]

---

rungsrecht, 2022, § 28; *Tischbirek*, in: Münkler (Hrsg.), Dimensionen des Wissens im Recht, 2019, 67 (77 ff.); *Britz/Eifert* (Fn. 4), § 26 Rn. 120 ff., 126 ff.; *Guckelberger* (Fn. 1), Rn. 487 ff.; *Wischmeyer*, AöR 143 (2018), 1 (26 ff.); *Martini/Nink*, NVwZ-Extra 10/2017, 1 (9 f.).

[47] St. Rspr., zuletzt BVerfGE 156, 11 (39 Rn. 71).

[48] BVerfG 65, 1 (43 ff.); zur Grundrechtsentdeckung nur *Peuker*, Verfassungswandel durch Digitalisierung, 2020, 313 ff.

III. Einfachgesetzliche Vorgaben

Einfachgesetzliche Vorgaben der Verwaltungsdigitalisierung sind über mehrere Gesetze auf Bundes- und Landesebene verstreut, so dass sich zwar kein „klares rechtssystematisches Zentrum“[49] bei der rechtlichen Gestaltung der Verwaltungsdigitalisierung identifizieren lässt. Mit dem E-Government-Gesetz und dem Onlinezugangsgesetz auf Bundesebene rücken aber zwei Regelungswerke in den Mittelpunkt der nachfolgenden Darstellung, die größere Beachtung in der Verwaltungspraxis und Verwaltungsrechtswissenschaft gefunden haben und exemplarisch für vergleichbare Regelungen in den E-Government- bzw. Digitalgesetzen der Länder stehen.

1. E-Government-Gesetz

Das im Jahr 2013 verabschiedete E-Government-Gesetz soll die elektronische Kommunikation mit der Verwaltung erleichtern, medienbruchfreie Prozesse vom Antrag bis zur Archivierung ermöglichen und Anreize setzen, um Prozesse entlang von Lebenslagen der Bürger und Bedarfslagen von Unternehmen zu strukturieren und nutzerfreundliche, ebenenübergreifende Verwaltungsdienstleistungen aus einer Hand anzubieten.[50]

Hierzu verpflichtet § 2 Abs. 1 EGovG zunächst alle Behörden im Geltungsbereich des Gesetzes[51], auch einen Zugang für die Übermittlung elektronischer Dokumente zu eröffnen. Eine solche gesetzliche Verpflichtung der Behörden zur Zugangseröffnung war erforderlich, da es den Behörden bisher nach Maßgabe des § 3a Abs. 1 VwVfG freistand, elektronische Dokumente entgegenzunehmen.

Ob mit dieser objektiven Pflicht der Behörde auch ein subjektives Recht der Bürger auf elektronischen Zugang (und elektronische Verfahrensabwicklung) korrespondiert, ist mangels ausdrücklicher gesetzlicher Regelung (und im Umkehrschluss zum ausdrücklich in § 71e VwVfG für ein spezielles Verfahren geregelten Anspruch) umstritten.[52] Ein gesetzlicher

[49] *Britz/Eifert* (Fn. 4), § 26 Rn. 21.

[50] Vgl. die Begründung des Gesetzesentwurfs der Bundesregierung, BT-Drs. 17/11473, 21.

[51] Das Gesetz gilt gem. § 1 EGovG für die öffentlich-rechtliche Verwaltungstätigkeit der Behörden des Bundes einschließlich der bundesunmittelbaren Körperschaften, Anstalten und Stiftungen des öffentlichen Rechts (Abs. 1) sowie grundsätzlich für die öffentlich-rechtliche Verwaltungstätigkeit der Behörden der Länder, der Gemeinden und Gemeindeverbände und der sonstigen der Aufsicht des Landes unterstehenden juristischen Personen des öffentlichen Rechts, wenn sie Bundesrecht ausführen (Abs. 2).

[52] Dagegen ist in Art. 12 Abs. 1 S. 1 und 2 BayDiG das Recht eines jeden normiert,

Zwang zur elektronischen Kommunikation mit der Verwaltung besteht dagegen grundsätzlich nicht. Nach dem sog. Multikanalprinzip, das durch das Wort „auch“ in § 2 Abs. 1 EGovG abgesichert wird, muss die Verwaltung neben dem elektronischen Zugang vielmehr weiterhin analoge Zugangswege für Bürger und Unternehmen offenhalten. Ebenso wenig sind Bürger verpflichtet, einen Zugang für elektronische Dokumente der Verwaltung zu eröffnen, vielmehr gewährleistet das Freiwilligkeitsprinzip des § 3a Abs. 1 VwVfG insoweit Wahlfreiheit.[53]

Weitere wesentliche Regelungen des Gesetzes betreffen etwa die Pflicht der Verwaltung, elektronischen Identifikationsmöglichkeiten anzubieten sowie Informationen über ihre Verfahren in öffentlich zugänglichen Netzen zur Verfügung zu stellen, Erleichterungen bei der Erbringung von elektronischen Nachweisen und der elektronischen Bezahlung in Verwaltungsverfahren, die Erfüllung von Publikationspflichten durch elektronische Amts- und Verkündungsblätter, Grundsätze der elektronischen Aktenführung sowie die Bereitstellung von maschinenlesbaren Datenbeständen durch die Verwaltung („open data“).[54]

2. *Onlinezugangsgesetz*

Eine besondere Form des digitalen Zugangs zur Verwaltung hat das Onlinezugangsgesetz im Blick, das den verfassungsrechtlichen Regelungsauftrag des Art. 91c Abs. 5 GG umsetzt. Es zielt darauf, Bürgern und Unternehmen flächendeckend einen einfachen, medienbruchfreien und übergreifenden informationstechnischen Zugang zu Verwaltungsleistungen verschiedener Verwaltungsträger zu eröffnen (§ 3 Abs. 1 OZG) und damit die Digitalisierung der Verwaltung, die bereits durch die E-Government-Gesetze des Bundes und der Länder angestoßen wurde, mit einem sehr ambitionierten Zeitplan weiter voranzutreiben.

---

digital über das Internet mit den Behörden zu kommunizieren und die digitale Durchführung von Verwaltungsverfahren ihm gegenüber zu verlangen; zur Vorgängernorm im BayEGovG *Guckelberger* (Fn. 1), Rn. 656. Zur vergleichbaren Diskussion im Zusammenhang mit dem OZG sogleich.

[53] Vgl. BT-Drs. 17/11473, 34; zu fachgesetzlichen Ausnahmen im Steuer- und Vergaberecht (Zwang zur Nutzung des elektronischen Zugangs) und der Frage einer umfassenden Verpflichtung für die Bürger *Siegel*, DÖV 2018, 185 (186); *ders.*, NVwZ 2023, 193 (195); aus verfassungsrechtlicher Sicht (auch zur landesverfassungsrechtlich in Art. 14 Abs. 2 Verf SH garantierten Freiwilligkeit) *Schulz*, RDi 2021, 377 (379 ff.); *Britz/Eifert* (Fn. 4), § 26 Rn. 55; *Heckmann*, MMR 2006, 6.

[54] Im Überblick *Ramsauer/Frische*, NVwZ 2013, 1505; *Habammer/Denkhaus*, MMR 2013, 358.

Hierzu verpflichtet es Bund und Länder (einschließlich der zwar nicht im Gesetzestext, wohl aber in der Gesetzesbegründung ausdrücklich genannten Kommunen[55]), ihre Verwaltungsleistungen[56] bis Ende 2022 auch elektronisch über Verwaltungsportale anzubieten (§ 1 Abs. 1 OZG), und diese Portale miteinander zu einem Portalverbund zu verknüpfen (§ 1 Abs. 2 OZG). Der Zugang zu den im Portalverbund verfügbaren Leistungen ist gemäß § 3 Abs. 2 OZG über die Bereitstellung von Nutzerkonten durch Bund und Länder zu gewährleisten, die den Nutzern eine einheitliche Identifizierung ermöglichen sollen. Über das jeweilige Verwaltungsportal sind nicht nur bereits vorhandene Online-Angebote zusammenzuführen. Vielmehr nimmt das OZG Bund, Länder und Kommunen in die Pflicht, auch solche Verwaltungsleistungen online zugänglich zu machen, die bisher nur „analog" angeboten worden sind, sofern sie nicht für eine elektronische Bereitstellung ungeeignet sind.[57] Der OZG-Umsetzungskatalog sieht knapp 600 Verwaltungsleistungen vor, die elektronisch anzubieten sind.[58] Auch hier gewährleistet das in § 1 Abs. 1 OZG mit dem Wort „auch" verankerte Multikanalprinzip, dass die Verwaltung neben dem digitalen weiterhin einen herkömmlichen „analogen" Zugangsweg offen halten muss.

Der Gesetzgeber hat sich in der Gesetzesbegründung ausdrücklich gegen ein subjektiv-öffentliches Recht auf digitale Verwaltungsleistungen im OZG ausgesprochen und dürfte dabei vor allem den mit der Digitalisierung verbundenen Ressourcenaufwand im Blick gehabt haben.[59] Dementsprechend enthält der Wortlaut des § 1 Abs. 1 OZG nur eine Pflicht von Bund und Ländern zur elektronischen Bereitstellung von Verwaltungsleistungen über ein Verwaltungsportal, aber keinen damit korrespondierenden Anspruch Dritter. Der eindeutige Wille des Gesetzgebers steht zwar einer subjektiv-rechtlichen Auslegung des § 1 Abs. 1 OZG nicht zwingend entgegen, verschiebt aber die Argumentationslasten deutlich.[60] Die Nutzerzentrierung des OZG, die etwa in der Zielbestimmung des § 3 Abs. 1 OZG deutlich

[55] BT-Drs. 18/11135, 91; siehe nur *Peuker*, DÖV 2022, 275 (276 f.) m. w. N.

[56] § 2 Abs. 3 OZG definiert Verwaltungsleistungen als die elektronische Abwicklung von Verwaltungsverfahren und die dazu erforderliche elektronische Information des Nutzers und Kommunikation mit dem Nutzer über allgemein zugängliche Netze.

[57] Zur rechtlichen, tatsächlichen und wirtschaftlichen Unmöglichkeit der Onlinebereitstellung BT-Drs. 18/12589, 143; *Herrmann/Stöber*, NVwZ 2017, 1401 (1404); *Denkhaus/Richter/Bostelmann*, EGovG/OZG, 2019, § 1 OZG Rn. 14.

[58] Vgl. https://leitfaden.ozg-umsetzung.de/display/OZG/2.1+Verwaltungsleistungen+im+Sinne+des+OZG (22.8.2023).

[59] BT-Drs. 18/11135, 91.

[60] Zutreffend *Denkhaus/Richter/Bostelmann*, EGovG/OZG, 2019, § 1 OZG Rn. 17. Allein auf den Willen des Gesetzgebers abstellend *Siegel*, NVwZ 2019, 905 (909).

zum Ausdruck kommt, streitet dagegen für ein subjektiv-öffentliches Recht.[61] Außerdem kontrastiert der Ausschluss subjektiver Ansprüche mit dem unionsrechtlichen Ansatz, Verpflichtungen der Mitgliedstaaten auf Eröffnung eines elektronischen Zugangs zu Informationen und Verwaltungsverfahren auch subjektiv-rechtlich zu flankieren. Dieser Ansatz liegt auch der Single Digital Gateway-Verordnung (EU) 2018/1724[62] (nachfolgend: SDG-VO) zugrunde, deren Vorschriften mit dem OZG umgesetzt werden sollen: So stellt jeder Mitgliedstaat gemäß Art. 6 Abs. 1 SDG-VO bis Ende 2023[63] sicher, dass die Nutzer einen vollständigen Online-Zugang zu näher bezeichneten binnenmarktrelevanten Verfahren haben und diese vollständig online abwickeln können, sofern das jeweilige Verfahren in dem betreffenden Mitgliedstaat eingerichtet worden ist. Die deutliche Ausrichtung der Verordnung auf die Grundfreiheiten bzw. die Unionsbürgerfreizügigkeit[64] spricht dafür, ein unionsrechtlich begründetes subjektiv-öffentliches Recht auf die elektronische Bereitstellung der in der SDG-VO genannten binnenmarktrelevanten Verwaltungsleistungen anzunehmen.[65]

Zur Umsetzung der Verpflichtungen aus dem OZG haben Bund und Länder mit Blick auf den engen zeitlichen Rahmen ein arbeitsteiliges Vorgehen vereinbart. Die föderalen OZG-Leistungen, die nicht in ausschließlicher Bundeszuständigkeit liegen, wurden in 14 Themenfelder wie „Recht & Ordnung", „Bauen & Wohnen" oder „Familie & Kind" unterteilt, die unterschiedliche Lebens- und Unternehmenslagen abbilden. Jedes Themenfeld wird gemeinsam von mindestens einem Land und einem Bundesressort federführend verantwortet. Digitale Lösungen für ausgewählte Verwaltungsleistungen innerhalb der einzelnen Themenfelder werden zunächst in sog. Digitalisierungslaboren entwickelt und sollen später als ausgearbeitete Software-Lösungen von anderen Verwaltungsträgern nachgenutzt werden können. Den höchsten Wirkungsgrad verspricht das arbeitsteilige Vorgehen,

---

[61] Ähnlich *Britz/Eifert* (Fn. 4), § 26 Rn. 15, mit dem überzeugenden Argument, einen subjektiven Anspruch auf elektronische Verfahrensabwicklung jedenfalls dann anzunehmen, wenn die entsprechende Infrastruktur eingerichtet, die entsprechende Verfahrenslast also erheblich gemindert ist und die Nutzerzentrierung und Bürgerfreundlichkeit damit uneingeschränkt Vorrang beanspruchen können; vgl. auch *Denkhaus/Richter/Bostelmann*, EGovG/OZG, 2019, § 1 OZG Rn. 17.

[62] VO (EU) 2018/1724 über die Einrichtung eines einheitlichen digitalen Zugangstors zu Informationen, Verfahren, Hilfs- und Problemlösungsdiensten und zur Änderung der VO (EU) 1024/2012, ABl. 2018 L 295/1.

[63] Art. 6 SDG-VO gilt gem. Art. 39 Abs. 3 SDG-VO ab dem 12.12.2023.

[64] Vgl. Erwg. 4 und 6 sowie Art. 1 Abs. 1 lit. a SDG-VO.

[65] *Siegel*, NVwZ 2019, 905 (909).

wenn die Nachnutzung dem sog. „Einer für Alle/Viele"-Prinzip folgt.[66] Hierbei entwickeln ein oder mehrere Länder Online-Services, die länderübergreifend einsetzbar sein sollen und für weitere interessierte Länder und Kommunen durch eine zentrale Stelle fachlich betreut sowie technisch betrieben werden.[67]

IV. Reform des Rechtsrahmens

1. Änderung des Onlinezugangsgesetzes

Schon weit vor Ablauf der Umsetzungsfrist des OZG Ende 2022 war absehbar, dass die Verwaltung den ambitionierten Zeitplan des Gesetzes nicht annähernd einhalten kann.[68] Das OZG wurde daher zutreffend als „ein besonders trauriges Beispiel für eine Projekt-Gesetzgebung [beschrieben], die sich in Großversprechen gefällt, vor der parlamentarischen Verabschiedung nicht nach der Realisierbarkeit fragt und danach das echte Interesse an der Umsetzung verliert"[69].

Das Bundesministerium des Innern und für Heimat hat deshalb Anfang 2023 einen Referentenentwurf für die Reform des OZG sowie weiterer Vorschriften vorgelegt, der sich von starren zeitlichen Vorgaben löst und die Verwaltungsdigitalisierung stattdessen als eine Daueraufgabe ausweist.[70] Das mag auf den ersten Blick als legislatorische Verlegenheitsformel und verwaltungspraktische Kapitulationserklärung erscheinen. Bei näherem Hinsehen wird aber der eingangs angesprochene, dynamische Charakter der Verwaltungsdigitalisierung deutlich. In diesem Sinne möchte der Refe-

[66] Der OZG-Leitfaden unterscheidet drei Nachnutzungsmodelle: „Einer für Alle", „Nachnutzbare Software dezentral betrieben" und „FIM-basierte Eigenentwicklung (lokale Entwicklung, lokaler Betrieb)", s. https://leitfaden.ozg-umsetzung.de/display/OZG/11.1+Nachnutzungsmodelle (22.8.2023). Zu den vergaberechtlichen Implikationen der Nachnutzungsmodelle *Peuker*, DÖV 2022, 275 (281); *Ahlers*, NZBau 2023, 147 (148 ff.).

[67] Erläuterung des EfA-Prinzips im OZG-Leitfanden, https://leitfaden.ozg-umsetzung.de/pages/viewpage.action?pageId=12587267 (22.8.2023).

[68] Aktueller Umsetzungsstand abrufbar unter https://dashboard.ozg-umsetzung.de (22.8.2023).

[69] *Wißmann*, DVBl. 2023, 200 (201); zur „Geschichte überschießender Erwartungen und untererfüllter Ansprüche" bei der Verwaltungsdigitalisierung *Britz/Eifert* (Fn. 4), § 26 Rn. 7 m. w. N.

[70] Vgl. die Begründung des Referentenentwurfs für ein OZG-Änderungsgesetz, S. 19, 20, abrufbar unter https://www.onlinezugangsgesetz.de/SharedDocs/downloads/Webs/OZG/DE/ozg-2-0-referentenentwurf-ozgaendg.html (22.8.2023).

rentenentwurf nunmehr Schwerpunkte der Verwaltungsdigitalisierung definieren und eine begleitende Evaluierung einführen. Ob der gänzliche Verzicht auf Umsetzungsfristen auch für einzelne Basisdienste oder priorisierte Verwaltungsleistungen zur Beschleunigung der Verwaltungsdigitalisierung beiträgt, darf allerdings bezweifelt werden. Zu begrüßen ist dagegen, dass die Kommunen ausdrücklich in den Anwendungsbereich des OZG einbezogen und stärker durch die Länder unterstützt werden sollen, indem diese die technischen und organisatorischen Voraussetzungen zur Anbindung ihrer Kommunen an den Portalverbund sicherzustellen haben. Als Ersatz für landeseigene Entwicklungen soll der Bund zentrale Basisdienste bereitstellen. Nutzerfreundlichkeit und Barrierefreiheit werden zu verbindlichen Vorgaben für die weitere Verwaltungsdigitalisierung und von neuen Generalklauseln im E-Government-Gesetz zur Umsetzung des „Once-Only-Prinzips" in innerstaatlichen wie grenzüberschreitenden Verwaltungsverfahren flankiert.

2. Integration in das Verwaltungsverfahrensgesetz?

Mit der fortschreitenden Verrechtlichung haben die Gesetzgeber auf Bundes- und Landesebene Regelungen zur Verwaltungsdigitalisierung nicht mehr nur in den allgemeinen verwaltungsverfahrensrechtlichen Kodifikationen verankert (VwVfG, AO, SGB X), sondern zunehmend in das Fachrecht bzw. spezielle Digitalisierungsgesetze ausgelagert, die Vorrang vor den allgemeinen verwaltungsverfahrensrechtlichen Regelungen beanspruchen. So verdrängt etwa die Pflicht der Behörde zur Eröffnung eines Zugangs für elektronische Dokumente gemäß § 2 Abs. 1 EGovG das in § 3a Abs. 1 VwVfG verankerte Freiwilligkeitsprinzip hinsichtlich der Eröffnung eines solchen Zugangs.

Das umgeht zunächst die für den Gleichlauf des Verwaltungsverfahrensrechts auf Bundes- und Landesebene zwischen Bund und Ländern vereinbarte Simultangesetzgebung. Die Abkehr von der dahinterstehenden Idee der „Rechtsvereinheitlichung über Kompetenzgrenzen hinweg"[71] kann im Einzelfall freilich Ausdruck politischen Kalküls sein, wenn etwa die Verwaltungsdigitalisierung im Bund oder in einem Land jenseits des schwerfälligen Verfahrens der Simultangesetzgebung beschleunigt werden soll, sich kein kleinster gemeinsamer politischer Nenner findet oder ein Land be-

[71] *Kahl/Hilbert*, RW 2012, 453 (480); umfassend zur Simultangesetzgebung *Schoch*, in: Schoch/Schneider, Verwaltungsrecht, Bd. 3, 3. EL August 2022, VwVfG Einl. Rn. 279 ff.

wusst innovative Lösungen bei der Verwaltungsdigitalisierung im föderalen Wettbewerb implementieren möchte.[72] Es bedeutet aber in der Sache einen Verlust an Einheitlichkeit und Übersichtlichkeit der Rechtsordnung sowie an Rechtssicherheit und Akzeptanz, so dass die Verwaltungsrechtswissenschaft die Vor- und Nachteile sowie die Grenzen einer Integration der speziellen Digitalisierungsnormen in das VwVfG erörtert.[73] Auch insoweit bleibt die Verrechtlichung der Verwaltungsdigitalisierung ein dynamisches Thema.

---

[72] Vgl. *Guckelberger* (Fn. 1), Rn. 722; allgemein *Kahl/Hilbert*, RW 2012, 453 (480).

[73] Ausführlich *Guckelberger* (Fn. 1), Rn. 720 ff.; zuvor schon *dies.*, VVDStRL 78 (2019), 235 (281 f.); *Siegel*, NVwZ 2023, 193 (194); *Schliesky*, in: Seckelmann (Hrsg.), Digitalisierte Verwaltung, 2019, Kap. 8 Rn. 41; *Schmitz/Prell*, in: Stelkens/Bonk/Sachs, VwVfG, 2023, § 3a Rn. 5b.

Verfassungsrechtliche und einfachgesetzliche Grundlagen der Verwaltungsdigitalisierung in Polen

Natalia Kohtamäki, Ziemowit Cieślik

I. Einleitung

Die technologische Entwicklung hat dazu geführt, dass es schwierig ist, sich irgendeinen Bereich sozialer Aktivität vorzustellen, der noch ohne elektronische Geräte oder Zugang zum Internet auskommt. Soziologen und Kommunikationswissenschaftler schreiben in diesem Zusammenhang über die Neudefinition des öffentlichen Raums.[1] Der Internetzugang führt zu einer fortschreitenden Digitalisierung verschiedener Arten von Dienstleistungen als Reaktion auf die sich verändernden gesellschaftlichen Bedürfnisse. Sowohl öffentliche als auch private Einrichtungen versuchen, auf die Herausforderungen der Internationalisierung, der Mobilität von Menschen, des dynamischen Informationsflusses und der Suche nach einfachen und zugänglichen Lösungen zu reagieren, indem sie technologische Innovationen nutzen, um einen erschwinglichen und nahtlosen Zugang zu einer breiten Palette von Dienstleistungen zu ermöglichen, die sowohl von öffentlichen Verwaltungen als auch von privaten Einrichtungen angeboten werden.

Einerseits kann die fortschreitende Digitalisierung eine effektive und pragmatische Antwort auf die Bedürfnisse der Bürger bedeuten. Andererseits verstärkt sie jedoch die von *Jürgen Habermas* schon vor vielen Jahren erkannte Gefahr der Abkopplung der Entscheidungsprozesse vom Einfluss verschiedener gesellschaftlicher Gruppen als Folge der zunehmenden Technokratisierung und Professionalisierung der Verwaltung. Dies ist eine der Varianten der Rationalität des Regierens, oder um an *Habermas'* Formulierung der „Technologie des Regierens“ zu erinnern,[2] die für moderne libe-

---

[1] Siehe z.B. *Gadowska/Rymsza*, Studia Socjologiczne 4 (2017), 19 (27ff.); *Jarren/Klinger*, in: Gapski/Oberle/Staufer (Hrsg.), Medienkompetenz. Herausforderung für Politik, politische Bildung und Medienbildung, 2017, 33ff.

[2] Vgl. dazu *Habermas*, Technik und Wissenschaft als „Ideologie“, 1968, 53ff.

rale Demokratien charakteristisch ist.[3] Es findet eine Unterordnung der Entscheidungsprozesse unter eine bestimmte „Technologie des Regierens" statt, das heißt eine bestimmte Vorstellung von effektiver Verwaltung. Diese Vorstellung ist heute untrennbar mit der Expertisierung der Verwaltung und der Anwendung neuer Technologien in der Verwaltung verbunden.[4]

Dies kann insbesondere in Krisensituationen dazu führen, dass die Rechte und Freiheiten der Bürger im Namen der Bereitstellung wirksamer Krisenmanagementmechanismen verletzt werden. In Polen ist dieses Problem aufgrund der noch andauernden Systemtransformation ausgeprägter als in westeuropäischen Ländern.[5] Die für reife westliche Demokratien kennzeichnenden Mechanismen, die das wirksame Funktionieren des Rechtsstaates garantieren, wie etwa eine starke Beteiligung der Zivilgesellschaft, das soziale Vertrauen in die Regierenden und politischen Institutionen, das sich in erster Linie aus der Stabilität des Rechts ergibt, oder ein ausgeprägtes Bewusstsein für gemeinschaftliches Handeln, das im öffentlichen Interesse funktioniert, sind in den mitteleuropäischen Staaten noch *in statu nascendi*.[6]

Aus diesem Grund können rechtliche Garantien verfassungsmäßiger und gesetzlicher Art, die die Entwicklung moderner elektronischer Behördendienste begleiten, als besonders wichtig angesehen werden. Diese Entwicklung beinhaltet die Verarbeitung, das heißt die Sammlung, Aufzeichnung und Nutzung einer zunehmenden Menge von Informationen über die Bürger, einschließlich sensibler personenbezogener Daten.[7] In Krisensituationen, wie z.B. bei einer Pandemie, werden von Entscheidungsträgern spezielle Apps eingesetzt, die sensible Daten wie den Aufenthaltsort von Bürgern erfassen. Dies birgt potentielle Risiken in Bezug auf den Zugang, die Ver-

[3] Vgl. *Bröckling/Krasmann*, in: Angermüller/van Dyk (Hrsg.), Diskursanalyse meets Gouvernementalitätsforschung, 2010, 25.

[4] Dieses Phänomen ist seit mehr als 40 Jahren bekannt, was sich in der umfangreichen Literatur zu diesem Thema widerspiegelt. Siehe z.B. *von Heydebrand*, in: Gessner/Winter (Hrsg.), Rechtsformen der Verflechtung von Staat und Wirtschaft, 1982, 93 ff.

[5] „Systemtransformation" ist ein Begriff, der im akademischen und politischen Diskurs in Polen häufig verwendet wird, um die Veränderungen zu beschreiben, die seit den frühen 1990er Jahren in Polen und anderen Ländern Mittel- und Osteuropas stattgefunden haben. Die Veränderungen bestanden aus dem Übergang von kommunistischen Systemen und einer zentral gesteuerten Wirtschaft zu demokratischen Systemen und einer freien Marktwirtschaft. Mehr dazu *Gadowska/Rymsza*, Studia Socjologiczne 4 (2017), 19 (20).

[6] Vgl. *Gadowska/Winczorek*, Studia Socjologiczne 1 (2013), 5 (7 ff.).

[7] Das liberale Modell des öffentlichen Raums geht von einer regulierenden Rolle des Rechts aus. Das Überschreiten der verfahrensrechtlichen Spielregeln wird durch das Gesetz sanktioniert. Die Freiheit des Einzelnen wird durch die Gewährung subjektiver Rechte gegen die Willkür der Macht geschützt.

waltung und die mögliche Weiterverwendung dieser Daten. Ein gutes Beispiel sind die mobilen Apps, die von Staaten während Epidemien zur Überwachung der Quarantäne und zur Verhinderung der Ausbreitung von Krankheiten eingesetzt werden. Die polnische Covid-19-App, die im Prinzip obligatorisch war,[8] wurde in einem Bericht der internationalen Anwaltskanzlei Norton Rose Fulbright als riskant eingestuft, da bei ihrer Nutzung die Freiheiten und Rechte der Bürger möglicherweise verletzt werden.[9]

In den letzten Jahren wurde in der öffentlichen Debatte in Polen auch immer wieder das Problem der Verwendung von Software durch staatliche Einrichtungen angesprochen, die Spionagefunktionen (Überwachungssysteme) haben und Informationen sammeln könnten, die möglicherweise gegen die verfassungsmäßigen Rechte verstoßen: das Recht auf Privatsphäre, das Recht auf Schutz des Briefgeheimnisses oder die bereits erwähnten Rechte auf Schutz personenbezogener Daten.[10]

Bei der Analyse der Veränderungen in der heutigen öffentlichen Verwaltung in Polen unter dem Gesichtspunkt ihrer Digitalisierung sollte man daher die rechtlichen Grundlagen für diese Veränderungen berücksichtigen. Zuerst werden ausgewählte verfassungsrechtliche Grundlagen genannt. Die erörterten Grundsätze und genannten bürgerlichen Freiheiten, deren Schutz den Rahmen für das Funktionieren eines demokratischen Rechtsstaates bestimmt, haben exemplarischen Charakter. Die Auswahl wurde unter Berücksichtigung der Bedeutung bestimmter Vorschriften der polnischen Verfassung für die Entwicklung der öffentlichen Verwaltung im Kontext der Nutzung neuer Technologien getroffen. Da das Phänomen der Digitalisierung der öffentlichen Verwaltung weitreichend und einer ständigen Entwicklung unterworfen ist, handelt es sich nicht um einen geschlossenen Katalog, und in einer größeren Studie wäre es lohnenswert, eine umfassendere

---

[8] Dabei handelt es sich um sog. Digital Contact Tracing Apps. Mehr zu diesen Apps im Zusammenhang mit möglichen Menschenrechtsverletzungen *Christou/Sacco/Bana*, Digital Contact Tracing for the Covid-19 Epidemic: A Business and Human Rights Perspective, 2020, abrufbar unter https://papers.ssrn.com/sol3/papers.cfm?abstract_id=3618958 (3.8.2023); *Kędzior*, ERA Forum 4 (2021), 533 (535).

[9] Dem Bericht zufolge erfüllte die polnische App (poln. *Kwarantanna domowa*) nicht die Anforderungen an die Verhältnismäßigkeit, wonach Maßnahmen staatlicher Behörden während einer Epidemie so wenig wie möglich in die Menschenrechte eingreifen sollten. Stattdessen funktionierte die Anwendung nach dem Prinzip, Daten zu sammeln und sie sechs Jahre lang auf einem zentralen Server zu speichern (einschließlich der Sammlung von Fotos). Auf diese Daten können u.a. das Gesundheitsministerium und die Polizei zugreifen. Vgl. *Norton Rose Fulbright*, Contact Tracing Apps in Poland, 2021, abrufbar unter https://t1p.de/my7wn (3.8.2023).

[10] Mehr dazu *Brylak-Hudyma*, Prawo Mediów Elektronicznych 2 (2020), 12 (13ff.).

Analyse des für das untersuchte Thema relevanten verfassungsrechtlichen Rahmens zu versuchen. Das Gleiche gilt für die gesetzlichen Grundlagen. Unter Berücksichtigung der Bedeutung ausgewählter Regelungen für die Transformationsprozesse der öffentlichen Verwaltung werden in diesem Aufsatz ausgewählte Beispiele angeführt.

II. Verfassungsrechtliche Grundlagen der Verwaltungsdigitalisierung

1. Das Legalitätsprinzip

Die öffentliche Verwaltung bezeichnet alle Handlungen, Tätigkeiten und Angelegenheiten, die von staatlichen Organen (Organen der öffentlichen Verwaltung) vorgenommen werden, sofern sie nicht zivilrechtlicher Natur sind.[11] Wichtig für das Funktionieren des Verwaltungsrechts sind spezifische Grundsätze wie z. B. der Grundsatz der Zuständigkeit oder der Grundsatz der Effektivität, aber auch allgemeine Grundsätze, die sich aus dem Prinzip des demokratischen Rechtsstaats ableiten lassen.[12]

Zu diesen Grundsätzen gehört das Legalitätsprinzip, welches in Art. 7 der polnischen Verfassung zum Ausdruck kommt[13] und besagt, dass die Behörden auf der Grundlage und innerhalb der Grenzen des Gesetzes handeln. Staatliche Behörden müssen im Einklang mit den geltenden Gesetzen handeln, die ihre Zuständigkeit festlegen. Die Behörden dürfen also nicht ohne Rechtsgrundlage handeln oder deren Grenzen überschreiten. Sie müssen ihre Aufgaben gewissenhaft erfüllen, was auch bedeutet, dass sie die ihnen auferlegten Pflichten nicht unterlassen dürfen, etwa aufgrund begrenzter finanzieller Mittel.[14] Integrität im Handeln bedeutet auch, dass die Behörden ihre Entscheidungen nicht willkürlich treffen, sondern ihre Handlungen durch die tatsächlichen und rechtlichen Umstände des jeweiligen Falles erklärt werden können.[15]

---

[11] Vgl. *Tarno*, Administracja Publiczna 2 (2000), 27 (29).

[12] Mehr dazu *Zimmermann*, Prawo administracyjne, 2020, 146 ff.

[13] Dz.U. 1997, Nr. 78, Pos. 483 m. Änderungen. Dieser Grundsatz wird in Art. 6 des Verwaltungsverfahrensgesetzes (VwVfG) wiederholt. VwVfG v. 14.6.1960, Dz. U. 2023, Pos. 775 m. Änderungen.

[14] Dazu die Information des Senates (2. Kammer des polnischen Parlaments), abrufbar unter http://ww2.senat.pl/k5/dok/dr/350/381-1-2.htm (3.8.2023).

[15] Vgl. *Gomułowicz*, Zasada legalizmu a zasada praworządności w sądowym wymiarze sprawiedliwości, Rzeczpospolita, 17.2.2018, abrufbar unter https://t1p.de/vzgpj (3.8.2023).

Die öffentliche Verwaltung handelt größtenteils auf der Grundlage solcher Rechtsnormen, die keinen Spielraum für eine bestimmte Sachlage lassen. In der Praxis bedeutet dies, dass der Staat, der durch seine Organe handelt, in seiner Handlungsfreiheit eingeschränkt und verpflichtet ist, den entsprechenden Verwaltungsakt zu erlassen.[16] Der Grundsatz der rechtlichen Legitimität des Handelns der Organe der öffentlichen Verwaltung ist eine grundlegende Voraussetzung für das Funktionieren eines demokratischen Rechtsstaates. Er bildet den Ausgangspunkt für die Prozesse der Rechtsetzung und Rechtsanwendung.[17]

Die öffentliche Verwaltung handelt bei der Ausübung ihrer Zuständigkeiten nach dem Legalitätsprinzip auf der Grundlage und in den Grenzen des Gesetzes im Rahmen streng definierter Rechtsformen, wobei dem Erlass von Verwaltungsakten eine besondere Bedeutung zukommt. Diese Tätigkeit ist das Ergebnis eines Verwaltungsverfahrens. In einem funktionalen Sinne kann es als eine Abfolge von Verfahrenshandlungen verstanden werden, die von den Organen der öffentlichen Verwaltung durchgeführt werden, um einen Einzelfall in Form einer gesetzlich festgelegten Verwaltungsentscheidung zu lösen.[18] Gemäß Art. 1 des Gesetzes über das System der Verwaltungsgerichte[19] üben die Verwaltungsgerichte eine Kontrolle über die Tätigkeit der öffentlichen Verwaltung aus und entscheiden, was im Zusammenhang mit der Umsetzung des Legalitätsprinzips wichtig ist, über Zuständigkeits- und Kompetenzstreitigkeiten zwischen den Organen der lokalen Selbstverwaltungseinheiten, den Berufungskollegs der lokalen Regierung und zwischen diesen Organen und den Organen der staatlichen Verwaltung. Diese Kontrolle wird im Hinblick auf die Einhaltung der Gesetze ausgeübt, sofern die Gesetze nichts anderes vorsehen.

Der Grundsatz der Rechtsstaatlichkeit ist vor allem unter dem Gesichtspunkt der Digitalisierung der Verwaltung von Bedeutung. Die Verwaltung handelt im öffentlichen Interesse und ist bestrebt, verschiedenen sozialen Bedürfnissen gerecht zu werden, was heutzutage die Verarbeitung einer großen Menge von Informationen über bestimmte Personen beinhaltet. Die

---

16 Dieser Gruppe von Verwaltungsakten stehen Ermessensentscheidungen gegenüber. Im Rahmen des behördlichen Ermessens hat ein öffentliches Verwaltungsorgan die Möglichkeit, die Rechtsfolgen einer Handlung auf der Grundlage einer bestimmten Rechtsnorm zu wählen. Gerade in diesen Bereichen kann der Einsatz neuer Technologien zur Datenerfassung und -verarbeitung fragwürdig sein. Vgl. *Pszczyński*, Adam Mickiewicz University Law Review 14 (2022), 251 (255); *Dudzik*, in: ders./Kawka/Śliwa (Hrsg.), E-administracja, 2022, 15ff.

17 Dazu *Cieślak* u.a., Prawo administracyjne, 2013, 34ff.

18 Vgl. *Pszczyński,* Adam Mickiewicz University Law Review 14 (2022), 251 (252).

19 Gesetz v. 25.7.2002, Dz.U. 2022, Pos. 2492.

mögliche Nutzung personenbezogener Daten durch die öffentliche Verwaltung, welche sich mit der dynamischen Entwicklung der neuen Technologien noch verstärkt, die in der Funktionsweise der öffentlichen Einrichtungen vielfältige Anwendungen finden, unterliegt einem besonderen verfassungsrechtlichen Schutz.[20] So verdient der Grundsatz der Rechtmäßigkeit z. B. bei der Umsetzung der automatisierten Entscheidungsfindung in Verwaltungsverfahren oder bei der Entwicklung und anschließenden Nutzung von Algorithmen zur Erleichterung der Interaktion der Bürger mit der öffentlichen Verwaltung besondere Beachtung.[21]

Die Einführung von Lösungen im Zusammenhang mit Künstlicher Intelligenz in die Entscheidungsfindung der Verwaltung wirft berechtigte Bedenken auf. Einerseits gibt es Stimmen von Skeptikern, die auf die unzureichende Rechtsgrundlage für die Informatisierung von Verwaltungsverfahren und die Verletzung des für Verwaltungsverfahren grundlegenden Legalitätsprinzips durch die technologische Entwicklung hinweisen.[22] Andererseits betonen die Befürworter des Wandels in der öffentlichen Verwaltung, dass die Entwicklung von E-Government bzw. E-Verwaltung unvermeidlich ist,[23] und dass das Gesetz kein Hindernis für diese Prozesse sein darf.[24] Wenn bestimmte Lösungen in der Rechtsordnung noch nicht vorgesehen sind, sollten die Rechtsnormen entsprechend geändert werden, um eine weitere Verbesserung der Funktionsweise der öffentlichen Verwaltung im Einklang mit dem in der Präambel der Verfassung der Republik Polen

---

[20] Die Verfassung ist in der polnischen normativen Ordnung als ideologische und konzeptionelle Grundlage für das gesamte System des Verwaltungsrechts zu sehen. Vgl. *Boć*, Ruch Prawniczy, Ekonomiczny i Socjologiczny 2 (2011), 65 (68 f.).

[21] Zur Anwendung neuer Technologien bei Rechtsstreitigkeiten und Algorithmen des maschinellen Lernens vgl. die umfassende Studie von Lai/Świerczyński (Hrsg.), Prawo sztucznej inteligencji, 2020.

[22] Mehr dazu Jonason (Hrsg.), Privacy, Digitalization, Rule of Law, 2021, abrufbar unter https://t1p.de/vrztu (3.8.2023).

[23] Für einen Überblick über E-Government auf der Grundlage numerischer Indikatoren siehe *Baran/Flankowski*, Humanities and Social Sciences 2 (2014), 9 (11 f.). Der E-Government-Entwicklungsindex (EGDI) wurde von der Hauptabteilung Wirtschaftliche und Soziale Angelegenheiten der Vereinten Nationen (UN DESA) entwickelt. Er ist ein gewichteter Durchschnitt der drei wichtigsten einfachen Indikatoren für E-Government-Systeme: Umfang und Qualität der Online-Dienste (OSI, *Online Service Index*), die Entwicklung der Telekommunikationsinfrastruktur (TII, *Telecommunication Infrastructure Index*) und das Humankapital (HCI, *Human Capital Index*).

[24] Vgl. *Suksi*, in: ders. (Hrsg.), The Rule of Law and Automated Decision-Making, 2023, 65 ff. Gleichzeitig ist der Autor der Meinung, dass die Prozesse der Digitalisierung der Verwaltung in bestehende Rechtsnormen eingebettet werden können, ohne dass diese jedes Mal geändert werden müssen, wenn neue Technologien entwickelt werden.

zum Ausdruck gebrachten Grundsatz der Effizienz der öffentlichen Einrichtungen zu ermöglichen. Er spiegelt sich u.a. in § 12 Abs. 1 VwVfG wider, der besagt, dass die Organe der öffentlichen Verwaltung gründlich und zügig handeln und die einfachsten Mittel zur Erledigung einer bestimmten Angelegenheit einsetzen sollen. Wie u.a. *Mateusz Pszczyński* hervorhebt, können die Fortschritte im Bereich des maschinellen Lernens und der automatischen Datenverarbeitung ein wirksames Mittel gegen die Schwächen der polnischen öffentlichen Verwaltung sein.[25]

Diese Überzeugung ist in der Praxis gerechtfertigt, da die Automatisierung von Entscheidungsprozessen in der öffentlichen Verwaltung bereits fortgeschrittene Formen angenommen hat, z. B. in den nordischen Ländern, einschließlich Finnland.[26] Wie *Markku Suksi* feststellt, ist die Automatisierung von Entscheidungsprozessen daher gewissermaßen eine natürliche Antwort auf die auch in der finnischen Verfassung enthaltenen Annahmen zur Effizienz und Schnelligkeit der öffentlichen Verwaltung und steht nicht im Widerspruch zum Legalitätsprinzip und anderen für einen demokratischen Rechtsstaat grundlegenden Prinzipien.[27]

2. Recht auf Schutz der Privatsphäre

Das Recht auf Schutz der Privatsphäre ist in Art. 47 der Verfassung der Republik Polen garantiert. Diese Bestimmung gewährleistet jedermann das Recht, sein Privat- und Familienleben, seine Ehre und seinen guten Namen rechtlich zu schützen und über sein persönliches Leben zu entscheiden. So sichert die Verfassung einerseits die Persönlichkeitsrechte zum Schutz der Privatsphäre, des Familienlebens, der Ehre und des guten Rufs. Andererseits garantiert sie das Recht auf Selbstbestimmung, das heißt über das eigene Leben zu entscheiden. Beide Säulen des Rechts auf Schutz der Privatsphäre sind wichtig angesichts der möglichen Gefahren der Überwachung der Bürger und der Beschaffung von Daten über sie ohne ihr Wissen.

Das Recht auf Privatsphäre muss im Zusammenhang mit der Achtung der Würde eines jeden Menschen ausgelegt werden. Sie ist ein Merkmal jedes Individuums, das Träger von Rechten und Freiheiten ist. Die Würde ist ein

---

[25] Vgl. *Pszczyński,* Adam Mickiewicz University Law Review 14 (2022), 251 (257).

[26] Vgl. Digital Public Administration Factsheet 2020 Finland, abrufbar unter https://joinup.ec.europa.eu/sites/default/files/inline-files/Digital_Public_Administration_Factsheets_Finland_vFINAL.pdf (3.8.2023).

[27] Art. 21 Abs. 1 der finnischen Verfassung, Finlex 731/1999; auf Deutsch abrufbar unter https://finlex.fi/fi/laki/kaannokset/1999/de19990731.pdf (3.8.2023). Dazu *Suksi,* Artificial Intelligence and Law 29 (2021), 87 (88 ff.).

zentraler Wert in den Verfassungsordnungen vieler Staaten und in internationalen Rechtsordnungen. Sie ist die grundlegende Quelle der sozialen Freiheiten und Rechte sowie aller individuellen Rechte. Sie dürfen nicht in einer Weise eingeschränkt werden, die zu einer Verletzung der Würde führen könnte. Nach Art. 30 der Verfassung der Republik Polen ist die angeborene und unveräußerliche Menschenwürde die Quelle der menschlichen und bürgerlichen Freiheiten und Rechte. Sie ist unantastbar, und ihre Achtung und ihr Schutz sind die Pflicht der öffentlichen Gewalt. Man kann daher sagen, dass Fragen des Schutzes der Menschenwürde das Verständnis der grundlegenden Werte und Prinzipien bestimmen, die die Rechtsordnung bilden und die öffentliche Ordnung prägen.[28]

Einschränkungen des Rechts auf Privatsphäre treten in besonderen Situationen auf, in denen ein Ausgleich zwischen dem Schutz der Rechte und Freiheiten des Einzelnen und der Wahrung des öffentlichen Interesses erforderlich ist, z.B. zur Gewährleistung der epidemiologischen Sicherheit. Gemäß Art. 8 Abs. 2 EMRK darf eine Behörde in die Ausübung dieses Rechts nur eingreifen, soweit der Eingriff gesetzlich vorgesehen und in einer demokratischen Gesellschaft notwendig ist für die nationale oder öffentliche Sicherheit, für das wirtschaftliche Wohl des Landes, zur Aufrechterhaltung der Ordnung, zur Verhütung von Straftaten, zum Schutz der Gesundheit oder der Moral oder zum Schutz der Rechte und Freiheiten anderer.[29]

3. Schutz der Informationsautonomie des Einzelnen

Die Digitalisierung der öffentlichen Verwaltung betrifft vor allem die personenbezogenen Daten der Bürger. Die Beschleunigung der Arbeitsweise der Verwaltungsbehörden soll u. a. durch die Automatisierung der Verarbeitung dieser Daten erreicht werden. Sie müssen in besonderer Weise geschützt werden. Die grundlegenden Garantien in dieser Hinsicht sind in Art. 51 der Verfassung der Republik Polen formuliert. Niemand darf anders als aufgrund eines Gesetzes gezwungen werden, Informationen über seine Person preiszugeben; die Behörden dürfen nicht mehr Informationen über die Bürger erlangen, sammeln und zur Verfügung stellen, als in einem demokratischen Rechtsstaat erforderlich ist. Darüber hinaus hat jeder das Recht auf Zugang zu den ihn betreffenden amtlichen Dokumenten und Datensätzen. Die Einschränkung dieses Rechts kann durch Gesetz bestimmt werden. Je-

---

[28] Vgl. *Zdyb*, Annales Universitatis Mariae Curie-Skłodowska Lublin Polonia. Sectio G 1 (2017), 41 (43); *Fleszer*, Roczniki Administracji i Prawa 1 (2015), 19 (20f.).

[29] Mehr dazu *Ventrella*, ERA Forum 3 (2020), 379 (380f.).

der hat außerdem das Recht, die Berichtigung und Löschung von Informationen zu verlangen, die unwahr, unvollständig oder unter Verstoß gegen das Gesetz erhoben worden sind. Die Regeln und Verfahren für die Sammlung und Bereitstellung von Informationen sind in gesonderten Gesetzen festgelegt, wie in den folgenden Abschnitten dieses Kapitels erläutert wird.

Die Garantien für den Schutz der informationellen Selbstbestimmung des Einzelnen sind komplexer Natur und umfassen eine Reihe wichtiger Elemente, darunter das an die Behörden gerichtete Verbot, die Bürger zu verpflichten, personenbezogene Informationen auf einer anderen als der gesetzlichen Grundlage preiszugeben, sowie das Verbot für diese Behörden, Informationen zu erlangen, die für das Funktionieren eines demokratischen Rechtsstaats nicht erforderlich sind.

Art. 51 der Verfassung formuliert somit zwei grundlegende Anforderungen. Erstens die sog. formale Anforderung, das heißt alle Handlungen von Behörden, die personenbezogene Daten betreffen, müssen eine Rechtsgrundlage in Form einer gesetzlichen Regelung haben (und nicht in Form nachrangiger Rechtsakte wie etwa nationaler Verordnungen). Zweitens enthält Art. 51 das sog. materielle Erfordernis, das heißt die Verarbeitung personenbezogener Daten muss notwendig sein. Es ist in der Lehre anerkannt, dass notwendige Informationen solche Daten sind, die das normale Funktionieren eines Individuums in einer staatlich organisierten Gesellschaft ermöglichen. Es handelt sich um Daten, die für die Durchführung, Weiterführung oder Vollendung der unternommenen Handlungen und Tätigkeiten erforderlich sind, die nach dem Legalitätsprinzip in der Zuständigkeit bestimmter öffentlicher Verwaltungsorgane verbleiben. Diese Organe können im Einklang mit den in Art. 51 der Verfassung genannten Anforderungen Datenbanken und Informationssysteme für die Sammlung und Verarbeitung personenbezogener Daten einrichten.[30]

Der Gesetzgeber kann die Verpflichtung zur Bereitstellung von Daten nicht willkürlich formulieren. Es geht um besondere Situationen – notwendig für die Sicherheit des Staates, die öffentliche Ordnung, den Schutz der Umwelt, der öffentlichen Gesundheit und der Moral sowie für die Gewährleistung der Freiheiten und Rechte anderer Menschen. Das Willkürverbot bedeutet auch, dass das Verbot der Verletzung des Wesens des Rechts auf Schutz der Informationsautonomie des Einzelnen gemäß den Bestimmun-

[30] Vgl. *Brylak-Hudyma*, Prawo Mediów Elektronicznych 2 (2020), 12 (14). Die Datenerhebung kann auch ohne Information der Bürger erfolgen, muss aber den Standards eines demokratischen Rechtsstaates entsprechen. Vgl. Entscheidung des Verfassungsgerichtshofs v. 23.6.2009, K 54/07, OTK 2009, Nr. 6A, Pos. 86.

gen der polnischen Verfassung sowie gemäß Art. 16 AEUV und Art. 8 GRCh beachtet wird.[31]

III. Grundlagen der Digitalisierung im Verwaltungsrecht

1. Horizontale Regelungen

Die Digitalisierung berührt viele Bereiche der polnischen öffentlichen Verwaltung und findet ihren Niederschlag in zahlreichen Regelungen des materiellen, organisatorischen und prozeduralen Verwaltungsrechts. Angesichts der Vielfalt der öffentlichen Verwaltung selbst ist die Rechtsgrundlage für ihre Digitalisierung naturgemäß verstreut und wurde nicht in eine umfassende Regelung aufgenommen, die die rechtlichen Ergebnisse staatlicher, von verschiedenen Regierungen in den letzten Jahrzehnten vorangetriebener Digitalisierungspolitik[32] kodifizieren würde.

Allgemeinen Charakter und damit auch die größte systemische Bedeutung haben die Verfahrenslösungen im VwVfG. In diesem Gesetz wurden die allgemeinen Grundsätze der Verwaltungsverfahren festgelegt,[33] und somit – unter polnischen Bedingungen, wo ein typischer (subordinationsrechtlicher) Verwaltungsvertrag noch nicht entwickelt wurde[34] – ein Verfahren, das im Wesentlichen auf die Konkretisierung einer verwaltungsrechtlichen Vorschrift durch einen Verwaltungsakt (Verwaltungsentscheidung) einer Behörde abzielt.[35] Zu diesen allgemeinen Verfahrensgrundsätzen gehört neben der Rechtsstaatlichkeit, der objektiven Wahrheit, der Vertiefung des Vertrauens, der Zweistufigkeit und der Dauerhaftigkeit von Verwaltungsentscheidungen[36] auch das Prinzip der Schriftlichkeit.[37] Dessen Formulierung im VwVfG hat in den letzten Jahren eine bedeutende Entwicklung erfahren und verdeutlicht exemplarisch die mäandrierende jüngs-

---

[31] Dazu mehr *Dudzik* (Fn. 16), 17 ff.

[32] Vgl. https://www.gov.pl/web/cyfryzacja/program-zintegrowanej-informatyzacji-panstwa (3.8.2023). Siehe dazu *Nodżak*, in: Zimmermann (Hrsg.), Aksjologia prawa administracyjnego, Bd. 2, 2017, Kap. 3 Rn. A.2.3.; *Sibiga*, Edukacja Prawnicza 3 (2011), 3 (4–7); *Konarski*, Komentarz do ustawy o świadczeniu usług drogą elektroniczną, 2004, passim.

[33] Zu diesem Begriff siehe *Zimmermann*, Polska jurysdykcja administracyjna, 1996, passim.

[34] Vgl. *Zimmermann* (Fn. 12), 455.

[35] Art. 1 Pkt 1 VwVfG.

[36] Art. 6–16 VwVfG.

[37] Art. 14 VwVfG.

te Umgestaltung der öffentlichen Verwaltung in Polen. Nach dem ursprünglichen Wortlaut der Bestimmung, die diesen Grundsatz begründete und bis 2010 in Kraft war, mussten Verwaltungsangelegenheiten in der Regel schriftlich erledigt werden. Eine mündliche Erledigung der Sache war nur ausnahmsweise in bestimmten Fällen (wenn die Interessen der Partei es rechtfertigten und das Gesetz dem nicht entgegenstand) zulässig.[38] Die Vorschrift sah damals keine Möglichkeit vor, dass die Parteien eines Verwaltungsverfahrens auf digitale Lösungen zurückgreifen können. Nach der Änderung der seit 1980 geltenden Vorschrift, mit der ihr Wortlaut neu gefasst wurde, mussten Verwaltungsangelegenheiten entweder schriftlich oder elektronisch erledigt werden.[39]

In Anbetracht des ausdrücklichen Wortlauts der neuen Bestimmung[40] war damals das elektronische Dokument keine Unterkategorie der Schriftform, sondern eine eigenständige Form neben der Schriftform. Auf der Grundlage des geänderten Gesetzes stand es der verfahrensführenden Behörde grundsätzlich frei, sich für eine dieser beiden Formen bei der Bearbeitung des Falles zu entscheiden, wenngleich die Wahl der Behörde ein für alle Mal den gesamten Verlauf des Verfahrens bestimmte – die Übernahme eines Falles in einer bestimmten Form schloss die Erledigung der Sache in der Zukunft in einer anderen Form aus. Die mündliche Form der Erledigung eines Falles wurde in der geänderten Vorschrift zusammen mit den Gründen, die ihre Anwendung erlauben, beibehalten und bereits zu einem späteren Zeitpunkt, im Jahr 2018, durch andere – unter denselben außergewöhnlichen Umständen anwendbare – spezifische Formen ergänzt: per Telefon, durch elektronische Kommunikation oder durch andere Kommunikationsmittel.[41]

Mit der Einführung der genannten neuen Elemente in den Schriftlichkeitsgrundsatz ist die Geschichte der Digitalisierung der allgemeinen Grundsätze des Verwaltungsverfahrens nicht abgeschlossen. Die so umgestaltete Vorschrift, die schon damals zahlreiche modernisierende Lösungen enthielt, wurde – in dem Teil, der den Kern des Schriftlichkeitsprinzips in diesem Verfahren ausmachte – aufgehoben und im Jahr 2021 durch eine völlig neue, redaktionell erweiterte Regelung ersetzt.[42] Nach der geltenden Formel des Grundsatzes des schriftlichen Verwaltungsverfahrens müssen

---

[38] Dz. U. 1980, Nr. 9, Pos. 26, Art. 11.

[39] Dz. U. 2010, Nr. 40, Pos. 230, Art. 2.

[40] Vgl. *Cherka*, in: Wierzbowski/Wiktorowska (Hrsg.), Kodeks postępowania administracyjnego. Komentarz, 2021, Art. 14 Rn. 4.

[41] Dz. U. 2018, Pos. 650, Art. 2.

[42] Dz. U. 2020, Pos. 2320, Art. 61.

die Verfahren schriftlich in Papier- oder elektronischer Form geführt und erledigt werden, wobei in Papierform verfasste Schreiben eine handschriftliche Unterschrift und in elektronischer Form verfasste Schreiben eine qualifizierte elektronische Signatur, eine vertrauenswürdige Unterschrift oder eine persönliche Unterschrift oder ein qualifiziertes elektronisches Siegel eines öffentlichen Verwaltungsorgans mit Angabe der siegelführenden Person im Hauptteil des Schreibens tragen. Nach der geänderten Formulierung dieser Vorschrift können Verwaltungsangelegenheiten außerdem unter Verwendung von automatisch generierten und mit einem qualifizierten elektronischen Siegel der Behörde versehenen Schreiben sowie unter Verwendung von Online-Diensten, die von den Behörden nach einer gesetzlich vorgeschriebenen Authentifizierung einer Partei oder eines anderen Verfahrensbeteiligten zur Verfügung gestellt werden, bearbeitet werden. Darüber hinaus können die an die Behörden gerichteten Schreiben nach den ausdrücklichen Bestimmungen auch schriftlich in Papierform oder in elektronischer Form abgefasst werden. Durch die Änderung der Vorschrift wurde der Dualismus der Formen der Erledigung einer Verwaltungssache abgeschafft und durch die Formel der Schriftlichkeit ersetzt, die – gleichberechtigt – auch die elektronische Form umfasst. Darüber hinaus sind Verwaltungssachen, anders als vor der Änderung des Gesetzes nicht nur zu erledigen, sondern auch in einer so weit gefassten schriftlichen Form zu führen.[43] Dies bedeutet, dass mit der Änderung der Vorschrift die Einschränkung des Erfordernisses der konsequenten Beibehaltung der gewählten Form der Verfahrensabwicklung bis zum Abschluss des Verfahrens entfallen ist. Da beide Formen der Schriftform – die herkömmliche und die elektronische – gleichwertig sind, ist auch ihre Austauschbarkeit im Laufe des Verfahrens zulässig.

Die zweite Regelung, die die Grundlage für die Digitalisierung der polnischen öffentlichen Verwaltung bildet und über den Anwendungsbereich einzelner verwaltungsrechtlicher Vorschriften hinausgeht, ist das Gesetz über die Informatisierung der Tätigkeit von Einrichtungen, die öffentliche Aufgaben wahrnehmen.[44] Hinter diesem Gesetz, das 2005 erlassen wurde,

---

[43] Vgl. *Wróbel*, in: Jaśkowska/Wilbrandt-Gotowicz/ders. (Hrsg.), Komentarz aktualizowany do Kodeksu postępowania administracyjnego, LEX el. 2022, Art. 14 Rn. 1–2.

[44] Gesetz v. 17.2.2005, Dz.U. 2005 Nr. 64, Pos. 565; einheitliche Fassung: Dz.U. 2023, Pos. 57; im Folgenden: Gesetz über die Informatisierung. Siehe auch, viel später, das Gesetz v. 4.4.2019 über die digitale Zugänglichkeit von Websites und mobilen Anwendungen öffentlicher Stellen (Dz. U. Pos. 848), mit dem die RL (EU) 2016/2102 des Europäischen Parlaments und des Rates v. 26.10.2016 über die Zugänglichkeit von Websites und mobilen Anwendungen öffentlicher Stellen (ABl. 2016 L 327/1) umgesetzt wird. Vgl. Czaplicki/Szpor (Hrsg.), Ustawa o dostępności cyfrowej stron internetowych i aplikacji mobilnych podmiotów publicznych, 2020, passim.

steht das Regulierungsprogramm, das zu Beginn des 21. Jahrhunderts von der EU formuliert wurde. Die Begründung dieses Gesetzentwurfs enthält zahlreiche Verweise auf die Politik der EU im Bereich der Informationsgesellschaft, die eines der wesentlichen Elemente der Lissabon-Strategie für die Entwicklung der EU bis 2010 war. Die Annahmen dieser Politik wurden von der Europäischen Kommission in ihrer Mitteilung aus dem Jahr 2002 „e-Europe 2005: Eine Informationsgesellschaft für alle“[45] dargelegt. Wie im Gesetzentwurf angegeben, sollten die gesetzlichen Lösungen in Anlehnung an die EU-Politik die „online-Verfügbarkeit der grundlegenden öffentlichen Verwaltungsleistungen“ sicherstellen und setzten zu diesem Zweck „die Erreichung eines Mindeststandards an technischer Kompatibilität der Hard- und Softwarekomponenten der IKT-Systeme voraus“.[46] Dieses besondere Regelungsprofil, das sich nicht auf die Rechtsinstitute und ihre mögliche digitalisierungsbedingte Transformation, sondern auf rein technische und informationstechnische Fragen konzentriert, prägt das Gesetz trotz zahlreicher späterer Änderungen bis heute.[47]

Der Regelungsbereich des Gesetzes über die Informatisierung wird durch seine allgemeinen Bestimmungen definiert, die u.a. einen kasuistischen Katalog von Regelungsbereichen enthalten. Darin sind u.a. aufgeführt: (1) die Kofinanzierung von IT-Projekten mit öffentlichem Nutzen, (2) die Festlegung von Mindestanforderungen an IKT-Systeme, die zur Erfüllung öffentlicher Aufgaben eingesetzt werden, sowie an öffentliche Register und den Austausch von Informationen in elektronischer Form mit öffentlichen Stellen und (3) die Angleichung der öffentlichen Register und des Austauschs von Informationen in elektronischer Form mit öffentlichen Stellen an den Nationalen Interoperabilitätsrahmen für IKT-Systeme in einer Weise, die technologische Neutralität und Offenheit der verwendeten Normen und Spezifikationen gewährleistet. Das Gesetz bestimmt auch die Grundsätze der Funktionsweise der elektronischen Plattform für öffentliche Verwal-

[45] Communication from the Commission to the Council, the European Parliament, the Economic and Social Committee and the Committee of the Regions: e-Europe 2005: An information society for all. An action plan to be presented in the view of the Sevilla European Council 21/22 June 2002, COM(2002) 263 final. Zur damaligen EU-Politik in diesem Bereich siehe z.B. die Erwg. 4ff. Präambel der Entscheidung 2256/2003/EG v. 17.11.2003 zur Annahme eines Mehrjahresprogramms (2003–2005) zur Verfolgung der Umsetzung des Aktionsplans e-Europe 2005, zur Verbreitung empfehlenswerter Verfahren und zur Verbesserung der Netz- und Informationssicherheit (MODINIS), ABl. 2003 L 336/1. Vgl. Parlamentsdruck Nr. 1934, 4. Wahlperiode des Sejms.

[46] Parlamentsdruck Nr. 1934, 4. Wahlperiode des Sejms, 24f.

[47] Das Gesetz wurde mehr als 30 Mal geändert und hat bereits sechs offizielle konsolidierte Fassungen erlebt.

tungsleistungen, bekannt als e-PUAP, die Grundsätze der Funktionsweise des zentralen Speichers für elektronische Dokumentenvorlagen und des öffentlichen Systems der elektronischen Identifizierung sowie die Grundsätze der Bereitstellung der vertrauenswürdigen Signatur.[48]

In der Literatur wird darauf hingewiesen, dass der Gesetzgeber bei der Formulierung der allgemeinen Bestimmungen des Gesetzes die Bedeutung von Marktwerten wie technologische Neutralität, Offenheit von Standards und Spezifikationen und die Wahrung der freien Wahl der Technologie im Prozess der Informatisierung der öffentlichen Aufgabenerfüllung (und damit die Beseitigung des Phänomens des Vendor Lock-in)[49] für den Schutz des öffentlichen Interesses deutlich hervorgehoben hat.[50] Diese Annahmen werden den Lösungen zugrunde gelegt, die in den materiellen Bestimmungen des Gesetzes enthalten sind, die nun den Inhalt von acht Kapiteln ausmachen. Das Gesetz gilt für ein breites Spektrum von Einrichtungen, die öffentliche Aufgaben wahrnehmen. Es betrifft nicht nur die staatliche und kommunale Verwaltung, sondern auch juristische Personen der staatlichen und kommunalen Verwaltung, staatliche Kontroll- und Rechtsschutzorgane, Gerichte und Organisationseinheiten der Staatsanwaltschaft sowie Universitäten, Forschungsinstitute und unabhängige Zentren des öffentlichen Gesundheitswesens und Unternehmen, die medizinische Tätigkeiten ausüben.[51] Insbesondere schafft das Gesetz die Grundlage für die Verabschiedung des Programms zur integrierten Informatisierung des Staates durch den Ministerrat, in dem die Voraussetzungen für die Regierungspolitik im Bereich der Digitalisierung der öffentlichen Verwaltung festgelegt werden.[52]

Mit dem Gesetz über die Informatisierung wurde außerdem der Digitalisierungsrat als spezielles Beratungs- und Konsultationsgremium unter dem für die Informatisierung zuständigen Minister eingeführt. Zu dessen Aufgaben gehört es, Maßnahmen für die Informatisierung, die Entwicklung des Marktes für Informations- und Kommunikationstechnologien und die Entwicklung der Informationsgesellschaft zu initiieren sowie Vorschläge und

[48] Art. 1 des Gesetzes über die Informatisierung.

[49] Vgl. https://www.outsystems.com/glossary/what-is-vendor-lock-in/ (3.8.2023).

[50] *Szpor*, in: Martysz/ders./Wojsyk (Hrsg.), Ustawa o informatyzacji działalności podmiotów realizujących zadania publiczne. Komentarz, 2015, Art. 1 Rn. 7; *Kubalski/Małowiecka*, Ustawa o informatyzacji działalności podmiotów realizujących zadania publiczne. Komentarz, 2019, Art. 1 Rn. 6.

[51] Art. 2 des Gesetzes über die Informatisierung.

[52] Art. 12b des Gesetzes über die Informatisierung; vgl. Mitteilung des Ministers für Verwaltung und Digitalisierung v. 23.5.2014 über die Verabschiedung eines Beschlusses des Ministerrats zur Verabschiedung des Entwicklungsprogramms „Programm zur integrierten staatlichen Informatisierung", M.P. 2014, Pos. 394 m. Änderungen.

Stellungnahmen zu Entwürfen von Positionen des Ministerrats zu Dokumenten der Europäischen Kommission und des Europäischen Parlaments zu Fragen der Informatisierung, der Kommunikation oder der Entwicklung der Informationsgesellschaft abzugeben.[53] Das Gesetz legt auch zahlreiche Pflichten der zur Einhaltung des Gesetzes verpflichteten Stellen fest, die sich auf die Nutzung von IKT-Systemen zur Erfüllung öffentlicher Aufgaben beziehen. Insbesondere sind diese Stellen verpflichtet, IKT-Systeme zu verwenden, die den Mindestanforderungen an IKT-Systeme entsprechen, und die Möglichkeit zu gewährleisten, Daten auch in elektronischer Form durch den Austausch elektronischer Dokumente im Zusammenhang mit der Bearbeitung von Angelegenheiten, die zu ihrem Tätigkeitsbereich gehören, unter Verwendung von IT-Datenträgern oder elektronischen Kommunikationsmitteln zu übermitteln.[54] Schließlich wird in dem Gesetz die Rechtsgrundlage für die Erfassung von Kontaktdaten von Personen mit Hilfe eines IKT-Systems festgelegt[55] und die Nutzung eines speziellen organisatorischen und technischen Instruments, der Integrierten Analyseplattform, zur Durchführung von Analysen zur Unterstützung der Formulierung wichtiger öffentlicher Maßnahmen unter Verwendung von Daten aus verschiedenen öffentlichen Registern und IKT-Systemen geregelt.[56]

2. Besonderes Recht: Zugang zu öffentlichen Informationen und Personalausweisen

Ungeachtet der zitierten horizontalen Regelungen betrifft die Digitalisierung viele Bereiche des besonderen Verwaltungsrechts. Dazu gehört die Regelung des Zugangs zu öffentlichen Informationen und Personalausweisen. An ihrem Beispiel lässt sich erkennen, wie vielfältig die regulatorischen Vorgaben sind, die die nationalen Lösungen beeinflussen. Das EU-Recht ist in dieser Hinsicht besonders wichtig, aber zweifellos kann die Digitalisierung der Grundlagen der polnischen öffentlichen Verwaltung nicht allein auf die Prozesse der Vereinheitlichung und Harmonisierung des Verwaltungsrechts in der EU reduziert werden.

Anders als in vielen anderen Ländern ist das Recht auf Zugang zu öffentlichen Informationen in Polen direkt auf der höchsten Ebene der gesetzlichen Regelung verankert – in den Verfassungsbestimmungen. Gemäß Art. 61 der Verfassung der Republik Polen hat ein Bürger das Recht, Informationen

53 Art. 17 des Gesetzes über die Informatisierung.

54 Art. 13 Abs. 1 und Art. 16 Abs. 1 des Gesetzes über die Informatisierung.

55 Art. 20h–20o des Gesetzes über die Informatisierung.

56 Art. 20p–20t des Gesetzes über die Informatisierung.

über die Tätigkeit von Behörden und Personen, die öffentliche Aufgaben wahrnehmen, zu erhalten. Dieses Recht umfasst insbesondere den Zugang zu Dokumenten und den Zutritt zu Sitzungen kollektiver Organe der öffentlichen Gewalt, die aus allgemeinen Wahlen hervorgegangen sind, mit der Möglichkeit von Ton- oder Bildaufnahmen, sowie die Einholung von Informationen über die Tätigkeit von Organen der wirtschaftlichen und beruflichen Selbstverwaltung und anderen Personen und Organisationseinheiten, soweit sie Aufgaben der öffentlichen Gewalt wahrnehmen und kommunales Vermögen oder Staatsvermögen verwalten. Die Verfassung sieht ausdrücklich die Möglichkeit vor, dieses Recht einzuschränken, was allerdings in Form eines einfachen Gesetzes (und nicht eines Rechtsaktes von geringerem Rechtsrang) erfolgen muss und nur dann zulässig ist, wenn die – eng auszulegenden – verfassungsrechtlichen Voraussetzungen für eine solche Einschränkung vorliegen. Eine Einschränkung des Rechts auf Zugang zu öffentlichen Informationen darf nach der verfassungsrechtlichen Regelung nur zum Schutz der Freiheiten und Rechte anderer Personen und Wirtschaftseinheiten sowie zum Schutz der öffentlichen Ordnung, der Sicherheit oder eines wichtigen wirtschaftlichen Interesses des Staates erfolgen. Darüber hinaus sind auf der Grundlage der allgemeinen Regel von Art. 31 Abs. 3 der Verfassung der Republik Polen, die für alle Freiheiten und Rechte des Einzelnen gilt, gesetzliche Beschränkungen zulässig, die zum Schutz der Umwelt, der Gesundheit und der öffentlichen Moral erforderlich sind. Gleichzeitig darf keine der gesetzlichen Einschränkungen des Rechts auf Information der Öffentlichkeit den Kern der verfassungsmäßigen Freiheiten und Rechte verletzen. Im Verfassungstext gibt es keine ausdrücklichen Hinweise auf die Digitalisierung des Zugangs zu öffentlichen Informationen. Diese Frage wurde jedoch vom einfachen Gesetzgeber in der Regelung aufgegriffen, die erlassen wurde, um den Inhalt der verfassungsrechtlichen Bestimmungen über die Grenzen des Rechts auf öffentliche Information zu erfüllen.[57]

Das Gesetz, in dessen Rahmen die Verfassungsnorm entwickelt wurde, ist das – bereits vier Jahre nach Inkrafttreten der polnischen Verfassung verabschiedete – Gesetz über den Zugang zu öffentlichen Informationen.[58] Das Gesetz erweitert den subjektiven Geltungsbereich des Rechts auf Zugang zu öffentlichen Informationen auf alle Personen, nicht nur auf die Bür-

[57] *Sokolewicz/Wojtyczek*, in: Garlicki/Zubik (Hrsg.), Konstytucja Rzeczypospolitej Polskiej. Komentarz, Bd. 2, 2016, Art. 61 passim; *Wild*, in: Safjan/Bosek (Hrsg.), Konstytucja RP. Komentarz do art. 1–86, Bd. 1, 2016, Art. 61 passim.

[58] Gesetz v. 6.9.2001 über den Zugang zu öffentlichen Informationen, Dz. U. 2022, Pos. 902 m. Änderungen; im Folgenden: Zugangsgesetz.

ger, und legt die Modalitäten der Offenlegung im Einzelnen fest. Nach dem Gesetz steht das Auskunftsrecht vorbehaltlich festgelegter Einschränkungen jedermann zu, ohne dass hierfür ein rechtliches oder tatsächliches Interesse nachgewiesen werden muss. Der Zugang zu öffentlichen Informationen ist grundsätzlich kostenlos.[59] Im Hinblick auf die Modalitäten der Digitalisierung der öffentlichen Verwaltung in Polen ist es wichtig, dass der grundlegende Zugangsmodus die Bekanntmachung solcher Informationen, einschließlich offizieller Dokumente, im Öffentlichen Informationsblatt (poln. *Biuletyn Informacji Publicznej*, BIP) besteht.[60]

Auf diese Weise wurde das Bulletin – mit dem Ziel, öffentliche Informationen in Form eines einheitlichen Seitensystems in einem IKT-Netz allgemein zugänglich zu machen – als offizielle IKT-Publikation eingerichtet.[61] Es ist im Internet öffentlich zugänglich.[62] Definitionsgemäß sind alle Stellen, die die öffentlichen Informationen zur Verfügung stellen, verpflichtet, diese Informationen im BIP bereit zu stellen. Darüber hinaus sind diese Stellen verpflichtet, im BIP Informationen darüber zu veröffentlichen, wie der Zugang zu den öffentlichen Informationen, über die sie verfügen und die sie ausnahmsweise nicht im BIP zur Verfügung stellen, erfolgen kann. Werden öffentliche Informationen zurückgehalten, so sind im BIP (1) der Umfang der Zurückhaltung, (2) die Rechtsgrundlage für die Zurückhaltung und (3) die Behörde oder Person, die die Zurückhaltung vorgenommen hat, sowie (4) – im Falle einer Ausnahme aus Gründen des Schutzes der Privatsphäre oder des Geschäftsgeheimnisses – die Stelle, in deren Interesse die Zurückhaltung erfolgt ist, anzugeben.

Gemäß dem Gesetz über die Informatisierung wird die BIP-Homepage vom für die Informationstechnologie zuständigen Minister eingerichtet und enthält eine Liste aller Stellen, die verpflichtet sind, BIP-Seiten zu erstellen, sowie Links, die eine Verbindung zu ihren Seiten ermöglichen. Alle Stellen, die Informationen im BIP bereitstellen, sind verpflichtet, ihre eigenen BIP-Seiten zu erstellen. Dazu können sie entweder das zentralisierte System für den Zugang zu öffentlichen Informationen nutzen, das heißt ein IKT-System, das die Erstellung von BIP-Seiten ermöglicht und vom für die

[59] Art. 2, Art. 7 Abs. 2 des Zugangsgesetzes.

[60] Art. 7 Abs. 1 Pkt 1 des Zugangsgesetzes. Gemäß Art. 10 Abs. 1 i. V. m. Art. 7 Abs. 1 Pkt 2 des Zugangsgesetzes werden öffentliche Informationen, die nicht im Öffentlichen Informationsblatt (BIP) oder im Datenportal zur Verfügung gestellt wurden, auf Antrag zugänglich gemacht. Vgl. *Błachucki*, in: Sibiga (Hrsg.), Główne problemy prawa do informacji, 2013, 28 ff.

[61] Art. 8 Abs. 1 des Zugangsgesetzes.

[62] https://www.bip.gov.pl/ (3.8.2023).

Information zuständigen Minister kostenlos zur Verfügung gestellt wird, oder alternativ ein anderes IKT-System. Alle Stellen, die öffentliche Informationen im BIP zur Verfügung stellen, sind darüber hinaus verpflichtet, (1) die Informationen mit Daten zur Identifizierung der Stelle zu versehen, die die Informationen zur Verfügung stellt; (2) in den Informationsdaten die Identität der Person anzugeben, die die Informationen erstellt hat oder für den Inhalt der Informationen verantwortlich ist; (3) die Identifizierungsdaten der Person beizufügen, die die Informationen in das BIP eingebracht hat; (4) den Zeitpunkt zu kennzeichnen, zu dem die Informationen erstellt wurden, und den Zeitpunkt, zu dem sie zur Verfügung gestellt wurden, und die Möglichkeit zu gewährleisten, den Zeitpunkt zu ermitteln, zu dem die Informationen tatsächlich zur Verfügung gestellt wurden.[63]

Ein weiteres IT-Instrument zur Bereitstellung öffentlicher Informationen, auf das im Zugangsgesetz Bezug genommen wird, ist das vom für die Informatisierung zuständigen Minister betriebene Datenportal, das heißt ein öffentlich zugängliches IKT-System zur Bereitstellung von Informationen des öffentlichen Sektors zur Weiterverwendung und zur Nutzung von privaten Daten.[64] Dieses Portal wurde im Rahmen des Gesetzes über offene Daten und die Wiederverwendung von Informationen des öffentlichen Sektors eingerichtet.[65] Das Gesetz wurde deutlich später als das Zugangsgesetz verabschiedet und orientiert sich an einer strikten EU-Regelungsagenda – es setzt die Richtlinie (EU) 2019/1024 über offene Daten und die Weiterverwendung von Informationen des öffentlichen Sektors in polnisches Recht um.[66]

Informationen des öffentlichen Sektors, die für die Entwicklung von Innovationen im Staat oder die Entwicklung der Informationsgesellschaft von besonderer Bedeutung sind und die aufgrund der Art ihrer Speicherung und Bereitstellung eine Wiederverwendung ermöglichen, werden im Datenportal zur Verfügung gestellt.[67] Anders als im Fall des BIP ist das im Gesetz über offene Daten genannte Portal in Polen also nicht so sehr das Ergebnis einer autonomen Tätigkeit des Gesetzgebers, sondern vielmehr das Produkt

---

[63] Art. 8–9 des Zugangsgesetzes.

[64] Art. 7 Abs. 1 Pkt 4 des Zugangsgesetzes.

[65] Gesetz v. 11.8.2021 über offene Daten und die Weiterverwendung von Informationen des öffentlichen Sektors, Dz. U. 2021, Pos. 1641; im Folgenden: das Gesetz über offene Daten. Vgl. Sibiga/Sybilski (Hrsg.), Ustawa o otwartych danych i ponownym wykorzystywaniu informacji sektora publicznego. Komentarz, 2022, passim.

[66] RL (EU) 2019/1024 v. 20.6.2019 über offene Daten und die Weiterverwendung von Informationen des öffentlichen Sektors, ABl. 2019 L 172/ 56.

[67] Art. 2 Abs. 13 und Art. 32 ff. des Gesetzes über offene Daten.

der Umsetzung von Lösungen, die im EU-Recht festgeschrieben wurden. Im Einklang mit der Richtlinie treffen die Mitgliedstaaten praktische Vorkehrungen, um die Suche nach Dokumenten, die zur Weiterverwendung zur Verfügung stehen, zu erleichtern, z. B. Listen der wichtigsten dokumentarischen Ressourcen mit einschlägigen Metadaten, die – soweit möglich und angemessen – online und in maschinenlesbaren Formaten zugänglich sind, sowie Portale, die mit den Ressourcenlisten verknüpft sind. Soweit möglich, erleichtern die Mitgliedstaaten die mehrsprachige Suche nach Dokumenten, insbesondere durch die Möglichkeit, Metadaten auf EU-Ebene zu aggregieren.[68] Im Falle des Datenportals ist der Digitalisierungsimpuls also nicht national, sondern europäisch.

Das Gesetz über Personalausweise ist ein weiteres Beispiel für eine spezifische Regelung im Verwaltungsrecht, die die polnische öffentliche Verwaltung erheblich digitalisiert.[69] Dieses Gesetz wurde 2010 erlassen und ersetzte nach einer langen *vacatio legis* von fünf Jahren, die damit zusammenhing, dass die Verwaltung sich technisch an die eingeführten Änderungen anpassen musste,[70] die früheren „analogen" nationalen Lösungen zur Identitätsüberprüfung.[71] Es ist bemerkenswert, dass es im Gesetz zahlreiche ausdrückliche Verweise auf die Verordnung (EU) 910/2014 über elektronische Identifizierung und Vertrauensdienste für elektronische Transaktionen im Binnenmarkt gibt.[72]

Auch hier ist die Digitalisierung der polnischen öffentlichen Verwaltung also unmittelbar mit dem Prozess der Europäisierung des Verwaltungsrechts verbunden. Gemäß dem Gesetz über Personalausweise ist ein Personalausweis ein Dokument, das die Identität und die polnische Staatsangehörigkeit einer Person auf dem Gebiet Polens und anderer EU-Mitgliedstaaten nachweist und zum Überschreiten der Grenzen dieser Länder berechtigt. Jeder Bürger der Republik Polen hat das Recht, ein solches Dokument zu besitzen.[73] Im Hinblick auf die Vorkehrungen für die Digitalisierung der polnischen öffentlichen Verwaltung ist es wichtig, dass auf der Grundlage

[68] Art. 9 Abs. 1 der RL (EU) 2019/1024.

[69] Gesetz v. 6.8.2010 über Personalausweise, Dz. U. 2022, Pos. 671; im Folgenden: Ausweisgesetz.

[70] Parlamentsdrucksache Nr. 2789, 8. Wahlperiode des Sejms, Begründung des Entwurfs, 3 ff.

[71] Gesetz v. 10.4.1974 über Melderegister und Personalausweise, Dz. U. 2006, Pos. 993 (aufgehoben).

[72] VO (EU) 910/2014 v. 23.7.2014 über elektronische Identifizierung und Vertrauensdienste für elektronische Transaktionen im Binnenmarkt und zur Aufhebung der RL (EG) 1999/93, ABl. 2014 L 257/73.

[73] Art. 4 und Art. 5 Abs. 1 des Ausweisgesetzes.

des Gesetzes, das 2019 wesentlich geändert wurde,[74] jeder Personalausweis nicht nur eine grafische Form auf einem Kartenkörper hat, sondern auch eine elektronische Schicht hat, die gleich wie die grafische Darstellung einen vollständigen Satz von Informationen zur Identifizierung des Inhabers enthält.[75] Nach dem Gesetz erfüllt der Ausweis außerdem die Anforderungen an eine qualifizierte elektronische Signatureinheit gemäß der Verordnung (EU) 910/2014. Das Gesetz setzt eine persönliche Signatur ausdrücklich mit einer fortgeschrittenen elektronischen Signatur im Sinne der Verordnung (EU) 910/2014 gleich.[76] Die Anbringung einer persönlichen elektronischen Unterschrift hat nach diesen Bestimmungen die gleiche Rechtswirkung wie eine handschriftliche Unterschrift, und zwar sowohl gegenüber öffentlichen Einrichtungen als auch gegenüber anderen Einrichtungen, wenn beide Parteien damit einverstanden sind.[77] Den Verfassern des Gesetzentwurfs zufolge wurde damit eine Lösung geschaffen, die jedem Bürger ein sicheres Instrument für die elektronische Kommunikation mit der Verwaltung, dem Gesundheitswesen und kommerziellen Einrichtungen an die Hand gibt. So soll der neue Personalausweis nicht nur die Identität eindeutig und unbestreitbar bestätigen, sondern auch zur Authentifizierung bei elektronischen Diensten der öffentlichen Verwaltung und zur Unterzeichnung elektronischer Dokumente sowie zur Bestätigung der Anwesenheit zu einem bestimmten Zeitpunkt und an einem bestimmten Ort unter Verwendung von IKT-Systemen verwendet werden. Darüber hinaus hat der Personalausweis auch eine sog. ICAO-Anwendung, das heißt er dient als Reisedokument mit dem biometrischen Merkmal „Gesichtsbild".[78]

IV. Fazit

Die Digitalisierung der öffentlichen Verwaltung ist ein fester Bestandteil der Entwicklung jedes EU-Mitgliedstaates im Rahmen der Strategie der Europäischen Kommission, die im Politikprogramm 2030 für die digitale De-

[74] Gesetz v. 6.12.2018 zur Änderung des Gesetzes über Personalausweise und einiger anderer Gesetze, Dz. U. 2019, Pos. 60.

[75] Art. 10a Abs. 1 und Art. 12a i. V. m. Art. 12 des Ausweisgesetzes.

[76] Art. 2 Abs. 9 des Ausweisgesetzes i. V. m. Art. 3 Abs. 11 der VO (EU) 910/2014.

[77] Art. 12d des Ausweisgesetzes.

[78] Parlamentsdrucksache Nr. 2789, 8. Wahlperiode des Sejms, Begründung des Entwurfs, 1. Vgl. Art. 4 Abs. 14 der VO (EU) 2016/679 v. 27.4.2016 zum Schutz natürlicher Personen bei der Verarbeitung personenbezogener Daten, zum freien Datenverkehr und zur Aufhebung der RL (EG) 95/46, ABl. 2016 L 119/1. Dazu *Czaplicki*, Monitor Prawniczy 24 (2020), 1303.

kade zum Ausdruck kommt.[79] Der digitale Wandel muss im Rahmen des sog. digitalen Kompasses neben breiteren gesellschaftlichen Veränderungen wie der Zunahme digitaler Kompetenzen und der Umwandlung des Privatsektors auch dynamische Veränderungen bei der Erbringung öffentlicher Dienstleistungen umfassen. Die EU-Strategie sieht vor, dass bis 2030 die wichtigsten öffentlichen Dienstleistungen zu 100 % von den Mitgliedstaaten in Form von Ferndiensten erbracht werden, 80 % der Bürger eine digitale Identität haben und 100 % der Bürger ihre Patientenakten online einsehen können.[80]

Solche Veränderungen müssen jedoch unter Wahrung der menschlichen Freiheiten und Rechte erfolgen.[81] Diese sind in den Verfassungen der Mitgliedstaaten garantiert, die, wie das Beispiel ausgewählter Rechte in der polnischen Verfassung zeigt, den grundlegenden rechtlichen Rahmen für die technologische Entwicklung im öffentlichen Sektor bilden. Die Entwicklung einer digitalisierten Verwaltung sollte die Privatsphäre der Bürger respektieren, ihre Daten schützen und auf stabilen und klaren rechtlichen Grundlagen beruhen. Diese Entwicklung muss im Einklang mit den wichtigsten Prinzipien stehen, die das Konzept eines demokratischen Rechtsstaates ausmachen.

---

[79] Beschluss (EU) 2022/2481 v. 14.12.2022 über die Aufstellung des Politikprogramms 2030 für die digitale Dekade, ABl. 2022 L 323/4.

[80] Vgl. https://commission.europa.eu/strategy-and-policy/priorities-2019-2024/europe-fit-digital-age/europes-digital-decade-digital-targets-2030_de (3.8.2023).

[81] Europäische Erklärung zu den digitalen Rechten und Grundsätzen für die digitale Dekade, Brüssel 26.1.2022, KOM(2022) 28 endg.

Zweiter Teil

Technische Grundlagen der Verwaltungsdigitalisierung und ihre Regulierung

Einsatz von Künstlicher Intelligenz in der öffentlichen Verwaltung in Deutschland

Christian Djeffal

I. Einleitung

Wo wird Künstliche Intelligenz (KI) in der deutschen Verwaltung eingesetzt und wie bewertet das deutsche Verwaltungsrecht diesen Einsatz? Diese Frage soll im Mittelpunkt dieses Beitrags stehen, der die Gegebenheiten damit einem europäischen Vergleich zugänglich machen möchte. Das Thema KI ist im Diskurs der Verwaltungsmodernisierung in Deutschland mittlerweile allgegenwärtig, nachdem sich die Diskussion lange in einer Art Dornröschenschlaf befand. Beschäftigte sich die öffentliche Debatte in der Vergangenheit primär mit elektronischer Kommunikation und der Digitalisierung von Verwaltungsdienstleistungsprozessen, erhalten Technologien der KI mittlerweile große Aufmerksamkeit in der akademischen Debatte, aber auch in der Verwaltungspraxis. Die öffentliche Verwaltung in Deutschland hat den Anspruch entwickelt, selber Treiberin von Innovationen in diesem Technologiefeld zu sein und diese nicht nur nachzuvollziehen. Ausdruck dessen ist die KI-Strategie für Deutschland,[1] die 2018 erstmals veröffentlicht[2] und 2020 fortgeschrieben wurde.[3] Diese nationale KI-Strategie definiert als eines ihrer zentralen Handlungsfelder „KI in der öffentlichen Verwaltung". KI soll für hoheitliche Aufgaben genutzt werden, Kompetenzen der Verwaltung sollen entsprechend angepasst werden. Diese Dimension der Nutzung von KI durch die öffentliche Verwaltung und ihre rechtliche Bewertung sollen im Mittelpunkt dieses Beitrags stehen.[4]

---

[1] Zusammenfassend zur Diskussion *Heckmann*, in: ders., Juris PraxisKommentar Internetrecht, 2021, Kap. 5 Rn. 98 f.

[2] *Bundesregierung*, Strategie Künstliche Intelligenz der Bundesregierung, abrufbar unter https://www.ki-strategie-deutschland.de/home.html (22.8.2023).

[3] *Bundesregierung* (Fn. 2).

[4] Das Verhältnis der öffentlichen Verwaltung zu technologischen Entwicklungen ist komplexer, weil die Verwaltung nicht nur in der Anwendung, sondern auch in der Regulierung, Förderung, Gestaltung und bei der Schaffung von Infrastrukturen als Voraus-

II. Der Einsatz von Künstlicher Intelligenz

1. Definition Künstlicher Intelligenz

KI bezeichnet keine spezifische Technologie, vielmehr ist es ein Sammelbegriff[5] für ein Bündel von Technologien, die auf eine Forschungsfrage antworten. Diese adressiert technische Systeme, die komplexe Probleme selbstständig lösen können.[6] Der Begriff wurde erstmals in einem Drittmittelantrag 1955 verwendet.[7] Seitdem hat sich ein lebhafter Diskurs in der Informatik entsponnen, was Ziele und Methoden der KI sind und sein sollen.[8] Seit Anfang der Dekade 2010 spielen dabei insbesondere Technologien des maschinellen Lernens eine große Rolle. Auf der Grundlage von Verfahren der Fehlerrückführung (*backpropagation*) und linearer Regressionen können dabei sog. Künstliche Neuronale Netze (KNN) durch große Mengen annotierter Daten so verbessert werden, dass sie bestimmte Aufgaben immer besser bewältigen können. Daneben bestehen aber weitere Ideen, insbesondere die Nutzung von regelbasierten Systemen, die bereits in den Jahren um 1990 viel Aufmerksamkeit erfahren haben, heute jedoch als veraltet gelten. Ferner gibt es Ansätze wie evolutionäre Algorithmen, die sich durch zufällige Variationen weiterentwickeln.[9] In sozio-technischen Systemen werden oft verschiedene Ansätze der KI kombiniert. Die wesentliche Funktion des Begriffs KI liegt mithin nicht in der genauen Beschreibung einer Technologie, sondern in der Markierung fortwährender Überschreitung von der Technik zugeschriebenen Grenzen, Aufgaben zu erfüllen, die man zuvor als entweder nicht oder nur unter Zuhilfenahme von menschlicher Intelligenz für lösbar hielt.[10]

---

setzung für die Technikentwicklung eine Rolle spielt; siehe dazu *Djeffal,* VEREINTE NATIONEN 2019, 207.

[5] *Gasser/Almeida,* IEEE Internet Computing 21(6) (2017), 58.

[6] Diese Definition bezieht sich auf *Mainzer,* Künstliche Intelligenz – Wann übernehmen die Maschinen?, 2019, 3; eine ausführliche Erörterung der Definition findet sich hier: *Djeffal,* in: Sudmann (Hrsg.), The Democratization of Artificial Intelligence, 2019, 255 (256ff.).

[7] *McCarthy* u.a., A Proposal for the Dartmouth Summer Research Project on Artificial Intelligence, 1955, abrufbar unter http://www-formal.stanford.edu/jmc/history/dartmouth/dartmouth.html (22.8.2023).

[8] *Russell/Norvig,* Artificial Intelligence, 2022, 19ff.

[9] *Vikhar,* in: ICGTSPICC (Hrsg.), International Conference on Global Trends in Signal Processing, Information Computing and Communication 22–24 December 2016, 2016, 261.

[10] *Tegmark,* Life 3.0, 2017, 50ff.

In der aktuellen Diskussion wird der KI-Begriff dabei regelmäßig mit Technologien des maschinellen Lernens gleichgesetzt. Dies entspricht dem Stand der Technik, wobei es auch in anderen Feldern der KI zu neuerlichen Weiterentwicklungen kommen könnte, die eines Tages das maschinelle Lernen als veraltete Technologie erscheinen lassen könnten. Während der Schwerpunkt dieses Beitrags auf Fragen des maschinellen Lernens liegen soll, muss sowohl die Komplexität der Systeme und die Notwendigkeit der Kombination mit anderen Ansätzen bedacht werden, wie auch die Zukunftsoffenheit der technologischen Entwicklung. KI bezeichnet ein Bündel sog. Querschnittstechnologien (*general purpose technology*)[11], die ganz unterschiedliche Zwecke adressieren können. Dieser Umstand ist für die Bewertung der Technologien wichtig, weil sich ihre Chancen und Risiken nicht statisch zuordnen lassen, sondern vielmehr dynamisch von der jeweiligen Gestaltung der Technologien abhängig sind.

2. *Einsatzbeispiele gegliedert nach Anwendungen*

Während die Verwaltungsdigitalisierung im Allgemeinen eher als langsam voranschreitende Entwicklung beschrieben wird, werden in unterschiedlichen Bereichen und zu ganz unterschiedlichen Zwecken bereits heute innovative Systeme des maschinellen Lernens eingesetzt. Die Entwicklung hat dabei eine solche Dynamik angenommen, dass es an einem generellen Überblick über die Einsatzfelder der KI fehlt.[12] Einen umfangreichen Einblick über den Einsatz von KI in der Bundesverwaltung lieferte die Bundesregierung auf eine kleine Anfrage verschiedener Abgeordneter der Fraktion DIE LINKE.[13] In der Antwort der Bundesregierung werden 78 Anwendungen

---

[11] Zum Konzept siehe *Bresnahan/Trajtenberg*, Journal of Econometrics 65 (1995), 83; *Bekar/Carlaw/Lipsey*, Journal of Evolutionary Economics 28 (2018), 1005; Bezüge zur KI finden sich bei *Crafts*, Oxford Review of Economic Policy 37 (2021), 521; *Djeffal*, in: Wischmeyer/Rademacher (Hrsg.), Regulating Artificial Intelligence, 2020, 277.

[12] Siehe dazu etwa den Bericht der Enquete-Kommission des Deutschen Bundestages, Enquete zur Künstlichen Intelligenz, 2018, abrufbar unter https://www.bundestag.de/presse/hib/2018_06/-/562124 (22.8.2023); aus wissenschaftlicher Perspektive haben das Thema etwa *Djeffal*, Künstliche Intelligenz in der öffentlichen Verwaltung, Berichte des Nationalen E-Government Kompetenzzentrum, 2018, abrufbar unter https://negz.org/publikation/kuenstliche-intelligenz-in-der-oeffentlichen-verwaltung/ (22.8.2023); *Hill*, VM 24 (2018), 287; *Martini*, in: Hill/ders./Wagner (Hrsg.), Die digitale Lebenswelt gestalten, 2015, 97; *Etscheid/Lucke/Stroh*, Künstliche Intelligenz in der öffentlichen Verwaltung, Fraunhofer-Institut für Arbeitswirtschaft und Organisation IAO, 2020, abrufbar unter https://publica-rest.fraunhofer.de/server/api/core/bitstreams/d3d9f520-1fd4-4516-98d6-a3370c134155/content (22.8.2023) behandelt.

[13] BT-Drs. 20/430.

in verschiedenen Einheiten der Bundesverwaltung aufgeführt. Dies zeigt die Breite des Anwendungsspektrums, aber auch spezifische Schwerpunkte. So zielen nur rund 10% der Anwendungen auf eine Vollautomatisierung von Prozessen ab, während die Anwendungen der Assistenz und Teilautomatisierung weit überwiegen. Ferner liegt der inhaltliche Schwerpunkt klar auf der Erkennung von Risiken in unterschiedlichen Kontexten. Vor dem Hintergrund, dass der Großteil der Verwaltungstätigkeit gemäß Art. 83 ff. GG den Ländern obliegt, erscheint es naheliegend, dass es darüber hinaus noch zahlreiche weitere Anwendungen von KI in den Ländern gibt. Diese abschließend zu ermitteln, liegt außerhalb dessen, was der vorliegende Beitrag leisten kann. Jedoch soll versucht werden, aus den Informationen ein erstes Bild der Anwendungen zu zeichnen, das KI-Anwendungen nach ihrem *sozio-technischen Handlungssinn* gliedert. Es geht also nicht darum, welche Technologie verwendet wird oder in welchem Verwaltungszweig sie verwendet wird. Vielmehr wird dargestellt, wie KI-Systeme tatsächlich schwerpunktmäßig in der Gesellschaft wirken, wobei KI kommuniziert, erkennt, weiß, handelt und empfiehlt. Dies soll wie folgt gegliedert werden:

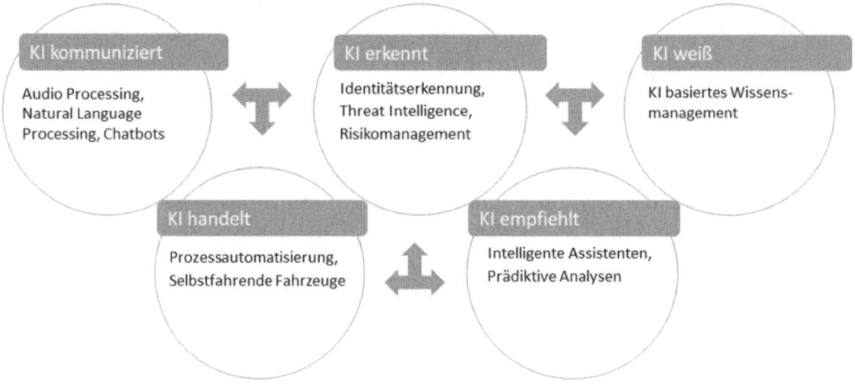

Abbildung 1: Sozio-technischer Handlungssinn von KI[14]

[14] Die Darstellung stellt eine Weiterentwicklung folgender Grafik dar *Djeffal*, Politikum 7 (2021), 12 (14); für eine ähnliche Einteilung, die ebenfalls über Entscheidungsautomatisierung hinausgeht, siehe *Englisch/Schuh*, Die Verwaltung 55 (2022), 155 (159 ff.); *Funke/Thiele/Pape*, in: Chibanguza/Kuß/Steege (Hrsg.), Künstliche Intelligenz: Recht und Praxis automatisierter und autonomer Systeme, 2022, § 10 Fn. 7–13.

a) KI kommuniziert

Einer der dynamischen Bereiche der Verwaltungsdigitalisierung sind Technologien zum Zweck der Kommunikation. Diese basieren auf verschiedenen Technologien des „Natural Language Processing“ (NLP). Ein verbreitetes Anwendungsbeispiel dieser Kategorie in der öffentlichen Verwaltung sind *Chatbots.* Zu nennen sind hier auf Länderebene *Chatbots* zur Unterstützung von Serviceportalen wie etwa Bobby in Berlin[15] oder Michel in Hamburg.[16] Das Informationstechnikzentrum des Bundes bietet dabei ebenfalls einen *Chatbot* zur Adaption an verschiedene Verwaltungseinheiten an.[17] Große Fortschritte im Bereich von NLP, das insbesondere durch ChatGPT populär geworden ist,[18] lassen neue Anwendungen erwarten. Ferner sind weitere Anwendungen etwa beim Thema der Spracherkennung möglich, wie etwa das sprachgesteuerte Ausfüllen von Formularen.[19]

b) KI erkennt

KI kann auf verschiedene Weisen beim Erkennen helfen. Eine Klasse von Anwendungen betreffen dabei die biometrische Erkennung. Das ist bei der Videoüberwachung hochumstritten[20] und auch Teil der Diskussion im europäischen Gesetzgebungsprozess für ein Gesetz über KI.[21] Besonders

---

[15] *Senatsverwaltung für Inneres*, Digitalisierung und Sport, Chatbot Bobbi, abrufbar unter https://www.berlin.de/moderne-verwaltung/buergerservice/im-netz/chatbot-bobbi/artikel.955797.php (22.8.2023).

[16] *Senatskanzlei*, Frag-den-Michel!, abrufbar unter https://www.hamburg.de/pressearchiv-fhh/12679216/2019-06-07-pr-frag-den-michel/ (22.8.2023).

[17] *Informationstechnikzentrum Bund*, Bundesbots erleichtern die Kommunikation, abrufbar unter https://www.itzbund.de/DE/itloesungen/standardloesungen/chatbots/chatbots.html (22.8.2023).

[18] *OpenAI*, ChatGPT, abrufbar unter https://openai.com/blog/chatgpt/ (22.8.2023).

[19] *Schaffer/Reithinger/Standt/Krebs*, Sprachsteuerung von E-Government Diensten in Deutschland, Berichte des Nationalen E-Government Kompetenzzentrum, 2020, abrufbar unter https://negz.org/publikation/sprachsteuerung-von-e-government-diensten-in-deutschland/ (22.8.2023).

[20] Siehe z. B. die Kontroverse um Tests zur Videoerkennung am Bahnhof Südkreuz: *Bundespolizei*, Test zur Gesichtserkennung am Bahnhof Berlin Südkreuz gestartet, abrufbar unter https://www.bundespolizei.de/Web/DE/04Aktuelles/01Meldungen/2017/08/170810_start_videotechnik.html (22.8.2023); *Chaos Computer Club*, Biometrische Videoüberwachung, abrufbar unter https://www.ccc.de/de/updates/2018/debakel-am-suedkreuz (22.8.2023).

[21] *Kommission*, Vorschlag für eine Verordnung des Europäischen Parlaments und des Rates zur Festlegung harmonisierter Vorschriften für Künstliche Intelligenz (Gesetz zur Künstlichen Intelligenz) und zur Änderung bestimmter Rechtsakte der Union, KOM(2021) 206 endg., abrufbar unter https://eur-lex.europa.eu/legal-content/DE/TXT/HTML/?uri=CELEX:52021PC0206 (22.8.2023).

wichtig ist in diesem Bereich die Mustererkennung zur Risiko- und Gefahrenvorsorge. Das Auswärtige Amt hat mit PREVIEW ein Risikomanagementsystem zur Früherkennung von Konflikten im Einsatz, das auf der Basis von Daten Risikostufen ausgibt und so Reaktionen im Vorfeld ermöglicht.[22] Besonders im Bereich von Steuern und Finanzen ist die Erkennung von Anomalien sehr wichtig. Systeme werden etwa bei der Umsatzsteuerbetrugsbekämpfung[23] eingesetzt, wobei viele weitere Anwendungsfälle denkbar sind.[24]

c) KI weiß

KI ist sehr wichtig für das Wissensmanagement in Organisationen. Suchmaschinen sind das offensichtlichste Beispiel dieser Funktion von KI. Daneben kann es aber auch die Möglichkeit geben, Daten zu strukturieren. Ein Bereich, in dem die Wissensdimension von KI klar hervorgetreten ist, sind Epidemien und Pandemien. Das Robert-Koch-Institut hat für diese Situationen verschiedene Anwendungen entwickelt, die Aufschluss über den Stand etwa von Infektionsraten geben.[25]

d) KI handelt

KI-Anwendungen können auch eine Vielzahl realer Handlungen vornehmen. Das Spektrum reicht von rechtsförmigen Handlungen wie Verwaltungsakten oder Allgemeinverfügungen hin zu Realakten. In vielen Bereichen können Verwaltungsakte bereits vollautomatisiert erstellt werden. Im allgemeinen Verwaltungsrecht betrifft das z.B. Parkbewilligungen für Anwohner. Auch im Steuer- und Sozialrecht gibt es vollautomatisierte Verfahren. Eine der ersten automatisierten Entscheidungen in der deutschen Verwaltung waren automatisch angeordnete Verkehrszeichen im Kontext von intelligenten Verkehrsbeeinflussungsanlagen, die den Verkehr gemäß § 43 Abs. 1 S. 1, Abs. 2 StVO regeln können. Im Bereich der realen Handlungen

---

[22] *Auswärtiges Amt*, Krisenfrüherkennung, Konfliktanalyse und Strategische Vorausschau, abrufbar unter https://www.auswaertiges-amt.de/de/aussenpolitik/themen/krisenpraevention/-/2238138 (22.8.2023).

[23] *Bundeszentralamt für Steuern*, Umsatzsteuer-Betrugsbekämpfung, abrufbar unter https://www.bzst.de/DE/Behoerden/Steuerstraftaten/UStBetrugsbekaempfung/ustbetrugsbekaempfung.html (22.8.2023).

[24] *Stiens*, Wie Software künftig bei der Geldwäsche-Bekämpfung helfen soll, Handelsblatt, 24.11.2020, abrufbar unter https://www.handelsblatt.com/politik/deutschland/finanzkriminalitaet-wie-software-kuenftig-bei-der-geldwaesche-bekaempfung-helfen-soll/26596064.html (22.8.2023).

[25] Siehe Übersicht in der Antwort der Bundesregierung auf eine kleine Anfrage, BT-Drs. 20/430, Anlage 1.

können KI-Systeme zur Orientierung von Bürgerinnen und Bürgern genutzt werden, etwa in großen Gebäuden oder Bibliotheken.[26] Das autonome Fahren kann etwa im öffentlichen Nahverkehr von Bedeutung sein, so hat etwa das Bundesland Hamburg kürzlich angekündigt, seinen Nahverkehr bis 2030 mit 10.000 selbstfahrenden Automobilen und autonomen S-Bahnen organisieren zu wollen.[27]

e) KI empfiehlt

Empfehlungssysteme basieren oft auf der Analyse von Daten und den entsprechenden Risikomanagementsystemen, ergänzen diese jedoch um Handlungsempfehlungen. Im Zentrum der Diskussion stand in den vergangenen Jahren insbesondere die vorausschauende Polizeiarbeit (*predictive policing*).[28] Das Land Nordrhein-Westfalen hat hier selbst die Software SKALA entwickelt.[29] Die Systeme können ortsbezogene Wahrscheinlichkeiten für Einbruchdiebstähle berechnen. Danach kann dann etwa die Planung des Einsatzes von Streifenwagen ausgerichtet werden. Für jede der Kategorien finden sich noch zahlreiche weitere Anwendungen.

III. Die rechtliche Regelung Künstlicher Intelligenz

Die Bewertung von KI im Verwaltungsrecht ist komplexer als eine bloße Beschreibung der Einsatzbedingungen. Vielmehr sind die Funktionen des Rechts im Hinblick auf Technik vielgestaltig und können in unterschiedliche Richtungen gefasst werden, nämlich in eine begrenzende, in der das Recht der Technik Schranken setzt und Bedingungen für Innovation, Entwicklung und Einsätze festlegt, und eine fördernde, in der das Recht sowohl Innovation, Entwicklung und Einsatz von Technik fördert oder sogar fordert.[30] Diese Grundfunktionen könnte man mit den Schlagworten „Recht als Grenze und Grund" kennzeichnen. Tatsächlich spielen diese funktionalen Beziehungen des Rechts zur Technik auch für das Verwaltungsrecht eine

[26] *Verwaltung Ludwigsburg*, Serviceroboter „L2B2" begrüßt Sie im Bürgerbüro, abrufbar unter https://www.ludwigsburg.de/start/stadt_buerger/l2b2.html (22.8.2023).

[27] Hamburger Abendblatt, Autonomes Fahren im Nahverkehr soll serientauglich werden, 20.12.2022, abrufbar unter https://www.abendblatt.de/hamburg/article237192393/Autonomes-Fahren-im-Nahverkehr-soll-serientauglich-werden.html (22.8.2023).

[28] *Rademacher*, AöR 142 (2017), 366; *Härtel*, LKV 29 (2019), 49.

[29] *Landeskriminalamt NRW*, Projekt SKALA – Predictive Policing in NRW, abrufbar unter https://lka.polizei.nrw/artikel/projekt-skala-predictive-policing-in-nrw (22.8.2023).

[30] *Zech*, Einführung in das Technikrecht, 2021, 20ff.

Rolle. Denn das Recht kann die Verwaltungsdigitalisierung nicht nur dadurch beeinflussen, dass es dem Einsatz von Technologien Grenzen setzt. Vielmehr kann es auch den Einsatz von KI in der öffentlichen Verwaltung fordern oder sogar verbindlich machen. Diese Dimensionen von Grund und Grenze können noch um eine Gestaltungsdimension ergänzt werden, wenn das Recht Gestaltungsvorgänge durch deren Verfahren oder deren Zielsetzungen beeinflusst. In dieser Gestaltungsdimension will das Recht weder allein Grund noch Grenze der technischen Entwicklung sein. Vielmehr überträgt es Zielvorstellungen des Gesetzgebers direkt in technische Prozesse.[31] Entlang dieser Grundfunktionen soll hier die rechtliche Regulierung von KI reflektiert werden.

1. Grenzen: Regulierung

Zentrale Idee der Rechtsstaatlichkeit ist die Bindung der öffentlichen Gewalt an das Recht. Das äußert sich etwa im Legalitätsprinzip und dem Gesetzesvorbehalt, nach welchem grundrechtsrelevante und andere wesentliche Entscheidungen vom Gesetzgeber getroffen werden müssen.[32] Vor diesem Hintergrund bedeutet der Einsatz von KI in vielen Fällen auch eine notwendige rechtliche Kontrolle der Technik,[33] die Voraussetzung für deren Einsatz ist. In Deutschland hat es dabei verschiedene gesetzgeberische Aktivitäten im Hinblick auf eine allgemeine Regulierung gegeben. Im Mittelpunkt standen dabei automatisierte Entscheidungssysteme. Neben der direkten Regelung von KI gibt es auch allgemeine Normen von unmittelbarer Relevanz für den Einsatz von KI. Die folgenden Ausführungen bieten einen Überblick über wichtige Normen, wobei insbesondere die europarechtliche Debatte um das KI-Gesetz und seine Implikationen für die öffentliche Verwaltung ausgespart bleiben, weil diese kurz vor dem Abschluss stehen und die verglichenen Länder gleichermaßen betreffen.

a) Allgemeine rechtliche Regelung

Den wohl umfangreichsten Versuch einer rechtlichen Regelung von KI in der öffentlichen Verwaltung hat das Bundesland Schleswig-Holstein unter-

---

[31] Siehe zu dieser Funktion des Rechts etwa *Djeffal*, in: Mohabbat Kar/Thapa/Parycek (Hrsg.), (Un)Berechenbar? Algorithmen und Automatisierung in Staat und Gesellschaft, 2018, 493 (504 ff.).

[32] *Martini*, in: Kahl/Ludwigs (Hrsg.), Handbuch des Verwaltungsrechts, Bd. 1, 2021, § 28 Rn. 87 ff.

[33] *Braun Binder*, DStZ 2016, 526; *Schliesky*, in: Kahl/Ludwigs (Hrsg.), Handbuch des Verwaltungsrechts, Bd. 4, 2022, § 113 Rn. 61 ff.

nommen. Im Rahmen eines Gesetzgebungspakets mit dem Namen Digitalisierungsgesetz[34] regelt es den Einsatz insbesondere von KI-Anwendungen durch ein IT-Einsatz-Gesetz[35], welches seit dem 15.4.2022 gilt. Die Regelungen des Gesetzes lassen sich in Anwendungsbereich, Anwendungsverbote, Voraussetzungen und Durchsetzung gliedern. Das Gesetz ist auf sog. Datengetriebene Technologien anwendbar.[36] Durch einen risikobasierten Ansatz wird der sachliche Anwendungsbereich gemäß § 3 Abs. 2 ITEG ausdifferenziert nach den Automationsstufen Assistenzsystem, Delegation und autonome Entscheidung.[37] Der persönliche Anwendungsbereich wird durch die Verantwortlichkeit nach § 4 ITEG geregelt. Das Gesetz erklärt in § 2 ITEG bestimmte Verwendungen von KI grundsätzlich für unzulässig und bestimmt, dass aus solchen Verwendungen gewonnene Informationen nicht „weiterverwendet oder verwertet werden" dürfen. Dazu zählen gemäß § 2 Abs. 1 ITEG die folgenden Anwendungen:

„1. bei der Ausübung unmittelbaren Zwangs gegen das Leben und die körperliche Unversehrtheit natürlicher Personen im Verwaltungsvollzug,
2. bei der Verarbeitung personenbezogener Daten zum Zweck der Beurteilungen der Persönlichkeit, der Arbeitsleistung, der physischen und psychischen Belastbarkeit, der kognitiven oder emotionalen Fähigkeiten von Menschen, der Erstellung von Prognosen über die Straffälligkeit einzelner Personen oder Personengruppen,
3. zur massenweisen Identifikation von Personen bei Versammlungen oder Veranstaltungen anhand von biometrischen Merkmalen und
4. dem Erlass eines Verwaltungsakts, bei dem ein Ermessen oder ein Beurteilungsspielraum besteht."

Die Anforderungen an eine Anwendung von KI werden in fünf Bereiche untergliedert: Transparenzerfordernisse (§ 6 ITEG), menschliche Aufsicht (§ 7 ITEG), Datengovernance (§ 8 ITEG), Risikomanagement (§ 9 ITEG) und IT-Sicherheit (§ 10 ITEG). Als Rechtsbehelf führt § 12 ITEG für Dele-

---

[34] Gesetz zur Förderung der Digitalisierung und Bereitstellung von offenen Daten und zur Ermöglichung des Einsatzes von datengetriebenen Informationstechnologien in der Verwaltung (Digitalisierungsgesetz) v. 16.3.2022.

[35] Gesetz über die Möglichkeit des Einsatzes von datengetriebenen Informationstechnologien bei öffentlich-rechtlicher Verwaltungstätigkeit (IT-Einsatz-Gesetz – ITEG) v. 16.3.2022, GVOBl. 2022, 285.

[36] Diese Definition könnte in der weiteren technischen Entwicklung allein schon wegen des Zusatzes „datengetrieben" bedeutende Probleme aufwerfen, weil auch heute nicht alle Technologien der KI datengetrieben sind.

[37] Problematisch ist hierbei besonders, dass das tatsächliche Risiko sich oft gerade nicht nur aus dem Grad der Automation speist, sondern aus der sozio-technischen Verwendung in einem bestimmten Bereich und mit bestimmten Konsequenzen.

gation und automatische Entscheidungen noch eine eigene Rüge ein, die eine menschliche Entscheidung nach sich zieht. Damit liegt in Schleswig-Holstein eine umfassende Regulierung vor, die noch nicht mit den Regelungsansätzen der Europäischen Union übereinstimmt. Dementsprechend wird zu beobachten sein, wie sich das Gesetz auf die weitere auch in Schleswig-Holstein durchaus gewünschte Entwicklung von KI in der öffentlichen Verwaltung in diesem Bundesland auswirkt.

Demgegenüber hat Bayern in seinem Gesetz über die Digitalisierung im Freistaat Bayern (Bayerisches Digitalgesetz – BayDiG) einen vorsichtigeren und gestaltungsorientierten Ansatz gewählt.

„Art. 5 Digitalisierung von Staat und Verwaltung

(1) Geeignete staatliche Prozesse der Verwaltung des Freistaates Bayern sollen vollständig digitalisiert und bereits digitalisierte Prozesse in einem Verbesserungsprozess fortentwickelt werden.

(2) [1]Bei Verwaltungsverfahren, die vollständig durch automatische Einrichtungen durchgeführt werden, sind die eingesetzten Einrichtungen regelmäßig auf ihre Zweckmäßigkeit, Objektivität und Wirtschaftlichkeit hin zu überprüfen. [2]Der Einsatz von Künstlicher Intelligenz in der Verwaltung ist durch geeignete Kontroll- und Rechtsschutzmaßnahmen abzusichern.“[38]

Der Globalverweis auf geeignete Kontroll- und Rechtsschutzmaßnahmen nimmt Bezug auf jeweils einschlägige normative Standards, die entweder selbst zu entwickeln oder aus anderen Regelwerken heranzuziehen sind. Dieser Verweis kann somit die dynamische Entwicklung der Regelung in diesem Bereich einbeziehen, ohne sich einem besonderen Anpassungsdruck auszusetzen. Im Hinblick auf eine etwaige Automatisierung von Verwaltungsverfahren sind die Voraussetzungen des Gesetzes ebenfalls allgemein gehalten. Sie leiten über zum Thema der automatisierten Verfahren, das bisher im deutschen Verwaltungsrecht die größte Aufmerksamkeit erfahren hat.

b) Entscheidungen durch automatisierte Einrichtungen

Schon seit den 1950er Jahren hat die deutsche Rechtswissenschaft über automatisierte Entscheidungen im Verwaltungsrecht debattiert,[39] lange Zeit allerdings unter anderen technischen Vorzeichen. In den Blickpunkt der Ge-

---

[38] Gesetz über die Digitalisierung im Freistaat Bayern (Bayerisches Digitalgesetz – BayDiG) v. 22.7.2022, GVBl. 374.

[39] In jüngerer Zeit löst sich die Debatte von Fragen der Automatisierung, siehe etwa *Pilniok,* JZ 77 (2022), 1021; *Englisch/Schuh,* Die Verwaltung 55 (2022), 155 (159 ff.).

setzgebung rückte die Frage erst, als die Abgabenordnung im Gesetz zur Modernisierung des Besteuerungsverfahrens geregelt werden musste.[40] Unter der Last vieler Verfahren und wegen Problemen der Einheitlichkeit wurden in diesem Bereich automatisierte Einrichtungen zur Entscheidungsproduktion eingesetzt, die mit diesem Gesetz nachträglich geregelt wurden.[41] Im Laufe des Gesetzgebungsverfahrens entschloss sich der Gesetzgeber, auch die anderen Verfahrensordnungen anzupassen, wobei das allgemeine Verwaltungsverfahrensrecht, das Sozialverfahrensrecht und das Steuerverfahrensrecht jeweils unterschiedlich ausgestaltet wurden. Das allgemeine Verwaltungsverfahrensrecht des Bundes wurde mit dem § 35a VwVfG reformiert,[42] der auf der Ebene der Länder entweder durch direkte dynamische Verweise oder durch Rezeption einbezogen wurde. Diese Norm besagt:

> „Ein Verwaltungsakt kann vollständig durch automatische Einrichtungen erlassen werden, sofern dies durch Rechtsvorschrift zugelassen ist und weder ein Ermessen noch ein Beurteilungsspielraum besteht."

§ 35a VwVfG enthält einen Rechtsformvorbehalt, der den Einsatz von Verwaltungsakten durch automatische Entscheidungen vom Vorliegen eines entsprechenden Gesetzes oder einer Rechtsverordnung abhängig macht.[43] Ferner werden Verwaltungsakte durch automatisierte Einrichtungen für die Fälle des Vorliegens von Ermessens- und Beurteilungsspielräumen ausgeschlossen. Letztere Regelung wurde kontrovers diskutiert.[44] Denn in der Praxis gibt es durchaus legitime Anwendungsfälle, in denen allgemein akzeptiert ist, dass Ermessen auch im Rahmen von automatisierten Entscheidungen von Systemen ausgeübt wird. Die oben erwähnte Anordnung von Verkehrszeichen im Rahmen intelligenter Verkehrssysteme ist ein solcher Fall.[45]

c) Regelung besonderer Anwendungen

Insbesondere im Polizeirecht sind verschiedene Maßnahmen, die in der Regel nur auf der Grundlage von KI möglich sind, geregelt worden.[46] Ein gutes Beispiel dafür ist die automatisierte Erkennung von Autokennzeichen, wie

---

40 Siehe dazu *Djeffal,* DVBl. 2017, 808 (813 f.).

41 Siehe *Eifert*, Electronic Government, 2006, 119 ff.

42 Siehe dazu *Hornung,* in: Schoch/Schneider, Verwaltungsrecht, Bd. 1, 43. EL August 2022, VwGO § 35a.

43 *Schmitz/Prell,* NVwZ 2016, 1273 (1276).

44 *Bull,* DVBl. 2017, 409; *ders.*, Der Staat 58 (2019), 57; *Tischbirek,* ZfDR 2021, 307.

45 Siehe dazu *Djeffal,* DVBl. 2017, 808 (815).

46 Einen Überblick liefern *Golla/Frau*, in: Chibanguza/Kuß/Steege (Hrsg.), Künstliche Intelligenz: Recht und Praxis automatisierter und autonomer Systeme, 2022, § 9; um-

sie etwa in Hessen in § 14a HSOG[47] oder in Sachsen in § 58 SächsPVDG[48] geregelt ist. Verschiedene Vorschriften in diesem Bereich wurden durch das Bundesverfassungsgericht überprüft,[49] auch deshalb finden sich in den heutigen Formulierungen umfangreiche Vorkehrungen zur Sicherung der Verhältnismäßigkeit im Einzelfall. Ein besonderer Anwendungsfall von KI ist in Baden-Württemberg geregelt, wo KI unter den Voraussetzungen des § 44 PolG[50] im Falle von Videoüberwachung nach bestimmten strafbaren Handlungen suchen kann. Damit kann KI bei der Analyse von Videos nicht nur Menschen identifizieren, sondern auch bestimmte Handlungen erkennen und aussteuern. Eine solche Anwendung ist bereits in Mannheim getestet worden.[51]

d) Indirekte rechtliche Regelungen

Natürlich sind Systeme der KI auch Normen unterworfen, die nicht direkt und ausschließlich auf sie bezogen sind. An erster Stelle sind hier die Grundrechte zu nennen, die im Rahmen der Digitalisierung auf unterschiedliche Weisen auf neue Herausforderungen reagieren.[52] Neue Technologien werden zum Teil durch die Auslegung bestehender Grundrechte erfasst. Auch Grundrechtsinnovationen, wie etwa das Recht auf Vertraulichkeit und Integrität informationstechnischer Systeme, welches die IT-Sicherheit als besondere Ausprägung des allgemeinen Persönlichkeitsrechts schützt, sind möglich.[53] Obwohl es international einen bedeutenden Trend zu sog. digitalen Grundrechtekatalogen (*digital bills of rights*) gab, haben sich nur wenige explizite Neuschöpfungen durchgesetzt, und diese zumeist im Wege der richterlichen Rechtsfortbildung. Im Bereich der deutschen Grundrechtsjudikatur ist es bereits vermehrt zu Auseinandersetzungen mit algorithmi-

---

fassend zu den Anforderungen für den Einsatz im Kontext von Gefahrenabwehr und Strafverfolgung *Els*, Kriminalistik 2021, 614.

[47] Hessisches Gesetz über die öffentliche Sicherheit und Ordnung (HSOG) in der Fassung v. 25.6.2018, GVBl. I 2005, 14.

[48] Gesetz über die Aufgaben, Befugnisse, Datenverarbeitung und Organisation des Polizeivollzugsdienstes im Freistaat Sachsen (Sächsisches Polizeivollzugsdienstgesetz – SächsPVDG) v. 11.5.2019, SächsGVBl., 358.

[49] BVerfGE 120, 378; BVerwG NVwZ 2015, 906; BVerfGE 150, 244.

[50] Polizeigesetz (PolG) Baden-Württemberg v. 6.10.2020, GBl. 2020, 735, ber. S. 1092.

[51] *Jung*, Rennen und Fallen sind in Mannheim bald verdächtigt, DER SPIEGEL, 15.2.2018, abrufbar unter https://www.spiegel.de/netzwelt/netzpolitik/mannheimer-weg-2-0-pilotprojekt-mit-intelligenten-kameras-startet-bald-a-1193622.html (22.8.2023).

[52] Siehe ausführlich *Peuker*, Verfassungswandel durch Digitalisierung, 2020, 295 ff.

[53] Grundlegend BVerfGE 120, 274.

schen Systemen gekommen, auch wenn eine grundsätzliche Befassung noch aussteht. Im Zeitraum des Verfassens dieses Beitrags hat das Bundesverfassungsgericht in Karlsruhe zwei Verfassungsbeschwerden verhandelt, die sich mit der KI-gestützten Datenanalyse im Bereich des Polizeirechts in Hessen und Hamburg auseinandersetzen.[54]

In der bisherigen interdisziplinären Diskussion um KI standen insbesondere Fragen von Transparenz (*transparency*),[55] Verantwortung (*accountability*) und Gleichheit (*fairness*) im Vordergrund. In allen diesen Bereichen kann das öffentliche Recht auf direkt anwendbare Normen zurückgreifen, an denen sich KI in der öffentlichen Verwaltung messen lassen muss. Im Hinblick auf Gleichheit und Diskriminierung müssen sich Anwendungen an den Grund- und Menschenrechten messen lassen, im Anwendungsbereich des Grundgesetzes daher insbesondere an den Anforderungen des Art. 3 GG.[56] Transparenz ist eine der Kernbereiche rechtsstaatlicher Gewährleistungen.[57] Die allgemeinen Transparenzanforderungen des Rechtsstaatsprinzips und seine spezialgesetzlichen Ausformungen gelten auch als Anforderungen für KI-Systeme, auch wenn hier die Herstellung von Transparenz und Verständlichkeit (*Intelligibilität*) ein Gegenstand aktueller Forschungen ist.[58] Auch Verantwortungskonstellationen können besser als in der Privatwirtschaft zugeordnet werden, weil die Handlungen von Systemen einer Behörde zugerechnet werden müssen und etwaige Schwierigkeiten auf Grundlage der Rechtsweggarantie im Verwaltungsverfahren oder im Verwaltungsprozess zugunsten von Bürgern ausgeräumt werden müssen. Obwohl bereits allgemeine Prinzipien und Rechte hohe Anforderungen an Systeme richten, kann in deren einfachgesetzlicher Ausformung und Präzisierung ein hoher Wert liegen, selbst wenn sich die Anforderungen inhaltlich nicht verändern. Denn auch Klarstellungen können die Normbefolgung in der Praxis erleichtern und fördern.

---

[54] BVerfG, PM Nr. 90/2022 v. 11.11.2022, abrufbar unter https://www.bundesverfassungsgericht.de/SharedDocs/Pressemitteilungen/DE/2022/bvg22-090.html (22.8.2023).

[55] Siehe dazu etwa *Wischmeyer*, in: Ebers u. a. (Hrsg.), Künstliche Intelligenz und Robotik: Rechtshandbuch, 2020, § 20 Rn. 51 ff.

[56] Dazu jüngst *Englisch/Schuh*, Die Verwaltung 55 (2022), 155 (169 ff.).

[57] *Sommermann* in: v. Bogdandy/Huber (Hrsg.), Ius Publicum Europaeum, 2014, § 86 Rn. 40.

[58] Einen Überblick liefern Samek u. a. (Hrsg.), Explainable AI: interpreting, explaining and visualizing deep learning, 2019.

2. Grund: Motivation

Die Anwendung von KI in der öffentlichen Verwaltung ist einer der Motoren der Verwaltungsdigitalisierung. Die diese Entwicklung fördernden Gesetze können sich dabei direkt auf KI oder weiter gefasste Bereiche digitaler Technologien beziehen, der Bezug in Normen kann auch indirekt hergestellt werden. Am unmittelbarsten ist der Einfluss öffentlicher Stellen auf die Entwicklung von Technologien im Bereich der Forschungsförderung. Hier kommt es insbesondere durch Formen der Projektsteuerung zu direkten Einflussmöglichkeiten des Staates. Während diese Möglichkeiten ursprünglich als Unterstützung der Wettbewerbsfähigkeit der Wirtschaft und zur Effizienz- und Effektivitätssteigerung in der Verwaltung gedacht waren,[59] erweitern sich nun die Zwecke insbesondere auch auf Nachhaltigkeit und andere gemeinwohlorientierte Zwecke. Das Recht motiviert damit KI-Entwicklungen für spezifische Zwecke. Ein Beispiel dafür ist Art. 4 des UN-Behindertenrechtsübereinkommens,[60] das eine progressive Technikklausel enthält, die u. a. Folgendes vorsieht:

„(1) Die Vertragsstaaten verpflichten sich, die volle Verwirklichung aller Menschenrechte und Grundfreiheiten für alle Menschen mit Behinderungen ohne jede Diskriminierung aufgrund von Behinderung zu gewährleisten und zu fördern. Zu diesem Zweck verpflichten sich die Vertragsstaaten: … g) Forschung und Entwicklung für neue Technologien, die für Menschen mit Behinderungen geeignet sind, einschließlich Informations- und Kommunikationstechnologien, Mobilitätshilfen, Geräten und unterstützenden Technologien, zu betreiben oder zu fördern sowie ihre Verfügbarkeit und Nutzung zu fördern und dabei Technologien zu erschwinglichen Kosten den Vorrang zu geben…"

Hieraus ergibt sich also unmittelbar eine an staatliche Stellen und mithin die Verwaltung adressierte Pflicht, den Einsatz solcher Technologien zu fördern. Auch aus dem Recht auf eine gute Verwaltung in Art. 41 Abs. 1 der Charta der Grundrechte der Europäischen Union (GrCh)[61] lässt sich indirekt eine Pflicht zum Einsatz von KI ableiten, nämlich insoweit als der Einsatz von KI unparteiische und gerechte Entscheidungen innerhalb einer angemessenen Frist fördert. Insbesondere im deutschen Steuerverfahren

---

[59] Kritisch dazu jüngst *Krönke*, NVwZ 2022, 1606.

[60] Convention on the Rights of Persons with Disabilities, verabschiedet am 13.12.2006, in Kraft getreten am 3.5.2008. Hier wurde der Text der nicht-autoritativen deutschen Übersetzung des Deutschen Instituts für Menschenrechte wiedergeben, abrufbar unter https://t1p.de/fuit (22.8.2023).

[61] EU-Drs. 2010/C 83/02.

konnte ein Verfahren, das diesen Anforderungen genügt, erst durch den Einsatz von maschinellen Risikomanagementsystemen sichergestellt werden. Zusammenfassend lässt sich festhalten, dass das Recht die öffentliche Verwaltung auch motivieren oder sogar verpflichten kann, Systeme der KI einzusetzen.

3. Gestaltung

Eine weitere Dimension, in der das Verwaltungsrecht KI in ihrer Anwendung beeinflussen kann, ist die Gestaltung. Das Recht gibt hierbei nicht nur externe Zielvorgaben, vielmehr dringt es in den Prozess der Technikgestaltung selbst vor. Dabei kennt das Recht bisher im Wesentlichen zwei Spielarten: zum einen die Strukturierung von Gestaltungsprozessen, zum anderen die Ausgabe materieller Ziele, die Gestaltungsprozesse auf der gleichen Ebene wie Funktionalität oder Effektivität der Anwendungen beeinflussen sollen. Man kann also von prozessualen und materiellen Gestaltungsnormen sprechen. Letztere haben sich insbesondere im Hinblick auf den Datenschutz und die IT-Sicherheit durchgesetzt, so dass man von Datenschutz und IT-Sicherheit durch Technikgestaltung spricht.[62] Auch im Verwaltungsrecht sind dabei weitere Gestaltungsziele denkbar. So könnte man an eine unmittelbar aus dem Rechtsstaatsprinzip abgeleitete Verpflichtung zur Transparenz denken. Jedenfalls für den Bereich der Datenhaltung ergibt sich aus Art. 5 der PSI-Verordnung[63] eine Pflicht zur „Bestärkung" öffentlicher Stellen, „Dokumente nach dem Grundsatz ‚konzeptionell und standardmäßig offen' (*open by design and by default*) zu erstellen und zur Verfügung zu stellen". Da es insbesondere im Bereich der öffentlichen Verwaltung zahlreiche Eigenentwicklungen von Systemen gibt, könnten materielle Gestaltungspflichten auf einen fruchtbaren Boden fallen. Demgegenüber strukturieren prozessuale Gestaltungspflichten den Gestaltungsprozess etwa durch Vorgaben für Technikfolgenabschätzungen oder Risikomanagement. Dieser Bereich ist im deutschen wie im europäischen Verwaltungsrecht erst im Wachsen begriffen.

---

[62] Dabei ist die Bezeichnung durch Technikgestaltung missverständlich, weil es nicht nur um die Gestaltung von Technik, sondern auch um die Gestaltung sozialer Aspekte geht, die die Technik umgeben. In Art. 25 DSGVO wird dies etwa durch die Einbeziehung *organisatorischer* Maßnahmen kenntlich gemacht.

[63] RL (EU) 2019/1024 v. 20.6.2019 über offene Daten und die Weiterverwendung von Informationen des öffentlichen Sektors, ABl. 2019 L 172/ 56.

IV. Ausblick: verfassungsverwirklichende Innovationen

Zusammenfassend lässt sich feststellen, dass es in der deutschen Verwaltung bereits zahlreiche Anwendungsfälle für KI gibt, die sich über Verwaltungszweige hinweg auf ganz verschiedene Aufgaben und Maßnahmen beziehen. Das deutsche Verwaltungsrecht hat begonnen, auf diese Entwicklungen zu reagieren. Die ersten Reaktionen beziehen sich jedoch besonders auf die Verminderung von Risiken. Dabei bestehen sowohl für den Einsatz von KI in der öffentlichen Verwaltung wie auch für das Verwaltungsrecht große Möglichkeiten der Veränderung. Es ist durchaus möglich, KI zur Verwirklichung verschiedener Ziele der öffentlichen Verwaltung in Stellung zu bringen. Gerade das Verwaltungsrecht kann dies als Bindeglied zwischen verfassungsrechtlichen Vorstellungen und gelebter Praxis befördern. Dieser Funktion des Verwaltungsrechts wurde in *Fritz Werners* Formel „vom Verwaltungsrecht als konkretisiertem Verfassungsrecht“[64] Ausdruck verliehen. Gerade im Rahmen eines Bündels von Querschnittstechnologien, welches bedeutende Möglichkeiten zur Verwaltungsmodernisierung offeriert, kann das Verwaltungsrecht als Steuerungsressource der Technikgestaltung dazu genutzt werden, auf die Verwirklichung der Ziele der Verfassung hinzuwirken. Eine solche verfassungsverwirklichende Zielsetzung geht in ihrem Anspruch weit über zwingend notwendige Konzeptionen der Verfassungsverträglichkeit hinaus. Eine Verwaltungsmodernisierung als verfassungsverwirklichendes Desiderat zu denken, würde der Verwaltungsdigitalisierung in Deutschland und Europa ein anderes Gepräge geben. Voraussetzung dafür ist aber, das Verwaltungsrecht auf dieses Ziel hin auszurichten und in Teilen auch neu zu denken.

---

[64] *Werner*, DVBl. 1959, 527.

Einsatz von Künstlicher Intelligenz in der öffentlichen Verwaltung in Polen

Marlena Sakowska-Baryła

I. Einleitung

Die dynamische Entwicklung neuer Technologien hat Einfluss auf die Funktionsweise der öffentlichen Verwaltung. Heute ist der Gebrauch des Konzepts der elektronischen Verwaltung (sog. e-Verwaltung) allgemein üblich, was aus der Benutzung moderner Informations- und Kommunikationstechnik resultiert und auf einen gewissen technischen Standard und ein Instrumentarium verweist, das der Verwirklichung der durch die öffentliche Verwaltung gesetzten Ziele dient.[1] Wir haben es mit der Informatisierung der öffentlichen Dienste, der Digitalisierung von Verwaltungsressourcen sowie der immer häufigeren Benutzung von datenbasierten Technologien, dem Maschinenlernen sowie dem Internet der Dinge (engl. *Internet of Things*; IoT), der Automatisierung von Prozessen zur Gewinnung von Informationen und ihrer Analyse, Modellierung und Profilerstellung zu tun. In diesem Zusammenhang sollten die Fragen der Anwendung Künstlicher Intelligenz (KI) in der öffentlichen Verwaltung betrachtet werden. Dieses Problem kann jedoch nicht einheitlich erfasst werden.

Weder KI noch öffentliche Verwaltung sind einheitlich definiert, es ist also schwierig einen geschlossenen Katalog von Fällen zu erstellen, in denen die öffentliche Verwaltung KI-Systeme verwendet oder potentiell einsetzen könnte. Das ändert sich in Abhängigkeit davon, mit welchen Verwaltungsleistungen und -produkten wir zu tun haben. Zudem entwickeln sich Umfang und Methoden des Einsatzes von KI weiter – diese Systeme werden ständig verbessert und in immer mehr Bereichen eingesetzt – sie sind ein

[1] Vgl. *Wilk*, E-administracja w społeczeństwie informacyjnym, 2014, 36f.; *Ganczar*, Informatyzacja administracji publicznej, 2009, 35; *Sibiga*, Edukacja Prawnicza 3 (2011), 3 (4–7); *Dolewka*, in: Grabiński/Woszczek (Hrsg.), Społeczeństwo edukacyjne w strategii rozwoju regionu, 2007, 33; *Janowski*, Administracja elektroniczna, 2009, 19.

wichtiger Bestandteil einer Smart City[2], sie können den Kundenservice bei der Verwaltung unterstützen, beim Ausfüllen von Formularen helfen, und auch Beamte beim Erlass von Verwaltungsentscheidungen unterstützen.

Die Schnittstelle zwischen öffentlicher Verwaltung und Technologien, die Systeme der KI in verschiedenen Kontexten verwenden, und der Versuch, Konzepte aus diesem Bereich zu systematisieren, ist die Hauptachse der in diesem Kapitel gewonnenen Erkenntnisse.

II. Künstliche Intelligenz – ein Definitionsversuch

Das Konzept der KI (engl. *artificial intelligence*, AI) ist vieldeutig und deshalb ist es schwierig, ihren Einsatz in der öffentlichen Verwaltung zu konkretisieren. Vielmehr soll es um konkrete Anwendungen auf der Grundlage neuester technologischer Entwicklungen gehen, bei denen es sich um Informationssysteme handelt, die intelligentes Verhalten zeigen, indem sie die Umwelt analysieren und – teilweise auch autonom – Maßnahmen ergreifen, um bestimmte Ziele zu erreichen.[3]

Nach dem direkt von *Alan Turing* abgeleiteten Konzept ist die KI die Fähigkeit einer Maschine, menschlicher Intelligenz zu folgen oder sie nachzuahmen.[4] Als KI werden daher IT-Systeme definiert, die in der Lage sind, (1.) aus ihren eigenen Erfahrungen (basierend auf Daten) zu lernen und komplexe Probleme in verschiedenen Situationen zu lösen, (2.) Wissen zu entdecken und unabhängige Entscheidungen zu treffen, (3.) ihre eigenen Schlussfolgerungen auf der Grundlage historischer Erfahrungen zu ziehen und daher (4.) die menschliche Intelligenz nachzuahmen und Aufgaben auszuführen, die normalerweise menschliche Intelligenz erfordern.[5] Mit an-

---

[2] Siehe die Beiträge von *Prell/v. Detten/Schulz* sowie von *Mędrzycki/Szyrski* in diesem Band.

[3] Siehe dazu eine Studie der Agentur der EU für Grundrechte (FRA): https://fra.europa.eu/sites/default/files/fra_uploads/fra-2021-artificial-intelligence-summary_de.pdf (28.6.2023).

[4] Vgl. *Zalewski*, in: Lai/Świerczyński (Hrsg.), Prawo sztucznej inteligencji, 2020, Kap. I, Legalis-e-Ausgabe.

[5] Siehe *Zalewski* (Fn. 4), Kap. I; mehr dazu auch *Rojszczak*, in: Flaga-Gieruszyńska/Kołaczyński/Szostek (Hrsg.), Sztuczna inteligencja, blockchain, cyberbezpieczeństwo oraz dane osobowe, 2019, 3f.; vgl. auch Berichte der norwegischen und britischen Aufsichtsbehörden: https://www.datatilsynet.no/globalassets/global/english/ai-and-privacy.pdf (28.6.2023); https://ico.org.uk/for-organisations/uk-gdpr-guidance-and-resources/artificial-intelligence/explaining-decisions-made-with-artificial-intelligence/part-1-the-basics-of-explaining-ai/definitions/ (28.6.2023).

deren Worten ist KI eine andere Intelligenz als natürliche. Sie ist eine Fähigkeit digitaler Maschinen, mithilfe des Einsatzes in ihr implementierter Programme menschliche Intelligenz zu verfolgen und zu imitieren.[6] KI kann definiert werden als eine Maschine (ein Informationssystem), die Aufgaben ausführt, die Intelligenz erfordern, wenn ein Mensch sie ausführt.[7] Der allgemein angedeutete KI-Definitionsrahmen kann Ausgangspunkt für die Beschreibung von Systemen sein, die wie der menschliche Geist weitgehend autonom agieren und den Menschen entlasten.[8]

In der Europäischen Union dauern derzeit die Arbeiten an der Regulierung von KI an. Ende April 2021 veröffentlichte die Europäische Kommission einen Vorschlag für eine Verordnung zur Festlegung harmonisierter Vorschriften dazu.[9] Art. 3 Nr. 1 des Verordnungsentwurfs definiert ein „System künstlicher Intelligenz" als eine Software, die unter Verwendung mindestens einer der im Anhang I der Verordnung aufgelisteten Techniken und Ansätze entwickelt wurde. Eine solche Software kann Ergebnisse wie Inhalte, Vorhersagen, Empfehlungen oder Entscheidungen erzeugen, die mit der Umgebung interagieren. Verallgemeinernd können wir also über ein KI-System sprechen, wenn es (1.) Aufgaben auszuführen ermöglicht, die einen Lernprozess erfordern, (2.) bei der Lösung eines bestimmten Problems neue Umstände berücksichtigt sowie (3.) in unterschiedlichem Maße autonom agiert und mit der Umgebung interagiert.[10]

In der Fachliteratur wird üblicherweise zwischen starker und schwacher KI unterschieden. Bei starker KI hat das System die Eigenschaft, Operationen („Gedanken") auf einem intellektuellen Niveau auszuführen, das dem menschlichen nahe oder sogar noch höher ist. Im Gegensatz dazu ist schwache KI eine Reihe von Methoden, die Probleme lösen, die für einen Menschen intellektuell anspruchsvoll sind.[11] Starke KI manifestiert sich in der Fähigkeit zur Selbsterkenntnis und Entscheidung, während schwache KI in Handlungsbeziehungen in diesem Sinne selbstständig agiert, dass sie über

[6] *Flisak*, Sztuczna inteligencja – jak chronić prawa autorskie twórczości robotów, Rzeczpospolita, 22.5.2017, abrufbar unter https://www.rp.pl/opinie-prawne/art10449711-sztuczna-inteligencja-jak-chronic-prawa-autorskie-tworczosci-robotow (28.6.2023).

[7] *Minsky* nach *Wawrzyński*, Podstawy sztucznej inteligencji, 2019, 10.

[8] *Sakowska-Baryła*, in: Fischer/Pązik/Świerczyński (Hrsg.), Prawo sztucznej inteligencji i nowych technologii, 2021, 117 f.

[9] Vorschlag für eine Verordnung des Europäischen Parlaments und des Rates zur Festlegung harmonisierter Vorschriften für Künstliche Intelligenz (Gesetz über Künstliche Intelligenz) und zur Änderung bestimmter Rechtsakte der Union, KOM(2021) 206 endg.

[10] *Zalewski* (Fn. 4), Kap. I.

[11] *Wawrzyński* (Fn. 7), 10.

eingebaute selbstlernende Algorithmen verfügt, die ihre tatsächliche Position und ihren Betrieb autonom machen und nicht oder nur eingeschränkt einer (in der Regel nachträglichen) Kontrolle natürlicher Personen unterliegt.[12]

Die Folge der KI-Aktivität ist die Erstellung neuer Daten über natürliche Personen oder die Entscheidungsfindung des Systems der KI gegenüber diesen Personen als Ergebnis des Betriebs dieses Systems. Ein wichtiges Thema ist der Lernprozess des KI-Systems und das Testen unter Verwendung von Daten, einschließlich personenbezogener Daten.[13] Dies ist eine der grundlegenden Fragen für das Funktionieren von KI in der Praxis – sowohl für Bewertungssysteme als auch für hochentwickelte Identifikationsverfahren und soziale Kontrollsysteme, einschließlich des chinesischen Sozialkreditsystems.[14] Deep Learning kann nur perfektionieren, was das System durch die Daten „sehen" kann. Die chinesische Lösung nutzt Daten zu Online-Aktivitäten und Daten aus der realen Welt durch den Einblick in den Alltag bestimmter Personen und versorgt Algorithmen in noch größerem Umfang mit Daten, deren Nutzung durch KI die Grundwerte und Prinzipien der Gewährleistung von Freiheit und Menschenrechten im Informationsbereich erheblich gefährdet.[15]

Algorithmen sind heutzutage allgegenwärtig, und es wird noch mehr davon geben, zumal dank tiefer Netzwerke Lösungen wie die zur Erkennung von Stimmen und natürlichen Sprachen immer beliebter werden. Ein Algorithmus ist eine streng definierte Abfolge von Schritten, die zur Lösung eines Problems oder zur Durchführung von Berechnungen verwendet werden kann.[16] Operationen dieser Art haben erhebliche Konsequenzen im Bereich der menschlichen Funktionsfähigkeit sowie im Bereich der ihn betreffenden Entscheidungen und beeinflussen die von ihm selbst getroffenen Entscheidungen.

Der Lebenszyklus eines auf maschinellem Lernen basierenden KI-Systems beginnt damit, es zu trainieren, indem man ihm Daten liefert. Das System analysiert sie und sucht nach Korrelationen zwischen ihnen. Auf dieser Grundlage wird ein Modell entwickelt. Daten für das KI-Training

---

[12] *Chłopecki*, Sztuczna Inteligencja – szkice prawnicze i futurologiczne, 2018, Kap. I, Legalis-e-Ausgabe.

[13] Dazu *Syska*, Monitor Prawniczy, Zusatzausgabe 23 (2020), 78.

[14] Mehr dazu *Przegalińska/Oksanowicz*, Sztuczna inteligencja. Nieludzka, arcyludzka, 2020, 229ff.

[15] Vgl. *Lee*, Inteligencja sztuczna, rewolucja prawdziwa. Chiny, USA i przyszłość świata, 2019, 75f.

[16] Vgl. *Sejnowski*, Deep learning, 2019, 235f.

können aus Ressourcen der öffentlichen Verwaltung stammen, was auch dank des Rechts auf Weiterverwendung von Informationen des öffentlichen Sektors und auf Offenlegung von Daten möglich ist.[17] Wenn das Modell neue Daten erhält, wird es mit einem der Muster abgeglichen und auf dieser Grundlage trifft das KI-System eine Entscheidung – es präsentiert das Ergebnis, das von der Art des KI-Modells und seinem Zweck abhängt. Diese Ergebnisse lassen sich grob unterteilen in: Prognosen, Empfehlungen, Klassifizierungen.[18] KI-Systeme können autonom Entscheidungen treffen; sie können aber auch ohne menschliche Beteiligung oder Überwachung auch eine Unterstützung für eine Person sein, die eine endgültige Entscheidung trifft (das heißt das System präsentiert eine Prognose und die Person berücksichtigt sie zusammen mit eventuell anderen Informationen und trifft eine Entscheidung).[19]

Die Praxis zeigt, dass unterschiedliche Systeme der KI oft zusammen behandelt werden. Das heißt, typische Lösungen, die auf langjährig eingesetzten Algorithmen basieren, werden mit KI identifiziert, nur weil ihre Funktionsweise der eines Menschen ähnelt (z.B. ein Fahrkartenautomat, der die Arbeitsschritte eines Kassierers imitiert), sowie Lösungen mit bedeutenden technologischen Fortschritten, die sich noch im Bereich der Forschung befinden, aber noch nicht entstanden sind, wie z.B. KI, die mit Selbstbewusstsein ausgestattet ist.[20] Verallgemeinernd kann gesagt werden, dass KI-Systeme softwarebasiert sind; sie können in der virtuellen Welt arbeiten (z.B. Sprachassistenten, Bildanalysesoftware, Suchmaschinen, Sprach- und Gesichtserkennungssysteme) und in Geräte eingebaut werden (z.B. fortschrittliche Roboter, autonome Autos, Drohnen oder IoT-Anwendungen).[21] Solche Lösungen können von der öffentlichen Verwaltung eingesetzt werden. Es liegt jedoch auf der Hand, dass nicht in jedem Fall und nicht alle derartigen Lösungen von der Verwaltung genutzt werden können. Viel hängt davon ab, ob es sich um zwingende Handlungen der Verwaltung unter Einsatz von KI handelt oder ob es um rein unterstützende, organisatorische und technische Tätigkeiten geht.

---

[17] Mehr dazu *Fischer*, in: ders./Pązik/Świerczyński (Hrsg.), Prawo sztucznej inteligencji i nowych technologii, 2021, 91–109; *Sakowska-Baryła*, Ochrona danych osobowych a dostęp do informacji publicznej i ponowne wykorzystywanie informacji sektora publicznego, 2022, 366–370.

[18] Vgl. *Syska*, Monitor Prawniczy, Zusatzausgabe 23 (2020), 78.

[19] *Sakowska-Baryła* (Fn. 8), 122.

[20] *Zalewski* (Fn. 4).

[21] Siehe dazu die Studie der Agentur der EU für Grundrechte (FRA), Fn. 3.

III. Das Paradigma der öffentlichen Verwaltung

Um den Einsatz von KI in der öffentlichen Verwaltung zu betrachten, ist es notwendig zu bestimmen, was der Begriff „öffentliche Verwaltung“ umfasst. Auf diese Weise können wir darstellen, was der Einsatz von KI in der öffentlichen Verwaltung tatsächlich sein kann, wie sie von den zu dieser Verwaltung gehörenden Stellen verwendet werden kann, zu welchen Zwecken und auf welche Weise der Einsatz von KI erfolgen kann und in welchen Fällen er nicht stattfinden darf, weil er nicht rechtsgemäß wäre.

Im modernen Sinne kann die öffentliche Verwaltung als die Funktion des Staates definiert werden, die in der Erfüllung öffentlicher Aufgaben besteht, die in der Verfassung und anderen Quellen allgemein verbindlichen Rechts festgelegt sind, die durch ein bürokratisches System durchgeführt und zur Erledigung von Angelegenheiten von gesellschaftlicher Bedeutung verwendet wird.[22] Es kann auch sinnvoll sein, die öffentliche Verwaltung von der negativen Seite, als den Teil der staatlichen Tätigkeit zu definieren, der nach dem Wegfall der gesetzgebenden und gerichtlichen Tätigkeit verbleibt, weil sie sich auf die Wahrnehmung exekutiver Funktionen konzentriert, darunter insbesondere „Regieren“ und die Erfüllung öffentlicher Aufgaben.[23] Die öffentliche Verwaltung kann auch nach dem subjektiven Kriterium definiert werden, wodurch sie als Gesamtheit ihrer Einheiten verstanden werden kann, zu denen Behörden und Einheiten gehören, die andere Funktionen im Bereich der öffentlichen Verwaltung in Bezug auf das oben beschriebene Thema ausüben.[24]

Im Zusammenhang mit der Nutzung von KI durch die öffentliche Verwaltung muss daher berücksichtigt werden, dass es möglich ist, diese Art von technologischen Lösungen im Rahmen einer Tätigkeit einzusetzen, die nicht der Ausübung von Gesetzgebungs- oder Exekutivgewalt, sondern der Wahrnehmung staatlicher Aufgaben, die in der Verwaltung und Wahrnehmung öffentlicher Aufgaben bestehen, in Angelegenheiten von gesellschaftlicher Bedeutung durch gesetzlich dazu ermächtigte Stellen im Rahmen ih-

---

22 Siehe *Kaczmarski*, Ewolucja pojęcia administracji publicznej w polskiej doktrynie prawa administracyjnego po II wojnie światowej, PWSZ IPiA Studia Lubuskie, Bd. 5, 2009, 219. Diese Definition ist jedoch eine von vielen, die zitiert werden können. Siehe z. B. *Boć*, in: ders. (Hrsg.), Prawo administracyjne, 2005, 7; *Zimmermann*, Prawo administracyjne, 2020, 27 ff.; *Izdebski/Kulesza*, Administracja publiczna. Zagadnienia ogólne, 2004, 23; *Radwanowicz*, in: Chmaj (Hrsg.), Prawo administracyjne, 2004, 9 f.; *Stahl*, in: dies. (Hrsg.), Prawo administracyjne, 2002, 11.

23 *Kasznica*, Polskie prawo administracyjne, 1946, 9.

24 *Ochędowski*, Prawo administracyjne, 1996, 6.

rer Zuständigkeiten oder im Zusammenhang mit den von ihnen wahrzunehmenden öffentlichen Aufgaben. Die dominierende Funktion der öffentlichen Verwaltung ist die wichtigste, die durch den Erlass individueller und konkreter Akte und gegebenenfalls die Anwendung staatlichen Zwangs (Hoheitsverwaltung) gekennzeichnet ist.

Genauso wichtig ist heutzutage allerdings eine sog. Leistungsverwaltung, die einer Person bestimmte Leistungen oder andere Vorteile verschafft – nicht nur Sozialhilfe, sondern auch eine angemessene Infrastruktur und ein bestimmtes Dienstleistungsangebot.[25] Letzterer Bereich ist aus Sicht des Einsatzes von KI besonders interessant. Es ist die Sache der Leistungsverwaltung, eine angemessene Straßen- und Abwasserinfrastruktur bereitzustellen, kommunale Einrichtungen zu unterhalten, Wasser bereitzustellen, sich um Umweltparameter zu kümmern, die öffentliche Sicherheit, Gesundheitsversorgung und Bildung zu gewährleisten. Innerhalb dieser Verwaltung werden am häufigsten Lösungen verwendet, die auf KI-Systemen basieren, wie z.B.: intelligente Verkehrsmittel, IoT-Kommunikation, intelligente Energienutzung, intelligentes Straßenbeleuchtungssystem, Überwachung von Umweltparametern, Überwachung des öffentlichen Raums, Einsatz von KI-basierten Drohnen, Systeme zur Bereitstellung von Analysen und Informationen, die für die Gesellschaft als bestimmte Gemeinschaft und für einzelne Personen relevant sind, die berechtigte Erwartungen an Maßnahmen der öffentlichen Verwaltung in Bezug auf das Thema haben und Nutznießer von Diensten sind, die dank moderner Technologien, einschließlich KI, verfügbar sind (z.B. Assistentensysteme, Sprach- oder Textnachrichten, die bei der Erledigung von Angelegenheiten innerhalb der e-Verwaltung helfen, Sensoren, die es ermöglichen, Anomalien im Straßenverkehr zu erkennen, Sicherheitskontrollen in der U-Bahn oder auf der Straße unterstützen, Systeme, die die Dokumentationsanalyse unterstützen usw.).

Heutzutage spielt bei der Definition der öffentlichen Verwaltung eine wichtige Rolle, dass das Menschenrechtssystem sein Verständnis beeinflusst.[26] Der Einfluss der sich entwickelnden Technologien auf das Funktionieren der Verwaltung führt zu einem sich intensivierenden Prozess der Konsolidierung und Inferenz des Verwaltungs- und Zivilrechts sowie umfangreicher Bereiche ihrer Grenzen und Interdependenzen, was sich zwangsläufig in Rechtsvorschriften und dem Funktionieren der Verwaltung

---

[25] *Ochędowski* (Fn. 24), 12.

[26] Vgl. *Lipowicz*, in: FS für Jan Jeżewski, 2018, 262; *Simoncini/Longo*, in: Micklitz u. a. (Hrsg.), Constitutional Challenges in the Algorithmic Society, 2022, 27–41.

niederschlagen wird.[27] Der Einsatz von KI-Systemen kommt in Informationsbeziehungen der öffentlichen Verwaltung in Betracht, in denen die öffentliche Verwaltung auf der Grundlage von Informationen und durch Informationen agiert.[28] Der Einsatz von KI lässt sich hier auf rein technische Tätigkeiten auf Basis von Daten reduzieren. Diese Tätigkeiten müssen jedoch innerhalb der gesetzlichen Grenzen bleiben, so dass deren rechtliche Qualifikation geboten ist, auch wenn sie von Einrichtungen durchgeführt werden, die als öffentliche Verwaltung eingestuft sind oder in ihrem Namen und zu ihren Gunsten handeln.

IV. Rechtliche und ethische Fragen im Zusammenhang mit dem Einsatz von KI-Systemen in der öffentlichen Verwaltung

1. Regulatorisches Umfeld

Auf der Ebene der Europäischen Union verdienen verschiedene Rechtsakte sowie Stellungnahmen bei der rechtlichen und ethischen Bewertung von KI-Systemen genauere Beachtung. Zwar fehlt es derzeit noch an Regelwerken, die den Einsatz von KI-Systemen direkt adressieren. Gleichwohl findet der Einsatz von KI in der öffentlichen Verwaltung schon heute in einem regulatorischen Rahmen statt, der durch folgende Akte (und deren Umsetzung in nationales Recht) abgesteckt wird:

- Charta der Grundrechte der Europäischen Union, ABl. 2000 C 364/01.
- Verordnung (EU) 2016/679 vom 27.4.2016 zum Schutz natürlicher Personen bei der Verarbeitung personenbezogener Daten, zum freien Datenverkehr und zur Aufhebung der Richtlinie (EG) 95/46, ABl. 2016 L 119/1 (im Folgenden: DSGVO).
- Verordnungsentwurf – Gesetz über Künstliche Intelligenz, KOM(2021) 206 endg.;
- Europäische KI-Strategie;[29]
- Koordinierter KI-Plan (2021 überarbeitet);[30]

[27] *Duniewska*, in: FS für Jan Jeżewski, 2018, 134.

[28] Vgl. *Sakowska-Baryła* (Fn. 8), 122.

[29] https://digital-strategy.ec.europa.eu/en/policies/european-approach-artificial-intelligence (28.6.2023).

[30] https://digital-strategy.ec.europa.eu/en/library/coordinated-plan-artificial-intelligence-2021-review (28.6.2023).

- Ethik-Leitlinien für eine vertrauenswürdige KI (verfasst von der Hochrangigen Expertengruppe für KI, HEG-KI);[31]
- Weißbuch zur Künstlichen Intelligenz – Ein europäisches Konzept für Exzellenz und Vertrauen, KOM(2020) 65 endg.;
- Bericht der Kommission über die Auswirkungen von Künstlicher Intelligenz, Internet der Dinge und Robotik auf Sicherheit und Rechenschaftspflicht;[32]
- Gesetz vom 18.7.2002 über die Erbringung elektronischer Dienstleistungen (Dz. U. 2020, Pos. 344);
- Telekommunikationsgesetz vom 16.7.2004 (Dz. U. 2021, Pos. 576 m. Änderungen);
- Gesetz vom 27.7.2001 zum Schutz von Datenbanken (Dz. U. 2021, Pos. 386);
- Gesetz vom 11.8.2021 über offene Daten und die Weiterverwendung von Informationen des öffentlichen Sektors (Dz. U. 2021, Pos. 1641);
- Gesetz vom 17.2.2005 über die Automatisierung der Tätigkeiten von Körperschaften, die öffentliche Aufgaben wahrnehmen (Dz. U. 2021, Pos. 2070 m. Änderungen; im Folgenden: Automatisierungsgesetz).

Diese Liste stellt keinen abschließenden Katalog dar, sondern sollte durch Branchen- und Sektorenvorschriften ergänzt werden. Dies gilt auch für die öffentliche Verwaltung, die keinen einheitlichen Charakter hat. Die öffentliche Verwaltung umfasst so unterschiedliche Einrichtungen, wie staatliche und lokale Regierungsbehörden, Steuerbehörden und verschiedene Arten von Wachen und Inspektionen. Sie üben Hoheitsgewalt aus und nehmen öffentliche Aufgaben wahr. Zur Verwaltung zählen auch Sozialhilfe, Bildungseinrichtungen, Straßenverwaltungen, medizinische und veterinärmedizinische Dienste sowie epidemiologische und sanitäre Stationen. Dies ist eine beispielhaft vorgenommene Klassifizierung, die zeigt, wie weit Gebiete mit der Implementierung von technologischen Lösungen auf der Grundlage von KI voneinander entfernt sein können.

Beim Einsatz von KI-Systemen in der öffentlichen Verwaltung ist jedoch vom verfassungsrechtlichen Grundsatz der Legalität auszugehen, der für alle Behörden und damit auch für diejenigen gilt, die zu Verwaltungsorganen gehören.

---

[31] https://www.europarl.europa.eu/meetdocs/2014_2019/plmrep/COMMITTEES/JURI/DV/2019/11-06/Ethics-guidelines-AI_DE.pdf (28.6.2023).

[32] https://ec.europa.eu/info/publications/commission-report-safety-and-liability-implications-ai-internet-things-and-robotics-0_en (28.6.2023).

Gemäß Art. 7 der polnischen Verfassung[33] handeln öffentliche Behörden auf der Grundlage und innerhalb der Grenzen des Gesetzes. Dies gilt auch für Tätigkeiten, die auf KI-Systemen basieren oder mit ihrer Unterstützung durchgeführt werden. Vor diesem Hintergrund ist der Einsatz von KI in der öffentlichen Verwaltung unzulässig, der keine rechtliche Grundlage hat oder deren Grenzen überschreitet. Dies gilt beispielsweise für den Einsatz von KI im Rahmen von Behördentätigkeiten, die dazu führen würden, dass im Einzelfall endgültige Entscheidungen ausschließlich auf der Grundlage einer automatisierten Verarbeitung getroffen werden, worauf sich direkt Art. 22 DSGVO bezieht.[34]

Gemäß Art. 22 Abs. 1 DSGVO hat die betroffene Person das Recht, nicht einer ausschließlich auf einer automatisierten Verarbeitung – einschließlich Profiling – beruhenden Entscheidung unterworfen zu werden, die rechtliche Wirkung entfaltet oder sie in ähnlicher Weise erheblich beeinträchtigt. Das gilt gemäß Art. 22 Abs. 2 DSGVO nicht, wenn diese Entscheidung: a) für den Abschluss oder die Erfüllung eines Vertrags zwischen der Person, die die Daten betreffen und dem Administratoren erforderlich ist; b) nach dem Recht der Europäischen Union oder des Mitgliedstaats, dem der Verantwortliche unterliegt, zulässig ist und angemessene Maßnahmen zum Schutz der Rechte und Freiheiten sowie der berechtigten Interessen der betroffenen Person vorsieht; oder c) auf der ausdrücklichen Einwilligung der betroffenen Person beruht. Gemäß Art. 22 Abs. 3 DSGVO in den Fällen des Art. 22 Abs. 2 lit. a und lit. c trifft der Verantwortliche angemessene Maßnahmen zum Schutz der Rechte, Freiheiten und berechtigten Interessen der betroffenen Person, zumindest das Recht auf menschliches Eingreifen seitens des Verantwortlichen, auf Darlegung des eigenen Standpunkts und auf Anfechtung dieser Entscheidung. Außerdem – wie sich aus Art. 22 Abs. 4 DSGVO ergibt – dürfen Entscheidungen gemäß Abs. 2 sich nicht auf besondere Kategorien personenbezogener Daten nach Art. 9 Abs. 1 DSGVO basieren, sofern nicht Art. 9 Abs. 2 lit. a oder lit. g DSGVO angewendet werden und angemessene Maßnahmen zum Schutz der Rechte und Freiheiten sowie der berechtigten Interessen der betroffenen Person vorliegen.

Art. 22 DSGVO stehe im Zusammenhang mit Rechtsakten, die einen gewissen Maßstab für den Prozess der automatischen Ausführung von Tätigkeiten durch die öffentliche Verwaltung bieten. So können gemäß Art. 14

---

[33] Verfassung der Republik Polen v. 2.4.1997, Dz. U. 1997, Pos. 483 m. Änderungen.

[34] Dazu mehr *Geburczyk*, Monitor Prawniczy 11 (2020), 581 (582 ff.); *Siemieniak*, in: Fischer/Sakowska-Baryła (Hrsg.), Realizacja praw osób, których dane dotyczą, na podstawie RODO, 2017, 307–329.

§ 1b des polnischen Verwaltungsverfahrensgesetzes[35] Fälle unter Verwendung von automatisch erstellten Schreiben bearbeitet und mit einem qualifizierten elektronischen Siegel einer öffentlichen Stelle versehen werden; bei automatisch erstellten Schreiben gelten jedoch die Bestimmungen über die Notwendigkeit, das Schreiben mit der Unterschrift eines Mitarbeiters einer öffentlichen Verwaltungsbehörde zu unterzeichnen, nicht. Gleiches gilt für Art. 14 § 1c des Verwaltungsverfahrensgesetzes, wonach die Verfahren über Online-Dienste nach der Authentifizierung der Partei oder eines anderen Verfahrensbeteiligten abgewickelt werden können.

2. Ethische Standards beim Einsatz von KI

Das von der Europäischen Kommission am 19.2.2020 veröffentlichte Weißbuch zur Künstlichen Intelligenz[36] betont die Notwendigkeit, die Arten von rechtlichen Verpflichtungen zu definieren, die Unternehmen auferlegt werden sollten, die an der Entwicklung, Produktion, Vermarktung und Nutzung von KI-Systemen beteiligt sind. Es ist davon auszugehen, dass bei einem Einsatz von KI durch die öffentliche Verwaltung diese zur Einhaltung dieser Standards verpflichtet sein wird.

Als Teil des sog. Ökosystems des Vertrauens (engl. *ecosystem of trust*) hat die Europäische Kommission die Bedeutung der sieben Kernanforderungen für KI-Systeme hervorgehoben, die von der Hochrangigen Expertengruppe in den Ethik-Leitlinien für vertrauenswürdige KI identifiziert und beschrieben wurden. Dazu gehören: menschliche Aufsicht (engl. *human agency and oversight)*, technische Robustheit und Sicherheit (engl. *technical robustness and safety)*, Datenschutz und Data Governance (engl. *privacy and data governance)*, Vielfalt, Nichtdiskriminierung und Fairness (engl. *diversity, non-discrimination and fairness)*, gesellschaftliches und ökologisches Wohlergehen (engl. *societal and environmental wellbeing)* und Rechenschaftspflicht (engl. *accountability)* sowie Transparenz (engl. *transparency)*, die eine Schlüsselvoraussetzung für eine als vertrauenswürdig angesehene KI ist.[37] Der Einsatz von KI-Systemen, die auf der Grundlage verschiedener Funktionsprinzipien von Algorithmen und maschinellem Lernen sowie der Verfügbarkeit und potentiellen Leichtigkeit der Kombination von Daten aus verschiedenen Quellen und Ressourcen, einschließlich Ressourcen der öffentlichen Verwaltung, arbeiten, führt insbesondere zu einer Zunahme po-

---

[35] Gesetz v. 14.6.1960, Dz. U. 2023, Pos. 775 m. Änderungen.

[36] KOM(2020) 65 endg.

[37] Vgl. *Bar*, Monitor Prawniczy, Zusatzausgabe 20 (2020), 75 (76ff.).

tentieller Bedrohungen für den Einzelnen und seine Privatsphäre oder Voreingenommenheit bei Entscheidungen, die ihm gegenüber getroffen werden. Es ist auch eine Gefahr für Unternehmen, die Technologien benutzen, die auf der Verwendung von KI basieren, insbesondere im Bereich des Datenmanagements.[38]

V. Der Einsatz von KI-Systemen in der öffentlichen Verwaltung

1. E-Services in der öffentlichen Verwaltung

Im Kontext des Einsatzes von KI in der öffentlichen Verwaltung verdienen e-Verwaltungs-Services besondere Aufmerksamkeit, da sie auf natürliche Weise durch KI-Systeme unterstützt werden können. Sie können im Rahmen der Ausübung öffentlicher Gewalt eingesetzt werden: sowohl als Element von Lösungen zur Unterstützung der Arbeitsweise von Organen der öffentlichen Verwaltung beim Erlass personenspezifischer Rechtsakte, als auch im Bereich von Kompetenzen, die einer allgemeinen Wirkung dienen, wie z. B. der Gestaltung von Politiken, Strategien, räumlicher Entwicklung, Lösungen im Bereich des Umweltschutzes und in anderen Bereichen von nationaler und lokaler Dimension.

E-Services werden auch dann eingesetzt, wenn öffentliche Einrichtungen in ähnlicher Weise wie zivilrechtliche Einrichtungen an wirtschaftlichen und sozialen Transaktionen beteiligt sind und wenn es um die Erfüllung von Verwaltungs-, Organisations-, Wirtschafts- und Vermögensverwaltungsaufgaben geht. Unter E-Service versteht man eine Form der Dienstleistungserbringung, einschließlich der Erfüllung der Bedürfnisse über das Internet, vom Moment der Kontaktaufnahme mit dem Kunden (Einzelperson oder Institution), der Präsentation des Angebots über die Bestellung der Dienstleistung, ihre Bereitstellung sowie Kontaktaufnahme nach Erbringung der Dienstleistung. Die Erbringung solcher Dienstleistungen ist automatisiert und kann ohne den Einsatz von Informationstechnologie nicht erfolgen; im Gegensatz dazu ist die menschliche Beteiligung daran gering.

Daher unterscheidet sich der E-Service von dem in traditioneller Form erbrachten Service hauptsächlich durch das Fehlen menschlicher Beteiligung auf der anderen Seite der Aktivität mit gleichzeitigen Dienstleistun-

---

[38] *Nowakowski*, in: Sakowska-Baryła (Hrsg.), Sztuczna inteligencja, transfery, odpowiedzialność i inne wyzwania ochrony danych osobowych, 2022, 34.

gen, die über große Entfernungen ausgeführt werden.[39] Wesentliche Merkmale von E-Services sind ihre Universalität, Zugänglichkeit, Offenheit und Benutzerfreundlichkeit sowie Individualisierung der angebotenen Dienste, Mobilität und damit Zugänglichkeit auch über mobile Endgeräte. E-Services zeichnen sich auch durch Originalität und die Möglichkeit aus, eine E-Community um einen bestimmten Service herum aufzubauen, aber auch durch die Standardisierung von Dienstleistungen, die Reduzierung ihrer Kosten, die Steigerung der Effizienz, sowie die Unabhängigkeit der Bereitstellung von Zeit und Ort. Jede dieser Funktionen kann möglicherweise ein unterstützendes KI-System beinhalten – von einem System „intelligenter" Formulare über einen Text- oder Sprach-Chatbot bis hin zur Erhöhung des Personalisierungsgrads des Dienstes einschließlich Algorithmen, die die konkrete Entscheidungsfindung unterstützen. Solche Algorithmen können jedoch nicht auf Verwaltungsentscheidungen reduziert werden, da diese grundsätzlich unter Beteiligung eines Menschen getroffen und nicht dem KI-System überlassen werden sollten.

2. Dokumentenverwaltung

Immer mehr Stellen und Einrichtungen der öffentlichen Verwaltung nutzen die elektronische Dokumentenverwaltung, bei der insbesondere in Fällen, in denen die Arbeit der Beamten langwierig und repetitiv ist und Präzision erfordert, der Einsatz von KI-basierten Lösungen förderlich ist. Ein Beispiel kann die Verwendung des sog. EZD PUW-Systems[40] sein – ein einheitliches und kostenloses Tool, das häufig von Einrichtungen verwendet wird, die öffentliche Aufgaben ausführen. Es wird von der Zentralverwaltung verwendet – z. B. von Ministerien oder den vom Sejm ernannten Organen sowie von der Kommunalverwaltung, von unterschiedlichen medizinischen Einrichtungen, allgemeinen und Verwaltungsgerichten sowie von Universitäten. Bei dieser Art von Systemen kann KI die Sortierung von Schriftstücken an die öffentliche Verwaltung unterstützen, den Inhalt elektronisch eingereichter Anträge analysieren, Spam erkennen usw. Das Hauptziel des elektronischen Dokumentenmanagementsystems ist die Verbesserung der Funktionsweise der Verwaltung durch effizienten Informationsaustausch sowie dessen Automatisierung und die Einführung von Transparenz. Das betrifft Hunderttausende von Dokumenten und Millionen von Transaktio-

---

[39] Vgl. *Ganczar/Sytek*, in: Dolnicki (Hrsg.), Sposoby realizacji zadań publicznych, 2017, 254.

[40] Vgl. https://ezd.gov.pl/www/index (28.6.2023).

nen, die ohne elektronische Verwaltung von Beamten bearbeitet werden müssen, die viele sich wiederholende Tätigkeiten ausführen, die keine Vollmachten erfordern, einschließlich des Erlasses von Verwaltungsentscheidungen. Die Implementierung von Algorithmen, die bestimmte Tätigkeiten in Verwaltungssystemen automatisieren, kann nicht hoch genug eingeschätzt werden, denn jede Sekunde Einsparung von Arbeit auf Makroebene von Hunderttausenden von Verwaltungsmitarbeitern bringt enorme finanzielle Einsparungen.[41]

3. Durchsuchen des Inhalts von Dokumenten

Lösungen, die auf KI-Systemen basieren, können ein hervorragendes Werkzeug sein, um die öffentlichen Verwaltungsbehörden zu unterstützen, deren Arbeit die Analyse einer großen Textmenge und das Durchsuchen des Inhalts nach bestimmten Kriterien, Phrasen und Phraseologiebeziehungen erfordert. Ein Beispiel für eine solche Anwendung kann die Ankündigung des Amtes für Wettbewerb und Verbraucherschutz (poln. UOKiK) sein, mithilfe von KI nach missbräuchlichen Klauseln in Verträgen zu suchen, um die Überprüfung von Verträgen auf verbotene Bestimmungen zu beschleunigen. Dieses Amt analysiert Tausende von Verträgen, um darin rechtswidrige Bestimmungen zu finden, was für die Beamten viel Zeit in Anspruch nimmt. Die Automatisierung dieser Art von Prozessen kann darin bestehen, dass Verträge von einem Online-Indexierungsroboter in Ressourcen gesammelt werden, das KI-System sie analysiert und mit der Datenbank der verbotenen Klauseln vergleicht, von denen es etwa zehntausend gibt. Dann werden auf der Grundlage von KI-Empfehlungen bestimmte Verträge und ihre Bestimmungen von einem Menschen analysiert, der angemessene Entscheidungen aufgrund gesetzlicher Bestimmungen trifft.

In diesem Fall wird die KI die gleichen Bestimmungen als verboten und ähnlich finden, aber die endgültige Entscheidung über ihre Qualifikation wird von einem Menschen getroffen.[42]

---

[41] Daher wurde im Rahmen des sog. EZD RP-Projekts, das ab 2022 allen öffentlichen Stellen zur Verfügung stehen sollte, an Modulen gearbeitet, die den Arbeitsalltag der Beamten vereinfachen und automatisch Dokumentationen trennen oder personenbezogene Daten durchsuchen und anonymisieren sollen. Siehe dazu https://www.prawo.pl/samorzad/sztuczna-inteligencja-w-systemach-administracji-wywiad-mariusz,506669.html (28.6.2023); vgl. auch https://ezd.gov.pl/www/ezd/projekt (28.6.2023).

[42] Vgl. https://www.ey.com/pl_pl/serwis-audytorow-sledczych/2022/02/sztuczna-inteligencja-wspomoze-uokik (28.6.2023).

4. Infrastrukturmanagement und öffentliche Sicherheit

KI-Systeme werden eingesetzt, um das Infrastrukturmanagement zu unterstützen und die öffentliche Sicherheit zu gewährleisten. Angesichts der Verfügbarkeit und breiten Anwendung verschiedener technologischer Lösungen kann man von nahezu unbegrenzten Möglichkeiten der potentiellen Anwendung von KI sprechen. Sie können gemeinsam analysiert werden, da das Management der Infrastruktur einschließlich des Kommunikations- und Transportsystems, die Sicherstellung der Versorgung mit Wasser, Energie, Beleuchtung, Verkehrssteuerung, Straßenüberwachung usw. die Bereitstellung öffentlicher Versorgungsleistungen durch die dafür genutzte Infrastruktur betrifft – und gleichzeitig wirkt sich ihre Verwendung auf die öffentliche Sicherheit aus.

KI kann mit Sensoren interagieren, die sich im städtischen Raum oder in öffentlichen Verkehrsmitteln befinden, IoT-Lösungen oder den Betrieb von Videoüberwachungen öffentlicher Plätze unterstützen. Beim Einsatz von KI-Systemen in der öffentlichen Verwaltung sollten verschiedene Arten von höheren Risikofaktoren, die für einen bestimmten Anwendungsbereich von KI spezifisch sein können, identifiziert und berücksichtigt werden. Die Verwendung von KI kann das Risiko einer Verletzung der Privatsphäre, voreingenommener Entscheidungen, unbefugter Identifizierung und der Erfassung unzureichender Daten, einschließlich personenbezogener Daten, beinhalten. Ein solches Risiko kann für KI-Systeme für das Management und den Betrieb kritischer Infrastrukturen, für Straßenverkehr, Wasser, Gas, Wärme und Strom ins Spiel kommen. Dies sind Systeme, die darauf ausgelegt sind, die Entsendung von Rettungsdiensten in Notsituationen, einschließlich Feuerwehr oder medizinischer Hilfe, zu priorisieren und auch biometrische Fernidentifikation von Personen an öffentlich zugänglichen Orten, einschließlich Gesichtserkennung oder Erkennung von Personen auf der Grundlage biometrischer oder Verhaltenssignale zu ermöglichen.[43]

5. Ausübung öffentlicher Gewalt oder Entscheidungsfindung im Einzelfall

Die meisten Vorbehalte betreffen den Einsatz von KI-Systemen bei den zwingenden Tätigkeiten der öffentlichen Verwaltung. Dies gilt insbesondere für die Sozialhilfe, das Bildungswesen, aber auch für die oben genannte Dienstleistungsverwaltung, insbesondere wenn Entscheidungen auf der Grundlage einer Art Kategorisierung oder eines Verwaltungsermessens ge-

---

[43] Vgl. https://metropolie.pl/artykul/sztuczna-inteligencja-wesprze-wladze-lokalne-w-zarzadzaniu-miastem (28.6.2023).

troffen werden sollen, die nicht nur Algorithmen überlassen werden sollten. Eine vollständige Ersetzung von Personen in der Verwaltung durch KI-Systeme kann es in der aktuellen Rechtslage unter Berücksichtigung ethischer Standards nicht geben.

Insbesondere in solchen Fällen kann der Einsatz von KI zu einer algorithmischen Verzerrung (engl. *algorithmic bias*) führen, wenn das Ergebnis der Operation des Algorithmus fehlerhaft, diskriminierend oder einfach ungerecht ist. Die Ursachen für den fehlerhaften „Bias“ können sein: unzureichend repräsentative Trainingsdaten bei der Erstellung von KI, die in den Algorithmus „eingebetteten“ Werte oder Überzeugungen des Systemdesigners, der soziale Kontext, in dem der Algorithmus erstellt wird, technische Einschränkungen oder die Verwendung des Algorithmus in der Praxis.[44]

Gleichzeitig ist KI aber ein wichtiger Faktor, um die Effizienz der öffentlichen Verwaltung zu steigern und ein angemessenes Niveau öffentlicher Dienstleistungen sicherzustellen. Allerdings besteht in der Regel ein erhöhtes Risiko, wenn KI-Systeme für Entscheidungen über den Zugang zu Bildungs- und Berufsbildungseinrichtungen, zur Bewertung von Schülern in Bildungseinrichtungen oder zur Bewertung von Teilnehmern an berufszulassungsrelevanten Prüfungen eingesetzt werden.[45]

VI. Fazit

Veränderungen durch die enorm schnelle technologische Entwicklung wirken sich auf das Funktionieren der öffentlichen Verwaltung aus. Deutlich sichtbar wird dies am Beispiel des Einsatzes von KI-Systemen als Unterstützung der Verwaltungsfunktionen. Der zunehmende Einsatz von KI in vielen Aspekten des Verwaltungsbetriebs kann als Chance gesehen werden, ihn zu verbessern und den Standard der bereitgestellten Dienstleistungen zu erhöhen. Gleiches gilt für die von Verwaltungskunden erwarteten Änderungen im bürokratischen System und die Erweiterung des Angebots an E-Services, die von Stellen der öffentlichen Verwaltung und anderen Stellen, die öffentliche Aufgaben wahrnehmen, bereitgestellt werden. Diese Sachlage wirkt sich nicht nur auf die Arbeitsweise der Verwaltung aus, sondern auch darauf, wie die Aufgaben der Behörden im rechtlichen und ethischen sowie im materiellen und technischen Bereich derzeit ausgestaltet sind und

[44] Vgl. *Bar*, in: Sakowska-Baryła (Hrsg.), Sztuczna inteligencja, 2022, 20.

[45] Vgl. https://metropolie.pl/artykul/sztuczna-inteligencja-wesprze-wladze-lokalne-w-zarzadzaniu-miastem (28.6.2023).

sich in naher Zukunft weiterentwickeln werden. Die Analyse des Kontexts der Funktionsweise der Stelle, der Art der durchgeführten Aufgaben und des mit der Verwendung von KI-Systemen verbundenen Risikos sind hier von erheblicher Bedeutung. Die Gefährdungsbeurteilung kann nicht einmalig durchgeführt werden. Es ist ein kontinuierlicher Prozess, der die sich ändernden technischen, regulatorischen und gesellschaftlichen Rahmenbedingungen berücksichtigt. Es kann sich also herausstellen, dass die Verwaltung dank KI keine lästigen, sich wiederholenden Aufgaben mehr erledigen wird, sondern die so eingesparte Zeit teilweise für eine einzelne Risikoanalyse im Zusammenhang mit dem Einsatz von KI-Systemen aufgewendet werden muss.

Blockchain-Technologien zwischen Marketing-Verheißung und Regulierungsbedürftigkeit in Deutschland

Wolfgang Beck

I. Einleitung

An Wahrnehmbarkeit in der überregionalen Berichterstattung mangelt es dem Thema Blockchain (BC) schon seit Jahren nicht mehr. Insbesondere virtuelle Währungen üben einen permanenten Reiz auf die Medien und offenbar auch auf die wissenschaftliche Auseinandersetzung aus.[1] Es überrascht nicht, dass hier vorrangig finanzaffine Regionen – wie etwa die Schweiz – einen Hotspot bilden. Welche Anwendungsreife die jeweils präsentierten „neuen" Anwendungsfelder haben und welche Risiken mit der Nutzung verbunden sind, wird hinter manchen intransparenten, mutmaßlich interessenbezogenen Publikationen selten sichtbar. Die Diskussion um BC-Technologien scheint vorrangig auf die sog. Kryptowährung Bitcoin[2] fokussiert zu sein, also auf den Anwendungsbereich virtueller Währungen und die dadurch erwarteten Veränderungen im Währungs- und Finanzbereich.[3] Der Raum für mögliche Anwendungsfelder ist aber deutlich weiter. BC- und Distributed Ledger-Technologien (DLT) versprechen nicht weniger als die Verdrängung traditioneller, auf die Reputation von Intermediären vertrauender Strukturen. Hier sind vor allem die Banken, der Wertpapierhandel und registergestützte Systeme zu nennen. Die bisherigen Stellungnahmen sind zumeist um fachliche Erkenntnisse bemüht, oftmals auch um Marketing und Mythenbildung.[4]

---

[1] Zur Anzahl der Treffer in einer Literaturdatenbank als Beleg für den Hype-Zyklus: *Risse/Gries*, beck.digitax 2020, 388.

[2] Zum Für und Wider des demokratischen Anspruchs von BC: *Golmer*, Eine Internet-Revolution verspricht Unabhängigkeit von Big Tech, Neue Züricher Zeitung, 25.1.2022; zum jüngsten Auf und Ab: an der Börse: *Nestler*, Das größte Risiko für Bitcoin, FAZ, 22.6.2022; *ders.*, Digitalwährungen im Sinkflug, FAZ, 14.6.2022.

[3] *Omlor*, ZRP 2018, 85 ff.; eine gesetzliche Regulierung fordern: *Kälberer*, BC 2021, 417 ff. und *Auffenberg*, BKR 2019, 341 ff.

[4] So *Wintermann*, NZA 2017, 537; *Berger*, DVBl. 2017, 1271.

BC-Technologien eröffnen infrastrukturell neue geschäftliche Optionen. Wie tragfähig diese informationstechnische Infrastruktur sein kann, soll nachfolgend ebenso erörtert werden wie mögliche Anwendungsbereiche. Tatsächliche und rechtliche Defizite sind darauf zu untersuchen, ob und auf welche Weise der Gesetzgeber unterstützend tätig werden sollte.

Im Folgenden sind die informationstechnischen Grundlagen für das neue informationstechnologische Angebot vorzustellen (Abschnitt II). Sodann ist auf den egalitären Ansatz dieser Technologie, das zugrundeliegende Kalkül der Anonymität und auf den rechtlichen Kontext digitaler Transaktionen hinzuweisen (Abschnitt III). Im Anschluss an die Erörterung der Chancen und strukturellen Risiken in Abschnitt IV folgt die Skizzierung einer Auswahl aussichtsreicher Anwendungsbereiche (Abschnitt V). Auf die bekannten datenschutzrechtlichen Einwände gegen die BC-Technologie soll hier nicht eingegangen werden.[5] Der Beitrag schließt mit einem Fazit.

II. Informationstechnische Grundlagen

BC ist – kurz gesagt – eine bestimmte Art der Abspeicherung von Datensätzen, bei welcher Daten zu jeweils einem Block zusammengefasst, mittels einer kryptographischen Hash-Funktion in einen Hash verwandelt und dabei durch Einbeziehung des Hash des vorherigen Blocks untrennbar mit den früheren Blöcken verknüpft werden.[6] Die Schreibberechtigung besitzt bei traditionellen Datenbanken eine zentrale Instanz. Unter DLT wird dagegen eine verteilte Datenbank verstanden; diese ermöglicht den Teilnehmern eines Netzwerkes eine gemeinsame Schreib-, Lese- und Speicherberechtigung. Diese Technologie kann Abstimmungsprozesse bei komplexen arbeitsteiligen Wertschöpfungsketten durch gemeinsame Datenhaltung erleichtern.[7] Dabei gilt es als besonderer Vorteil, dass direkte Transaktionen ohne Intermediäre möglich sind. Es bedarf keiner zentralen Instanz, weil neue Informationen jederzeit von den Teilnehmern selbst bereitgestellt werden können. Ein Validierungsprozess gewährleistet, dass neu erstellte Daten

---

[5] *Beck*, DVP 2018, 251 ff.

[6] *Wendenhorst*, in: MüKo BGB, 2019, EGBGB Art. 43 Rn. 304; eingehend auch: *Kaulartz*, CR 2016, 474 ff.

[7] Hierzu und zum Folgenden: Deutsche Bundesbank (Hrsg.), Distributed-Ledger-Technologien im Zahlungsverkehr und in der Wertpapierabwicklung: Potentiale und Risiken, Monatsbericht September 2017, 35 (36 f.), abrufbar unter https://www.bundesbank.de/resource/blob/665446/cfd6e8fbe0f2563b9fc1f48fabda8ca2/mL/2017-09-distributed-ledger-technologien-data.pdf (22.8.2023).

jeder Teilnehmerkopie hinzugefügt werden und dann auch allen anderen Teilnehmern in der aktuellen Version zur Verfügung stehen.[8]

Bekanntester Anwendungsfall der DLT sind virtuelle Währungen – allen voran Bitcoin.[9] Im Unterschied zu herkömmlichen Währungen gibt es keine Zentralbank oder andere Geldinstitute mit Kontrollrechten,[10] stattdessen aber viel Spekulation und ein erhebliches Missbrauchspotential. Der Anwendungsbereich von DLT ist allerdings viel weiter. Er umfasst u.a. neue effizientere Prozesse in Zahlungsverkehr und Wertpapierabwicklung, Registerführung und Rechtemanagement.

Die Leistungsfähigkeit von DLT beruht im Wesentlichen auf der BC-Technologie. Diese Technologie ist imstande, die Transaktionshistorie verlässlich in einem „Verteilten Kontenbuch" (Distributed Ledger) aufzuzeichnen. Allerdings werden die Informationen dort nicht direkt gespeichert, sondern auf sog. Hash-Werte reduziert.[11] Die Bildung des Datenblocks wird von weiteren Netzwerkrechnern bestätigt. An Superlativen mangelt es dabei nicht: Das „Konsensverfahren" sei sehr manipulationssicher und gewährleiste die algorithmische Richtigkeit.[12] Der generierte Hash gilt als Nachweis der Computer im BC-Netzwerk (Proof-of-Work) und ist im Nachhinein nicht mehr veränderbar.[13] Die Authentizität der so gespeicherten Informationen ist gewährleistet. Zusammengefasst spricht man von einer BC, wenn Transaktionen mit Hilfe eines Proof-of-Work-Verfahrens in miteinander verbundenen Blöcken abgebildet werden.[14] Dies eröffnet den Betrieb von Registern in „Echtzeit".

Hervorzuheben ist, dass die Registereigenschaft „die zentrale – aber auch einzige – Gemeinsamkeit relevanter BC-Technologien"[15] ist. Für die rechtliche Bewertung kommt es aber auch auf die weiteren Komponenten an. Die Technologien unterscheiden sich im Einzelnen durch solche Eigenschaften, die die Registerfunktion ergänzen. So kann eine BC in der Größe frei skalierbar sein, kann also mit wenigen oder mit mehreren tausend Rechnern betrieben werden und ist daher mehr oder weniger ausfallsicher. Als öffentliche BC ist die Technologie prinzipiell für jedermann durch Installation

---

[8] Eine gute Übersicht über die Funktionsweise gibt: Deloitte (Hrsg.), Vorstellung der BC-Technologie „Hallo Welt", Stand 3/2016, 2ff.

[9] Deloitte (Fn. 8), 36; *Engelhardt/Klein*, MMR 2014, 355ff.

[10] *Schrey/Thalhofer*, NJW 2017, 1431.

[11] Deutsche Bundesbank (Fn. 7), 37 m.w.N Fn. 7; näher zum Ablauf einer Bitcoin-Transaktion *Brühl*, ZBW Wirtschaftsdienst 2017, 135 (136).

[12] *Simmchen*, MMR 2017, 162 (163).

[13] *Schrey/Thalhofer*, NJW 2017, 1431 (1432).

[14] *Brühl*, ZBW Wirtschaftsdienst 2017, 135 (140).

[15] Hierzu näher: *Jacobs/Lange-Hausstein*, ITRB 2017, 10.

einer Software auf den eigenen Rechner zugänglich und daher der Größe nach unbegrenzt. Eine geschlossene, private BC ist in einem geschlossenen Netzwerk miteinander verbunden. Eine BC kann also zentral oder dezentral betrieben werden.

Demzufolge ist die Frage,[16] welche Anforderungen das „Register" in funktionaler und rechtlicher Hinsicht erfüllen soll, von erheblicher praktischer Bedeutung. Erst dann kann es sinnvoll sein, einzelne Anwendungsbereiche zu prüfen.

III. Innovation oder doch nicht?

1. Ein kurzer Rückblick

Es spricht einiges dafür, dass in der BC-Technologie Potentiale stecken, also Anwendungsmöglichkeiten vorhanden sein könnten. Freilich mangelt es den Potentialen häufig schon deshalb an Konkretion, weil diese über kleine Projekte und Wunschgebilde kaum hinausgelangen. Die zögerliche Realisierung hängt vorrangig damit zusammen, dass gewichtige Grundsatzfragen zur Transparenz des Geschäftsmodells und zu den Voraussetzungen einer risikobewussten BC-gestützten Infrastruktur bisher überwiegend ausgeblendet worden sind. So ist zu erörtern, ob und in welchem Ausmaß BC-Technologien Risikopotentiale enthalten, die der Regulierung bedürfen. Solche Risikopotentiale dürfen nicht zum Nachteil schwächerer Marktteilnehmer oder der Allgemeinheit externalisiert wird.

Wendet sich der Gesetzgeber einem Regelungsbereich zu, so ist es ihm zumeist darum zu tun, einen gesellschaftlich relevanten Vorgang sozialverträglich zu gestalten. Dabei hat er im Auge zu behalten, welche Grundrechtspositionen im Spiel sind und auf welche Weise diese erforderlichenfalls zu einem Ausgleich gebracht werden können. Dies gilt im Falle des hier häufig betroffenen Grundrechts auf Berufsfreiheit nach Art. 12 Abs. 1 GG auch deshalb, um die Innovationsfähigkeit der Wirtschaft zu fördern. So sind die zahlreichen BC-Projekte mit Verwaltungsbezug[17] gerade Ausdruck für die vermutete Bedeutung dieser Technologie. Die gebotene Sozialverträglichkeit ergibt sich auch hier aber nicht schon aus dem in Bezug genommenen Anwendungsbereich selbst. Wie häufig bei technischen Inno-

---

[16] *Jacobs/Lange-Hausstein*, ITRB 2017, 10 (12).

[17] Mit Bezug zu verschiedenen Bereichen der öffentlichen Verwaltung: *Schürmeier*, in: Stember/Eixelsberger (Hrsg.), Aktuelle Entwicklungen zum E-Government, 2020, 53 (58ff.).

vationen werden Eigenschaften idealisiert und überzogen und bestehende Sicherheitsrisiken, grundlegende Nutzungsbedingungen und der Ressourcenverbrauch geschönt dargestellt. Die Klimakrise zeigt zudem deutlich, dass der Staat sich evident sozialschädlichen Geschäftsmodellen auch im Interesse der nachfolgenden Generationen entgegenstellen sollte.[18] In der Sache läuft dies häufig auf eine Mischung aus Forschungsförderung, Infrastrukturgewährleistung und Anwendungsregulierung hinaus. Insbesondere im Blick auf die Sicherheits-, Kosten- und Transparenzrisiken der BC-Infrastruktur[19] ist ein Regulierungsbedarf gegeben. Es erscheint geboten, dass diese infrastrukturellen Defizite – im Wissen um durchaus nützliche Anwendungsbereiche – näher erörtert werden müssen.

2. Das Misstrauen gegen Intermediäre

Ein dominanter Aspekt der BC-Technologie ist offenbar das Misstrauen gegenüber zentralen, zumal staatlichen Einrichtungen.[20] Diesem Affekt sind Internet-Ideologen offenbar stark verhaftet. Das Mantra ist – abgesehen von dem weit verbreiteten Marketing-Hype – schon deshalb nicht ohne Ironie, weil es sich bei der Digitalisierung um eine durch und durch aus militärisch-industriellen Steuerungs- und Kontrollbedürfnissen hervorgegangene Technologie handelt. Entgegen der Mär vom sich selbst steuernden System, unterliegen wesentliche Errichtungs-, Betriebs- und Funktionsentscheidungen für alle zentralen Infrastrukturen den Entscheidungen von monopolisierten staatlichen und privatwirtschaftlichen Akteuren (Intermediäre). Hier behauptet die DLT einen radikalen, auf die Dezentralisierung der Datenhaltung und Datensicherheit ausgerichteten Transformationsschritt, der zentrale Vertrauensinstanzen überflüssig mache.

Die Bedeutung generalisierten Vertrauens für die Funktionsfähigkeit einer Gesellschaft ist kaum zu bezweifeln, eher schon, dass es sich dabei um einen immer schon gesicherten Zustand handelt, den das Gemeinwesen in seiner jeweiligen Verfasstheit hervorbringt. Generalisiertes Vertrauen ist schlechterdings Voraussetzung sozialer Interaktion, kann also für die Funktionsfähigkeit sozialer Systeme nicht hoch genug eingeschätzt werden. Wie im sozialen Bereich ist auch das Vertrauen in technische Funktionalitäten generalisiert, aber auch hier in hohem Maße an Institutionen gebunden, die diese Strukturen zur Verfügung stellen und risikobewusst betreiben. Gera-

18 BVerfGE 157, 30.
19 *Denga*, JZ 2021, 227 (228).
20 *Denga*, JZ 2021, 227 (231 f.).

de an diese Akteurstellung knüpft die rechtlich regulierte Verantwortung (Haftung) der Intermediäre an. Hier gibt es kein Zurück in einem Zustand personaler Unmittelbarkeit. Überdies wächst, wie der EU-Digital-Services-Act zeigt, die Einsicht, technisch vermittelte, „virtuelle" Räume auf ihre Sozialverträglichkeit hin zu überprüfen und ggf. stärker zu regulieren.

3. Regulierungsverantwortung

Zugespitzt formuliert, könnten DLT als mehr oder minder verdeckter Versuch betrachtet werden, rechtsfreie Räume mit digitalen Mitteln zu schaffen und gegenüber regulativen Zugriffen zu sichern. Konsequent sträuben sich diese und andere digitale Technologien sowohl gegen die Anwendung geltender Gesetze als auch gegen eine beabsichtigte Regulierung, bezeichnenderweise unter Hinweis auf ihre Rolle als (bloße) Vermittler zwischen Nutzern. Dabei handelt es sich bei Lichte betrachtet um die Renaissance einer neuen Form technisch-verdinglichter Institutionalisierung. Für diese ist charakteristisch, dass die digitalen Freiräume weniger Unternehmen eine engmaschige Kontrolle über Daten und Verhaltensspielräume aller anderen erfordern.

Folglich bedarf auch dieser Bereich der Digitalisierung aufgrund der staatlichen Gesamtverantwortung der Regulierung. Dies folgt auch der Einsicht, dass zwar die (konkreten) Verletzungshandlungen veränderlich sind, aber das Verletzungspotential durch technologische Mittel bestehen bleibt oder gar zunimmt.

Rechtserhebliches Handeln im BC-Umfeld setzt voraus, dass die Beteiligten am Rechtsverkehr hinreichendes Vertrauen in die Echtheit der abgegebenen Willenserklärungen haben. Bei Bestreiten muss feststellbar sein,[21] wer, wann, wem gegenüber, welche Erklärung abgegeben hat. Dieser Nachweis gelang und gelingt traditionell überwiegend durch Papierdokumente. Ein vergleichbar tragfähiges, generelles Vertrauen in elektronische Erklärungen ist informationstechnisch und rechtlich eine große Herausforderung. Hinzu kommt, dass die verbindliche elektronische Kommunikation nicht per se anwenderfreundlich ist. Ohne Akzeptanz der Nutzer ist eine neue Technologie aber zum Scheitern verurteilt. Hier könnte die DLT eine wichtige Funktion erfüllen, indem sie einen beweiserheblichen Prozess lückenlos aufzeichnet und unbestreitbar macht.

---

[21] Etwa durch das Vertragsdokument, Zeugnisse, Urkunden – teils im Original, teils als beglaubigte Abschrift.

IV. Chancen und strukturelle Risiken

1. Klärungsbedarf

Dennoch wird gerade im Hinblick auf die Dezentralität von BC und die Anzahl der Teilnehmenden nicht mit offenen Karten gespielt, veranstalten die verantwortlichen Akteure doch eine Art Marketing-Mimikry. Da alles auf den Community-Sprachmodus ausgerichtet ist, bleiben Hersteller und Betreiber der BC in ihrer Intermediärsrolle häufig unerkannt oder werden verschwiegen.[22] Die Finanzierungsquellen sind unbekannt. Investoren- und Finanzierungskartelle gelten als klandestine Organisationen. Zudem ist die BC-Technologie kein deus ex machina. Tatsächlich folgen die Regeln der Technologien einer eigenen Zwecklogik der Programmierer und ihrer Auftraggeber. Gleiches gilt für die Vermarktung, den Betrieb und die Konfiguration der Angebotsplattform.[23] Es handelt sich also nicht um ein von der sog. Community beherrschtes System, sondern um eine proprietäre Infrastruktur, die von nur wenigen Marktintermediären gesteuert und kontrolliert wird.[24] Insofern entspricht die Bezeichnung der BC-Struktur als dezentrale autonome Organisation nicht der Realität, sondern vorrangig dem Wunschbild der Akteure und einer simplifizierenden Marketingstrategie. Tatsächlich handelt es sich sowohl in technischer wie rechtlicher Hinsicht um das Geschäftsmodell einer überschaubaren Zahl von Personen.[25] Es überrascht nicht, dass die Geschäftsinteressen durch eine Vielzahl allgemeiner Geschäftsbedingungen abgesichert werden, die das Organisationsverhältnis zu Betreibern und Anbietern dominieren. Hieraus entstehen die für TK-Märkte typischen Netzwerkeffekte, die auch bei BC zu einer Marktmacht- und Monopolbildung führen können.[26]

2. Regulierungspfade

Die vorangegangenen Erörterungen haben gezeigt, dass im Bereich der BC-Infrastruktur und der Anwendungen gewichtige Gründe für gemeinwohlbezogene Maßnahmen des Gesetzgebers bestehen. Folglich kann eine

---

[22] Treffend als „vergessene" Rollen der BC-Technologien bezeichnet von: *Denga*, JZ 2021, 227 (229).

[23] *Roberts*, Challenging the founding myths of Bitcoin. Egalitarian, decentralized and all but anonymous? Not quite, scientists say, New York Times, Int. Edition, 8.6.2022.

[24] *Roberts* (Fn. 23), S. 8 Fn. 23.

[25] So unter Hinweis auf *Schnepel*, Harvard Journal of Law & Technology 2019, 118 (139): *Denga*, JZ 2021, 227 (230).

[26] *Denga*, JZ 2021, 227 (230 m. w. N.).

staatliche Passivität oder eine lediglich auf kriminellen Missbrauch beschränkte Aufsicht keine Option sein. Es ist – historischen Beispielen der Eisenbahn-, -Telekommunikations- und Post-Infrastruktur folgend – denkbar, dass die Infrastruktur in staatlicher Hand aufgebaut und betrieben wird.[27] Diese Option erscheint in der gegenwärtigen, noch keineswegs abgeschlossenen Situation auch deshalb nicht vorzugswürdig, weil die Innovations- und Wettbewerbskraft erheblich in Mitleidenschaft gezogen würde.

Den identifizierten und abschätzbaren Gemeinwohlgefahren kann das Recht aber wie auch in anderen Bereichen der Gewerbeausübung durch eine staatliche Zulassung begegnen. Hier geht es insbesondere darum, dass nur solche Akteure eine BC-Struktur schaffen, betreiben und vermarkten sollten, die in persönlicher, fachlicher und wirtschaftlicher Hinsicht die Gewähr dafür bieten, Mindestanforderungen zu genügen, um die festgestellten Gefahren für das Gemeinwohl oder für Kunden auszuschließen. Stellt sich im Nachhinein heraus, dass Gewerbetreibende diese Anforderungen nicht erfüllen, kommen die erprobten Aufsichtsmittel (Widerruf und Rücknahme der Erlaubnis) in Betracht. Von großer – wenngleich hier nicht im Einzelnen zu erörternder – Bedeutung ist die Sicherung der Kundenrechte (Verbraucherschutz).

In materiell-rechtlicher Hinsicht sollte die Regulierung der BC-Infrastruktur weitere Aspekte beachten.[28] Es ist auch in diesem Technologiebereich eine wichtige Aufgabe der IT-Sicherheit angemessene organisatorische und technische Vorkehrungen zur Vermeidung von Störungen der Verfügbarkeit, Authentizität und Vertraulichkeit der informationstechnischen Systeme, Komponenten oder Prozesse zu treffen (§ 8a Abs. 1 S. 2 BSIG[29]). Dabei geht es nicht allein um IT-Sicherheit, sondern auch um das hinreichend transparente Betreiben einer kritischen Infrastruktur. Die Ambivalenz des Sicherheitsbegriffs zeigt sich auch darin, dass die Abschottung im BC-Bereich Ausdruck eines unangebrachten Misstrauens gegenüber staatlicher Kontrolle ist. Digitalisierung gerät ohne hinreichende Absicherung von Gemeinwohlbelangen mit hoher Wahrscheinlichkeit zu Monopolbildung mit entsprechendem Marktversagen. Diese Art der einseitigen Durchsetzung von Wirtschaftsinteressen beschädigt zudem die Befriedungs- und Ausgleichsfunktion des Staates. So gesehen geht es nicht allein um Technikfolgenabschätzung, sondern immer auch um gemeinschaftsverträgliche Technikausgestaltung.

---

[27] Hierzu und zum Folgenden: *Denga*, JZ 2021, 227 (232).

[28] *Denga*, JZ 2021, 227 (232 f.).

[29] Gesetz über das Bundesamt für Sicherheit in der Informationstechnik v. 14.8.2009, BGBl I, 2821, zuletzt geändert durch Gesetz v. 23.6.2021, BGBl I, 1982.

Anzustreben ist mithin die (Wieder-)Herstellung ausgewogener Wettbewerbsverhältnisse, mit dem Ziel, das Verhandlungsungleichgewicht zwischen BC-Anbietern und den Nachfragern zu beheben. Hinsichtlich der Regulierungsinstrumente erscheint es angesichts des Marktungleichgewichts sinnvoll, dass eine Orientierung am „regulatorischen Bestand insbesondere der TK- und Kapitalmarktregulierung" erfolgt.[30] Überdies gilt es auch, den Ressourcenverbrauch zu thematisieren, der bisher nicht im Vordergrund der Regulierung digitaler Technologien steht.[31] Insofern sollte dieser Bereich wie andere emittierende Technologien behandelt werden.

3. Zwischenergebnis

Regulierungsbedarf ergibt sich im Blick auf die BC-Infrastruktur vorrangig unter Transparenzgesichtspunkten. Diese Technologie ist tatsächlich (noch) nicht dezentral aufgebaut, sondern befindet sich in den Händen weniger, proprietär agierender Personen. Von Dezentralität der BC-Programme, der Betreiber und des Mining-Prozesses kann also nicht wirklich die Rede sein. Auch die mangelnde Ausgewogenheit der Geschäftsbedingungen und beachtliche Sicherheitsrisiken fordern eine gesetzliche Einhegung. Angesichts absehbarer legitimer Anwendungszwecke sollte aus Gründen der Gefahrenminimierung und Vorsorge das erprobte gewerberechtliche Verbot mit Erlaubnisvorbehalt angewendet werden. Die Durchführung des Verfahrens ist von einer personell und sachlich ausreichend ausgestatteten Behörde abhängig. Grundlegende Zertifizierungsprozesse sollten beim Bundesamt für Sicherheit in der Informationstechnik (BSI) angesiedelt werden. Sachlich zuständig sollte die Kreditwesen-Aufsicht sein.

V. Anwendungsbereiche

1. Regulierungsansätze

Die BC-Technologie empfiehlt sich durch eine dezentrale und deshalb als besonders sicher erachtete Aufzeichnung der Transaktionshistorie. Die Technologie scheint für digitale Register und als Buchführungsinstrument im privatwirtschaftlichen wie im öffentlichen Bereich geeignet zu sein.[32]

---

[30] *Denga*, JZ 2021, 227 (233), zur Unterscheidung zwischen Regulierungsbedarf und konkreter Steuerungsverfügung sowie zur Zugangs- und Entgeltregulierung: ebd., (235).

[31] *Denga*, JZ 2021, 227 (235).

[32] Vgl. *Schrey/Thalhofer*, NJW 2017, 1431; *Martini/Weinzierl*, NJW 2017, 1251 (1252).

Ferner könnten auch der Zahlungsverkehr und der Wertpapierhandel effizienter und sicherer gestaltet werden. Personalintensive Dokumentations- und Prüftätigkeiten wären obsolet oder könnten reduziert werden. Registerrelevante Eintragungen und Ereignisse könnten sofort registriert werden. So kann der Wertpapierhandel sogar in Echtzeit stattfinden,[33] während heute noch mehrere Stunden oder Tage vergehen, bis ein Geschäft gänzlich vollzogen ist.

Dahingehende gesetzgeberische Aktivitäten sind bisher noch tastend, weil jede Innovation zunächst Anwendungsreife erreichen muss und erst dann auf Regulierungsbedarf hin überprüft werden kann. Die Fehleranfälligkeit ist bei einer zu frühen Intervention größer; also bedarf es aus regelungsimmanenten wie auch unter grundrechtlichen Aspekten eines „Realitätschecks", das heißt: das DLT-Geschäftsmodell muss bislang erst umgesetzt werden, um dann ggf. staatlich zu intervenieren. Nur offensichtliche Sozialschädlichkeit einer Anwendung kann unmittelbar unterbunden werden (etwa der Verstoß gegen Strafrechtsnormen).

Erste regulatorische Ansätze sind durch Pioniergeist, aber auch Zurückhaltung geprägt. So hat *Liechtenstein*[34] im Jahr 2020 das TVTG[35] erlassen. Danach sind Token – wie im deutschen Recht – ein immaterielles Gut oder ein sonstiger Gegenstand i.S.d. § 453 Abs. 1 BGB. Das Recht aus dem Token folgt dem Recht am Token. Das TVTG ist eine brauchbare regulatorische Grundlage, hat aber bisher nur eine verhaltene Resonanz des Kapitalmarktes gefunden. Das Schweizer DLT-Gesetz[36] ist ein Mantelgesetz, das unter Einbeziehung der bestehenden Regelungen gute Voraussetzungen für ein modernes digitales Finanzmarktrecht schaffen will. Nicht nur von diesen günstigen gesetzlichen Bedingungen, sondern auch von der Entwicklung neuer Anwendungen hängt die künftige Entwicklung der BC-Wirtschaft ab.

---

[33] *Brühl*, ZBW Wirtschaftsdienst 2017, 135 (141).

[34] Näher zur DLT-Gesetzgebung: *Deuber/Jahromi*, MMR 2020, 576 ff.; *Damjanovic/Pfurtscheller/Raschauer*, ZEuP 2021, 397 ff.

[35] Gesetz über Token und VT-Dienstleister (TVTG; VT = Vertrauenswürdige Technologien), Liechtensteinisches Landesgesetzblatt 2019, Nr. 301, 1 ff.

[36] Bundesgesetz zur Anpassung des Bundesrechts an Entwicklungen der Technik verteilter elektronischer Register (DLT-Gesetz) v. 25.9.2020, BBl 2020 7801; hierzu: *Weber*, RDi 2021, 186 (195).

2. Privatrecht

Sog. Smart Contracts[37] könnten im Bereich des Rechtemanagements neue Anwendungsbereiche eröffnen. Sind Leistung und Gegenleistung in einer Software integriert, so ermöglicht es die BC-Technologie, rechtlich relevante Aktivitäten (Nutzen, Vervielfältigen, Übermitteln) zu erfassen, zu kontrollieren und zu dokumentieren. Solche Programme können rechtliche Aktivitäten bewirken, „die vom Auftreten oder Unterbleiben eines tatsächlichen Ereignisses abhängen, welches messbar ist und dokumentiert werden kann."[38] Die Einhaltung vertraglicher Vereinbarungen (Monitoring) kann folglich überwacht und die automatische Einleitung von Konsequenzen bei entsprechenden Verstößen (Self-Execution) grundsätzlich ermöglicht werden.[39] Hierzu gehört beispielsweise die automatische Entsperrung oder Sperrung der Nutzung bestimmter Gegenstände, wenn das Entgelt gezahlt oder nicht gezahlt wird.[40]

Anwendungsbereiche von Smart Contracts können nicht nur digitale Währungen (Ethereum) sein, sondern auch ein Token. Dabei handelt es sich um eine Art digitale Wertmarke, die von einem Smart Contract generiert wird. Hier ist zu unterscheiden zwischen Fungible- und Non-Fungible-Token (austauschbar und nicht austauschbar).[41] Nicht austauschbare Token entsprechen Gütern der realen Welt, die einzigartig sind (Immobilien und Kunstwerke). Eigenschaften und Funktionalitäten von NFT werden durch einen technischen Standard vorgegeben: eigene sichere Identität ermöglicht eine eindeutige Bestimmung des NFT über einen Smart Contract in einer BC. Der Token ist vom Berechtigten auf einen anderen Account übertragbar (Ownership). Der Berechtigte hat dann das ausschließliche Verfügungsrecht. Der Ersteller des NFT bestimmt die Auflage und legt auch seine prozentuale Beteiligung am Kaufpreis bei Weiterveräußerung fest. Auch soll er per automatischer Überweisung einen Anteil am Verkaufserlös erhalten.

---

[37] *Paulus*, JuS 2020, 107.

[38] *Schrey/Thalhofer*, NJW 2017, 1431, illustriert am Beispiel einer unterbliebenen Mietzahlung; *Simmchen*, MMR 2017, 162 (164), zum Herkunftsnachweis von Kunstgegenständen und Diamanten.

[39] So unter Hinweis auf die Kunstwährung Ethereum: *Brühl*, ZBW Wirtschaftsdienst 2017, 135 (138).

[40] So unter Hinweis auf die Freischaltung von Hotelzimmer-Zugängen und die Aktivierung der Wegfahrsperre bei Leasing-Fahrzeugen: *Prior*, ZAP 2017, 575 (577).

[41] Hierzu und zum Folgenden: *Heine/Stang*, MMR 2021, 755 (756).

3. Registerwesen, Wahlen und andere Prozesse der öffentlichen Verwaltung

Der Grundgedanke der BC – die chronologische, nicht fälschbare Aufzeichnung von Transaktionen – scheint besonders für die Registerführung hervorragend nutzbar zu sein. Als Register kommen alle Verzeichnisse in Betracht, die fortlaufend relevante Ereignisse erfassen, dokumentieren und verfügbar halten. Zahlreiche Register werden bis heute „händisch" geführt, die Eintragungen also manuell vorgenommen. Das ist aber nicht zwingend, wie etwa das Handelsregister und andere mittlerweile elektronisch geführte Register zeigen.

Auch für das Grundbuch wird die Nutzung der BC-Technologie erörtert. Bisher zeigt sich aber, dass die ausdifferenzierten grundbuchrechtlichen Regelungen durch BC-Surrogate nicht angemessen ersetzt werden können. Das Grundbuch ist keine bloße Aneinanderreihung von Transaktionen und Dokumenten, sondern ein Spiegel dinglicher Rechte (Title Register), also ein Abbild der Rechtslage. Die mit der BC-Technologie nach gegenwärtigem Stand verbundene Reduzierung des Grundbuchs auf eine bloße Urkundensammlung wäre ein „Rückschritt in das Hochmittelalter".[42] Auch der Hinweis auf den Wegfall oder die Reduzierung der Transaktionskosten für die Intermediäre (Grundbuchämter, Notare) lässt außer Acht, dass für das BC-Verfahren – anders als das geltende Grundbuchrecht – keine Haftung für den guten Glauben an die Richtigkeit und Vollständigkeit des Grundbuchs gegeben ist.[43] Schließlich wird die Richtigkeit eines Grundstückserwerbs durch Einigung und Übergabe bewirkt, nicht durch Mining oder Mehrheitsentscheidung.[44]

Trotz der staatskritischen Grundeinstellung, werden für die BC-Technologien auch Einsatzfelder im Bereich der Staatsorganisation in Betracht gezogen.[45] Hierzu gehört der Einsatz bei Wahlen, da BC eine unmittelbare Stimmenauszählung bei hoher Datenintegrität zulassen würde. Zudem steht das Wahlergebnis unmittelbar am Ende des Wahlganges zur Verfügung. Die schnelle, ausschließlich elektronische Stimmabgabe und -auszählung ist mit geltendem Verfassungsrecht allerdings nicht vereinbar. Eine elektronische Wahl verstößt nach der Rechtsprechung des Bundesverfassungsgerichts[46] gegen den Grundsatz der Öffentlichkeit der Wahl (Art. 38

---

42 So mit überzeugender Begründung: *Wilsch*, DNotZ 2017, 761 (763).

43 *Wilsch*, DNotZ 2017, 761 (767 f.).

44 Zur Erfassung von Immobilien per BC in Georgien: *Jorbenadze/Turashvili*, IWRZ 2019, 119 ff.; zur Verwendung im Notariatsbereich: *Hecht*, MittBayNot 2020, 314 ff.

45 *Simmchen*, MMR 2017, 162 (163 f.).

46 BVerfGE 123, 39.

i. V. m. Art. 20 Abs. 1 und Abs. 2 GG). Dieser Grundsatz fordert, dass alle wesentlichen Schritte einer Wahl der öffentlichen Überprüfbarkeit unterliegen. Denkbar wäre eine – teils papiergebundene, teils digitale – Hybridität des Wahlverfahrens, die eine „zuverlässige Richtigkeitskontrolle“ gewährleistet.[47] Der Kostenaufwand dürfte freilich erheblich höher sein als der für das papiergebundene Wahlverfahren.

DLT und BC könnten Verwaltungsprozesse einfacher gestalten, indem z. B. alle abgabenrelevanten Daten in einer verteilten Datenbank einschließlich der Daten des Abgabenschuldners bereitgestellt und in Echtzeit zugeordnet werden. Auch die Führung von Grundbüchern und Standesamtsdienstleistungen ist für BC-Lösungen in Betracht[48] zu ziehen. Mögliche Anwendungsgebiete sind die Abbildung digitaler Identitäten, die Verifikations- und Bestätigungsdienste, E-Payment und Herkunftsnachweise.

Angesichts der hohen Anforderungen an digitale Signaturen könnte BC als nutzerfreundliche Alternative erscheinen, um die sichere Abgabe von Willenserklärungen und die Integrität von Dokumenten zu gewährleisten und zu bestätigen. Potenzielle Anwendungsbereiche ergeben sich vorrangig aus der anwenderfreundlichen Nutzung von Verwaltungsdienstleistungen. Hier kann – auf der Grundlage eines Erstkontaktes – jede weitere Transaktion in einem Block dokumentiert werden, ohne dass die hohen Anforderungen der digitalen Signatur erfüllt sein müssten.

4. Finanzbereich

Dagegen sind im Finanzbereich erste Anwendungsfelder zu erkennen. Der Einsatz der BC-Technologie ist aber noch weitgehend unreguliert. Eine Erlaubnispflicht könnte sich aus dem Betrieb einer Infrastruktur, aber auch aus der Art des Einsatzes, also aus der konkreten Geschäftstätigkeit ergeben. Das behördliche Aufsichtsrecht steht bei der BC vor Schwierigkeiten, weil die Rechtsdurchsetzung – nimmt man das BC-Marketing beim Wort – mangels zentraler Instanz und fehlendem Verantwortlichen deutlich erschwert würde.[49] Hier ist der Gesetzgeber aufgefordert, den realen Anbieter-, Betreiber- und Anwenderstrukturen entsprechend, Handlungspflichtige zu identifizieren, wenn diese im BC-Bereich tätig werden wollen. Von den zahlreichen offenen Rechtsfragen soll hier vor allem die Zurechnung von Rechtspflichten genannt werden. Aufgrund der zentralen Funktion der

---

[47] So auch *Simmchen*, MMR 2017, 162 (163 f. m.w.N).

[48] *Brühl*, ZBW Wirtschaftsdienst 2017, 135 (142).

[49] *Kreiterling/Mögelin*, ZfgK 2017, 528 (529).

Finanzmarktinfrastruktur und der Zulassungspflicht als juristische Person ist fraglich, ob die gesetzlichen Anforderungen von BC erfüllt werden können. Dagegen spricht die bisher postulierte Dezentralität dieser Technologie. Die geltenden aufsichtsrechtlichen Vorgaben sind aber technologieneutral und müssen bei der Ausgestaltung des konkreten Geschäftsmodells beachtet werden. Auch in diesem Bereich gibt es zahlreiche offene Fragen.[50]

Ein konkreter Regulierungsbereich zeigt sich, von der Gesetzgebung in der Schweiz und in Liechtenstein abgesehen, im Bereich der Wertpapiergesetzgebung in Deutschland. Auch elektronische Wertpapiere werden – wie die klassischen, Papiere – nach sachenrechtlichen Grundsätzen behandelt.[51] Statt der Papierurkunde gewährleistet die Eintragung in ein elektronisches Register die rechtssichere Übertragbarkeit. Es sind zwei Arten von elektronischen Registern vorgesehen: Von einer Wertpapiersammelbank oder einer Depotbank geführte sog. Zentrale Register oder dezentrale, typischerweise auf der Basis einer DLT-Technologie geführte sog. Kryptowertpapierregister. Dieses Register steht unter der Aufsicht der Bundesanstalt für Finanzdienstleistungen (BaFin). Die Registerführung ist hier als – erlaubnisbedürftige – Finanzdienstleistung im Sinne des *Kreditwesengesetzes* ausgestaltet. Ungeachtet einer automatisierten und algorithmusbasierten Verwaltung und Fortschreibung des Kryptowertpapierregisters ist Normadressat – und damit Träger rechtlicher Pflichten – die registerführende Stelle. Als registerführende Stelle gilt diejenige, die von Emittenten so bezeichnet wird. Im Zweifel wird gesetzlich vermutet, dass der Emittent selbst diese Stelle ist.

Der Einsatz der BC-Technologie könnte zukünftig auch das Vertrauensproblem zwischen Unternehmen und Steuerverwaltung insbesondere bei der Umsatzsteuerzahlung beheben und Steuerbetrug im Ergebnis weitgehend beseitigen. Wechselseitiges Vertrauen und die gemeinsame Kontrolle über die manipulationssichere dezentrale Datenbank könnten die Richtigkeit der Eintragungen gewährleisten. Insgesamt handelt es sich noch um ein Projekt:[52] Deshalb bleibt abzuwarten, ob hieraus „die" Plattform für BC-Anwendungen mit Bezug zur öffentlichen Verwaltung entwickelt werden kann.

---

[50] *Kreiterling/Mögelin*, ZfgK 2017, 528 (530).

[51] Gesetz zur Einführung von elektronischen Wertpapieren v. 3.6.2021, BGBl. 1423; zum Ganzen instruktiv: *Bundesanstalt für Finanzdienstleistungsaufsicht*, BaFinJournal 07/2021, abrufbar unter www.bafin.de/dok/16348164 (22.8.2023); zur rechtlichen Einordnung vor der Gesetzesanpassung schon: *Höhlein/Weiß*, RdF 2019, 116 (117 ff.); *Wellerdt*, WM 2021, 2379 (2383).

[52] Näher hierzu: *Risse/Gries*, beck.digitax 2020, 388 (391); *Liekenbrock/Müller*, beck.digitax 2021, 374.

5. *Kunstbereich*

NFT (nicht austauschbare Wertmarke) ist ein Vermögenswert in digitaler Form, der in einer BC gespeichert wird. Solche Vermögenswerte können auch Kunstwerke sein, in die Kapital in der Hoffnung auf Wertsteigerung investiert wird. NFT-Kunstwerke geraten so zu spekulativen Objekten. Es stellt sich die Frage, wie diese Anlageklasse (aufsichts-)rechtlich zu beurteilen ist. Vermögenswerte, die durch NFT repräsentiert werden, können nicht nur digitale, sondern auch physische Werte sein:

Beispiele: digitale Kunst und digitale Designerstücke, Sammlerstücke (Sammelbilder von Football- und Fußballspielern) und Gaming-Anwender (Gegenstände in Online-Spielen)

Bei einem physischen Kunstwerk können Nutzungs- und Verwertungsrechte übertragen werden und es kann auch das Eigentum durch Veräußerung übertragen werden. Anders als in der traditionellen Kunstwelt, gibt es bei digitalen Kunstwerken kein digitales Original, da digitale Kopien technisch identisch zur Vorlage sind. Hier können nur Nutzungs- und Verwertungsrechte übertragen werden. NFT können diese Lücke schließen, da ein Smart Contract die urheberrechtlichen Nutzungs- und Verwertungsrechte, Vervielfältigungsrechte oder die Teilnahme an einer Weiterveräußerung festlegt und damit in ein einzigartiges Original verwandelt.[53]

VI. Scheinbare Dezentralität

Ungeachtet vorgebrachter Bedenken ist im Kern fraglich, was durch die – für DLT typische – dezentrale Speicherung wirklich gewonnen ist. Zunächst ist es bemerkenswert, dass die Datenintegrität durch die für das Mining erforderliche kostenintensive Rechenleistung technisch auf *einen* Proof-of-Work beschränkt wird. Der – gegenüber einer zentralen Speicherung vorhandene – Gewinn an Fälschungssicherheit wird zudem durch die Verschleierung der datenschutzrechtlichen Verantwortung erkauft. Wie beim Verifikationsvorgang lässt sich hier nur durch einen erheblichen Aufwand eine dezentrale Verantwortungsstruktur schaffen, die ohne Transaktionskosten nicht zu haben sein wird. Das Prinzip der datenschutzrechtlichen Verantwortung mag zwar nicht gegen alle Risiken zu immunisieren, es unterbindet aber eine dezentrale Verantwortungslosigkeit.

---

[53] Zum Ganzen: *Wellerdt*, WM 2021, 2379 (2381).

Die – im Einzelnen näher begründungsbedürftige – staatliche Gewährleistungs- und Regulierungsverantwortung, beispielsweise für die sichere Dokumentation wichtiger Rechtsverhältnisse (Personenstand, Gewerbe, Grundstücke), ist ein unverzichtbares Infrastrukturgut. Es kann schon aus Gründen der Daseinsvorsorge, aber auch aus Haftungsgründen nicht einer diffus dezentral organisierten technischen Struktur überantwortet werden.

BC stellt sich in nahezu allen Erscheinungsformen als proprietäre Struktur dar. Dies gilt für das zugrundeliegende Computer-Programm, die Errichtung und den Betrieb einer BC-Infrastruktur sowie für das Betreiben der jeweiligen Anwendungen. Als – zumeist juristische – Personen bewegen sich diese nicht in einem rechtsfreien Raum, sondern werden gewerberechtlich, vertrags- und gesellschaftsrechtlich, aber auch datenschutzrechtlich in die Pflicht genommen. Anders sind die jeweiligen Geschäftsmodelle rechtlich und tatsächlich nicht tragfähig und praktikabel.[54]

VII. Fazit und Ausblick

DL- und BC-Technologien können aus informationstechnischer Sicht bisherige auf staatliche und privatwirtschaftliche Intermediäre angewiesene Dienstleistungen automatisch generieren sowie dezentral und prinzipiell rechtssicher in unveränderbaren Blöcken dokumentieren. Dies gilt insbesondere für Registerdienste. Der Rechtsverkehr soll dadurch – so der technologieinhärente Anspruch – revolutioniert werden, dass die Register dezentral, fälschungssicher, nachprüfbar und transaktionskostenneutral verfügbar sind. Dennoch ist die entscheidende Frage im gegenwärtigen Erprobungsstadium nicht die über Anwendung oder Nichtanwendung dieser Technologie, sondern welche Anforderungen das „Register" in funktionaler und rechtlicher Hinsicht erfüllen soll. [55]

In dem Maße wie die Dezentralität der Verifikation (Proof-of-Work) etwa aus Gründen der verfügbaren Rechenleistung und der Zeitersparnis zurückgenommen wird, entfällt ein wesentlicher Vorteil. Unterlaufen hier Fehler oder kommt es gar zu Manipulationen, werden Transaktionen unzutreffend dokumentiert und verfälschen die nachfolgenden „Blöcke". Auch aus datenschutzrechtlicher Sicht ist Kritik anzumelden. Ist die BC nicht nur vorgeblich, sondern tatsächlich dezentral angelegt, besteht die Gefahr einer Rückverfolgung der Transaktionen. Muss ein Block – durchaus nicht selten

[54] *Bräutigam/Habbe*, NJW 2022, 809 ff.

[55] *Jacobs/Lange-Hausstein*, ITRB 2017, 10 (12).

bei Registern – wegen Unrichtigkeit geändert werden, wird der Unterschied zu herkömmlichen Lösungen minimal.[56] Eine nachträgliche Korrektur lässt das gesamte Technologiemodell als nicht mehr vorteilhaft erscheinen. Gleiches gilt – angesichts der hohen Energiekosten für das Mining der Blöcke – unter Nachhaltigkeitsgesichtspunkten.

Es erscheint nach heutigem Erkenntnisstand nicht mehr angebracht, an die durch DLT und BC erhoffte intermediärfreie oder gar staatsfreie Zukunft zu glauben. Hierfür sprechen insbesondere erhebliche Zweifel an der behaupteten Dezentralität der BC-Infrastruktur und intransparente Nutzungsbedingungen. Auf diese Weise könnte es gelingen, dass diese Struktur eine für das Rechtsvertrauen wesentliche Mittlerfunktion hat. Eine solche Struktur ist aber – wie bei den traditionellen Intermediären – nicht ohne staatliche Regulierung und nicht transaktionskostenfrei zu haben.

---

56 *Marnau*, in: Eibl/Gaedke (Hrsg.), Informatik 2017, 1025 (1034f.).

Bedingungen und Möglichkeiten für den Einsatz der Blockchain-Technologie in der öffentlichen Verwaltung in Polen

Maciej Hulicki

I. Einleitung

Blockchain ist eine Technologie, die mittlerweile mehr als ein Dutzend Jahre alt ist und seit einiger Zeit als eine der vielversprechendsten Lösungen gilt, die das Funktionieren zahlreicher Informationssysteme und darauf basierender digitaler Dienste revolutionieren kann. Gleichzeitig ist das Potenzial dieser Lösungen, trotz des großen „Medienrummels" um diese Technologie, noch nicht völlig ausgeschöpft und der Stand ihrer Umsetzung kann als unbefriedigend bewertet werden. Diese Studie befasst sich mit den Fragen zur Effektivität der Implementierung von Blockchain-basierten Lösungen im öffentlichen Sektor. Gleichzeitig wird versucht, die Frage zu beantworten, warum der Umsetzungsstand dieser Lösungen immer noch unzureichend ist und welche Bedingungen erfüllt sein müssen, damit eine solche Technologie in verschiedenen öffentlichen Verwaltungsdiensten wirksam eingesetzt werden kann.

Zum jetzigen Zeitpunkt kann davon ausgegangen werden, dass Blockchain-Lösungen im System der öffentlichen Verwaltung in der Zukunft effektiv implementiert werden können und – was umstritten erscheinen mag – dies keine wesentlichen Änderungen im polnischen Rechtssystem erfordert. Dabei ist anzumerken, dass die Vorteile des Einsatzes dieser Technologien im öffentlichen Sektor, wenn sie richtig eingesetzt werden, die potenziellen Risiken deutlich überwiegen.

Es gibt bereits eine große Anzahl von Quellen, die sich mit verschiedenen Aspekten der Anwendung der Blockchain-Technologie in der Gesellschaft befassen. Darunter kann man vor allem einige wichtige Studien, welche die Implementierung von Blockchain in der öffentlichen Verwaltung analysieren, nennen: Blockchain and the Public Sector: Theories, Reforms, and Case Studies herausgegeben von *Christopher G. Reddick*, *Manuel P. Rodríguez-*

Bolívar und *Hans J. Scholl*,[1] Blockchain and Public Law, herausgegeben von *Oreste Pollicino* und *Giovanni De Gregorio*,[2] sowie eine OECD-Studie von *Jamie Berryhill*, *Théo Burgery* und *Angela Hanson* zu diesem Thema.[3] Darüber hinaus gibt es viele Aufsätze, die sich auf spezifische Fragen innerhalb des betreffenden Fachgebiets beziehen.[4] Trotz zahlreicher Versuche, das Thema zu analysieren – sowohl aus einem allgemeinen als auch aus einem spezifischen Blickwinkel – gibt es jedoch immer noch viele Fragen im Zusammenhang mit der Blockchain-Technologie, die nicht geklärt sind, insbesondere im Kontext der öffentlichen Verwaltung.

II. Blockchain: Konzept und Grundprinzipien

In den letzten Jahren war eines der faszinierendsten wirtschaftlichen Themen die Möglichkeit der praktischen Anwendung der Ideen der Blockchain (aus dem Engl. Blockkette). Bislang hat sich noch keine einheitliche Definition des Konzepts durchgesetzt, aber grundsätzlich werden einige Schlüsselmerkmale identifiziert, um das Phänomen zu beschreiben. Laut der Welthandelsorganisation ist „Blockchain eine digitale Aufzeichnung von Transaktionen, die dezentralisiert (nicht von einer einzelnen Einheit kontrolliert) und verteilt ist; (Aufzeichnungen werden von allen Teilnehmern gemeinsam genutzt) und in der Transaktionen auf sichere, überprüfbare und dauerhafte Weise unter Verwendung einer Vielzahl von kryptografischen Techniken gespeichert".[5]

Die rechtliche Definition des Begriffs durch Vermont, den Bundesstaat der Vereinigten Staaten von Amerika, kann ebenfalls herangezogen werden: „ein kryptografisch sicheres, chronologisches und dezentrales Konsensre-

[1] Reddick/Rodríguez-Bolívar/Scholl (Hrsg.), Blockchain and the Public Sector: Theories, Reforms, and Case Studies, 2021.

[2] Pollicino/De Gregorio (Hrsg.), Blockchain and Public Law: Global Challenges in the Era of Decentralisation, 2021.

[3] *Berryhill/Bourgery/Hanson,* Blockchains Unchained: Blockchain Technology and its Use in the Public Sector, OECD Working Papers on Public Governance 28 (2018).

[4] Siehe z.B. *Moura* u.a., Revista de Administração Contemporânea 24/3 (2020), 259 (260ff.); *Tan/Mahula/Crompvoets*, Blockchain Governance in the Public Sector: A Conceptual Framework for Public Management, Government Information Quarterly 39/1 (2022). In der polnischen Literatur: *Kowalczyk/Wilga*, Roczniki Kolegium Analiz Ekonomicznych SGH 56 (2019), 121 (122ff.); *Bekhta*, in: Kusiak-Winter/Korczak (Hrsg.), Ewolucja elektronicznej administracji publicznej, 2021, 189–204.

[5] Vgl. *Ganne*, Can Blockchain Evolutionize International Trade, 2018, abrufbar unter https://www.wto.org/english/res_e/publications_e/blockchainrev18_e.htm (14.6.2023).

gister oder eine Konsensdatenbank, die über das Internet, ein Peer-to-Peer-Netzwerk oder eine andere Interaktion geführt wird".[6] Es lässt sich jedoch feststellen, dass es sich bei einer Blockchain um ein dezentrales Informationssystem handelt, das kryptografische Mechanismen verwendet, um die Integrität der gespeicherten Daten, die in einer Blockstruktur angeordnet sind, zu sichern.

Häufig wird der Begriff „Blockchain" synonym mit dem Begriff „verteiltes Register"[7] verwendet. Im Grunde ist die Blockchain nichts anderes als ein Register oder eine Datenbank, und die Streuung besteht darin, dass eine solche Datenbank einerseits (im Prinzip) für jeden offen zugänglich ist und andererseits von keiner zentralen Institution kontrolliert wird. Auf diese Weise spiegelt das Konzept die Entwicklung der modernen Wirtschaft wider, das heißt die Dezentralisierung, die zunehmend zu einem Eckpfeiler der digitalen Wirtschaft wird. Peer-to-Peer-Netze, die den Austausch (von Vermögenswerten, Daten, Informationen usw.) zwischen den Nutzern eines bestimmten Systems selbst ohne Beteiligung von Vermittlern (die bei solchen Transaktionen höchstens eine passive Rolle spielen) ermöglichen, sind ein grundlegendes Element der sog. Sharing Economy. Ein Peer-to-Peer-Netzwerk ist ebenfalls ein Blockchain-System.

Als Urheber der „Blockchain"-Idee gilt *Satoshi Nakamoto*,[8] der im Jahr 2008 einen Artikel mit dem Titel „Bitcoin: A Peer-to-Peer Electronic Cash System" herausgegeben hat, mit einer Beschreibung, wie das alternative Finanzsystemmodell ohne Finanzinstitute funktioniert. Die Studie dieses Autors wurde zur theoretischen Grundlage für die erste Kryptowährung „Bitcoin". *Nakamoto* ging davon aus, dass der Handel im Internet bisher über vertrauenswürdige Institutionen funktionierte, die elektronische Zahlungen abwickelten. Dies führte dazu, dass die Transaktionskosten für solche Operationen hoch waren. Ein elektronisches Zahlungssystem, das sich auf kryptografische Beweise anstelle von Vertrauen stützt, würde es den an solchen Transaktionen beteiligten Parteien ermöglichen, direkt und ohne Zwischenhändler zu interagieren. Das System wäre auch sicher, da es nicht möglich wäre, Transaktionen zu stornieren. Ein wesentliches Merkmal eines solchen Systems ist daher die Unumkehrbarkeit des Transaktionspro-

---

[6] 2022 Vermont Statutes Title 12 – Court Procedure, Chapter 81 – Conduct Of Trial, Subchapter 1: § 1913 Blockchain Enabling, abrufbar unter https://law.justia.com/codes/vermont/2022/title-12/chapter-81/section-1913/ (14.6.2023).

[7] Piech (Hrsg.), Leksykon pojęć na temat technologii blockchain i kryptowalut, 2016, 13 f.

[8] *Nakamoto*, Bitcoin: A Peer-to-Peer Electronic Cash System, abrufbar unter https://bitcoin.org/bitcoin.pdf (14.6.2023).

zesses. Dies ist insofern möglich, als die Summe der Rechenleistung des Systems, die von ehrlichen Nutzern kontrolliert wird, die Summe übersteigt, die von Nutzern kontrolliert wird, die die Integrität eines solchen Systems gefährden wollen (um einen sog. „51 %-Angriff" durchzuführen).[9] Ein Blockchain-System bedeutet daher den Wegfall einer vertrauenswürdigen dritten Partei im Transaktionsprozess und deren Ersatz durch eine Systemarchitektur mit spezifischen Eigenschaften. *The Economist* beschrieb es als eine „Vertrauensmaschine" (engl. *the trust machine*).[10]

Der Mechanismus, mit dem die Kryptowährung Bitcoin funktioniert, basiert nicht nur auf einer Blockchain-Struktur, sondern ist selbst ein Referenzpunkt für andere Blockchain-Systeme, die sich seit der Einführung des Konzepts entwickelt haben. Auf der Grundlage dieses Modells werden im Folgenden die Funktionsweise, die Architektur und die wichtigsten Merkmale eines solchen Systems dargestellt.

Dieses Modell setzt eine verteilte Datenbank voraus, in der die Daten in einer Blockchain-Struktur gespeichert werden. Das Register wird nicht von einem, sondern von allen Benutzern kontrolliert. Es gibt daher keine vertrauenswürdige (zentrale) Institution, die für das Funktionieren des Systems verantwortlich ist, und die mit ihrer Beteiligung getätigten Transaktionen sind unumkehrbar. Das Blockchain-System ist auch „demokratisch" in dem Sinne, dass die verteilte Architektur es jedem Nutzer ermöglicht, den gesamten Transaktionsverlauf einzusehen, während er anonym bleibt (Benutzer sind anhand ihrer öffentlichen Schlüsselnummer erkennbar).[11] Die Rolle der Nutzer eines solchen Registers ist jedoch viel umfassender, da sie *de facto* die Rolle des Verwalters übernehmen, der das Recht hat, Daten in einem zentralen System zu schreiben und zu lesen, Transaktionsinformationen auszuführen, zu überprüfen, aufzuzeichnen und zu speichern. Die Nutzer eines verteilten Systems sind ein wesentlicher Bestandteil eines bestimmten Netzwerks und werden in der Blockchain-Terminologie als Knotenpunkte (engl. *node*)[12] bezeichnet. Da es die Nutzer sind, die die Transaktion durchführen, ohne sich gegenseitig zu kennen und ohne sich auf eine zentrale Institution zu verlassen, die die Transaktion überwacht, entsteht eine Situation des völligen Misstrauens zwischen den Parteien. Diese Situation wurde jedoch durch den Einsatz kryptographischer Methoden gelöst,

---

[9] *Nakamoto* (Fn. 8).

[10] *Berkeley*, The Promise of the Blockchain: The Trust Machine, The Economist, 31.10.2015, abrufbar unter https://www.economist.com/leaders/2015/10/31/the-trust-machine (14.6.2023).

[11] Vgl. *Hulicki/Lustofin*, Człowiek w Cyberprzestrzeni 1 (2017), 28 (31).

[12] Vgl. Piech (Fn. 7), 4.

wie z. B.: der kryptographischen Hash-Funktion, der elektronischen Unterschrift unter Verwendung asymmetrischer Kryptographie, einem Mechanismus zur Konsensbildung zwischen den Nutzern des Systems und dem Zeitstempel. Ein Systembenutzer, der eine bestimmte Transaktion durchführt, verwendet die kryptografische Hash-Funktion der vorherigen Transaktion und den öffentlichen Schlüssel der anderen Transaktionspartei, um diese zu signieren.[13]

Da es im Blockchain-System keine vertrauenswürdige Institution gibt, deren Aufgabe es wäre, Transaktionen zu genehmigen, wird diese Aufgabe durch einen sog. Konsensmechanismus erfüllt. Die Transaktion wird von den Nutzern verifiziert; das heißt der Mechanismus besteht darin, dass mehr als die Hälfte der Rechenleistung der Knoten in einem bestimmten System den Vorgang bestätigen muss. Das ist möglich, weil das Transaktionsregister öffentlich ist und als Blockchain fungiert, und ein sog. Datumsstempel (engl. *timestamp*) verwendet wird, um den Zeitpunkt des Vorgangs zu markieren. Die von den Knotenpunkten durchgeführten Transaktionen werden dann in Paketen zusammengefasst, die wiederum Blöcke bilden.[14]

Eine besondere Rolle im System spielen die Nutzer, die ihre Geräte zur Verfügung stellen, um Transaktionen zu autorisieren. Sie werden als „Bergleute" (engl. *miners*) bezeichnet. Diese besondere Kategorie von Systemknoten konkurriert miteinander, indem sie mathematische Aufgaben lösen, die auf die Gesamtrechenleistung eines solchen Systems zugeschnitten sind, um sicherzustellen, dass aufeinander folgende Blöcke in gleichen Abständen validiert werden. Sobald die Aufgabe gelöst ist, wird ein Block durch das System weitergeleitet und die in ihm gespeicherten Transaktionen werden validiert. Der erste Nutzer, der die Aufgabe löst, erhält eine Belohnung (z. B. in den Werteeinheiten der Bitcoin-Währung). Ein solcher Mechanismus (engl. *proof-of-work*) soll die Teilnehmer motivieren, sich an der Transaktionsprüfung zu beteiligen, und durch die Erhöhung der Rechenleistung die Sicherheit des Systems zu erhöhen.[15] Er gewährleistet die Unumkehrbarkeit der Transaktion, da die verifizierten Blöcke zu einer untrennbaren Kette verbunden sind. Die Unumkehrbarkeit ergibt sich aus der Tatsache, dass eine Änderung eines Blocks dazu führen würde, dass alle nachfolgenden Blöcke validiert werden müssten.[16] Tatsächlich ist diese Art von Veränderung aber technisch möglich. Eine Situation, in der ein radikaler Wandel innerhalb eines verteilten Netzes stattfindet, wird als Hard Fork bezeich-

[13] *Hulicki/Lustofin*, Człowiek w Cyberprzestrzeni 1 (2017), 28 (31–33).
[14] *Hulicki/Lustofin*, Człowiek w Cyberprzestrzeni 1 (2017), 28 (34).
[15] *Hulicki/Lustofin*, Człowiek w Cyberprzestrzeni 1 (2017), 28 (34).
[16] *Hulicki/Lustofin*, Człowiek w Cyberprzestrzeni 1 (2017), 28 (35).

net. Das ist eine Änderung der Regeln, die keine Rückwärts-Kompatibilität zulässt.[17] Die Aktualisierung der Protokolle des Blockchain-Netzwerks ermöglicht es, korrekt ausgeführte Transaktionen für ungültig zu erklären und auch solche zu validieren, die nach den bisherigen Regeln als ungültig angesehen worden wären. Die vielleicht bekannteste Hard Fork war die des Ethereum-Netzwerks, als 2016 der DAO-Fonds angegriffen wurde, der in diesem Netzwerk aktiv ist. Einige Systeme, die für den Einsatz in Unternehmen entwickelt wurden, weichen vom Grundsatz der Unumkehrbarkeit von Transaktionen völlig ab, da sie davon ausgehen, dass die in einem solchen System gespeicherten historischen Daten korrigiert werden können.[18]

Die Typologie von Blockchain-Systemen impliziert im Wesentlichen die Existenz von zwei Grundtypen solcher Register: öffentliche und private. Die wichtigsten Unterschiede zwischen diesen Systemen liegen im Grad der Dezentralisierung, der mit dem Ausmaß zusammenhängt, in dem die Quelle des Vertrauens zwischen den Systemteilnehmern von einer „vertrauenswürdigen" Stelle auf die Architektur eines bestimmten Registers verlagert wurde. Nur das öffentliche System ist tatsächlich vollständig mit dem Blockchain-Konzept vereinbar, da es vollständig dezentralisiert ist und den Teilnehmern an Blockchain-Transaktionen durch seine Eigenschaften Vertrauen vermittelt. Es wird auch nicht von einer zentralen Organisation kontrolliert, was bedeutet, dass die Möglichkeit, auf den Inhalt der in einem solchen Register gespeicherten Daten Einfluss zu nehmen, sehr begrenzt ist. Ein privates System hingegen setzt voraus, dass es von einer bestimmten Organisation kontrolliert wird, so dass eine Quelle des Vertrauens für die Nutzer eines solchen Systems die Präsenz dieser Instanz im System ist. Mit der Kontrolle eines solchen Systems ist jedoch verbunden, dass die Organisation, die es bereitstellt, einerseits die Vertraulichkeit gewährleisten, andererseits aber die Integrität der in diesem Register gespeicherten Daten gefährden kann. Die Änderung historischer Daten wird daher in diesem Fall oft vom Willen eines oder mehrerer Hauptnutzer eines solchen Netzes abhängen.[19]

Darüber hinaus kann die Untergliederung von Blockchain-Systemen auch auf der Grundlage des Zugangs für potenzielle Teilnehmer erfolgen. Offene Systeme (engl. *permissionless*) stellen sicher, dass alle Teilnehmer den gleichen Zugang und die gleichen Rechte haben, insbesondere in Hinblick auf die Einsicht in die Historie der gespeicherten Daten und die Möglich-

[17] Vgl. https://www.btc-echo.de/academy/bibliothek/was-ist-eine-fork/ (14.6.2023).
[18] Vgl. Piech (Fn. 7), 6.
[19] *Hulicki/Lustofin*, Człowiek w Cyberprzestrzeni 1 (2017), 28 (32).

keit, Transaktionen vorzunehmen. Solche Lösungen werden von den meisten Kryptowährungen verwendet. Im Gegensatz dazu werden geschlossene Systeme (engl. *permissioned*) den Teilnehmern mit vorheriger Zustimmung des Betreibers eines solchen Netzes zur Verfügung gestellt. Solche Systeme eignen sich besonders für Lösungen z. B. innerhalb einer öffentlich-rechtlichen Institution.[20]

III. Anwendungspotenzial der Technologie der verteilten Register

Parallel zur Entwicklung und wachsenden Popularität des Bitcoin-Systems hat man begonnen, ein viel breiteres Potenzial im Zusammenhang mit dem Einsatz der Technologie der verteilten Register in der Wirtschaft zu erkennen. Es wird weithin angenommen, dass das Blockchain-Konzept das Potenzial hat, die Funktionsweise vieler Geschäftsbereiche zu revolutionieren, wobei seine praktische Umsetzung zur treibenden Kraft der innovativen Wirtschaft wird. Es ist erwähnenswert, dass das Weltwirtschaftsforum Blockchain bereits 2016 in seine Liste der zehn aufstrebenden Technologien aufgenommen hat, die einen disruptiven Einfluss auf die Wirtschaft und sogar auf die Gesellschaft im weiteren Sinne haben könnten. Eine von der Welthandelsorganisation erstellte Studie weist darauf hin, dass die Blockchain im Hinblick auf Transaktionen die gleiche Rolle spielen könnte wie das Internet im Hinblick auf Veränderungen in der Kommunikation, was den internationalen Handel auf eine neue Stufe heben könnte. Dies ist vor allem auf seine Eigenschaften zurückzuführen, die es ermöglichen, Transaktionen auf transparentere, sicherere, wirtschaftlich effizientere und unveränderliche Art und Weise durchzuführen, ohne dass Vermittler an diesen Transaktionen beteiligt sind, und die zur Digitalisierung von Prozessen beitragen, die zuvor in Papierform durchgeführt wurden.[21]

Bei der Betrachtung der Vorteile der Implementierung von Blockchain-basierten Lösungen in der Wirtschaft sollten jedoch auch einige der damit verbundenen Probleme berücksichtigt werden, darunter: verlängerte Transaktionszeiten, Energieineffizienzen, das Fehlen einer angemessenen Standardisierung bzw. die Schwierigkeit, transparente Systeme mit bestimmten Grundsätzen des Datenschutzrechts (z. B. dem Recht auf Vergessenwerden) in Einklang zu bringen.

---

[20] Piech (Fn. 7), 6.
[21] Vgl. *Ganne* (Fn. 5), 111.

Was die Blockchain zu einer so wichtigen Technologie in der Realität der modernen Wirtschaft macht, ist ihre umfassende Anwendbarkeit. Tatsächlich lässt sich sagen, dass das Blockchain-Konzept in fast jedem Bereich der digitalen Wirtschaft umgesetzt werden kann und in den meisten Fällen einen bedeutenden Paradigmenwechsel in diesen Sektoren bewirkt, u. a. durch die Dezentralisierung von Registern, die Umgestaltung von Vertrauensmechanismen, die Abschaffung von Transaktionsvermittlern oder einen Quantensprung bei der Sicherheit und Transparenz von Systemen. Es eignet sich am besten für die Bereiche, in denen es möglich ist, die Hauptakteure zu ersetzen, das heißt Institutionen, die das Vertrauen durch die Eigenschaften dieser Technologie garantieren, zu ersetzen. Daher sind Blockchain-Tools in erster Linie für den Austausch von Vermögenswerten bzw. „Werten" im weiteren Sinne geeignet.

Der ursprüngliche Anwendungsbereich dieser Instrumente war das Finanzsystem, wo ein unabhängiger Mechanismus für die Ausgabe und den Handel mit Kryptowährungen vorgeschlagen wurde. Die Architektur der verteilten Register nach dem Bitcoin-Modell ermöglichte es, dass Transaktionen von unbekannten Einzelpersonen in großem und globalem Maßstab durchgeführt werden konnten. Die Möglichkeit der direkten Zusammenarbeit zwischen Personen, die sich nicht kennen, zeigt den bahnbrechenden Charakter dieser Technologie.[22] Die größten Chancen für die Anwendung solcher Systeme scheinen sich in den folgenden Wirtschaftsbereichen zu ergeben:

a) Finanztechnologien (engl. *fintech)*, insbesondere im Bankwesen, auf dem Versicherungsmarkt,[23] Vermögensverwaltung und -handel, Zahlungsabwicklung, Corporate Governance, effizienteres Clearing- und Abrechnungssystem,[24]

---

22 Siehe dazu *Hulicki/Lustofin*, Człowiek w Cyberprzestrzeni 1 (2017), 28 (36).

23 Laut einer von PwC erstellten Studie werden in den nächsten Jahren 100 % der Versicherer die Blockchain-Technologie in ihren Systemen einsetzen, vgl. Blockchain, a Catalyst for New Approaches in Insurance, Part 2, abrufbar unter https://www.pwc.com/gx/en/industries/financial-services/publications/blockchain-a-catalyst-part-two.html (14.6.2023).

24 Erwähnenswert ist u.a. die von einem Dutzend der größten europäischen Banken (u.a. Nordea, HSBC, Santander) geschaffene Plattform we.trade, die es mit Hilfe der Blockchain ermöglicht, Transaktionen sicher und gleichzeitig viel effizienter durchzuführen. Erwähnenswert sind auch andere von Banken geleitete Projekte mit Open-Source-Charakter, wie Hyperledger, ein von mehreren Institutionen des Finanzsektors initiiertes Projekt für Blockchain-Lösungen, oder die Corda-Plattform, ein von der R3-Gruppe großer globaler Finanzinstitute entwickeltes privatwirtschaftliches System.

b) Öffentliche Dienstleistungen, u.a. durch größere Transparenz und Effizienz der öffentlichen Verwaltung,[25] Erleichterung der Identifizierung von Personen sowie Dezentralisierung von öffentlichen Registern,[26]
c) Logistik und Lieferketten, durch engere Zusammenarbeit zwischen Unternehmen, bessere Überwachung der Lieferungen,[27]
d) Sicherheits- und Autorisierungssysteme, durch den Einsatz kryptographischer Mechanismen, den Grundsatz der Unveränderlichkeit der Daten,
e) Crowdfunding, durch die Schaffung unabhängiger, transparenter und sicherer Instrumente für die Mittelbeschaffung im digitalen Umfeld,
f) Recht, insbesondere in Bereichen wie: die Verwaltung von Exklusivrechten im digitalen Umfeld,[28] Aufzeichnungen, automatisierte Vertragsabschlüsse, die Ausübung von Rechten durch Aktionäre oder digitale Beweise,[29]
g) Datenmanagement, insbesondere im Hinblick auf neue Lösungen im Zusammenhang mit dem Internet der Dinge, intelligenten Fabriken usw.,[30]

---

[25] Der Einsatz von Blockchain für elektronische Behördendienste wird von einer Reihe von Ländern entwickelt, darunter Kanada (Verwaltung von Regierungsverträgen), Mexiko (öffentliches Auftragswesen), Georgien (Grundbuchamt) und Sierra Leone (Überprüfung der Kreditwürdigkeit). Erwähnenswert ist auch das European Union Blockchain Observatory and Forum, das 2018 gegründet wurde, um die Entwicklung der Blockchain-Technologie in der Europäischen Union zu beschleunigen.

[26] Ein Pionier auf diesem Gebiet scheint Estland zu sein, das Blockchain-basierte Lösungen in vielen Aspekten der staatlichen Tätigkeit einsetzt, vor allem in öffentlichen Registern und zur Gewährleistung der staatlichen Cybersicherheit, vgl. https://e-estonia.com/solutions/cyber-security/ksi-blockchain/ (14.6.2023).

[27] Z.B. die größte Supermarktkette Walmart nutzt Blockchain, um die Qualität von Frischwaren (Gemüse, Fisch) in der Produktionskette zu überwachen, vgl. https://tech.walmart.com/content/walmart-global-tech/en_us/news/articles/blockchain-in-the-food-supply-chain.html (14.6.2023).

[28] Ein Beispiel dafür ist die gemeinsame Lösung von Ernst & Young und Microsoft für die Verwaltung von Rechten des geistigen Eigentums, die erstmals im Glücksspielsektor eingesetzt wurde. Übrigens basieren auch einige Spiele (wie CryptoKitties) auf der Blockchain, vgl. https://www.ey.com/en_es/news/2018/06/ey-and-microsoft-launch-blockchain-solution-for-content-rights (14.6.2023).

[29] So wird bspw. die digitale Beweissicherung mittels Blockchain seit einigen Jahren von der chinesischen Justiz in Zivil-, Handels- und sogar Strafsachen eingesetzt, vgl. https://forkast.news/china-has-seen-blockchains-future-and-it-doesnt-include-cryptocurrencies/ (14.6.2023).

[30] Ein Beispiel dafür ist der Einsatz von Blockchain durch IBM in seiner Plattform für das Internet der Dinge oder die Pläne zur Schaffung einer Blockchain-basierten

h) Medizin, u.a. in Bezug auf die Überprüfung der Ergebnisse klinischer Versuche sowie auf die Verwaltung von Krankenakten.[31]

Die Umsetzung der Blockchain-Technologie wird hingegen in den Bereichen am schwierigsten sein, in denen die Beteiligung einer vertrauenswürdigen dritten Partei am Transaktionsprozess – insbesondere in rechtlicher Hinsicht – erforderlich ist (z.B. bei Immobilientransaktionen). Mit den entsprechenden normativen Änderungen können jedoch einige Bereiche (z.B. das öffentliche und private Recht) durch die Blockchain-Technologie grundlegend verändert werden. In diesem Sinne hat die Blockchain-Technologie das Potenzial, eine sog. radikale Innovation (engl. *disruptive innovation*) zu sein.

IV. Implementierung von Systemen auf Basis von Blockchain-Lösungen im öffentlichen Sektor

Wie bereits erwähnt, ist einer der möglichen Anwendungsbereiche der Blockchain-Technologie der öffentliche Sektor. Es ist unmöglich, alle möglichen Anwendungsbereiche dieser Lösungen in der öffentlichen Verwaltung aufzuzählen. Aufgrund der Merkmale dieser Technologie (Anonymität, Dezentralisierung, Transaktionssicherheit) lassen sich jedoch die wichtigsten möglichen Anwendungsbereiche für Blockchain-Lösungen im öffentlichen Sektor identifizieren:

(1) Öffentliche Register – Blockchain ist nichts anderes als ein verteiltes Register, so dass zahlreiche öffentliche Register, von Unternehmensregistern über Register für bewegliches und unbewegliches Vermögen bis hin zu Bevölkerungsregistern oder Strafregistern, die Form eines dezentralen Systems annehmen können, das die öffentlichen Verwaltungen entlastet und gleichzeitig ein angemessenes Maß an Sicherheit gewährleistet.

Plattform für den Handel mit Strom, der mit Solarzellen im größten indischen Bundesstaat Uttar Pradesh erzeugt wird.

[31] Zu den zahlreichen Anwendungen der Blockchain-Technologie im Gesundheitssektor gehören bspw.: MyClinic.com, eine Online-Plattform, die telemedizinische Dienstleistungen anbietet, die unter anderem mit digitalen Token bezahlt werden können, darunter der eigens für diesen Zweck geschaffene MedToken; die Sicherung medizinischer Informationen über Blockchain im Gesundheitssystem in Estland; die Schaffung einer verteilten Datenbankplattform für medizinische Aufzeichnungen durch das Taipei Medical University Hospital; eine Partnerschaft zwischen der US-Regierungsbehörde, den Centers for Disease Control and Prevention, und IBM zur Schaffung eines sicheren Registers für medizinische Informationen, das als Datenbank für öffentliche Gesundheitszwecke genutzt werden kann.

(2) Identifizierungssysteme – verschiedene öffentliche Dienste können Identifizierungssysteme verwenden, die auf kryptografischen Mechanismen beruhen oder einfach mit öffentlichen Registern verbunden sind, die in Form einer Blockchain geführt werden, was beispielsweise zu größerer Anonymität und Datensicherheit führt und gleichzeitig die öffentlichen Verwaltungen von der Pflege solcher Systeme entlastet.
(3) Abstimmungen – Blockchain kann auch ein System sein, das für Abstimmungsverfahren, auch bei allgemeinen Wahlen, verwendet wird. Ihr Einsatz könnte dazu beitragen, die Digitalisierung vieler Institutionen und die Entwicklung von e-Voting-Verfahren zu beschleunigen sowie das demokratische System zu stärken und das Vertrauen der Bürger zu erhöhen. Solche Ergebnisse können vor allem deshalb erzielt werden, weil ein System von verteilten Registern eine größere Transparenz und Sicherheit der Wahlprozesse gewährleistet.
(4) Öffentliches Gesundheitswesen – verschiedene Gesundheitsdienstleistungen können die Blockchain-Technologie nutzen, um den Zugang zu Daten und deren Übertragbarkeit zu erleichtern, den Zugang zu vertraulichen Informationen transparent zu machen oder die Kosten für den Betrieb kostspieliger Systeme zu senken, indem sie auf mehrere Akteure im System verteilt werden.
(5) Zertifizierung und öffentliche Dokumente – bei der Ausstellung verschiedener Arten von Bescheinigungen und Zeugnissen kommt es häufig zu Betrugsversuchen. Die Einrichtung eines dezentralen Systems, in dem die Informationen über die Bescheinigung gespeichert werden, würde eine wirksamere Betrugsbekämpfung ermöglichen und den Schutz der Echtheit der Dokumente gewährleisten.
(6) Öffentliche Rechtsdienstleistungen – öffentliche Verwaltung kann die Blockchain-Technologie im Rechtsbereich nutzen, sei es zur Automatisierung von Verfahren, für G2B- (engl. *Government-to-Business*, z.B. öffentliches Auftragswesen) oder G2C-Verträge (engl. *Government-to-Citizen*) oder für die Erhöhung der Transparenz von Verwaltungsentscheidungen.
(7) Datenverwaltung – Blockchain-basierte Systeme könnten eine effiziente, transparente und sichere Datenverwaltung in einer Organisation des öffentlichen Sektors ermöglichen.
(8) Smart City – die Blockchain-Technologie kann zur Umsetzung von Smart-City-Systemen genutzt werden, insbesondere im Hinblick auf den wichtigen Aspekt der Datenaustauschbarkeit.
(9) Steuersysteme – die Erfassung der verschiedenen Arten von Umsätzen in einem dezentralen System, zu dem die Steuerverwaltung Zugang hat,

würde eine bessere Kontrolle der getätigten Umsätze und eine effizientere Steuererhebung ermöglichen.

V. Möglichkeiten für den Einsatz von Blockchain in der öffentlichen Verwaltung in Polen

In Polen wurde die Blockchain noch nicht in die Praxis der öffentlichen Verwaltung eingeführt. Dies bedeutet jedoch nicht, dass der Gesetzgeber an der Blockchain-Technologie in diesem Anwendungsbereich nicht interessiert wäre. Erwähnenswert sind z.B. die Arbeitsgruppe für verteilte Register und Blockchain, die im Ministerium für Digitalisierung tätig ist, oder die Initiative der lokalen Regierung der Woiwodschaft Ermland-Masuren (sog. CoperniCoin).[32] Diese Aktivitäten sollten jedoch nur als Unternehmungen betrachtet werden, die das Interesse am Thema Blockchain innerhalb der polnischen öffentlichen Verwaltung zeigen, und nicht als konkrete technologische Umsetzung in der Praxis der Verwaltungsbehörden.

Im Gegensatz zur jetzigen fehlenden Anwendung dieser Technologie im polnischen Verwaltungssystem kann der Einsatz von Blockchain im öffentlichen Sektor eine Vielzahl von Vorteilen bringen. In der Literatur werden vor allem Vorteile genannt wie die Senkung der Transaktionskosten durch den Wegfall einer vertrauenswürdigen dritten Partei, die vollständige Transparenz des Betriebs des Informationssystems auf der Grundlage eines Konsensmechanismus, der wiederum einen Vertrauensmechanismus zwischen den Systemteilnehmern schafft. Ein äußerst wichtiger Vorteil ist auch die Erhöhung des Sicherheitsniveaus des Systems durch die Beseitigung möglicher externer Eingriffe sowie die Dezentralisierung der Sicherheit, das heißt die Entkopplung der Sicherheit eines bestimmten Systems von der Anfälligkeit einer Komponente für Cyberbedrohungen.

Lösungen für die öffentliche Verwaltung, die auf der Technologie der verteilten Register beruhen, ermöglichen auch eine Verringerung des Zeit- und Arbeitsaufwands für die Beamten und bieten ein effizienteres Instrument für den Informationsaustausch zwischen der öffentlichen Verwaltung sowie Einzelpersonen und Organisationen. Darüber hinaus wird die Bürokratie abgebaut, und durch die vollständige Transparenz des Systems kann die Korruption beseitigt werden. Die Blockchain kann auch die Digitalisierung

---

[32] Ein auf der Blockchain-Technologie basierender Gelegenheits-Token, der zur Förderung und Entwicklung des Tourismus in der Region eingesetzt wurde, vgl. https://copernicoin.pl/ (14.6.2023).

und Automatisierung von Verwaltungsabläufen beschleunigen, für mehr Transparenz und Rechenschaftspflicht im Verwaltungshandeln sorgen und damit das Vertrauen der Öffentlichkeit stärken.[33] Darüber hinaus weisen die Experten auf die Schlüsselrolle des öffentlichen Vertrauens hin, das für die Anwendbarkeit der Blockchain im öffentlichen Sektor ausschlaggebend sein sollte, das heißt die Überzeugung, dass die Anwendung der Blockchain in einer bestimmten öffentlichen Verwaltungstätigkeit zur Stärkung des öffentlichen Vertrauens beitragen wird.[34]

Gleichzeitig dürfen auch die erheblichen Risiken nicht außer Acht gelassen werden, die sich aus der Nutzung der Blockchain im öffentlichen Sektor ergeben können. Die norwegische Erfahrung zeigt, dass ein Blockchain-System in der öffentlichen Verwaltung einwandfrei funktionieren und seine Aufgabe erfüllen kann, aber das wichtige Merkmal dieses Systems, nämlich die Unveränderlichkeit der Daten/Dokumente/Elemente des Systems, kann zusätzliche Probleme aufwerfen, z. B. im Hinblick auf die Gewährleistung angemessener Standards für den Schutz der Privatsphäre, und sei es nur im Zusammenhang mit der Umsetzung des Rechts auf Vergessenwerden. Darüber hinaus zeigen diese Erfahrungen auch, dass oft weniger komplexe Systeme verwendet werden können, um ähnliche Ergebnisse zu erzielen.[35]

Die Blockchain ist zwar ein wirksames und sicheres Instrument für die Erbringung zahlreicher öffentlicher Dienstleistungen, ihre Funktionalität ist jedoch auf die Authentizität und Integrität der Daten und nicht unbedingt auf deren Genauigkeit ausgerichtet. Dies bedeutet, dass die in das System eingegebenen Daten weiterhin manipuliert werden können.[36] Unter Bezugnahme auf die Annahmen der Europäischen Kommission (engl. *gold standard*), die sicherstellen will, dass die Nutzung der Blockchain mit den europäischen Werten in Einklang steht, sollten diese Systeme die Einhaltung der Grundsätze des Schutzes personenbezogener Daten, der Identifi-

---

[33] Vgl. *Allesie* u. a., Blockchain for Digital Government, EUR 29677 EN, Publications Office of the European Union, 2019, 10, abrufbar unter https://publications.jrc.ec.europa.eu/repository/handle/JRC115049 (14.6.2023).

[34] Dazu *Lemieux/Dener*, Blockchain Technology Has the Potential to Transform Government, but First We Need to Build Trust, World Bank Blog, 2021, abrufbar unter https://blogs.worldbank.org/governance/blockchain-technology-has-potential-transform-government-first-we-need-build-trust (14.6.2023).

[35] *Ølnes/Jansen*, Blockchain Technology as Infrastructure in Public Sector: an Analytical Framework, Proceedings of the 19th Annual International Conference on Digital Government Research: Governance in the Data Age. Association for Computing Machinery, 2018, 6 f.

[36] *Ølnes/Jansen* (Fn. 35), 6 f.

zierungsdienste, der Cybersicherheit, der Interoperabilität und der Energieeffizienz gewährleisten.[37]

Es gibt noch keinen Einsatz dieser Technologie im öffentlichen Sektor, keine neuen Geschäftsmodelle, keine neue Generation öffentlicher Dienstleistungen oder Änderung der Kernfunktionen der öffentlichen Verwaltung durch diese Technologie.[38] Der Grund für diesen Zustand liegt in der Unvereinbarkeit zwischen Blockchain-basierten Lösungen und dem derzeitigen Rechtsrahmen für die Nutzung dieser Technologien. Daher wird die Einführung von freundlichen rechtlichen Ökosystemen für die Entwicklung dieser Technologien befürwortet. Der Schlüssel liegt jedoch nicht so sehr in der Anpassung der derzeitigen Rechtssysteme an die Blockchain, sondern darin, sie mit Hilfe dieser Technologie grundlegend zu verändern.[39] Wichtig ist, dass die Blockchain nicht gesetzlich geregelt werden muss, um in den Betrieb der öffentlichen Verwaltung eingeführt zu werden, denn es handelt sich lediglich um ein IT-System.

Nichts hindert die öffentlichen Verwaltungen daran, es in ihrer Praxis zu verwenden, entweder in einer Test- oder in einer voll funktionsfähigen Form. Einige Umsetzungsformen könnten jedoch eine Anpassung der einschlägigen Rechtsnormen erfordern, um wirksam zu sein, z.B. würde die Verwendung solcher Systeme für Immobiliengeschäfte Änderungen der Form von Rechtsgeschäften erfordern. Wichtig ist jedoch, dass diese Feststellung nicht für die Blockchain an sich gilt, sondern allgemein für die Nutzung von IT-Systemen für Tätigkeiten, die gesetzlich geregelt sind und eine entsprechende Form erfordern. Grundsätzlich ist es jedoch die Frage der Sicherheit des Handels und der Gewährleistung eines angemessenen Maßes an Rechtssicherheit, die den Gesetzgeber dazu veranlassen kann, entsprechende Regelungen in diesem Bereich einzuführen.

Dabei ist anzumerken, dass es im polnischen Rechtssystem bereits einige Bestimmungen gibt, die sich auf die Blockchain beziehen. In diesem Zusammenhang ist auf Art. 300^{31} § 3 und Art. 328^{1} § 3 des Handelsgesetzbuches[40] hinzuweisen, die die Möglichkeit vorsehen, ein Aktionärsregister in Form einer elektronischen, verteilten und dezentralen Datenbank für die einfache Aktiengesellschaft bzw. die Aktiengesellschaft zu führen. Ähnliche Lösungen finden sich in § 5(2) der Verordnung des Ministerrats vom 9.3.2020 über Dokumente im Zusammenhang mit Bankgeschäften, die auf elektronischen

---

[37] Vgl. https://digital-strategy.ec.europa.eu/en/policies/blockchain-strategy (14.6.2023).

[38] Siehe dazu *Allesie* u.a. (Fn. 33), 65.

[39] *Allesie* u.a. (Fn. 33), 67.

[40] Gesetz v. 15.9.2000, Dz.U. 2022, Pos. 1467 m. Änderungen.

Datenträgern erstellt werden,[41] die vorsieht, dass ein solches Dokument in Form einer verteilten und dezentralen Datenbank gespeichert werden kann. Der zweite Satz dieser Bestimmung besagt dagegen, dass die Bank eine solche Datenbank so führen muss, dass die Sicherheit und Integrität der darin enthaltenen Dokumente gewährleistet ist. Es handelt sich also nicht um eine vollständig dezentralisierte Datenbank, sondern allenfalls um ein System privaten Charakters. Darüber hinaus stellen die Anforderungen, die der Gesetzgeber an die Banken hinsichtlich der Aufbewahrung, Vervielfältigung oder Löschung von Dokumenten gestellt hat, die tatsächliche Dezentralisierung und die Beseitigung von Zwischengliedern aus dem Umlauf für solche Systeme in Frage. Es ist umstritten, inwieweit die aufgezeigten Lösungen eine direkte gesetzgeberische Positionierung der Blockchain darstellen und inwieweit sie gründlich durchdacht sind.[42] Die angeführten Beispiele beziehen sich zwar in der Regel auf den privaten Sektor, zeigen aber einige der technologie-spezifischen Anwendungsmöglichkeiten und die daraus resultierenden Probleme auf.

Der Einsatz der Blockchain-Technologie in der öffentlichen Verwaltung ist also mit einer Reihe von Fragen verbunden, die bei ihrer Einführung berücksichtigt werden müssen. Bezeichnenderweise hat der polnische Gesetzgeber bisher beschlossen, die Technologie der verteilten Register sehr eng zu regeln und sich darauf zu beschränken, dass bestimmte Aufzeichnungen/Dokumente in einer dezentralisierten, verteilten Datenbank geführt/gespeichert werden können. Im Falle des öffentlichen Sektors reicht ein solch enger Ansatz nicht aus, und wenn der Gesetzgeber beschließt, Blockchain in diesem Bereich einzuführen, sollte er zumindest mehrere Schlüsselaspekte berücksichtigen. Dazu gehören Fragen des öffentlichen Vertrauens, der Systemaufsicht, der Datensicherheit, der Einhaltung anderer Vorschriften, der Unveränderbarkeit von Systemelementen, der Anfälligkeit für Manipulationen des Programmcodes, der Anonymität der Systeme, ihrer Einfachheit und Effizienz sowie die damit verbundene Frage der Algorithmisierung des Rechts.

Wie bereits erwähnt, wurde die Blockchain als eine „Vertrauensmaschine“ bezeichnet. Der Vertrauensmechanismus wird durch die Funktionen des Systems selbst (Kryptographie, Transparenz und Dezentralisierung) geschaffen, im Gegensatz zu traditionellen Transaktionen, die vertrauens-

---

[41] Dz. U. 2020, Pos. 476.

[42] So wird in der Literatur bspw. die Sinnhaftigkeit oder gar die Durchführbarkeit des Einsatzes dezentraler Datenbanken zur Führung von Aktionärsregistern in Frage gestellt. Siehe dazu *Michalski*, in: ders. (Hrsg.), Powszechna dematerializacja akcji, 2021, 231.

würdige Dritte benötigen, das heißt Vermittler, deren Hauptaufgabe darin besteht, die Sicherheit des Handels zu überwachen. Die Einführung von Technologien auf der Grundlage verteilter Register im Bereich der öffentlichen Verwaltung dürfte also zur Stärkung des öffentlichen Vertrauens beitragen.

Daher muss zunächst die grundsätzliche Frage beantwortet werden, ob die Einführung solcher Lösungen gesellschaftlich akzeptiert wird und ob sie für die Unternehmen, sowohl in den G2C- als auch in den G2B-Verhältnissen, die solche Systeme nutzen, vollständig verständlich und effektiv ist. An dieser Stelle sei auf eines der Grundprinzipien des Verwaltungsverfahrens verwiesen, das in Art. 8 § 1 des Verwaltungsverfahrensgesetzes[43] zum Ausdruck kommt: Die Organe der öffentlichen Verwaltung führen die Verfahren so durch, dass das Vertrauen der Beteiligten in die öffentliche Gewalt gestärkt wird, wobei sie sich von den Grundsätzen der Verhältnismäßigkeit, Unparteilichkeit und Gleichbehandlung leiten lassen. Vor diesem Hintergrund lässt sich feststellen, dass der Einsatz der Blockchain-Systeme voraussetzt, dass sich die Beteiligten ihrer Funktionsweise, der Risiken und Möglichkeiten bewusst sind, aber – was ebenso wichtig ist – auch darauf vertrauen, dass die Systeme gerecht und unparteiisch funktionieren, insbesondere wenn ihr Einsatz mit automatisierten Entscheidungsprozessen kombiniert wird. In solchen Fällen wäre es wichtig, (1) den Parteien die Möglichkeit zu geben, sich gegen solche Entscheidungen auszusprechen (sog. Opt-out-Möglichkeit) sowie ihren eigenen Standpunkt darzulegen, (2) das Recht auf Erläuterung und auf Anfechtung der getroffenen Entscheidungen zu gewährleisten und schließlich (3) das Recht auf menschliche Intervention zu sichern. Die Personen, gegen die sich die automatisierten Entscheidungen richten, müssen diese verstehen, da sonst die Funktionsweise des betreffenden Systems nicht ausreichend legitimiert ist.[44]

Wichtig ist auch, dass die in der öffentlichen Verwaltung eingesetzten Blockchain-Systeme einfach und intuitiv zu bedienen sind und dass die Nutzer keine Schwierigkeiten bei der Interaktion mit einem solchen System haben. Ein auf diese Weise eingeführtes System würde dazu beitragen, die in Art. 12 der Verwaltungsverfahrensgesetzes enthaltene Prämisse zu verwirklichen, die besagt, dass die Organe der öffentlichen Verwaltung im Einzelfall gründlich und schnell handeln und dabei die einfachsten Mittel anwenden sollen, die zur Lösung dieses Falls führen. Es lohnt sich auch, genau zu analysieren, inwieweit Blockchain-Systeme eine wirksame Lösung darstel-

[43] Gesetz v. 14.6.1960, Dz. U. 2023, Pos. 775.
[44] Vgl. *Desai/Kroll*, Harvard Journal of Law & Technology 31/1 (2017), 2 (13).

len, sowohl im Hinblick auf die Kosten für die Verwaltung eines solchen Systems als auch im Hinblick auf die verwendete Energie.[45]

Ein weiteres zentrales Thema im Zusammenhang mit Blockchain im Kontext der öffentlichen Verwaltung ist die Frage der Überwachung des Systems, einschließlich der Frage der Sicherheit der darin enthaltenen Daten. Die Blockchain ist ein dezentralisiertes System, bei dem niemand die Kontrolle hat und die Sicherheit durch den Einsatz kryptografischer Mechanismen, durch vollständige Transparenz des Systems und durch Dezentralisierung gewährleistet wird. Ein charakteristisches Merkmal der meisten öffentlichen Systeme ist dagegen, dass sie von öffentlichen Einrichtungen (Behörden) verwaltet werden. Es stellt sich also die Frage, ob erstens die Behörden bereit sind, einen Teil ihrer Zuständigkeiten an dezentrale Systeme abzutreten, und ob man schließlich noch von ihrer Verantwortung für das Funktionieren solcher Systeme, die Sicherheit der Transaktionen, die Integrität der Daten oder gar die Transparenz ihrer Funktionsweise sprechen kann. In diesem Zusammenhang sei auf die in der Literatur vertretene Ansicht hingewiesen, dass die Blockchain die Rolle des Staates und sein Monopol in vielen Bereichen einschränken kann. So sind beispielsweise Kryptowährungen eine Alternative zu herkömmlichen Währungen, und sog. intelligente Verträge (engl. *smart contracts*) können die Anwendung von Gesetzen durch öffentliche Verwaltungen wirksam ersetzen, während dezentrale Blockchain-Systeme anstelle der Staatsinstitutionen als Vertrauensgeber fungieren.[46] Ein weiterer Aspekt, der in diesem Zusammenhang zu berücksichtigen ist, ist die Gewährleistung der Kompatibilität von Blockchain-Systemen mit anderen Vorschriften. Erstens erfordert die Anwendung bestimmter Anwendungen dieses Konzepts, wie bereits erwähnt, mitunter entsprechende rechtliche Änderungen (z.B. im Bereich des Immobilienhandels oder der Anerkennung digitaler Währungen). Andernfalls wird die Wirksamkeit solcher Systeme in Frage gestellt, und die dezentralisierten Transaktionen müssen auf herkömmliche Weise bestätigt werden. Zweitens: Selbst wenn eine angemessene Grundlage für das Funktionieren solcher Systeme geschaffen wird, stellt sich das Problem der Vereinbarkeit mit anderen Rechtsgrundsätzen. Viel Aufmerksamkeit wird Fragen der Einhaltung der Datenschutz-Grundverordnung[47] gewidmet, insbesondere der Daten-

---

[45] Solche Systeme (z.B. bei Kryptowährungstransaktionen) verbrauchen beträchtliche Mengen an Energie.

[46] Siehe dazu *Pollicino/De Gregorio* (Fn. 2), 7–9.

[47] VO (EU) 2016/679 v. 27.4.2016 zum Schutz natürlicher Personen bei der Verarbeitung personenbezogener Daten, zum freien Datenverkehr und zur Aufhebung der RL (EG) 95/46, ABl. 2016 L 119/1.

transparenz, der Umsetzung der Grundsätze des „eingebauten Datenschutzes“ (engl. *privacy by design/default*), der Pflichten des für die Verarbeitung Verantwortlichen sowie des Rechts auf Vergessenwerden. Das Problem ist jedoch viel umfassender und betrifft auch die Einhaltung zahlreicher anderer Gesetze, etwa zum Verbraucherschutz oder zum Schutz vor den Auswirkungen fehlerhafter Rechtsgeschäfte. Dieses Problem hängt mit einer wichtigen Eigenschaft von Blockchain-Systemen zusammen, nämlich der Unveränderlichkeit von Systemelementen, insbesondere von öffentlichen Systemen. Dieses Merkmal gewährleistet die Sicherheit und Transparenz von Transaktionen, führt aber andererseits zu verschiedenen Behinderungen des Funktionierens bestimmter Rechtsinstitute, wie dem bereits erwähnten Recht auf Vergessenwerden oder dem Widerruf einer irrtümlich abgegebenen Willenserklärung.

VI. Fazit

Verteilte Registrierungssysteme gelten als Lösungen, die das Funktionieren vieler Bereiche des sozioökonomischen Lebens, einschließlich der öffentlichen Verwaltung, revolutionieren können. Zu den Vorteilen dieser Technologie gehören eine größere Effizienz der Dienste, die Anonymisierung der Transaktionen, ihre Sicherheit oder auch ihre Transparenz. Gleichzeitig bringt jeder dieser Vorteile neue Arten von Problemen mit sich, die der öffentliche Sektor bei der Entwicklung von Blockchain-basierten Diensten berücksichtigen sollte.

Es scheint, dass die derzeit begrenzte Anwendbarkeit von Blockchain im Bereich der öffentlichen Verwaltung vor allem darauf zurückzuführen ist, dass es keine geeigneten rechtlichen Regelungen gibt, um die beabsichtigten Effekte für diese Technologie zu erzielen. Weitere Gründe könnten die Unkenntnis der Technologie, das mangelnde Verständnis ihrer Auswirkungen, das fehlende Vertrauen in ihre Wirksamkeit und schließlich die mangelnde Bereitschaft der Behörden sein, sich auf den Dezentralisierungsprozess einzulassen. Viele der auftauchenden Fragen sind noch ungelöst, so dass für die erfolgreiche Einführung dieser Technologie viele Aspekte berücksichtigt werden müssen, die beim derzeitigen Stand der Gesetzgebung nicht einfach klar zu beurteilen sind.

Auf der Grundlage der durchgeführten Analyse kann jedoch davon ausgegangen werden, dass die richtigen Voraussetzungen für die ordnungsgemäße Umsetzung von Blockchain in der öffentlichen Verwaltung erfüllt sein müssen. Solche Systeme sollten das Vertrauen der Öffentlichkeit stärken, indem sie einfache, intuitive und für die Nutzer faire und sichere Mechanismen schaffen. Diese Systeme sollten auch effizient sein, auch in Bezug auf die Energieeffizienz, was oft eine große Herausforderung darstellt. Ein wichtiges Thema ist auch die Überwachung solcher Systeme und die Festlegung der Verantwortlichkeiten der Behörden für den Betrieb und die Sicherheit eines solchen Systems. Darüber hinaus sollten solche Systeme auch anderen Vorschriften entsprechen, was sich, wie bereits erwähnt, aufgrund der Merkmale solcher Systeme, insbesondere der Unveränderlichkeit, manchmal als schwierig erweisen kann. In Kombination mit KI-Systemen macht es die Umsetzung solcher Lösungen schließlich erforderlich, die Auswirkungen der Algorithmisierung von Maßnahmen der öffentlichen Verwaltung auf die rechtliche Situation der von diesen Maßnahmen Betroffenen zu bewerten. Ein richtig implementiertes Blockchain-System kann jedoch nicht nur für die öffentliche Verwaltung, sondern auch für die Gesellschaft insgesamt viele Vorteile bringen.

IT-Sicherheit in der öffentlichen Verwaltung in Deutschland

Enrico Peuker

I. Begriff und Bedeutung der IT-Sicherheit

In dem Maße, in dem die Digitalisierung die Grundlagen staatlichen und privatwirtschaftlichen Handelns verändert, rückt auch die IT-Sicherheit stärker in den Fokus der öffentlichen Aufmerksamkeit.[1] So lässt sich der allgegenwärtige Bedeutungszuwachs informationstechnischer Systeme auch an der stetig steigenden Zahl der gegen sie gerichteten Angriffe ablesen, von denen nicht nur Unternehmen und Privatpersonen betroffen sind. Besonderes Aufsehen erregten Angriffe auf die Informations- und Kommunikationstechnik öffentlicher Institutionen – beim Deutschen Bundestag ebenso wie in der Bundes- und Landesverwaltung, in Universitäten, bei Gerichten und in Kommunen[2]. Diese Fälle stellen jedoch nur einen Bruchteil der Angriffe auf IT-Systeme dar. Die jährlichen Lageberichte des Bundesamts für Sicherheit in der Informationstechnik (BSI) dokumentieren vielmehr, wie weit die Gefährdungslage der IT-Sicherheit in der staatlichen Verwaltung sowie in Wirtschaft und Gesellschaft tatsächlich reicht.[3]

Mit dem hohen Gefährdungspotential solcher Angriffe kontrastierte ein lange Zeit eher zurückhaltendes Interesse der Rechtswissenschaft an Fragen der IT-Sicherheit.[4] Das mag daran liegen, dass die IT-Sicherheit zunächst gar kein juristisches, sondern ein technisches Konzept ist, das durch techni-

---

[1] Zum phänomenologischen Begriff der Digitalisierung vgl. nur *Peuker*, Verfassungswandel der Digitalisierung, 2020, 17 ff.

[2] Vgl. zu den Kommunen die Übersichtskarte unter https://kommunaler-notbetrieb.de/uebersichtskarte/ (22.8.2023).

[3] Zuletzt *Bundesamt für Sicherheit in der Informationstechnik (BSI)*, Die Lage der IT-Sicherheit in Deutschland 2022 (zur Gefährdung in der Bundesverwaltung etwa S. 84 ff.); zu einzelnen Bedrohungsszenarien und besonderen Angriffstechniken *Grimm/Waidner*, in: Hornung/Schallbruch (Hrsg.), IT-Sicherheitsrecht, 2021, § 2 Rn. 17 ff.

[4] Vgl. aber die Handbücher von Kipker (Hrsg.), Cybersecurity, 2020 und Hornung/Schallbruch (Hrsg.), IT-Sicherheitsrecht, 2021; umfassend monographisch nunmehr *Wischmeyer*, Informationssicherheit, 2023.

sche Standardisierung genormt und konkretisiert wird.[5] Danach zielt IT-Sicherheit auf die Vertraulichkeit, die Integrität, die Verfügbarkeit sowie die Authentizität von Informationen und beschreibt die Fähigkeit von informationstechnischen Systemen und Netzen, einen Angriff auf diese Kriterien abzuwehren.[6] Der häufig synonym verwendete Begriff der Cybersicherheit meint in der Definition der Cybersicherheitsstrategie für Deutschland aus dem Jahr 2021 die „IT-Sicherheit der im Cyberraum auf Datenebene vernetzten beziehungsweise vernetzbaren informationstechnischen Systeme"[7] und ist vor allem in der internationalen Diskussion gebräuchlicher.[8]

Indem der deutsche und der europäische Gesetzgeber die technische Definition der IT-Sicherheit rezipiert haben, haben sie den technischen Begriff zum Rechtsbegriff gemacht und die IT-Sicherheit zudem rechtlicher Regulierung unterworfen.[9] Der Schutz der IT-Sicherheit lässt sich jedoch nicht vorrangig über ein spezifisches Schutzgut oder Rechtsgut konzipieren, da sich die Informations- und Kommunikationstechnik in allen möglichen Lebensbereichen ausweitet. Regulatorische Maßnahmen sind stattdessen entlang möglicher Angriffspunkte bei vernetzten IT-Systemen ausgerichtet. In diesem Sinne umfasst IT-Sicherheit vor allem Maßnahmen des Systemschutzes durch die Betreiber von IT-Systemen, Maßnahmen der Produktsicherheit durch die Hersteller von Hard- und Software, Maßnahmen zum Schutz von Kommunikationsvorgängen zwischen IT-Systemen und schließlich Maßnahmen zum Schutz von Kommunikationsarchitekturen wie dem Internet.[10]

---

[5] Z.B. Deutsche Fassung DIN EN ISO/IEC 27001:2017; IT-Grundschutz-Kompendium 2019 des BSI, abrufbar unter https://www.bsi.bund.de/SharedDocs/Downloads/DE/BSI/Grundschutz/Kompendium/IT_Grundschutz_Kompendium_Edition2019.html?nn=128542 (22.8.2023); vgl. dazu *Djeffal*, MMR 2019, 289 (290ff.); *Sohr/Kemmerich*, in: Kipker (Hrsg.), Cybersecurity, 2020, Kap. 2 Rn. 202ff.

[6] Vgl. zum Begriff der IT-Sicherheit *Hornung/Schallbruch*, in: dies. (Hrsg.), IT-Sicherheitsrecht, 2021, § 1 Rn. 10ff.; *Sohr/Kemmerich* (Fn. 5), Kap. 2 Rn. 6ff.

[7] *Bundesministerium des Innern, für Bau und Heimat*, Cybersicherheitsstrategie für Deutschland 2021, 133.

[8] *Schallbruch*, in: Hornung/ders. (Hrsg.), IT-Sicherheitsrecht, 2021, § 5 Rn. 6f.

[9] Vgl. § 2 Abs. 2 BSIG, Art. 6 Nr. 2 NIS-2-RL (EU) 2022/2555. Demgegenüber definiert Art. 2 Abs. 1 VO (EU) 2019/881 (sog. Rechtsakt zur Cybersicherheit) Cybersicherheit als „alle Tätigkeiten, die notwendig sind, um Netz- und Informationssysteme, die Nutzer solcher Systeme und andere von Cyberbedrohungen betroffene Personen zu schützen", wobei eine Cyberbedrohung gem. Art. 2 Abs. 5 VO (EU) 2019/881 „einen möglichen Umstand, ein mögliches Ereignis oder eine mögliche Handlung [bezeichnet], der/das/die Netz- und Informationssysteme, die Nutzer dieser Systeme und andere Personen schädigen, stören oder anderweitig beeinträchtigen könnte".

[10] Aufzählung der Regulierungsvektoren bei *Wischmeyer*, Die Verwaltung 50 (2017), 155 (158f.).

Im Mittelpunkt des vorliegenden Beitrags sollen allerdings nicht materiell-rechtliche Vorgaben, sondern die Bedeutung von Organisations- und Verfahrensrecht für die Gewährleistung von IT-Sicherheit in der öffentlichen Verwaltung stehen. Die Konzentration auf Organisation und Verfahren ist Kennzeichen einer Governance-Perspektive.[11] Governance meint rechtliche und nichtrechtliche Mechanismen der Handlungskoordinierung zwischen verschiedenen Akteuren auf gesellschaftlicher, staatlicher und supra- bzw. internationaler Ebene in einer bestimmten institutionellen Struktur. Der rechtswissenschaftliche Blick gilt hier vor allem den Regelungsstrukturen bei der IT-Sicherheit, das heißt einem konkreten, aufgabenbezogenen Arrangement aus Regelungsinstanzen, Maßstäben, Formen und Instrumenten. Mit Organisations- und Verfahrensregeln setzt das Recht Entscheidungsprämissen und stellt eine Rahmenordnung bereit, die die Eigenrationalitäten verschiedener Akteure berücksichtigen und Entscheidungen unter Unsicherheit ermöglichen kann. Damit reagiert die Governance-Perspektive zugleich auf spezifische Eigenschaften des Regelungs- und Untersuchungsgegenstands der IT-Sicherheit: Es handelt sich um eine heterogene, komplexe Querschnittsaufgabe in einem materiell(rechtlich) eher schwach determinierten, aber sehr dynamischen Regelungsumfeld, das von unterschiedlichen Akteuren in einem Mehrebenensystem bestellt wird.

Der Beitrag nimmt daher zunächst den unions- und den verfassungsrechtlichen Rahmen in den Blick und untersucht dann näher, welche Akteure in welchem institutionellen Setting und in welchen Verfahren zur Gewährleistung der IT-Sicherheit in der öffentlichen Verwaltung auf nationaler Ebene zusammenwirken. Die rechtswissenschaftliche Analyse kann sich aber nicht darin erschöpfen, Regelungsstrukturen aufzudecken. Stattdessen zählen auch deren normative Beurteilung und die Erörterung von Alternativen zu den genuin rechtswissenschaftlichen Leistungen. Daher schließt der Beitrag mit entsprechenden Reformüberlegungen.

II. Unions- und verfassungsrechtlicher Rahmen der IT-Sicherheit

1. Europäischer Verwaltungsverbund im Bereich der Cybersicherheit

Das europäische Primärrecht enthält keinen cybersicherheitsspezifischen Kompetenztitel. Der Unionsgesetzgeber hat deshalb wichtige Rechtsakte zur Cybersicherheit auf die allgemeine Binnenmarktkompetenz des Art. 114

---

[11] Siehe nur *Peuker*, Bürokratie und Demokratie in Europa, 2011, 48 ff. m. w. N.

AEUV gestützt und auf die Bedeutung eines hohen gemeinsamen Cybersicherheitsniveaus für das Funktionieren des Binnenmarkts verwiesen.[12] Hierzu zählt derzeit die im Juni 2019 in Kraft getretene Verordnung (EU) 2019/881 über die ENISA (Agentur der Europäischen Union für Cybersicherheit) und über die Zertifizierung der Cybersicherheit von Informations- und Kommunikationstechnik, die als „Rechtsakt zur Cybersicherheit" bezeichnet wird.[13] Die „NIS-2-Richtlinie" (EU) 2022/2555[14] vom 14.12.2022 ist von den Mitgliedstaaten bis zum 17.10.2024 umzusetzen und hebt die Vorgängerrichtlinie (EU) 2016/1148 („NIS-1-Richtlinie") zum 18.10.2024 auf. Beide Rechtsakte stärken europäische Verwaltungsverbundstrukturen im Bereich der Cybersicherheit.[15] Leitidee dieses Verwaltungsverbundes ist die Gewährleistung eines hohen gemeinsamen Cybersicherheitsniveaus in der EU – dieses Vorhaben wird durch Governance verwirklicht.

a) Europäische Cybersicherheitsagentur (ENISA)

So verschafft zum einen der Rechtsakt zur Cybersicherheit der europäischen Cybersicherheitsagentur ENISA ein nunmehr dauerhaftes und erweitertes Mandat als unabhängiges Kompetenzzentrum in Fragen der Cybersicherheit mit Informations-, Beratungs- und Unterstützungsfunktionen und einer verbesserten Ressourcenausstattung. Die ENISA besteht seit dem Jahr 2004 und hat durch den Rechtsakt zur Cybersicherheit 2019 zwar einen neuen Namen, aber noch kein neues Akronym erhalten.

b) Mitgliedstaatliche Institutionen, Informationen und Kooperationen

Zum anderen verpflichtet die NIS-2-Richtlinie die Mitgliedstaaten, eine nationale Cybersicherheitsstrategie festzulegen (Art. 7). Zudem muss jeder Mitgliedstaat eine oder mehrere zuständige Behörden zur Überwachung

---

[12] Vgl. Art. 1 Abs. 1 NIS-2-RL und Art. 1 Abs. 1 VO (EU) 2019/881. Der EuGH hat bereits 2006 festgestellt, dass die Verordnung zur Gründung der Europäischen Agentur für Netz- und Informationssicherheit (VO (EG) 460/2004) – auch im Hinblick auf die Gründung einer europäischen Agentur – auf die allgemeine Binnenmarktkompetenz des Art. 95 EGV (jetzt: Art. 114 AEUV) gestützt werden konnte, und eine gegen die Verordnung gerichtete Nichtigkeitsklage des Vereinigten Königreichs abgewiesen – EuGH, Urt. v. 2.5.2006 – Rs. C-217/04 (Vereinigtes Königreich/Parlament und Rat) – Rn. 46 ff.; kritisch hierzu *Ohler*, EuZW 2006, 372 (373 f.).

[13] ABl. 2019 L 151/15.

[14] ABl. 2022 L 333/80.

[15] Zum Verwaltungsverbund allgemein *Peuker* (Fn. 11), 23 ff.; mit Blick auf die Sicherheit von Netz- und Informationssystemen *Leisterer*, Internetsicherheit in Europa, 2018, 202 ff.

der Anwendung der NIS-2-Richtlinie, eine zentrale Anlaufstelle als Verbindungsstelle für die grenzüberschreitende Zusammenarbeit (Art. 8) sowie eine oder mehrere Behörden für das Management von Cybersicherheitsvorfällen großen (das heißt grenzüberschreitenden[16]) Ausmaßes benennen oder einrichten (Art. 9). Für die Aufsicht und Durchsetzung der Richtlinienbestimmungen durch die zuständigen Behörden enthalten Art. 31 ff. NIS-2-Richtlinie im Vergleich zur Vorgängerrichtlinie deutlich detailliertere Bestimmungen über behördliche Befugnisse, Sanktionen und Amtshilfe. Die Mitgliedstaaten sind weiterhin verpflichtet, ein oder mehrere Computer-Notfallteams (sog. CSIRTs bzw. CERTs)[17] einzurichten, die spezifischen Anforderungen genügen und spezifische Aufgaben erfüllen müssen (Art. 10 f.). Damit die zuständigen Behörden, zentralen Anlaufstellen und CSIRTs innerhalb eines Mitgliedstaats ihre Aufgaben und Pflichten wirksam erfüllen können, haben die Mitgliedstaaten so weit wie möglich für eine angemessene Zusammenarbeit dieser Stellen mit anderen nationalen Behörden, etwa den Datenschutz- oder Strafverfolgungsbehörden zu sorgen (Art. 13 Abs. 4).

Für den Informationsaustausch, die Zusammenarbeit und die Vertrauensbildung im grenzüberschreitenden Kontext sieht die NIS-2-Richtlinie die Einrichtung einer Kooperationsgruppe aus Vertretern der Mitgliedstaaten, der Europäischen Kommission und der europäischen Cybersicherheitsagentur ENISA (Art. 14), die Errichtung eines CSIRTs-Netzwerks aus den nationalen CSIRTs und dem Computer-Notfallteam der EU[18] (Art. 15) sowie die Errichtung eines Netzwerks der nationalen Behörden für das Cyberkrisenmanagement, ggf. unter Beteiligung der Kommission (Art. 16) vor.[19]

Ausweis der Cybersicherheitsgovernance im europäischen Verbund sind somit vor allem gegenseitige Informations-, Koordinierungs- und Zusam-

---

[16] Vgl. die Legaldefinition in Art. 6 Nr. 7 NIS-2-RL.

[17] CSIRTs – Computer Security Incident Response Teams; CERTs – Computer Emergency Response Teams.

[18] Die Rechtsgrundlage des im Mai 2011 durch Beschluss der Generalsekretäre der Organe und Einrichtungen der Union eingesetzten CERT-EU bildet nunmehr die interinstitutionelle „Vereinbarung zwischen dem Europäischen Parlament, dem Europäischen Rat, dem Rat der Europäischen Union, der Europäischen Kommission, dem Gerichtshof der Europäischen Union, der Europäischen Zentralbank, dem Europäischen Rechnungshof, dem Europäischen Auswärtigen Dienst, dem Europäischen Wirtschafts- und Sozialausschuss, dem Europäischen Ausschuss der Regionen und der Europäischen Investitionsbank über die Organisation und die Funktionsweise eines IT-Notfallteams für die Organe, Einrichtungen und sonstigen Stellen der Union (CERT-EU)" v. 20.12.2017, ABl. 2018 C 12/01.

[19] Sog. European Cyber Crisis Liaison Organisation Network – EU-CyCLONe.

menarbeitspflichten der Mitgliedstaaten bei Sicherheitsvorfällen sowie die Bildung von Netzwerken und einer Kooperationsgruppe.

c) Öffentliche Verwaltung als wesentliche oder wichtige Einrichtung

Hinzu kommen ins mitgliedstaatliche Recht umzusetzende Pflichten der Betreiber von sog. wesentlichen oder wichtigen Einrichtungen, geeignete technische, operative und organisatorische Maßnahmen zum Risikomanagement im Bereich der Cybersicherheit zu ergreifen und über Cybersicherheitsvorfälle zu informieren (Art. 21, 23 NIS-2-RL).

Zu den wesentlichen Einrichtungen zählen gemäß Art. 3 Abs. 1 lit. d, Art. 2 Abs. 2 lit. f Ziff. i NIS-2-RL erstmals auch von den Mitgliedstaaten gemäß nationalem Recht definierte Einrichtungen der öffentlichen Verwaltung der Zentralregierung.[20] Vorbehaltlich der Regelung durch den deutschen Umsetzungsgesetzgeber dürften hierzu die Bundesministerien, nicht aber die nachgeordneten Bundesbehörden in den Geschäftsbereichen der Bundesministerien zählen.[21]

Als wichtige Einrichtung gelten gemäß Art. 3 Abs. 2, Anhang I Nr. 10, Art. 2 Abs. 2 lit. f Ziff. ii NIS-2-RL von den Mitgliedstaaten gemäß nationalem Recht definierte Einrichtungen der öffentlichen Verwaltung auf regionaler Ebene, die nach einer risikobasierten Bewertung Dienste erbringen, deren Störung erhebliche Auswirkungen auf kritische gesellschaftliche oder wirtschaftliche Tätigkeiten haben könnte. Die Landesgesetzgeber könnten hier entsprechende Einrichtungen der Landesverwaltung benennen. Wegen des mitgliedstaatlichen Kompetenzvorbehalts für die nationale Sicherheit

[20] Art. 6 Nr. 35 NIS-2-RL definiert „Einrichtung der öffentlichen Verwaltung" als eine nach nationalem Recht anerkannte Einrichtung, die (a) zu dem Zweck gegründet wurde, im allgemeinen Interesse liegende Aufgaben zu erfüllen, und keinen gewerblichen oder kommerziellen Charakter hat, (b) Rechtspersönlichkeit besitzt oder gesetzlich dazu befugt ist, im Namen einer anderen Einrichtung mit eigener Rechtspersönlichkeit zu handeln, (c) überwiegend vom Staat, Gebietskörperschaften oder von anderen Körperschaften des öffentlichen Rechts finanziert wird, hinsichtlich ihrer Leitung der Aufsicht dieser Körperschaften untersteht oder über ein Verwaltungs-, Leitungs- bzw. Aufsichtsorgan verfügt, das mehrheitlich aus Mitgliedern besteht, die vom Staat, von Gebietskörperschaften oder von anderen Körperschaften des öffentlichen Rechts eingesetzt worden sind, und (d) befugt ist, an natürliche oder juristische Personen Verwaltungs- oder Regulierungsentscheidungen zu richten, die deren Rechte im grenzüberschreitenden Personen-, Waren-, Dienstleistungs- oder Kapitalverkehr berühren. Ausgenommen sind Justiz, Parlamente und Zentralbanken.

[21] Als „zentrale Regierungsbehörden" wurden insoweit vergleichbar gem. Art. 2 Abs. 1 Nr. 2 RL (EU) 2014/24 über die öffentliche Auftragsvergabe in deren Anhang I für Deutschland nur die Bundesministerien einschließlich des Bundeskanzleramts benannt.

(Art. 4 Abs. 2 S. 3 EUV) und der Pflicht der EU zur Achtung der grundlegenden Funktionen des Staates, insbesondere die Wahrung der territorialen Unversehrtheit und die Aufrechterhaltung der öffentlichen Ordnung (Art. 4 Abs. 2 S. 2 EUV), ist die Tätigkeit von Behörden und durch die Mitgliedstaaten näher bestimmter Einrichtungen in diesem Bereich allerdings vom Anwendungsbereich der NIS-2-Richtlinie ausgenommen (Art. 2 Abs. 6–8 NIS-2-RL).

Die Mitgliedstaaten können in der Umsetzungsgesetzgebung gemäß Art. 2 Abs. 5 lit. a NIS-2-RL zudem vorsehen, dass die Richtlinie auch auf Einrichtungen der öffentlichen Verwaltung auf lokaler Ebene Anwendung findet. Das würde der Bedeutung der Kommunen für den digitalen Verwaltungsvollzug gerade auch in kritischen Sektoren und dem entsprechenden Cybersicherheitsbedarf Rechnung tragen.[22]

Anders als nach der Vorgängerrichtlinie unterliegen somit auch solche Einrichtungen der öffentlichen Verwaltung, die im nationalen Recht noch näher zu bestimmen sind, den Risikomanagement- und Berichtspflichten der NIS-2-Richtlinie.

2. *Verfassungsrechtliche Vorgaben*

Die deutsche Verfassung schweigt auf den ersten Blick zu Fragen der IT-Sicherheit. Und tatsächlich fand sich im Grundgesetz lange keine ausdrückliche Verankerung. Literatur und Rechtsprechung haben die IT-Sicherheit daher zunächst allgemein als Gegenstand grundrechtlicher Schutzpflichten sowie staatlicher Infrastrukturverantwortung konzipiert. Für die IT-Sicherheit in der öffentlichen Verwaltung sind vor allem die verfassungsrechtliche Verteilung der Verwaltungskompetenzen und neu in das Grundgesetz aufgenommene spezielle Tatbestände der Verwaltungszusammenarbeit im Bereich der IT relevant.

a) Grundrechtliche Schutzpflichten

Staatliche Schutzpflichten hinsichtlich der IT-Sicherheit wurden zunächst als objektiv-rechtliche Gehalte von Grundrechten entwickelt, vorrangig gestützt auf die Kommunikations- und Medienfreiheiten des Art. 5 Abs. 1 GG sowie das Fernmeldegeheimnis des Art. 10 Abs. 1 Var. 3 GG.[23] Mit dem aus Art. 2 Abs. 1 i. V. m. Art. 1 Abs. 1 GG abgeleiteten Grundrecht auf Gewährleistung der Vertraulichkeit und Integrität informationstechnischer Systeme

---

[22] Vgl. *Peuker*, DÖV 2022, 275.

[23] Vgl. nur *Sonntag*, IT-Sicherheit kritischer Infrastrukturen, 2005, 106 ff. m. w. N.

hat das Bundesverfassungsgericht dem Einzelnen sogar ein subjektives Abwehrrecht gegen die staatliche Infiltration seiner IT-Systeme an die Hand gegeben[24], das zugleich eine objektive Schutzpflicht des Staates begründet.[25] Bei Maßnahmen zur Gewährleistung der IT-Sicherheit hat der Gesetzgeber entsprechend der allgemeinen Schutzpflichtendogmatik einen weiten Einschätzungs-, Wertungs- und Gestaltungsspielraum, der nur durch das Untermaßverbot begrenzt ist.[26] Daher kann das Bundesverfassungsgericht die Verletzung einer Schutzpflicht nur dann feststellen, wenn Schutzvorkehrungen entweder überhaupt nicht getroffen sind, wenn die getroffenen Regelungen und Maßnahmen offensichtlich ungeeignet oder völlig unzulänglich sind, das gebotene Schutzziel zu erreichen, oder wenn sie erheblich hinter dem Schutzziel zurückbleiben.[27] Detailliertere Vorgaben hinsichtlich der Gewährleistung von IT-Sicherheit lassen sich aus den objektiv- und subjektivrechtlichen Gehalten der genannten Grundrechte somit nicht ableiten.

b) Staatliche Infrastrukturverantwortung

Gemäß Art. 87f Abs. 1 GG gewährleistet der Bund nach Maßgabe eines Bundesgesetzes, das der Zustimmung des Bundesrates bedarf, im Bereich der Telekommunikation flächendeckend angemessene und ausreichende Dienstleistungen. Eine dynamische Auslegung dieser 1994 in das Grundgesetz eingefügten Vorschrift erlaubt es, IT-Sicherheit stärker als einen Gegenstand der staatlichen Infrastrukturverantwortung zu akzentuieren und damit dem seinerzeit vom verfassungsändernden Gesetzgeber nicht vorhersehbaren Bedeutungszuwachs der IT-Sicherheit Rechnung zu tragen.[28] Dogmatischer Anknüpfungspunkt für eine solche dynamische Auslegung ist das Merkmal der Angemessenheit der Telekommunikationsdienstleistungen. Dessen offener Wortlaut ist nicht nur auf die Qualität der Dienstleistung im Sinne einer bestimmten Übertragungsbandbreite zu reduzieren, wie herkömmlich vertreten wird. Vielmehr gehört zu einer angemessenen Qualität „auch ein Schutz vor Ausspähung, Manipulation oder sonstigen durch die Telekommunikation ermöglichten Beeinträchtigungen".[29] Organisatorisch-prozeduraler Ausdruck der so verstandenen Infrastrukturver-

---

[24] BVerfGE 120, 274.

[25] BVerfGE 158, 170 (184 Rn. 26ff.); vgl. auch BVerfG Beschl. v. 20.1.2022 – 1 BvR 1552/19 – Rn. 17.

[26] Vgl. *Frenz*, DVBl. 2019, 1021 (1023).

[27] Exemplarisch BVerfGE 158, 170 (191 Rn. 50) m. w. N.

[28] Zum Folgenden: *Peuker* (Fn. 1), 290ff. m. w. N.

[29] *Hoffmann-Riem*, JZ 2014, 53 (58); zustimmend *Wolff*, in: Hömig/Wolff, GG, 2022, Art. 87f Rn. 3; ebenso *Leisterer* (Fn. 15), 39f.

antwortung ist vor allem ein dauerhafter Steuerungs- und Sicherungsauftrag an den Gesetzgeber. Dieser muss einen Rahmen bereitstellen, der eine kontinuierliche Beobachtung der Entwicklung der IT-Sicherheit und Nachbesserungsmöglichkeiten gewährleistet.[30]

c) Verwaltungskompetenzen im Bundesstaat

Im Verfassungsstaat des Grundgesetzes sind die Verwaltungskompetenzen zwischen Bund und Ländern aufgeteilt. Für die Festsetzung und Anwendung von Organisations- und Verfahrensregelungen zur Gewährleistung der IT-Sicherheit in der öffentlichen Verwaltung sind der Bund für die Bundesverwaltung und die Länder für ihre jeweiligen Landesverwaltungen (einschließlich der Kommunen[31]) grundsätzlich selbst zuständig.[32] Das gilt gemäß Art. 84 Abs. 1 S. 1 GG auch dann, wenn die Länder Bundesgesetze als eigene Angelegenheiten ausführen. In Ausnahmefällen kann der Bund aber gemäß Art. 84 Abs. 1 S. 5, 6 GG wegen eines besonderen Bedürfnisses nach bundeseinheitlicher Regelung das Verwaltungsverfahren ohne Abweichungsmöglichkeit für die Länder regeln. Ein solches besonderes Bedürfnis verfolgt der Bundesgesetzgeber, wenn er mit dem Onlinezugangsgesetz (OZG) einen bundesweit einheitlichen, übergreifenden informationstechnischen Zugang zu allen (Bundesgesetze vollziehenden) Verwaltungsleistungen aller Verwaltungsebenen über einen Portalverbund eröffnen möchte und dabei in § 5 OZG auch Fragen der IT-Sicherheit in den Blick nimmt.[33]

Der 2009 neu in das Grundgesetz aufgenommene Art. 91c GG erlaubt Bund und Ländern darüber hinaus, bei Planung, Errichtung und Betrieb von informationstechnischen Systemen zusammenzuwirken (Abs. 1) und die notwendigen Standards und Sicherheitsanforderungen für die Kommunikation ihrer IT-Systeme festzulegen (Abs. 2). Zu diesem Zwecke haben Bund und Länder durch einen Staatsvertrag (IT-StV)[34] den sog. IT-Pla-

---

[30] *Sonntag* (Fn. 23), 131; *Leisterer* (Fn. 15), 39 f.

[31] Wie das BVerfG wiederholt klargestellt hat, bilden die Kommunen im zweistufigen Bundesstaat des GG keine dritte staatliche Ebene, sondern sind staatsorganisationsrechtlich und finanzverfassungsrechtlich den Ländern zugeordnet. Sie können sich zwar auf die Selbstverwaltungsgarantie in Art. 28 Abs. 2 GG stützen, bleiben jedoch hinsichtlich der grundgesetzlichen Verteilung der Verwaltungskompetenzen stets Bestandteil der Länder, BVerfGE 39, 96 (109); 119, 331 (364); 137, 108 (140).

[32] Vgl. *Poscher/Lasahn*, in: Hornung/Schallbruch (Hrsg.), IT-Sicherheitsrecht, 2021, § 7 Rn. 53.

[33] *Herrmann/Stöber*, NVwZ 2017, 1401 (1403); *Siegel*, DÖV 2018, 185 (188); *Martini/Wiesner*, ZG 2017, 193 (199); *Denkhaus/Richter/Bostelmann*, EGovG/OZG, 2019, Einl. OZG Rn. 25; vgl. näher zum OZG den Beitrag von *Peuker*, in diesem Band, S. 56 ff.

[34] Vertrag über die Errichtung des IT-Planungsrats und über die Grundlagen der Zu-

nungsrat eingesetzt, der gemäß § 1 Abs. 1 Nr. 2, § 2 Abs. 1 IT-StV mit qualifizierter Mehrheit fachunabhängige und fachübergreifende IT-Sicherheitsstandards für den im Rahmen ihrer Aufgabenerfüllung notwendigen Austausch von Daten zwischen Bund und Ländern beschließt. Solche Beschlüsse können gemäß § 2 Abs. 2 IT-StV auch der Vereinheitlichung des Datenaustauschs der öffentlichen Verwaltung mit Bürgern und Wirtschaft dienen. Als erster Sicherheitsstandard wurde 2013 die „Leitlinie für die Informationssicherheit in der öffentlichen Verwaltung" verabschiedet.[35] Jenseits dieses thematisch auf die ebenübergreifende Kommunikation der IT-Systeme von Bund und Ländern begrenzten und verfassungsrechtlich ausdrücklich geregelten Falls der Verwaltungszusammenarbeit bleiben Aufgaben und Zuständigkeiten zwischen Bund und Ländern bei der Digitalisierung der Verwaltung nach Maßgabe der Art. 30, 83 ff. GG aber grundsätzlich weiter getrennt.[36] Das gilt auch mit Blick auf die Festlegung von Vorgaben zur IT-Sicherheit. Die (Annex-)Kompetenz des Bundes aus Art. 91c Abs. 5 GG zur Regelung der IT-Sicherheit im Portalverbund, der einen übergreifenden informationstechnischen Zugang zu Verwaltungsleistungen von Bund, Ländern und Kommunen eröffnet, bestätigt als weitere Ausnahme diesen Grundsatz.[37]

---

sammenarbeit beim Einsatz der Informationstechnologie in den Verwaltungen von Bund und Ländern – Vertrag zur Ausführung von Artikel 91c GG (IT-Staatsvertrag), Bekanntmachung der Neufassung v. 13.12.2019, BGBl. 2019 I, 2852.

[35] *IT-Planungsrat*, Beschluss 2019/04 v. 12.3.2019: Neufassung der Leitlinie im Jahr 2019, abrufbar unter https://www.it-planungsrat.de/fileadmin/beschluesse/2019/Beschluss2019-04_TOP12_Anlage_Leitlinie.pdf (22.8.2023); vgl. hierzu *Schardt*, in: Hornung/Schallbruch (Hrsg.), IT-Sicherheitsrecht, 2021, § 25 Rn. 58 ff.

[36] Ebenso *Wischmeyer*, in: v. Mangoldt/Klein/Starck, GG, Bd. 3, 2018, Art. 91c Rn. 24; *Martini*, in: v. Münch/Kunig, GG, Bd. 2, 2021, Art. 91c Rn. 28.

[37] Realisiert durch § 5 OZG; in diesem Sinne nimmt § 5 S. 5 OZG die Länder durch den Verweis auf § 4 Abs. 2 OZG in die Pflicht, die technischen und organisatorischen Voraussetzungen zur Umsetzung der durch Rechtsverordnung des Bundesministeriums des Innern ohne Zustimmung des Bundesrates und ohne Abweichungsmöglichkeit der Länder (§ 5 S. 1, 4 OZG) festgelegten und verpflichtenden Standards zur IT-Sicherheit sicherzustellen. Als Annexkompetenz eingeordnet bei *Schliesky/Hoffmann*, DÖV 2018, 193 (195, 197 f.); für eine ohnehin weit zu verstehende Bundeskompetenz dagegen *Wischmeyer*, in: v. Mangoldt/Klein/Starck, GG, Bd. 3, 2018, Art. 91c Rn. 33; vgl. auch *Wiesner/Martini*, ZG 32 (2017), 193; *Berger*, DÖV 2019, 799.

III. Institutionelles Arrangement

Vor diesem unions- und verfassungsrechtlichen Hintergrund zeichnet sich ein komplexes institutionelles Arrangement zur Gewährleistung der IT-Sicherheit in der öffentlichen Verwaltung in Deutschland ab. Es ist gekennzeichnet durch eine Vielzahl von Akteuren auf Bundes- und Landesebene (einschließlich der Kommunen) sowie durch unterschiedliche organisationsrechtliche Rechtsquellen, die – je nach Befugniszuschnitt der Akteure – vom Einrichtungsgesetz über den Kabinettsbeschluss bis zu individuellen Kooperationsvereinbarungen zwischen Behörden und der Einbindung Privater reichen.

1. Bund

a) IT-Rat der Bundesregierung als politisch-strategisches Steuerungsgremium

Der IT-Rat der Bundesregierung ist das höchste Steuerungsgremium für die Verwaltungsdigitalisierung in der Bundesverwaltung, das verbindlich und abschließend politisch-strategische Vorgaben zur ressortübergreifenden Steuerung der Informationstechnik des Bundes beschließt.[38] Er tagt gemäß § 3 Abs. 1 Nr. 1 seiner Geschäftsordnung (GO) mindestens vierteljährlich und setzt sich im Wesentlichen zusammen aus beamteten Staatssekretären eines jeden Bundesministeriums unter dem gemeinsamen Vorsitz des Chefs des Bundeskanzleramts sowie des (im Bundesministerium des Innern und für Heimat angesiedelten) Beauftragten der Bundesregierung für Informationstechnik (§ 1 GO). Seine Beschlüsse sind gemäß § 3 Abs. 4 Nr. 2 GO einstimmig zu fassen. Sowohl die Zusammensetzung als auch das Einstimmigkeitserfordernis spiegeln das verfassungsrechtlich in Art. 65 Abs. 2 GG verankerte Ressortprinzip wider. Verbindliche Rahmenbedingungen für den Schutz der in der Bundesverwaltung verarbeiteten Informationen und der dabei genutzten IT-Systeme, Dienste und Kommunikationsnetzinfrastrukturen des Bundes hat der IT-Rat als allgemeine Verwaltungsvorschrift im zuletzt 2017 geänderten sog. Umsetzungsplan Bund (UP-Bund) verabschiedet.[39]

---

[38] Vgl. die Präambel der Geschäftsordnung des IT-Rats (Beschluss Nr. 2022/07 v. 28.9.2022), abrufbar unter https://t1p.de/kh6zv (22.8.2023).

[39] Abrufbar unter https://www.bmi.bund.de/SharedDocs/downloads/DE/publikationen/themen/it-digitalpolitik/up-bund-2017.pdf?__blob=publicationFile&v=3 (22.8.2023); vgl. hierzu *Schardt* (Fn. 35), Rn. 9ff.

b) Der Nationale Cyber-Sicherheitsrat

Auf Grundlage der Cyber-Sicherheitsstrategie 2011 der Bundesregierung wurde der Nationale Cyber-Sicherheitsrat eingesetzt. Dieses Gremium dient der Koordinierung von Cybersicherheitsfragen innerhalb der Bundesregierung sowie zwischen Staat und Wirtschaft und setzt sich aus Vertretern der Bundesministerien, der Länder, der Wirtschaftsverbände und der Wissenschaft zusammen. Unter dem Vorsitz des Beauftragten der Bundesregierung für Informationstechnik soll der Rat gemeinsam präventive Instrumente und langfristige übergreifende Politikansätze für Cyber-Sicherheit entwickeln, über die er die Bundesregierung regelmäßig unterrichtet. Hierbei geht es um Vorschläge zur Weiterentwicklung der nationalen Cyber-Sicherheitsregelungen sowie der Kooperation von Staat und Wirtschaft, um die Gestaltung der föderalen Cyber-Sicherheitsarchitektur und um den Austausch mit vergleichbaren strategischen Gremien internationaler Partner.[40]

c) Das Bundesamt für Sicherheit in der Informationstechnik

Im institutionellen Arrangement auf Bundesebene kommt dem BSI eine besondere Bedeutung zu. Seine Ursprünge reichen bis zur 1950 eingerichteten „Zentralstelle für Chiffrierwesen“ zurück, die dem Bundesnachrichtendienst zugeordnet war. Durch das BSI-Gesetz (BSIG) von 1990 wurde das BSI organisatorisch aus dem Bereich der Nachrichtendienste herausgenommen und als zivile Bundesoberbehörde im Geschäftsbereich des Bundesministeriums des Innern eingesetzt, die bundesweit für alle Fragen im Zusammenhang mit der Sicherheit in der Informationstechnik zuständig sein sollte.[41] Es ist zugleich die unionsrechtlich zwingend zu benennende zentrale Stelle für Informationssicherheit auf nationaler Ebene.

Die Aufgaben des BSI wurden durch mehrere Änderungen des BSIG wesentlich erweitert, wie der heute umfangreiche Aufgabenkatalog des § 3 BSIG verdeutlicht. Das BSI ist hiernach der zentrale IT-Sicherheitsdienstleister des Bundes. Ihm obliegen etwa die Gefahrenabwehr für die Sicherheit der Informationstechnik des Bundes, die Sammlung und Auswertung von Informationen zur IT-Sicherheit einschließlich der Informationsweitergabe an andere staatliche Stellen oder die umfassende Unterstützung der Länder bei der Sicherung ihrer Informationstechnik und der Gefahrenabwehr auf

---

[40] Vgl. *Bundesministerium des Innern*, Cyber-Sicherheitsstrategie für Deutschland 2016, 45.

[41] *Buchberger*, in: Schenke/Graulich/Ruthig (Hrsg.), Sicherheitsrecht des Bundes, 2019, § 1 BSIG Rn. 1 f.

deren Ersuchen hin. Das BSI unterhält auch ein Computer-Notfallteam für die Bundesverwaltung (CERT-Bund).

d) Das Nationale Cyber-Abwehrzentrum

Das Nationale Cyber-Abwehrzentrum in Bonn (NCAZ) ist eine Plattform zum Informationsaustausch unter Federführung des BSI, an der neben acht Vertretern des BSI je ein Vertreter des Bundesamts für Verfassungsschutz sowie des Bundesamts für Bevölkerungsschutz und Katastrophenhilfe regelmäßig beteiligt sind. Vertreter von Bundeskriminalamt, Bundespolizei, Zollkriminalamt, Bundesnachrichtendienst, Bundeswehr, der Bundesanstalt für Finanzdienstleistungsaufsicht und den Aufsichtsbehörden über die Betreiber kritischer Infrastrukturen werden anlassbezogen eingebunden.

Das NCAZ ist keine eigenständige Behörde. Seine Einsetzung beruht auch nicht auf einer gesetzlichen Grundlage, sondern auf einem Kabinettsbeschluss im Rahmen der Cybersicherheitsstrategie der Bundesregierung 2011 und Kooperationsvereinbarungen der beteiligten Bundesbehörden[42]. Aufgabe des NCAZ ist es, ein Lagebild zur Cybersicherheit zu erstellen sowie Informationen zu Cybervorfällen auszutauschen.[43] Dabei bringen die beteiligten Behördenvertreter ihre spezifischen Kenntnisse und Perspektiven ein, um die Gefährdungslage der Cybersicherheit in Deutschland umfassend zu analysieren und bewerten. Dies erfolgt unter strikter Wahrung ihrer Aufgaben und gesetzlichen Befugnisse. Entscheidungen, die aus der gemeinsamen Analyse der Cybersicherheitslage folgen, treffen die beteiligten Bundesbehörden in eigener Verantwortung und eigener Zuständigkeit.[44] Das NCAZ hat auch keine eigenen operativen Aufgaben und Befugnisse. Daher begegnen die Einrichtung und die Tätigkeit des NCAZ auch keinen verfassungsrechtlichen Bedenken.[45] Der schmale Aufgabenzuschnitt, die schwache personelle Bestückung sowie die fehlende Akzeptanz selbst unter den beteiligten Behörden verdammen das NCAZ aber zu weitgehender Bedeutungslosigkeit und rufen entsprechende Kritik hervor, die auch auf vorhandene Parallelstrukturen verweist.[46] Die bereits in der Cy-

---

[42] Die Kooperationsvereinbarungen sind abrufbar unter https://fragdenstaat.de/anfrage/kooperationsvereinbarungen-zum-nationalen-cyber-abwehrzentrum/ (22.8.2023).

[43] Vgl. *Bundesministerium des Innern*, Cyber-Sicherheitsstrategie für Deutschland 2011, 8; Antwort der Bundesregierung auf eine Kleine Anfrage, BT-Drs. 17/5694, 2ff.

[44] *Linke*, DÖV 2015, 128 (130), spricht von „kollektiver Eigensicherung" der beteiligten Behörden.

[45] Ebenso *Linke*, DÖV 2015, 128 (132ff.); vgl. auch *Fremuth*, AöR 139 (2014), 32 (65f.).

[46] Problematisch ist insbesondere die Abgrenzung zu dem ebenfalls im BSI angesiedelten IT-Lagezentrum sowie dem CERT-Bund. Beide sind mit der Warnung und un-

bersicherheitsstrategie 2016 versprochene Weiterentwicklung des NCAZ zum „Cyber-Abwehrzentrum plus" mit eigenen Bewertungs- und Auswertungsfähigkeiten und deutlich verbesserter Personalausstattung steht freilich noch aus.[47]

2. *Länder*

Die Länder treffen in je eigener Zuständigkeit organisatorische Vorkehrungen zur Gewährleistung der IT-Sicherheit in ihren Landesverwaltungen. Entsprechend vielfältig gestaltet sich die Organisationslandschaft auf Landesebene.[48] Regelmäßig ernennen die Länder Beauftragte für Informationstechnologie (Chief Information Officer – CIO), die ihr Land im IT-Planungsrat vertreten und ihrerseits Beauftragte für Informationssicherheit (Chief Information Security Officer – CISO) ernennen.[49] Außerdem unterhalten die Länder eigene Computer-Notfallteams für die Landesverwaltung. Eine ressortübergreifende Abstimmung zwischen den obersten Landesbehörden (Ministerien) zu Fragen der IT findet in einem gemeinsamen Gremium statt.[50] Der Freistaat Bayern unterhält sogar ein eigenes Landesamt für Sicherheit in der Informationstechnik, dessen Aufgaben und Befugnisse in Art. 41 ff. des Bayerischen Digitalgesetzes näher geregelt werden. Regelmäßig ist auch ein IT-Kooperationsrat als Gremium für die Zusammenarbeit des Landes und seiner Kommunen vorgesehen.[51]

---

mittelbaren Bewältigung eines Vorfalls im Sinne des *incident handling* zur technischen Wiederherstellung von IT-Systemen betraut, während der Schwerpunkt des NCAZ nicht in der Warnung, sondern in der Koordinierung von Maßnahmen der beteiligten Behörden und kurz- und mittelfristigen Analysen und Bewertungen liegt, vgl. die Durchführungserläuterungen des NCAZ Lenkungsausschusses zum Dokument „Auftrag und Arbeitsweise", S. 8, abrufbar unter https://fragdenstaat.de/anfrage/evaluierungen-nationales-cyber-abwehrzentrum-cyber-az/54891/anhang/Durchfhrungserluterungen_zum_Dokument_Auftrag5Fund_Arbeitsweise_final_geschwrzt.pdf (22.8.2023).

[47] *Bundesministerium des Innern*, Cyber-Sicherheitsstrategie für Deutschland 2016, 28.

[48] Regelmäßig aktualisierte Bestandsaufnahme bei *Herpig* u. a., Deutschlands staatliche Cybersicherheitsarchitektur, 2023, 164 ff., abrufbar unter https://www.stiftung-nv.de/de/publikation/deutschlands-staatliche-cybersicherheitsarchitektur (22.8.2023).

[49] Exemplarisch § 17 Abs. 2 Sächsisches E-Government-Gesetz (CIO) und § 5 Sächsisches Informationssicherheitsgesetz (CISO).

[50] Exemplarisch § 17 Abs. 1 SächsEGovG.

[51] Überblick bei *Guckelberger*, Öffentliche Verwaltung im Zeitalter der Digitalisierung, 2019, Rn. 340 ff.; *Schulz*, in: Seckelmann (Hrsg.), Digitalisierte Verwaltung – Vernetztes E-Government, 2019, Kap. 9 Rn. 29 ff. So zielt etwa die Zusammenarbeit des

3. Bund-Länder-Koordinierung

Die Koordinierung zwischen Bund und Ländern zu Fragen der IT-Sicherheit bei der (ebenenübergreifenden) Kommunikation zwischen ihren informationstechnischen Systemen erfolgt im bereits angesprochen IT-Planungsrat. Zur organisatorischen und fachlichen Unterstützung des IT-Planungsrats haben Bund und Länder zum 1.1.2020 eine rechtsfähige Anstalt des öffentlichen Rechts namens „FITKO (Föderale IT-Kooperation)" errichtet (§§ 5 ff. IT-StV). Im August 2020 hat sich das Kommunalgremium des IT-Planungsrats konstituiert, das dem Informationsaustausch zwischen dem IT-Planungsrat und den Kommunen dient und sich aus 14 Kommunalvertretern[52] unter dem Vorsitz der FITKO zusammensetzt.[53] Als Plattform zum Informationsaustausch zwischen den CERTs des Bundes und der Länder dient schließlich der VerwaltungsCERT-Verbund (VCV).

IV. Verfahrensgestaltungen

Neben dem komplexen institutionellen Arrangement ist die Gewährleistung der IT-Sicherheit in der öffentlichen Verwaltung in Deutschland durch einen Mix aus Verfahrensgestaltungen und unterschiedlichen Instrumenten gekennzeichnet. Besondere Beachtung verdienen gesetzlich geregelte operative Eingriffs- und Informationsrechte des BSI, auch unter Einbeziehung Dritter, Standardisierungs- und Zertifizierungsverfahren und rechtlich nicht näher determinierte Verfahren der Koordinierung und Zusammenarbeit.

1. Operative Gefahrenabwehr des BSI

Zu den Hauptaufgaben des BSI zählt die Abwehr von Gefahren für die Sicherheit der Informationstechnik des Bundes (§ 3 Abs. 1 S. 2 Nr. 1 BSIG). Zu diesem Zwecke darf das BSI etwa die Sicherheit der Kommunikationstech-

Freistaats Sachsen und der sächsischen Kommunen beim Ausbau ihrer informationstechnischen Systeme im IT-Kooperationsrat gem. § 18 Abs. 1 und 2 SächsEGovG vor allem auf die Einführung elektronischer, verwaltungsebenenübergreifend interoperabler und sicherer Verwaltungsabläufe.

[52] Je drei Vertreter von Städten, Landkreisen und Gemeinden sowie der Bundes-Arbeitsgemeinschaft der kommunalen IT-Dienstleister (VITAKO) und zwei Vertreter der Kommunalen Gemeinschaftsstelle für Verwaltungsmanagement (KGSt); vgl. *IT-Planungsrat* (Fn. 35).

[53] Vgl. https://www.it-planungsrat.de/foederale-zusammenarbeit/gremien (22.8.2023).

nik des Bundes und ihrer Komponenten, einschließlich technischer Infrastrukturen, die zum Betrieb der Kommunikationstechnik des Bundes erforderlich sind, kontrollieren (§ 4a Abs. 1 BSIG), Protokoll- und Schnittstellendaten erheben und auswerten (§ 5 Abs. 1 S. 1 BSIG) und andere Bundesbehörden, Polizeien und Strafverfolgungsbehörden der Länder sowie Verfassungsschutzbehörden und Nachrichtendienste unterstützen. Das BSI unterhält zudem ein Mobile Incident Response Team, um Bundesbehörden und Betreiber kritischer Infrastrukturen bei der Wiederherstellung der Sicherheit und Funktionsfähigkeit ihrer IT-Systeme zu unterstützen, wenn ein Angriff von besonderer technischer Qualität vorliegt oder ein Eingreifen im besonderen öffentlichen Interesse liegt (§ 5b BSIG). Zulässig sind schließlich Untersuchungen der Sicherheit von auf dem Markt bereitgestellten oder zur Bereitstellung auf dem Markt vorgesehenen informationstechnischen Produkten und Systemen (§ 7a BSIG) sowie Maßnahmen zur Detektion von Sicherheitslücken und anderen Sicherheitsrisiken bei Einrichtungen des Bundes (§ 7b Abs. 1 BSIG).

2. *Einbeziehung Dritter bei Gefahrenabwehr und Kontrolle*

Das BSIG erlaubt dem BSI, auch private Dritte bei der Aufgabenerfüllung einzubeziehen, um so deren besonderen technischen Sachverstand zu nutzen oder Verwaltungsaufgaben zu externalisieren.[54] So kann das BSI bei der operativen Wiederherstellung der Sicherheit oder Funktionsfähigkeit der IT von Bundesbehörden oder Betreibern kritischer Infrastrukturen in herausgehobenen Fällen auch qualifizierte Dritte einbeziehen (§ 5c V BSIG). Hersteller betroffener IT-Systeme kann das BSI in diesen Fällen sogar zur Mitwirkung verpflichten (§ 5c VI BSIG).

3. *Informationshandeln des BSI*

Als zentrale Meldestelle für die Sicherheit der IT des Bundes hat das BSI zunächst alle zur Gefahrenabwehr erforderlichen Informationen zu sammeln und auszuwerten (§ 4 BSIG). Zwischen dem BSI und anderen Bundesbehörden bestehen daher wechselseitige Unterrichtungspflichten über IT-sicherheitsrelevante Erkenntnisse (§ 4 Abs. 2 Nr. 2, Abs. 3 und 4 BSIG).

---

[54] Vgl. *Buchberger* (Fn. 41), § 5c BSIG Rn. 9.

4. Standardisierung und Zertifizierung

Zu den Aufgaben des BSI zählen auch die Entwicklung von Mindeststandards zur IT-Sicherheit und die Zertifizierung der Konformität mit diesen Standards mit Blick auf die Informationstechnik der Bundesverwaltung (§§ 8, 9 BSIG). Eine Abweichung von den Mindeststandards des BSI ist nur in sachlich gerechtfertigten Fällen zulässig und außerdem zu dokumentieren und zu begründen. Das BSI berät die Stellen der Bundesverwaltung (einschließlich Körperschaften, Anstalten und Stiftungen des öffentlichen Rechts sowie öffentlicher Unternehmen, die mehrheitlich im Eigentum des Bundes stehen und die IT-Dienstleistungen für die Bundesverwaltung erbringen) auf Ersuchen bei der Umsetzung und Einhaltung der Mindeststandards.

5. (Nicht) Normierte Formen der Koordinierung und Zusammenarbeit

Die Koordinierung und Zusammenarbeit von Akteuren in Fragen der IT-Sicherheit findet sowohl in rechtlich normierten wie in nicht normierten Formen statt. Auf europäischer Ebene sieht die NIS-2-Richtlinie gegenseitige Informations- und Koordinierungspflichten der Mitgliedstaaten bei Sicherheitsvorfällen, die Bildung eines Netzwerks aus Computer-Notfallteams und die Errichtung einer Kooperationsgruppe aus Vertretern der Mitgliedstaaten, der Kommission und der Cybersicherheitsagentur vor. Verfassungsrechtlich konturiert und staatsvertraglich konkretisiert ist die Zusammenarbeit von Bund und Ländern im IT-Planungsrat.

Wo dagegen nichtstaatliche Akteure in Plattformen zum allgemeinen Informations- und Erfahrungsaustausch einbezogen werden, handelt es sich um rechtlich nicht determinierte, informelle Verfahrensgestaltungen. Dies betrifft beispielsweise den Umsetzungsplan Kritische Infrastrukturen (UP KRITIS). Das ist eine Kooperation zwischen Betreibern Kritischer Infrastrukturen, deren Verbänden und den zuständigen staatlichen Stellen, das heißt dem Bundesministerium des Innern, dem BSI und dem Bundesamt für Bevölkerungsschutz und Katastrophenhilfe. Die Kooperation zielt darauf, die Versorgung mit kritischen Infrastrukturdienstleistungen in Deutschland aufrechtzuerhalten und nimmt vor allem Fragen der IT-Sicherheit in den Blick. Eine deutlich breiter aufgestellte, offene Plattform für die gegenseitige Information und den Erfahrungsaustausch bietet die im Jahr 2012 vom BSI und dem Branchenverband BITKOM e.V. gegründete Initiative „Allianz für Cybersicherheit", an der sich inzwischen knapp 7.000 Unternehmen und Institutionen aus Staat, Wirtschaft und Gesellschaft beteiligen.

Der 2019 vom Bundesministerium des Innern ins Leben gerufene Nationale Pakt Cybersicherheit zielte auf die Einbindung aller gesellschaftlich relevanten Gruppen, Hersteller, Anbieter und Anwender sowie der öffentlichen Verwaltung in gemeinsamer Verantwortung für digitale Sicherheit. Hierzu wurden in einem ersten Schritt alle wesentlichen Akteure und ihre Beiträge im Bereich Cybersicherheit in einem Online-Kompendium verzeichnet, auf dessen Grundlage eine gesamtgesellschaftliche Erklärung zur Cybersicherheit mit Schlüsselthemen entwickelt wurde, die nun in einer Umsetzungsphase unter dem Dach des BSI weiterverfolgt werden sollen.[55]

V. Reform der Cybersicherheitsgovernance

Organisations- und Verfahrensregelungen zur Gewährleistung der IT-Sicherheit in der öffentlichen Verwaltung fügen sich zu einem komplexen unübersichtlichen Arrangement.[56] Reformüberlegungen, die auf eine Reduktion dieser Komplexität zielen, bewegen sich in einem Spannungsverhältnis zwischen mehreren Polen: Die Organisationstheorie verspricht zunächst einen Effizienzgewinn bei der Gewährleistung von IT-Sicherheit durch eine Verschlankung der Strukturen, mit der eine Steigerung der Cyber-Resilienz und eine Erhöhung der Cybersicherheit in der öffentlichen Verwaltung einhergehen.[57] Die Funktionslogik der Digitalisierung zielt sodann auf Vernetzung, Flexibilität und Entwicklungsoffenheit auf der Basis von Standardisierung und Harmonisierung von IT-Strukturen und IT-Anwendungen. Das Verfassungsrecht begrenzt die Reformüberlegungen schließlich durch eine strikte Kompetenzordnung, die demokratische Legitimation und rechtsstaatliche Limitation sicherstellen soll. Aufgabe der Rechtswissenschaft ist es, zwischen diesen Polen zu moderieren, was abschließend an drei Punkten verdeutlicht werden soll.

---

[55] Vgl. https://www.bmi.bund.de/SharedDocs/pressemitteilungen/DE/2021/04/nationaler-pakt-cybersicherheit.html (22.8.2023).

[56] Visualisierung unter www.stiftung-nv.de/sites/default/files/cybersicherheitsarchitektur_visualisierung_zehnteauflage.pdf (18.9.2023).

[57] Vgl. die Stellungnahme von *Schuetze* in der öffentlichen Anhörung des Ausschusses für Digitales des Deutschen Bundestags zum Thema „Cybersicherheit – Zuständigkeiten und Instrumente in der Bundesrepublik Deuztschland“ am 25.1.2023, Ausschussdrucksache 20(23)119, 2 f.

1. Zentralisierung

Ein erster Blick gilt den Potentialen für eine weitere Zentralisierung zur effektiveren Gewährleistung der IT-Sicherheit. Hier zieht das Verfassungsrecht enge Grenzen. So sind die Befugnisse des BSI aus Gründen der horizontalen Gewaltenteilung auf die Kommunikationstechnik von Bundesbehörden beschränkt. Sie erstrecken sich ausdrücklich nicht auf die Kommunikationstechnik von Bundesgerichten bei ihrer Rechtsprechungstätigkeit, von Bundestag, Bundesrat, Bundespräsident und Bundesrechnungshof, soweit diese ausschließlich in deren eigener Zuständigkeit betrieben wird, wie § 2 Abs. 3 S. 2 BSIG auch einfachgesetzlich klarstellt. Die damit einhergehenden Gefahren für die IT-Sicherheit durch Insel-Lösungen und eine fehlende Koordinierung zwischen den Verfassungsorganen haben sich im Angriff auf das IT-Netz des Deutschen Bundestages im Jahr 2015 denn auch schon realisiert.

Aber auch innerhalb der Bundesregierung und der nachgeordneten Behörden wirkt das Ressortprinzip nicht eben förderlich auf eine weitere Zentralisierung. Immerhin kann das BSI im Benehmen mit dem IT-Rat gemäß § 8 Abs. 1 S. 1 BSIG Mindeststandards festsetzen, die von allen Stellen des Bundes umzusetzen sind. Das stockende Großprojekt der IT-Konsolidierung des Bundes, das auch Ziele der IT-Sicherheit verfolgt[58], verweist nicht zuletzt auf praktische Zentralisierungshindernisse.

In föderaler Hinsicht wurde mit dem IT-Planungsrat hingegen ein zentrales Koordinierungsgremium zwischen Bund und Ländern geschaffen, das eine kompetenzbereichsübergreifende Erörterung von IT-Sicherheitsfragen ermöglicht.

2. Unabhängigkeit des BSI

Eine Alternative im horizontalen Verhältnis könnte die Herauslösung des BSI aus dem Geschäftsbereich des BMI und dessen Einrichtung als unabhängige Behörde ähnlich der Bundesbank oder den Datenschutzbehörden sein. Dadurch könnten Kontrollmöglichkeiten des BSI gestärkt, das IT-Sicherheitsniveau angehoben, die IT-Sicherheit deutlicher von der allgemeinen

[58] Siehe Grobkonzept zur IT-Konsolidierung Bund, S. 34, abrufbar unter https://www.cio.bund.de/SharedDocs/downloads/Webs/CIO/DE/cio-bund/steuerung-it-bund/grobkonzept-it-konsolidierung.html (22.8.2023) und allgemein https://www.bmi.bund.de/DE/themen/it-und-digitalpolitik/it-des-bundes/it-konsolidierung/it-konsolidierung-node.html (22.8.2023).

Sicherheitspolitik getrennt und dadurch insgesamt das Vertrauen von Wirtschaft und Gesellschaft in das BSI gesteigert werden.[59]

Anders als bei den Datenschutzbehörden oder bei der Bundesbank im europäischen einheitlichen Aufsichtsmechanismus (SSM) verlangt das Unionsrecht eine solche Unabhängigkeit aber nicht.[60] Das Verfassungsrecht steht einer Unabhängigkeit des BSI allerdings auch nicht grundsätzlich entgegen. Für die Entkoppelung ministerialfreier Räume von demokratischen Legitimationsstrukturen und die damit verbundene Herabsenkung des demokratischen Legitimationsniveaus verlangt das Bundesverfassungsgericht jedoch in ständiger Rechtsprechung eine sachliche Rechtfertigung durch verfassungsrechtlich legitime Gründe und darüber hinaus eine Kompensation des „Einflussknicks", etwa durch eine effektive gerichtliche Kontrolle oder durch Kontrollrechte des Parlaments.[61] Zwar ist die Gewährleistung von IT-Sicherheit wie bereits festgestellt ein verfassungsrechtlich legitimes Ziel. Ob die genannten Vorteile und insbesondere der Beitrag zur Vertrauensbildung jedoch ausreichen, um eine Unabhängigkeit des BSI sachlich zu rechtfertigen, erscheint fraglich. Zu begründen wäre dann, warum diese Ziele im derzeitigen institutionellen Arrangement nicht gleichermaßen erreicht werden können. Zudem ist nicht auszuschließen, dass die tatsächliche Einflussnahme des Bundesministeriums des Innern und für Heimat auf die operative Arbeit des BSI überschätzt und die Vertrauenswürdigkeit der Arbeit des BSI dadurch unterschätzt wird. Sollte sich der Gesetzgeber gleichwohl dafür entscheiden, das BSI als unabhängige Behörde einzurichten, sollte er dies mit parlamentarischen Kontrollrechten flankieren, die bisher nicht im BSIG vorgesehen sind, um das mit der Unabhängigkeit verbundene Absenken des demokratischen Legitimationsniveaus zu kompensieren.

---

[59] Erörtert bei *Wischmeyer*, Die Verwaltung 50 (2017), 155 (166f.); vgl. auch Stellungnahme von *Kipker* in der öffentlichen Anhörung des Ausschusses für Digitales des Deutschen Bundestags zum Thema „Cybersicherheit – Zuständigkeiten und Instrumente in der Bundesrepublik Deutschland" am 25.1.2023, Ausschussdrucksache 20(23)116, 6f.

[60] Art. 31 Abs. 4 NIS-2-RL verpflichtet die Mitgliedstaaten dazu, sicherzustellen, dass die zuständigen Behörden bei der Überwachung der Einhaltung dieser Richtlinie durch Einrichtungen der öffentlichen Verwaltung und bei der Verhängung von Durchsetzungsmaßnahmen bei Verstößen gegen die Richtlinie über die geeigneten Befugnisse verfügen, um diese Aufgaben in operativer Unabhängigkeit von den beaufsichtigten Einrichtungen der öffentlichen Verwaltung wahrzunehmen. Gefordert ist also weder eine institutionelle noch eine vollständige Unabhängigkeit der zuständigen Behörden.

[61] Vgl. zuletzt BVerfGE 151, 202 (290 Rn. 127ff.) – Europäische Bankenunion.

3. Stärkung der Verbundstrukturen

Der allgemeinen Vernetzungslogik der Digitalisierung folgend spricht mit Blick auf die effektive Gewährleistung der IT-Sicherheit in der öffentlichen Verwaltung vieles für eine stärkere Kooperation der beteiligten staatlichen, aber auch privaten Akteure. Die Verbundstrukturen der NIS-2-Richtlinie auf europäischer Ebene und des Art. 91c GG im Bund-Länder-Verhältnis weisen hier in die entsprechende Richtung. Die Gewährleistung von IT-Sicherheit im Verbund setzt aber auch auf Kooperation ausgelegte Verwaltungskulturen voraus, die das Recht nur bedingt sicherstellen und die Rechtswissenschaft nur bedingt analysieren kann.

IT-Sicherheit in der öffentlichen Verwaltung in Polen

Agnieszka Gryszczyńska

I. Einleitung

Die Netze, Systeme und Informationsdienste der öffentlichen Verwaltung spielen eine wichtige Rolle in der Gesellschaft. Ihre Zuverlässigkeit und Widerstandsfähigkeit gegenüber Bedrohungen sind unerlässlich für die Erfüllung öffentlicher Aufgaben, das Funktionieren der Wirtschaft und die Unterstützung alltäglicher gesellschaftlicher Aktivitäten. Die fortschreitende Informatisierung und die zunehmende Abhängigkeit von Netzen aus miteinander verbundenen Informationssystemen, Diensten, Produkten und digitalen Geräten erhöhen die Anfälligkeit für Cyberbedrohungen. Die neuen Bedrohungen der Cybersicherheit, die während der Covid-19-Pandemie und derzeit auch im Zusammenhang mit dem Krieg in der Ukraine zu beobachten sind, machen deutlich, wie sich die Sicherheit von Netzen und Informationssystemen auf das gesamte Sicherheitssystem des Staates und seiner Bürger auswirkt und wie notwendig es ist, ständig die erforderlichen Maßnahmen zu ergreifen, um Netze und Informationssysteme, die Nutzer dieser Systeme und andere Personen vor Cyberbedrohungen zu schützen.

Die wirksame Bewältigung der Herausforderungen bei der Gewährleistung der Informationssicherheit erfordert sowohl legislative als auch organisatorische Maßnahmen. Dieses Kapitel analysiert den normativ postulierten und den tatsächlich beobachteten Zustand der rechtlichen Regulierung der IT-Sicherheit in Polen, um die Wirksamkeit der derzeitigen normativen Instrumente bei der Verbesserung der Informationssicherheit in der öffentlichen Verwaltung zu überprüfen.

II. Terminologische Überlegungen zur IT-Sicherheit und Cybersicherheit

Die grundlegenden Rechtsakte, die sich auf die IT-Sicherheit in öffentlichen Einrichtungen in Polen beziehen, sind das Gesetz über die Informatisierung, das darauf abzielt, das öffentliche Interesse an den Prozessen der Informatisierung[1] der Umsetzung öffentlicher Aufgaben zu schützen, und das Gesetz über das nationale Cybersicherheitssystem,[2] das die Organisation des nationalen Cybersicherheitssystems und die Aufgaben und Pflichten der Einrichtungen, die Teil dieses Systems sind, definiert. Darüber hinaus gibt es umfangreiche sektorale Vorschriften, die sowohl die Datenverarbeitung als auch die Reaktion auf Vorfälle regeln. Vor der Analyse der normativen Regulierung und der Sicherheitsrisiken sind einige terminologische Bemerkungen zu den Schlüsselbegriffen Informatik, Informationstechnologie (IT), Informations- und Kommunikationstechnologie (IKT), Sicherheit, Cybersicherheit und schließlich zu den Unterschieden zwischen den Bezeichnungen Informationssystem, Informatiksystem und IKT-System erforderlich.

Die „Informatik", die sich aus der Kombination der Wörter „Information" und „Automation" zusammensetzt, ist eine Wissenschaft der Informationsverarbeitung, die sich in Polen seit 1948 entwickelt hat und Theorien der Information und der Steuerung miteinander verbindet.[3] Die Begriffe „Informationstechnologien" (IT) und „Informations- und Kommunikationstechnologien" (IKT) haben sich aufgrund der technischen Dominanz der USA auch als englischsprachige Synonyme für Informatik durchgesetzt. Wenn man jedoch davon ausgeht, dass Informationen ein Gut sind, das Ineffizienzen verringert, besteht das Wesen der IT darin, die Verringerung der Unsicherheit unter Berücksichtigung der Bewertung zu steuern, wie z.B. *Grażyna Szpor* betont. Die Notwendigkeit eines solchen umfassenden Ansatzes wird durch die globale Ausweitung des Begriffs der digitalen Transformation (*digital transformation*) bestätigt.[4]

Der Begriff „Sicherheit" leitet sich vom lateinischen Ausdruck „sine cura" ab, was so viel bedeutet wie „ohne Sorgen".[5] Sicherheit kann daher als ein

---

[1] Dz.U. 2005 Nr. 64, Pos. 565; einheitliche Fassung: Dz.U. 2023, Pos. 57; im Folgenden: Gesetz über die Informatisierung.

[2] Gesetz v. 5.7.2018 über das nationale Cybersicherheitssystem, Dz.U. 2018, Pos. 1560; einheitliche Fassung Dz.U. 2022, Pos. 1863; im Folgenden: IT-Sicherheitsgesetz.

[3] Vgl. *Noga/Nowak*, in: dies. (Hrsg.), Polska informatyka: wizje i trudne początki, 2017, 7.

[4] Vgl. *Szpor*, in: ders./Grochowski (Hrsg.), Wielka Encyklopedia Prawa: Prawo informatyczne, Bd. 22, 2021, 7ff., 214.

[5] Siehe dazu Szymczak (Hrsg.), Słownik języka polskiego, Bd. 1, 1995, 139.

Zustand verstanden werden, in dem es keine Bedrohung gibt. Traditionell umfasst er sowohl den Zugang zu den für die Entscheidungsfindung erforderlichen Informationen über die Umgebung als auch den Schutz von Informationen, deren Offenlegung den Interessen der betreffenden Stelle schaden würde. Mit *Tomasz R. Aleksandrowicz* bedeutet Sicherheit die Abwesenheit von Bedrohungen für kritische Ressourcen, die die Existenz und Entwicklung von Sicherheitsakteuren bedingen. Dabei unterscheidet er zwischen klassischer Informationssicherheit (z. B. Widerstand gegen Desinformation) und Informationssicherheit im Zusammenhang mit der Funktionsweise von Computersystemen und dem Cyberspace.[6] Nach *Waldemar Kitler* ist „die staatliche Informationssicherheit ein sektorübergreifender Bereich der nationalen Sicherheit, in dem es darum geht, ein störungsfreies Funktionieren und eine störungsfreie Entwicklung des Staates, einschließlich der Behörden und der Gesellschaft, der Marktteilnehmer und der Nichtregierungsorganisationen im Informationsraum zu gewährleisten, und zwar bei gleichzeitigem Schutz vor seinen negativen Auswirkungen sowie bei Garantien für die Informationsressourcen und -systeme (…). (G)leichzeitig (soll) die Fähigkeit, das Verhalten und die Einstellungen der internationalen und nationalen Akteure in informativer Weise zu beeinflussen, erhalten bleiben".[7]

Mit den Veränderungen in der Infosphäre, die durch die technologische Revolution hervorgerufen wurden, ist der Cyberspace zu einer Quelle neuer Bedrohungen geworden. Diese Bedrohungen wurden auch in Polen erkannt. Im Jahr 2011[8] wurde eine Definition des Cyberspace als Raum für die Verarbeitung und den Austausch von Informationen, der durch IKT-Systeme geschaffen wird, sowie die Verbindungen zwischen ihnen und die Beziehung zu den Nutzern in drei Gesetze aufgenommen: (1) das Gesetz über das Kriegsrecht und die Befugnisse des Oberbefehlshabers der Streitkräfte sowie über die Grundsätze seiner Unterordnung unter die Verfassungsorgane der Republik Polen,[9] (2) das Gesetz über den Ausnahmezustand[10] sowie (3) das Gesetz über den Zustand bei Naturkatastrophen.[11] Im Jahr 2022 wur-

---

6 Vgl. *Aleksandrowicz*, Zagrożenia dla bezpieczeństwa informacyjnego państwa w ujęciu systemowym, 2021, 82.

7 Vgl. *Kitler*, Organizacja bezpieczeństwa narodowego Rzeczpospolitej Polskiej, 2018, 462.

8 Gesetz v. 30.8.2011 zur Änderung des Gesetzes über das Kriegsrecht und die Befugnisse des Oberbefehlshabers der Streitkräfte und die Grundsätze seiner Unterordnung unter die Verfassungsorgane der Republik Polen sowie einiger anderer Gesetze, Dz.U. 2011 Nr. 222, Pos. 1323.

9 Dz.U. 2002 Nr. 156, Pos. 1301; einheitliche Fassung: Dz.U. 2022, Pos. 2091.

10 Dz.U. 2002 Nr. 113, Pos. 985; einheitliche Fassung: Dz.U. 2017, Pos. 1928.

11 Dz.U. 2002 Nr. 62, Pos. 558; einheitliche Fassung: Dz.U. 2017, Pos. 1897.

den die *Cyberspace Defence Forces* als spezialisierte Komponente der Streitkräfte geschaffen, die für den proaktiven Schutz und die aktive Verteidigung von Elementen und Ressourcen des Cyberspace zuständig sind, welche für die Streitkräfte von entscheidender Bedeutung sind.[12]

Im Jahr 2018 wurde mit dem Gesetz über das nationale Cybersicherheitssystem[13] das Konzept der Cybersicherheit in die Rechtsordnung aufgenommen und als die Widerstandsfähigkeit von Informationssystemen gegen Handlungen definiert, die die Vertraulichkeit, Integrität, Verfügbarkeit und Authentizität der verarbeiteten Daten oder der von diesen Systemen angebotenen und damit verbundenen Dienste gefährden. Diese Definition entspricht weitgehend der Definition der „Sicherheit von Netz- und Informationssystemen" (*security of network and information systems*), die in Art. 4 Abs. 2 der NIS-Richtlinie festgelegt wurde.[14] Der Begriff des IKT-Systems wird im Gesetz über die Informatisierung[15] und im Gesetz über die Erbringung von Dienstleistungen mit elektronischen Mitteln[16] als eine Gesamtheit von zusammenwirkenden IT-Geräten und Software definiert, die die Verarbeitung, die Speicherung sowie das Senden und Empfangen von Daten über Telekommunikationsnetze mit Hilfe eines für einen bestimmten Netzwerktyp geeigneten Telekommunikationsendgeräts[17] gewährleisten. Auf diese Definition wird derzeit in anderen Gesetzen Bezug genommen; zahlreiche Rechtsvorschriften verwenden jedoch den Begriff des Informationssystems oder IKT-Netzes.[18]

Die Unterschiede zwischen den Bezeichnungen der oben genannten Definitionen für ein Informations-, IT- und IKT-System werden vom Gesetzgeber nicht immer beachtet, was zu einem begrifflichen Chaos beiträgt, das durch die mangelhafte Übersetzung europäischer Rechtsakte ins Polnische noch verstärkt wird. In Anlehnung an die Definitionen des IT-Sicherheits-

---

[12] Vgl. Art. 15 Abs. 4 Nr. 2 des Gesetzes v. 11.3.2022 über die Verteidigung des Vaterlandes, Dz.U. 2022, Pos. 655.

[13] Siehe Fn. 2.

[14] RL (EU) 2016/1148 v. 6.7.2016 über Maßnahmen zur Gewährleistung eines hohen gemeinsamen Sicherheitsniveaus von Netz- und Informationssystemen in der Union, ABl. 2016 L 194/1; im Folgenden: NIS-Richtlinie.

[15] Fn. 1.

[16] Gesetz v. 18.7.2002 über die Erbringung von Dienstleistungen auf elektronischem Wege, Dz.U. 2020, Pos. 344.

[17] Im Sinne des Telekommunikationsgesetzes v. 16.7.2004, Dz.U. 2004 Nr. 171, Pos. 1800; einheitliche Fassung: Dz.U. 2022, Pos. 1648.

[18] Z.B. im Strafgesetzbuch v. 6.6.1997, Dz.U. 1997 Nr. 88, Pos. 553; einheitliche Fassung: Dz.U. 2022, Pos. 1138; im Folgenden: StGB; Gesetz v. 19.8.2022 über Zahlungsdienste, Dz.U. 2021, Pos. 1907; Wahlgesetz v. 5.1.2011, Dz.U. 2011, Pos. 1277.

gesetzes, des Gesetzes über die Informatisierung sowie des Telekommunikationsgesetzes kann ein Informationssystem daher definiert werden als eine Gesamtheit von zusammenwirkenden IT-Geräten und Software, die die Datenverarbeitung (einschließlich Speicherung sowie Senden und Empfangen) durch Telekommunikationsnetze mit Hilfe eines für einen bestimmten Netzwerktyp geeigneten Telekommunikationsgeräts gewährleisten und dazu bestimmt sind, direkt oder indirekt an Netzendgeräte angeschlossen zu werden, zusammen mit darin verarbeiteten Daten in elektronischer Form. Wie in der rechtswissenschaftlichen Literatur angegeben, sollte eine solche Definition in das führende Gesetz im Bereich der Informatisierung aufgenommen werden und die Grundlage für eine umfassende Überarbeitung der polnischen Sprachfassungen der europäischen Rechtsakte bilden, die den Begriff „Informationssystem" als Äquivalent des englischen Begriffs *information system* verwenden.[19]

Die Annahme, dass die Definition von „Cybersicherheit" (im IT-Sicherheitsgesetz) der Definition von „Sicherheit von Netzen und Informationssystemen" (in der NIS-Richtlinie) entspricht, stört die terminologische Kohärenz des begrifflichen Rasters der EU-Rechtsakte im nationalen Recht. Die „Cybersicherheit" in der Verordnung (EU) 2019/881[20] wird als die Maßnahmen definiert, die erforderlich sind, um Netze und Informationssysteme, die Nutzer solcher Systeme und andere Personen vor Cyberbedrohungen zu schützen (Art. 2 Nr. 1), das heißt alle potenziellen Umstände, Ereignisse oder Handlungen, die Netze und Informationssysteme, die Nutzer solcher Systeme und andere Personen schädigen, stören oder anderweitig beeinträchtigen könnten (Art. 2 Nr. 8). Im Gegensatz dazu bezieht sich die Verordnung (EU) 2019/881 auf die Zertifizierung der IKT-Produkte (ein Element oder eine Gruppe von Elementen von Netzen oder Informationssystemen), der IKT-Dienstleistungen (Dienstleistungen, die ganz oder hauptsächlich aus der Übertragung, Speicherung, Abfrage oder Verarbeitung von Informationen über Netze und Informationssysteme bestehen) und der IKT-Prozesse (die Gesamtheit der Tätigkeiten, die zur Konzeption, Entwicklung, Bereitstellung oder Wartung von IKT-Produkten oder -Dienstleistungen durchgeführt werden).

Gemäß der Richtlinie (EU) 2022/2555 über Maßnahmen für ein hohes gemeinsames Cybersicherheitsniveau in der Union und zur Änderung der

---

[19] Vgl. *Szpor*, in: ders./Gryszczyńska/Czaplicki (Hrsg.), Ustawa o krajowym systemie cyberbezpieczeństwa. Komentarz, 2019, Art. 2, S. 56.

[20] VO (EU) 2019/881 v. 17.4.2019 über die ENISA und über die Zertifizierung der Cybersicherheit von Informations- und Kommunikationstechnik und zur Aufhebung der VO (EU) 526/2013, ABl. 2019 L 151/15.

Verordnung (EU) 910/2014 und der Richtlinie (EU) 2018/1972 sowie zur Aufhebung der Richtlinie (EU) 2016/1148 (NIS-2-Richtlinie)[21] wird in Bezug auf den darin eingeführten Begriff „Cybersicherheit" auf die Verordnung (EU) 2019/881 verwiesen. Damit wird die Definition der „Sicherheit von Netzen und Informationssystemen" in einen anderen konzeptionellen Rahmen gestellt, das heißt die Widerstandsfähigkeit von Netzen und Informationssystemen bei einem gegebenen Maß an Vertrauen gegenüber jeder Handlung, die die Verfügbarkeit, Authentizität, Integrität oder Vertraulichkeit der gespeicherten, übermittelten oder verarbeiteten Daten oder der damit verbundenen Dienste, die von diesen Netzen und Informationssystemen angeboten werden oder über sie zugänglich sind, beeinträchtigt. Dies wird leider dazu führen, dass die Definitionen im polnischen IT-Sicherheitsgesetz in der Umsetzungsphase der NIS-2-Richtlinie geändert werden müssen.

III. Normative Regelung der IT-Sicherheit in der öffentlichen Verwaltung in Polen

Der grundlegende Rechtsakt für die Verrechtlichung von Informationsthemen in Polen ist das Gesetz über die Informatisierung,[22] welches eine Definition eines IKT-Systems, Mindestanforderungen für IKT-Systeme sowie eine Definition der Mindestanforderungen für öffentliche Register und den Austausch von Informationen in elektronischer Form einführte. Die Verordnung über den nationalen Interoperabilitätsrahmen,[23] die auf der Grundlage der gesetzlichen Delegation im Informatisierungsgesetz erlassen wurde, legt die Mindestanforderungen für IKT-Systeme fest.[24] Gemäß § 20 Nr. 1

[21] RL (EU) 2022/555 v. 14.12.2022, ABl. 2022 L 333/80.

[22] Siehe Fn. 1.

[23] VO des Ministerrats v. 12.4.2012 über den nationalen Interoperabilitätsrahmen, Mindestanforderungen an öffentliche Register und den Austausch von Informationen in elektronischer Form sowie Mindestanforderungen an IKT-Systeme, Dz.U. 2017, Pos. 2247.

[24] Einschließlich (1) der Spezifikation von Datenformaten und von Kommunikations- und Verschlüsselungsprotokollen, die in der Schnittstellensoftware zu verwenden sind, (2) der Möglichkeiten zur Gewährleistung der Sicherheit beim Informationsaustausch, (3) der technischen Normen zur Gewährleistung des Informationsaustauschs zwischen öffentlichen Stellen unter Berücksichtigung des grenzüberschreitenden Austauschs sowie (4) der Möglichkeiten zur Gewährleistung des Zugangs zu den Informationsressourcen öffentlicher Stellen für Menschen mit Behinderungen. Siehe § 1 Nr. 3 der VO über den nationalen Interoperabilitätsrahmen.

dieser Verordnung ist die Einrichtung, die die öffentlichen Aufgaben wahrnimmt, verpflichtet, ein Managementsystem für Informationssicherheit zu entwickeln und einzuführen, umzusetzen und zu betreiben, zu überwachen und zu überprüfen sowie zu erhalten und zu verbessern. Dieses System soll die Vertraulichkeit, Verfügbarkeit und Integrität von Informationen unter Berücksichtigung von Attributen wie Authentizität, Rechenschaftspflicht, Unbestreitbarkeit und Zuverlässigkeit gewährleisten. Darüber hinaus wird die Informationssicherheit in der öffentlichen Verwaltung durch sektorale[25] oder Rahmenregelungen[26] abgedeckt, die Vorschriften für die Verarbeitung personenbezogener Daten sowie äußerst verstreute und heterogene Vorschriften für den Schutz von Geheimnissen, einschließlich den Schutz von Verschlusssachen, umfassen.

Das Fehlen einer umfassenden Regulierung der IKT-Sicherheit des Staates und die mangelnde Koordinierung der Aktivitäten zur Überwachung und Bekämpfung von Bedrohungen im Cyberspace und zur Minimierung der Folgen von Zwischenfällen waren 2015 Gegenstand einer negativen Bewertung der Leistung öffentlicher Einrichtungen durch den polnischen Obersten Rechnungshof (poln. NIK).[27]

Die Regulierung der Cybersicherheit in Polen wurde durch die Notwendigkeit, die NIS-Richtlinie umzusetzen, maßgeblich und positiv beeinflusst. Sie führte verschiedene Maßnahmen zur Erhöhung der Cybersicherheit ein, darunter den Austausch von Informationen über Bedrohungen und Vorfälle. Der polnische Gesetzgeber ging im Durchführungsgesetz über den Kreis der Einrichtungen hinaus, die im Rahmen der NIS-Richtlinie zu regulieren waren. Neben den Betreibern der Schlüsseldienste und den Anbietern digitaler Dienste hat das IT-Sicherheitsgesetz auch die Verpflichtungen ausgewählter Stellen, die öffentliche Aufgaben wahrnehmen und vom Informationssystem abhängig sind, in einem bestimmten Maß geregelt.[28]

---

[25] Z.B. VO (EU) 910/2014 v. 23.7.2014 über elektronische Identifizierung und Vertrauensdienste für elektronische Transaktionen im Binnenmarkt und zur Aufhebung der RL (EG) 1999/93, ABl. 2014 L 257/73.

[26] VO (EU) 2016/679 v. 27.4.2016 zum Schutz natürlicher Personen bei der Verarbeitung personenbezogener Daten, zum freien Datenverkehr und zur Aufhebung der RL (EG) 95/46, ABl. 2016 L 119/1; im Folgenden: DSGVO.

[27] Informationen über die Ergebnisse der Prüfung: https://www.nik.gov.pl/kontrole/P/14/043/ (22.8.2023).

[28] Vgl. Art. 22 Abs. 1 des IT-Sicherheitsgesetzes. Diese Einrichtungen wurden ausdrücklich verpflichtet: (1) eine Person zu benennen, die für die Aufrechterhaltung des Kontakts mit den Stellen des nationalen Cybersicherheitssystems verantwortlich ist, (2) das Vorfallsmanagement bei der öffentlichen Stelle sicherzustellen, (3) den Vorfall bei der öffentlichen Stelle unverzüglich, spätestens jedoch innerhalb von 24 Stunden nach der

Ungeachtet der Regelungen im IT-Sicherheitsgesetz haben öffentliche Einrichtungen auch Verpflichtungen aus anderen Verordnungen, darunter sind zu nennen: DSGVO, Verordnung über den nationalen Interoperabilitätsrahmen oder sektorspezifische Rechtsakte. Eine der Verpflichtungen der öffentlichen Einrichtungen besteht darin, Vorfälle zu klassifizieren und der öffentlichen Einrichtung zu melden, das heißt Vorfälle, die eine Minderung der Qualität oder eine Unterbrechung einer von der öffentlichen Einrichtung durchgeführten öffentlichen Aufgabe verursachen oder verursachen können. Der Begriff „Sicherheitsvorfall" wird in der NIS-Richtlinie als jedes Ereignis definiert, das tatsächlich nachteilige Auswirkungen auf die Sicherheit von Netz- und Informationssystemen hat.[29]

In Art. 2 Nr. 5 des IT-Sicherheitsgesetzes wird der Begriff „Vorfall" weiter gefasst und umfasst auch Ereignisse, die sich nachteilig auf die Cybersicherheit auswirken können, das heißt auf die Widerstandsfähigkeit von Informationssystemen gegenüber Handlungen, die die Vertraulichkeit, Integrität, Verfügbarkeit und Authentizität der verarbeiteten Daten oder der von diesen Systemen angebotenen Dienste gefährden. Das Konzept des Vorfalls wird auch auf andere geschützte Güter angewandt.

In der DSGVO entspricht der Begriff „Vorfall" dem Begriff „Verletzung des Schutzes personenbezogener Daten", der definiert ist als eine Verletzung der Sicherheit, die zur zufälligen oder unrechtmäßigen Zerstörung, zum Verlust, zur Veränderung, zur unbefugten Weitergabe oder zum unbefugten Zugang zu übermittelten, gespeicherten oder anderweitig verarbeiteten personenbezogenen Daten führt.[30]

Einige Vorfälle stellen auch eine Straftat dar. Nach Art. 1 des StGB[31] ist eine Straftat eine Handlung, die nach dem zur Zeit ihrer Begehung geltenden Recht unter Strafe verboten ist, die rechtswidrig, schuldhaft und in einem nicht nur geringfügigen Ausmaß sozialschädlich ist.[32] Besteht der be-

---

Entdeckung, an das zuständige Computer-Notfallteam (*Computer Security Incident Response Team*, CSIRT) – CSIRT MON, CSIRT NASK oder CSIRT GOV – zu melden; (4) sicherzustellen, dass der Vorfall in der öffentlichen Einrichtung und der kritische Vorfall in Zusammenarbeit mit dem zuständigen CSIRT MON, CSIRT NASK oder CSIRT GOV behandelt werden; und (5) sicherzustellen, dass die Personen, denen die öffentliche Aufgabe übertragen wird, Zugang zu Kenntnissen haben, um Cybersicherheitsbedrohungen zu verstehen und wirksame Methoden anzuwenden, um sich vor diesen Bedrohungen zu schützen.

[29] Art. 4 Nr. 7 der NIS-Richtlinie.

[30] Art. 4 Nr. 12 der DSGVO.

[31] Fn. 18.

[32] Mehr dazu *Zoll*, in: Wróbel/ders. (Hrsg.), Kodeks karny. Część ogólna. Komentarz do art. 1–52, Bd. 1, 2016, Art. 1.

gründete Verdacht, dass eine Straftat begangen wurde, kann ein Strafverfahren[33] eingeleitet werden, in dem die Beweise nach den Regeln der Strafprozessordnung[34] erhoben werden.

Informationen über Vorfälle werden an die zuständigen CSIRTs weitergeleitet.[35] Zu deren Aufgaben gehören u. a. die Überwachung von Cybersicherheitsbedrohungen und -vorfällen auf nationaler Ebene, die Bereitstellung von Informationen über Vorfälle und Risiken für nationale Cybersicherheitssysteme, die Reaktion auf gemeldete Vorfälle sowie die Bereitstellung von FuE-Einrichtungen, einschließlich der Durchführung fortgeschrittener Malware- und Schwachstellenanalysen. Zur Erleichterung der Meldung und Behandlung von Vorfällen sorgt der für die Informationstechnologie zuständige Minister für die Entwicklung oder Pflege eines IKT-Systems, das u. a. die Zusammenarbeit, der am nationalen Cybersicherheitssystem beteiligten Stellen unterstützt.

IV. Neue Bedrohungen der Cybersicherheit in der öffentlichen Verwaltung

Um die Kontinuität öffentlicher Aufgaben sowie wirtschaftlicher und sozialer Prozesse zu gewährleisten, ist es wichtig, auf Informationsressourcen zuzugreifen und deren Integrität und Vertraulichkeit sicherzustellen. Prozesse der Informatisierung der öffentlichen Verwaltung und die Zunahme der Online-Aktivitäten der Nutzer[36] gehen einher mit einem Anstieg der Zahl von Vorfällen unterschiedlicher Art und einer Zunahme der Aktivitäten von Cyberkriminellen oder Desinformationsgruppen. Dem ENISA-Be-

[33] Einige Handlungen in Fällen von Cyberkriminalität werden auf Antrag des Opfers verfolgt (z. B. Art. 267 § 1–4, Art. 268 § 1–3, Art. 268a § 1–2 des StGB). Nach Art. 17 § 1 Nr. 10 der Strafprozessordnung wird das Verfahren nicht eingeleitet und das eingeleitete Verfahren eingestellt, wenn kein Antrag auf Strafverfolgung von einer berechtigten Person vorliegt.

[34] Gesetz v. 6.6.1997 über die Strafprozessordnung, Dz.U. 1997 Nr. 89, Pos. 555; einheitliche Fassung: Dz.U. 2022, Pos. 1375.

[35] Siehe Fn. 28.

[36] Sowohl die Zahl der Internetnutzer, die im Januar 2022 62,5 % der Bevölkerung betrug, als auch die Zahl der Mobiltelefonnutzer (67,1 % der Bevölkerung) oder die Zahl der Nutzer sozialer Medien, (58,4 % der Bevölkerung) ist weltweit gestiegen. Auch die Zeit, die online verbracht wird, nimmt zu. Bei den Internetnutzern im Alter von 16 bis 64 Jahren waren es Anfang 2022 bereits fast sieben Stunden am Tag: *Kemp*, DataReportal, Digital 2022. Global Overview Report, abrufbar unter https://datareportal.com/reports/digital-2022-global-overview-report (22.8.2023).

richt zufolge entfielen zwischen Juli 2021 und Juli 2022 die meisten Sicherheitsvorfälle, das heißt 24,21 % aller Sicherheitsvorfälle, auf den Sektor „Public Administration/Government",[37] was das Ausmaß der Bedrohung und die Aktualität der Forschung zur Informationssicherheit in der öffentlichen Verwaltung verdeutlicht.

Auch kritische Infrastrukturen und Lieferketten[38] werden zunehmend zum Ziel von Angriffen, die nicht nur erhebliche Verluste verursachen, sondern auch das Leben und die Gesundheit vieler Menschen bedrohen. Die Zuordnung von Anschlägen und die Identifizierung von Tätern wird durch den grenzüberschreitenden Charakter und die Notwendigkeit, Beweise aus verschiedenen Rechtsordnungen zu beschaffen, erschwert. Polen ist ein Betätigungsfeld sowohl für institutionelle Täter[39] als auch für kriminelle Organisationen und Gruppen,[40] die eine gezielte und fortgeschrittene Bedrohung darstellen.[41]

Aktuelle Angriffe im Zusammenhang mit der gegenwärtigen geopolitischen Lage und dem Krieg in der Ukraine können beispielsweise mit laufenden Aktivitäten politischer Natur in Verbindung gebracht werden. Der DDoS-Angriff[42] auf die Server des Senats der Republik Polen am 27.10.2022, der am Tag nach der Verabschiedung der Resolution stattfand, in der die Behörden der Russischen Föderation zu einem terroristischen Regime erklärt wurden, kann als Beispiel dienen.[43] Auch Bulgarien war im Oktober 2022 von einer Reihe von DDoS-Angriffen auf die Websites staatlicher Stellen betroffen.[44] Neben der Zunahme von Angriffen auf die Verfügbarkeit

[37] ENISA Threat Landscape 2022, 13–14, abrufbar unter https://www.enisa.europa.eu/publications/enisa-threat-landscape-2022 (22.8.2023).

[38] Vgl. Microsoft Digital Defense Report 2022, abrufbar unter https://query.prod.cms.rt.microsoft.com/cms/api/am/binary/RE5bUvv?culture=en-us&country=us (22.8.2023).

[39] Sog. staatliche Akteure (*state actors*); mehr dazu *Roguski*, in: Gryszczyńska/Szpor (Hrsg.), Internet, 2020, 91.

[40] Sog. nicht staatliche Akteure (*non-state actors*).

[41] Auf Englisch *Advanced Persistent Threat* (APT), siehe dazu *Molenda*, in: Gryszczyńska/Szpor (Hrsg.), Internet, 2020, 73 (76).

[42] Engl. *Distributed Denial of Service*, das ist eine Angriffsart, die auf die Verfügbarkeit abzielt, d.h. auf die Eigenschaft von Daten, Informationen und Informationssystemen, die sie jederzeit und in jeder gewünschten Weise erreichbar und nutzbar macht. Dazu *Gryszczyńska*, in: Szpor/Grochowski (Hrsg.), Wielka Encyklopedia Prawa: Prawo informatyczne, Bd. 22, 2021, 149f.

[43] Vgl. https://tvn24.pl/polska/senat-atak-hakerski-na-serwery-marszalek-tomasz-grodzki-podal-informacje-w-czasie-obrad-bosacki-jego-czesc-nastapila-z-terytorium-rosji-6182397 (22.8.2023).

[44] Vgl. https://www.svobodnaevropa.bg/a/32084652.html (22.8.2023).

(DDoS und Ransomware) und die Vertraulichkeit (Malware und Social-Engineering-Angriffe) weisen Berichte über Cybersicherheitsbedrohungen auch auf das wachsende Interesse und die zunehmende Effektivität krimineller Gruppen bei Angriffen auf die Lieferkette, *Cloud-Service-Providers* (CSPs), *Managed-Service-Providers* (MSPs) sowie auf IT-Service-Organisationen hin.[45]

Auch die Vortäuschung von Einrichtungen des öffentlichen Sektors ist ein Problem, wie eine Analyse der Domänennamen zeigt, die auf der vom polnischen nationalen Forschungsinstitut „Wissenschaftliches und akademisches Computernetzwerk" (poln. NASK)[46] ab 23.3.2020 geführten Warnliste stehen.[47] Die Warnliste war eine Reaktion auf Angriffe, bei denen persönliche Daten und Anmeldeinformationen durch die Erstellung von Websites, die sich als vertrauenswürdige Dienste ausgaben, abgefangen wurden, wobei die Täter auf soziale Manipulation (*social engineering*) im Zusammenhang mit der COVID-19-Pandemie zurückgriffen.[48] Angriffe, die auf der Nachahmung von Telefonnummern von Behörden, Polizeieinheiten und Banken beruhen (sog. CLI-Spoofing), haben zur Einleitung eines Gesetzgebungsverfahrens zur Bekämpfung des Missbrauchs der elektronischen Kommunikation geführt. Das vorgeschlagene Gesetz befindet sich im Stadium des Gesetzgebungsverfahrens der Regierung und soll eine Grundlage für die Sperrung von Domänennamen, die sich als andere ausgeben, und zur Bekämpfung von SMS-, Vishing- und CLI-Spoofing dienen.[49]

Bei der überwiegenden Mehrheit der den Computer-Notfallteams (CSIRTs) gemeldeten Vorfälle handelt es sich um verbotene Handlungen. Eine quantitative Untersuchung des Phänomens der Cyberkriminalität ist keine leichte Aufgabe, da es keine Definition von Cyberkriminalität und keinen Katalog von Handlungen gibt, die als Cyberkriminalität gelten.[50] Strafverfahren in Polen, die im Zusammenhang mit ihrem Auftreten eingeleitet werden, sind mit der Annahme verschiedener rechtlicher Qualifikationen der Tat verbunden, und die in der rechtswissenschaftlichen Literatur

---

45 Vgl. ENISA (Fn. 37), 30–33.

46 Vgl. https://en.nask.pl/ (22.8.2023).

47 Vgl. https://cert.pl/posts/2020/03/ostrzezenia_phishing/ (22.8.2023); https://www.uke.gov.pl/akt/uke-przystapil-do-porozumienia-chroniacego-abonentow,300.html (22.8.2023).

48 Ausführlich *Gryszczyńska*, The Impact of the COVID-19 Pandemic on Cybercrime, Bulletin of the Polish Academy of Sciences: Technical Sciences, 4 (2021), Article number: e137933, 1 ff.

49 Siehe Entwurf eines Gesetzes zur Bekämpfung des Missbrauchs der elektronischen Kommunikation, abrufbar unter https://legislacja.gov.pl/projekt/12360854 (22.8.2023).

50 Vgl. *Kosiński*, in: Gryszczyńska/Szpor (Hrsg.), Internet, 2020, 101.

analysierten Zusammenfassungen konzentrieren sich auf Handlungen gegen den Informationsschutz und decken nicht alle Kategorien von Fällen ab, die als *cyber related crimes* angesehen werden können. Es gibt auch keine Statistiken über Cyberkriminalität gegen öffentliche Verwaltungseinrichtungen oder Beamte. Es wird jedoch geschätzt, dass bereits etwa 20 % aller von der Staatsanwaltschaft in Polen geführten Ermittlungsverfahren Fälle von Cyberkriminalität sind, und ihr Anteil nimmt zu.

Bei der Staatsanwaltschaft wurden im Jahr 2020 8490 Verfahren wegen des Verstoßes gegen Art. 267 § 1 StGB (Ausspähen von Daten, sog. *hacking*) eingeleitet, während es im Jahr 2021 8841 Verfahren waren. Die Zahl der Verfahren wegen Computerbetrugs hat sich von 10960 im Jahr 2020 auf 21576 Fälle im Jahr 2021 fast verdoppelt, und die Zahl der Verfahren wegen falscher Bombenalarme ist von 2489 eingeleiteten Fällen im Jahr 2020 auf 4919 eingeleitete Fälle im Jahr 2021 gestiegen.[51] Die Wirksamkeit der Bekämpfung dieser Art von Aktivitäten ist nach wie vor gering, was mit den Methoden der Täter zusammenhängt, die Dienste und technische Hilfsmittel nutzen, welche es schwierig oder unmöglich machen, den Netzverkehr zu analysieren, die IP-Adresse zu ermitteln, Daten und ihre Träger zu verschlüsseln und kriminaltechnische Methoden zu verwenden. Dank der leicht anzunehmenden Anonymität und der Verfügbarkeit von Diensten und Unterstützung im Rahmen des Modells *Cybercrime-as-a-Service*[52] müssen die Täter nicht über spezielle Kenntnisse oder fortgeschrittene Fähigkeiten verfügen, um erfolgreich eine Straftat zu begehen. Wie aus Berichten zur Cybersicherheit und einer Analyse der von der Polizei und der Staatsanwaltschaft veröffentlichten Mitteilungen hervorgeht, ist die Zahl der schweren Angriffe auf öffentliche Einrichtungen hoch, aber es muss davon ausgegangen werden, dass nur ein Teil der Vorfälle öffentlich bekannt gemacht wird.[53]

Nach Berichten des polnischen Obersten Rechnungshofes (poln. NIK) ist die Sicherheit im Cyberspace in Polen nicht angemessen geschützt. Obwohl viele der in den Schlussfolgerungen der Prüfung von 2015 enthaltenen Empfehlungen umgesetzt wurden, ist das Sicherheitsniveau der IT-Systeme öf-

[51] Mehr dazu *Gryszczyńska/Klawikowski*, Prokuratura i Prawo 2022, Sonderausgabe „Prokuratura w służbie państwu i społeczeństwu", 35 (36ff.).

[52] Ausführlich *Huang/Siegel/Madnick*, CISL 1 (2017), abrufbar unter http://web.mit.edu/smadnick/www/wp/2017-17.pdf (22.8.2023); vgl. auch *Europol*, Internet Organised Crime Threat Assessment (IOCTA) 2020, 31, abrufbar unter https://www.europol.europa.eu/activities-services/main-reports/internet-organised-crime-threat-assessment-iocta-2020 (22.8.2023).

[53] Vgl. Bericht über den Stand der Cybersicherheit in Polen im Jahr 2021 CSIRT GOV, abrufbar unter https://cbzc.policja.gov.pl/ (22.8.2023); https://www.gov.pl/web/prokuratura-krajowa (22.8.2023).

fentlicher Einrichtungen, insbesondere auch der lokalen Behörden, immer noch unbefriedigend oder sehr niedrig.[54] Das niedrige IT-Sicherheitsniveau in Verbindung mit veralteter und nicht unterstützter Software, mangelnder Schulung, fehlenden Verfahren, mangelnder Überwachung des Zugangs zu Informationen oder fehlenden angemessenen Genehmigungsmechanismen führte zu besonders hohen Risiken im Zusammenhang mit der Fernarbeit während der Pandemie. Wie die Ergebnisse des jüngsten NIK-Audits zur Informationssicherheit bei Fernarbeit und mobiler Datenverarbeitung zeigen, wurde in der Hälfte der geprüften Büros kein Managementsystem für die Informationssicherheit (ISMS) entwickelt und umgesetzt, das für jede Art von verarbeiteten Informationen eine spezifische Vorgehensweise festlegen sollte, und die Mitarbeiter waren sich der Risiken für die Informationssicherheit bei Fernarbeit und der Möglichkeiten zur Vermeidung der Auswirkungen dieser Risiken nicht vollständig bewusst.[55]

Im Jahr 2021 wurde das CSIRT GOV auf der Grundlage von Art. 32a des Gesetzes vom 24.5.2002 über die Agentur für innere Sicherheit und den Nachrichtendienst[56] und der Verordnung des Premierministers vom 19.7.2016 zur Durchführung von Sicherheitsbewertungen im Zusammenhang mit der Verhinderung terroristischer Vorfälle[57] die Sicherheit der IKT-Systeme von nur 17 staatlichen Einrichtungen und kritischen Infrastrukturen bewertet und dabei 185 kritische Schwachstellen (eine Verdoppelung im Vergleich zum Vorjahr) sowie 394 hochgradige Schwachstellen ermittelt, die zu einer Verletzung der Sicherheit und somit zu einer Eskalation der Bedrohung führen könnten.[58]

Der Grund für die Vernachlässigung in diesem Bereich kann ein mangelndes Bewusstsein für die Risiken und die daraus resultierenden neuen Aufgaben und Verantwortlichkeiten sein. Wie aus den vorliegenden Analysen hervorgeht, ist das Versagen bei der Gewährleistung der Cybersicherheit auf einen Mangel an wahrgenommenen Bedrohungen, unzureichende personelle Ausstattung oder unzureichende finanzielle Ressourcen zurückzuführen.[59]

---

[54] Siehe Informationen über die NIK-Prüfung: https://www.nik.gov.pl/kontrole/P/17/062/LBI/ (22.8.2023).

[55] Siehe dazu Information des polnischen Obersten Rechnungshofes über die Ergebnisse der Prüfung: Informationssicherheit bei Fernarbeit und mobiler Datenverarbeitung, 2022, abrufbar unter https://www.nik.gov.pl/kontrole/P/21/081/LOL/ (22.8.2023).

[56] Dz.U. 2022, Pos. 557.

[57] Dz.U. 2016, Pos. 1076.

[58] Vgl. CSIRT Bericht (Fn. 53), 44–52.

[59] Vgl. *Chodakowska/Kańduła/Przybylska*, Kontrola Państwowa 1 (2022), 129 (143–146).

V. Fazit

Der Prozess der Informatisierung öffentlicher Einrichtungen und öffentlicher Informationsressourcen hat Fragen der Cybersicherheit aufgeworfen. Die plötzliche Zunahme der Online-Aktivitäten geht natürlich auch mit einer Zunahme der Vorfälle einher. Neue Bedrohungen führen zu Diskussionen über die rechtliche Regelung der Cybersicherheit in der öffentlichen Verwaltung. Die zunehmende Zahl und Raffinesse von Cyberangriffen machen deutlich, dass ein dringender Handlungsbedarf auf der Ebene der gesetzlichen Regelungen besteht – sowohl auf nationaler (Gesetz zur Verhinderung des Missbrauchs elektronischer Kommunikation) als auch auf internationaler Ebene (NIS-2-Richtlinie). Ein solcher Bedarf besteht auch bei Aufklärungsmaßnahmen, die sich an ein breites Spektrum von Zielgruppen richten.

Diese Überlegungen sollten auch die Schaffung von Mechanismen für die einmalige Meldung eines Sicherheitsvorfalls einschließen, da die derzeitige Regelung es erforderlich macht, dass eine große Anzahl von Angriffen in drei verschiedenen unabhängigen Berichten gemeldet werden muss – ein Vorfall im Sinne des IT-Sicherheitsgesetzes, ein Verstoß im Sinne von DSG-VO und ein Verbrechen im Sinne des StGB.

Die Einbeziehung der öffentlichen Einrichtungen in das IT-Sicherheitsgesetz in Polen hat deren Sicherheitsniveau erhöht und die vom Obersten Rechnungshof formulierten Änderungswünsche teilweise erfüllt. Es wird erwartet, dass die Ausweitung des Kreises der Verpflichteten auf den öffentlichen Sektor auf der Grundlage der NIS-2-Richtlinie auch in anderen EU-Ländern verbindlich wird.

Die durchgeführten Untersuchungen zeigen, dass die Gewährleistung eines hohen Sicherheitsniveaus für die Netze und Informationssysteme öffentlicher Einrichtungen die entsprechende Vorbereitung des Personals sowie technische und organisatorische Maßnahmen erfordert, wofür eine erhebliche Erhöhung der finanziellen Investitionen in die Cybersicherheit des öffentlichen Sektors notwendig ist. Ein Schritt in die richtige Richtung ist die Gewährung von IKT-Leistungen für die Verantwortlichen für Cybersicherheit. Zu den erforderlichen Maßnahmen sollte jedoch auch die Vermittlung von Kenntnissen, Fähigkeiten und Einstellungen zur Cybersicherheit bei allen in der öffentlichen Verwaltung engagierten Arbeitnehmergruppen gehören.

Dritter Teil

Digitalisierung in einzelnen Verwaltungsbereichen

Zielstellung „Intelligente und nachhaltige Stadt"

Status quo der aktuellen Bestrebungen und Projekte der Stadt Jena auf dem Weg zur „Smart City"

Dorothea Prell, Jasper von Detten, Axel Schulz

I. Einleitung

Einzelne Kommunen sowie Ballungszentren sind durch den technologischen Fortschritt, den globalen Wettbewerb, weltpolitischen Spannungen, den Klimawandel sowie die Folgen der jüngsten Pandemie und des Krieges in der Ukraine damit konfrontiert, städtische Ressourcen noch effizienter zu nutzen, die Vernetzung ihrer Infrastruktur voranzutreiben und neue Formen von kommunalen bzw. von Verwaltungsdienstleistungen zu etablieren. Zur Erreichung dieser Ziele werden seit einigen Jahren verstärkt auf sog. Smart City-Ansätze zurückgegriffen, die vor allem auf technologische Entwicklungen und Innovationen abstellen. Die Ergebnisse und Erfahrungen aus diesen häufig in Pilotmodellen erprobten Ansätzen sollen sich die Kommunen zur Verfolgung ihrer jeweiligen städtischen Ziele zu Nutze machen. Smart City-Ansätze vereint das Ziel, mittels Digitalisierung und neuer Technologien Vorteile zu sichern und die Stadtentwicklung auf diese Weise effizienter, nachhaltiger und lebenswerter zu gestalten sowie ökologische und soziale Verbesserungspotenziale zu heben.

Es ist dabei klar, dass der Zugang zu Plattformen, zu Daten oder zur Künstlichen Intelligenz maßgeblich die Wettbewerbsfähigkeit im 21. Jahrhundert bestimmen wird. Die Kommunen müssen daher ihre bisherigen digitalen Anstrengungen in eine Gesamtstrategie und neue gesamtgesellschaftliche Vision einbinden, um mit Entwicklungen an anderen Orten der Welt Schritt halten zu können.

Eine Smart City nimmt erst in konkreten Konzepten und Projekten Konturen an und wird dadurch erfahrbar. Auch die Stadt Jena, aktuell mit rund 110.000 Einwohnern die zweitgrößte Stadt Thüringens und seit jeher stark geprägt durch Wissenschafts- und Forschungseinrichtungen sowie Hochtechnologieunternehmen, hat schon vor einer ganzen Weile die Bedeutung des Smart City-Ansatzes für sich erkannt.

Dieser Beitrag informiert über den aktuellen Stand zweier sich in der Stadt Jena derzeit in Realisierung befindenden Modellprojekte sowie über deren Einbettung in die dort verfolgte Smart City-Strategie. Anhand praxisnaher Ausführungen soll über die Besonderheiten und Anforderungen berichtet werden, die solch komplexe Modellprojekte begleiten und wie Hemmnisse durch ein professionelles Stakeholder- und Projektmanagement überwunden werden können. Als kommunale Fallstudie begegnet der Beitrag zugleich einem Desiderat verwaltungswissenschaftlicher Forschung, die sich häufig nur auf die „Vogelperspektive einer Implementation von Politik oder einer globalen Umsetzung von Verwaltungsreformen" beschränkt und nicht die gesamte Breite der öffentlichen Verwaltung in den Blick nimmt.[1]

II. Politische und rechtliche Rahmenbedingungen von „Smart City"

Die Häufigkeit der Verwendung des Begriffs „Smart City" hat in den zurückliegenden Jahren auch in Deutschland stark zugenommen. Er stellt eine Art Sammelbegriff dar, mit dem themen- bzw. bereichsübergreifende Entwicklungskonzepte erfasst werden sollen, die darauf abzielen, Städte insbesondere unter Nutzung neuer technologischer Ansätze insgesamt effizienter, fortschrittlicher, ökologischer und inklusiver zu gestalten.[2] Auch wenn im Einzelnen das Verständnis davon, was „Smart City" konkret meint, stark voneinander abweichen kann, dürfte prinzipiell der hohe Grad an Technikoffenheit und die Fokussierung auf den Einsatz von innovativen, digitalen Instrumenten und Lösungen kennzeichnend sein. Das Ziel „Smart City" kann vor diesem Hintergrund daher als informierte, vernetzte, mobile, sichere und nachhaltige Stadt mit hoher Lebensqualität verstanden werden, bei dem verschiedene Stadtbereiche (Wirtschaft, Mobilität, Umwelt, Menschen, Wohnen und Leben, Steuerung und Finanzen) unter Nutzung neuartiger Informations- und Kommunikationstechnologien miteinander

---

[1] Zitat bei *Lenk*, VM 2017, 115 (118); vgl. auch *Seibel*, in: Bauer/Grande (Hrsg.), Perspektiven der Verwaltungswissenschaft, 2018, 101 f.; *Seibel*, Verwaltung verstehen, 2016, 9; *Peuker*, Die Verwaltung 52 (2019), 157 (171 f.).

[2] Vgl. die Definition bei *Meier/Zimmermann*, in: Meier/Portmann (Hrsg.), Smart City, 2016, 3 (4) sowie umfassend den Beitrag von *Mędrzycki/Szyrski* in diesem Band, S. 220 f.

vernetzt werden.[3] Zugleich bilden die Begriffe „Smart City“ und der Begriff „Nachhaltigkeit“ immer häufiger ein Begriffspaar und sind mittlerweile eng miteinander verwoben. Die durch die Verwendung moderner Technologien zum Ausdruck kommende „Smartness“ einer Stadt soll dabei maßgeblich für eine nachhaltige und integrierte Stadtentwicklung sein.[4] Als Anwendungsgebiete, die sich hierfür gut eignen, lassen sich insbesondere Verbesserungen und Transformationen in den Bereichen der städtischen Energieversorgung und Energienutzung, aber auch der städtischen Mobilität und des Verkehrs anführen.

So vielschichtig, wie sich die Ausprägungen des Begriffs „Smart City“ darstellen, sind auch die dazugehörigen rechtlichen Rahmenbedingungen. Im Zentrum wird vor allem Art. 28 Abs. 2 GG stehen, der den Kommunen die Garantie zur Selbstverwaltung aller Angelegenheiten der örtlichen Gemeinschaft, einer eigenverantwortlichen Aufgabenerfüllung sowie die Befugnis zur eigenverantwortlichen Führung der Geschäfte in diesem Bereich zuspricht.[5] Zu den Angelegenheiten der örtlichen Gemeinschaft zählen – als Ausprägung der sog. Daseinsvorsorge – z. B. die örtliche Energieversorgung einschließlich der örtlichen –Energieerzeugung. Daneben kann es aber auch Aufgabe der örtlichen Selbstverwaltung sein, unter Berücksichtigung der jeweiligen individuellen Besonderheiten eine urbane Verkehrs- und Mobilitätsplanung zu erstellen, um bedarfsgerechte, zukunftsgerechte und nachhaltige Lösungen für den Stadtverkehr zu entwickeln.[6] Ähnlich wie beim Instrument der Bauleitplanung geht es auch hier darum, unter Beachtung verkehrsrechtlicher Erforderlichkeiten und Abwägungen privater und öffentlicher Interessen zu einer gemeinwohlverträglichen und ausgeglichenen Verteilung knapper Ressourcen zu gelangen. Die Kommune kann hierzu u. a. Lärmschutz-, Luftreinhalte- und Nahverkehrspläne entwickeln oder sich straßenverkehrsrechtlicher Befugnisse – wie § 45 StVO – bedienen. In den vergangenen Jahren wurden mit der Schaffung des Elektromo-

---

[3] *Fischer/Leupold*, IR 2012, 275 (276); zur Gegenüberstellung von smartem Urbanismus und sozialer Urbanität bzw. städtischer Vergesellschaftung *Frank/Krajewski*, in: Bauriedl/Strüver (Hrsg.), Smart City. Kritische Perspektiven auf die Digitalisierung in Städten, 2018, 63 ff.

[4] Vgl. Smart City Charta – digitale Transformation in den Kommunen nachhaltig gestalten, Bundesinstitut für Bau-, Stadt- und Raumforschung (BBSR), 2017, 8, abrufbar unter https://www.bmi.bund.de/SharedDocs/downloads/EN/themen/building-housing/city-housing/smart-city-charter-short.pdf?__blob=publicationFile&v=1 (19.6.2023).

[5] *Mehde*, in: Dürig/Herzog/Scholz, GG, Bd. 3, 99. EL September 2022, Art. 28 Rn. 43.

[6] *Kment*, NJW 2022, 48 (49).

bilitätsgesetzes, des Carsharing-Gesetzes sowie landesspezifischer Gesetze, wie dem Berliner Mobilitätsgesetz, diverse gesetzliche Grundlagen etabliert.[7]

Daneben gilt es aber auch, das Stadtgebiet als Reallabor bzw. Testfeld zu nutzen und neue Technologien und Anwendungsfälle „vor Ort" zu erproben.[8] Hierzu wird häufig und so auch in Jena – auf entsprechend etablierte Initiativen und Förderprogramme zugegriffen, die gezielt auf die Entwicklung von Smart City-Ansätzen ausgelegt sind. Hervorzuheben ist insbesondere die Förderung von Smart City-Modellprojekten initial durch das Bundesministerium des Innern, für Bau und Heimat, inzwischen federführend durch das Bundesministerium für Wohnen, Stadtentwicklung und Bauwesen (BMWSB) in Zusammenarbeit mit der Kreditanstalt für Wiederaufbau (KfW). Die Idee, Smart City-Modellprojekte zu fördern, geht zurück auf die im Jahr 2017 durch das Bundesinstitut für Bau-, Stadt- und Raumforschung veröffentlichte Smart City-Charta, in der konkrete Hinweise und Handlungsempfehlungen für die weitere Digitalisierung von Kommunen zusammengefasst wurden.[9] Die Charta folgte aus einer zuvor durch das Bundesministerium für Umwelt, Naturschutz, Bau und Reaktorsicherheit initiierten Smart City-Dialogplattform. Es findet sich darin u. a. auch der an die Kommunen gerichtete Appell, im Kontext der Entwicklung einer zukunftsorientierten Smart City-Strategie aktiv den Dialog mit Wirtschaft, Forschung und Zivilgesellschaft zu gestalten, um Potenziale und Herausforderungen der digitalen Transformation im Sinne nachhaltiger integrierter Stadtentwicklung frühzeitig erkennen und abwägen zu können. Auf dieser Grundlage sollten ursprünglich – mit Beginn 2019 – über einen Zeitraum von zehn Jahren und aufgeteilt auf vier Staffeln rund 50 Modellprojekte mit Zuwendungen in Höhe von ca. 750 Mio. € gefördert werden. Zwischenzeitlich wurde das Zuwendungsvolumen auf ca. 820 Mio. € und 73 Modellprojekte erhöht, um weiteren Kommunen die Förderung zu ermöglichen.[10] Auch die Stadt Jena wurde im Jahr 2020 mit als eines von bundesweit insge-

---

[7] *Peuker*, in: Kment/Rossi (Hrsg.), Urbane Mobilität, 2021, 51 (54 ff.); *Steiner*, NvWZ 2021, 356 (358 ff.).

[8] Kritisch zum Konzept der Reallabore im Kontext von Smart Cities *Bauriedl*, in: ders./Strüver (Hrsg.), Smart City, 2018, 75 ff.

[9] Vgl. https://www.bmi.bund.de/SharedDocs/downloads/EN/themen/building-housing/city-housing/smart-city-charter-short.pdf?__blob=publicationFile&v=1 (19.6.2023).

[10] Vgl. https://www.bmwsb.bund.de/Webs/BMWSB/DE/themen/stadt-wohnen/stadtentwicklung/modellprojektfoerderung-smart-cities/modellprojektfoerderung-smart-cities-node.html (19.6.2023).

samt 32 Modellprojekten in der zweiten Staffel ausgewählt, wie nachfolgend näher dargestellt werden soll.[11]

III. Der strategische Rahmen – Die Digitalisierungsstrategie der Stadt Jena

Die Stadt Jena befindet sich seit einiger Zeit im Bereich der Digitalisierung in einem Prozess der Neuausrichtung. Um diesen zielgerichtet zu fördern und unterstützen zu können, war es notwendig, strategische Rahmenlinien festzulegen. Aus diesen sollen konkrete Handlungsprämissen für alle Beteiligten transparent abgeleitet und den Mitarbeitern für die tägliche Arbeit handlungsweisend zur Verfügung gestellt werden. Die Stadt Jena hat sich daher entschieden, diese Transparenz über eine Digitalisierungs- und IT-Strategie zu stützen.[12] Mit externer Unterstützung durch die PD Deutschland[13] (Inhouse Beratung der öffentlichen Hand) wurde ein strategisches Rahmenwerk entwickelt, welches ein digitales Leitbild, eine Digitalisierungsstrategie sowie eine IT-Strategie samt eines steuernden Prozess-Rollen-Modells enthält. Die Verwaltungsspitze versteht die Digitalisierung als prioritäre Gemeinschaftsaufgabe und hat die Verantwortung für die Informationstechnologie, die Umsetzung digitaler Verwaltungsdienstleistungen, das Medienzentrum als Partner der Schulen und für die Entwicklung zur Smart City auf vier amtierende Wahlbeamte verteilt.

Die Digitalisierungsstrategie beschreibt einen konzeptionellen Rahmen, in dem sich das Verwaltungshandeln entwickeln kann, und setzt zwei Schwerpunkte in den Bereichen E-Government (Innere Verwaltung) und Smart City Jena. Im Schwerpunkt E-Government stehen die internen Themen und Prozesse der Verwaltung inklusive digitaler Verwaltungsdienstleistungen für die Bürger, Unternehmen und Vereine im Fokus, die zur Realisierung der gesetzlich vorgeschriebenen und freiwilligen Digitalisierungsaufgaben erforderlich sind. Im Bereich der Dachmarke Smart City Jena werden innovative sowie notwendige projekthafte Themen wie WLAN-Ausbau, 5G-Verkehrsvernetzung, das Smart City Projekt oder

[11] https://www.smart-city-dialog.de/modellprojekte/smart-city-modellprojekt-jena (19.6.2023).

[12] https://sessionnet.jena.de/sessionnet/buergerinfo/vo0050.php?__kvonr=13330 (19.6.2023).

[13] https://www.pd-g.de/ (19.6.2023).

Projekte des Stadtverbundes wie z. B. JenErgieReal[14] subsumiert. In Anlehnung an die Smart City-Strategie wird der Blick über die Grenzen der Verwaltung hinaus geweitet und der Rahmen für die Digitalisierung in der Stadtgesellschaft gesetzt. Zusätzlich werden hier die Schnittstellen zu weiteren Digitalisierungsthemen der Stadtgesellschaft betrachtet.

Die Stadt fokussiert sich in ihren Bemühungen sehr stark auf die Digitalisierung der Verwaltung und deren gesetzlicher Notwendigkeit[15] und wird die inneren Ressourcen auf dieses Thema konzentrieren. Projekte im Rahmen von Smart City werden vor allem aus dem Innovationsgedanken heraus betrieben und, um den Digitalstandort Jena zu bereichern. Diese Projekte werden zum größten Teil durch Fördermittel von Bund und Land gestützt und grenzen sich von gesetzlich zur Umsetzung vorgeschriebenen digitalen Verwaltungsdienstleistungen ab.

Die Stadt Jena hat den Anspruch formuliert, die digitale Transformation nicht nur für die Stadtverwaltung zu gestalten. Mit dem Zweck der Förderung der integrierten und nachhaltigen Stadtentwicklung durch den Einsatz digitaler Technologien geht die Stadt über die Verwaltungsgrenzen hinaus und nimmt Aufgaben der kommunalen Daseinsvorsorge im Kontext des Stadtverbunds in den Blick. Dabei kann sie zum einen an bereits erfolgte infrastrukturelle Maßnahmen anknüpfen, die etwa im Rahmen der erfolgreichen Bewerbung der Stadt Jena als Modellkommune des Förderprogramms „Modellprojekte Smart Cities" und der erfolgreichen Teilnahme am 5G-Innovationswettbewerb umgesetzt bzw. begonnen wurden (dazu sogleich unter IV.). Zum anderen wurde mit der „Smart City Jena" eine gemeinsame Dachmarke für alle digitalen Großprojekte wie u. a. das Smart City Projekt, das Projekt 5G-Verkehrsvernetzung, JenErgieReal etc. geschaffen. Die Dachmarke Smart City ist wesentliche Impulsgeberin und wichtige Innovatorin im Ringen um zukunftsweisende Lösungen. Sie steht für eine gemeinsame Öffentlichkeitsarbeit, eine synergetische Netzwerkarbeit und einen nachhaltigen und abgestimmten Einsatz von Fördermitteln. Zielstellung des Smart City Projekts Jena ist es, im Zuge der digitalen Transformation ein effizientes und sicheres Datenmanagement aufzusetzen, der Stadtgesellschaft digitale Angebote zur Verfügung zu stellen, den Erwerb und den Ausbau der digitalen Kompetenzen zu fördern, die Start-Up- und Innovationskultur zu unterstützen, alle Akteure der Stadtgesellschaft zu vernetzen und die Entwicklung hin zu einer zukunftsfähigen, nachhaltigen

[14] Vgl. hierzu auch https://www.stadtwerke-jena.de/nachhaltigkeit/energiewende/jenergiereal.html (19.6.2023)

[15] Zu den gesetzlichen Grundlagen der Verwaltungsdigitalisierung der Beitrag von *Peuker* in diesem Band, S. 55 ff.

und klimagerechten Stadt mit hoher Lebensqualität zu stärken. Als zweiter Schwerpunkt werden in der Digitalisierungsstrategie daher die Grundzüge der Smart City Strategie dargestellt: die Vision der Smart City, das Leitmotiv Wissen und die integrierten Zielbilder (dazu näher unter V.).

IV. Infrastrukturelle Grundlagen der Smart City

1. Glasfaser- bzw. Breitbandausbau

In Jena wurde frühzeitig erkannt, dass eine möglichst weitflächige Verfügbarkeit von Glasfaseranschlüssen zu Telekommunikationszwecken zugleich prägendes Merkmal sowie wichtige Voraussetzung für einen gelungenen Smart City-Ansatz ist. In den zurückliegenden Jahren wurde daher mit einer Reihe von Maßnahmen versucht, sich dem Ideal einer möglichst vollständigen Erschließung des Stadtgebietes mit modernen Breitbandinternetanschlüssen zu nähern. So wurde einerseits auf den eigenwirtschaftlichen, durch Wettbewerb getriebenen Ausbau gesetzt und dieser unterstützt, ergänzend hierzu aber auch vereinzelt auf gezielte Fördermaßnahmen zurückgegriffen. Mit Stand Juni 2023 kann auf folgende Ergebnisse und Meilensteine des Breitband- bzw. Glasfaserausbaus in Jena verwiesen werden:

Im Jahr 2013 kündigte die Deutsche Telekom eine „erste Welle" an Modernisierungen des damals vorhandenen Breitbandnetzes für weite Teile des Stadtgebietes an. Mit dem Abschluss des damals angesetzten VDSL-Ausbaus (Very High Speed Digital Subscriber Line) sollten für zahlreiche der Jenaer Haushalte Datenübertragungsgeschwindigkeiten von 50 MBit/s im Download sowie 10 MBit/s im Upload möglich sein. Diese Modernisierungsmaßnahmen – teils unter zusätzlicher Nutzung der sog. Vectoring-Technologie – konnten ungefähr Mitte 2015 abgeschlossen werden.

Nach entsprechenden Prüfungen und Vorbereitungen – u. a. einem durchgeführten Markterkundungsverfahren – setzte die Stadt Jena ihre Bestrebungen in den folgenden Jahren fort und startete im Spätherbst 2018 eine europaweite Ausschreibung mit dem Ziel, Fördermittel dem Telekommunikationsunternehmen zu gewähren, welches das wirtschaftlichste Angebot zur Erschließung von weiterhin unterversorgten Adresspunkten – den sog. weißen Flecken – mit mindestens 100 Mbit/s im Download unterbreitet. Auf diese Weise sollte die sogenannte Wirtschaftlichkeitslücke – die Differenz zwischen dem Barwert sämtlicher Aufwendungen für den Netzausbau und den entsprechenden Einnahmen – geschlossen werden. Im Rahmen des Ausschreibungsverfahrens, das als Verhandlungsverfahren mit vorgeschaltetem Teilnahmewettbewerb konzipiert war, konnte sich schließlich die Thüringer Netkom GmbH – ein Tochterunternehmen des Versorgungsunternehmens Thüringer Energie AG – mit dem finalen Angebot durchsetzen. Danach sollten ursprünglich bis Ende 2022 gegen Gewährung von Zuwendungsmitteln in Höhe von ca. 7,5 Mio. € Haushalte, Unternehmen und Betriebe vor allem in den dezentralen Ortsteilen erschlossen werden. Derzeit befindet sich diese Erschließungsmaßnahme noch in Umsetzung.

Aufgrund weiter gestiegener Nachfrage nach höheren Bandbreiten und zunehmender Wettbewerbsdynamik hat die Deutsche Telekom Anfang 2022 erklärt, in Jena in den kommenden Jahren das Glasfasernetz weiter zu einem FTTH (Fibre to the Home)-Netz auszubauen und Glasfaseranschlüsse mit Datenübertragungsraten von 1 Gbit/s zu gewährleisten. Die Glasfaserkabel werden dann nicht mehr nur bis zu den Verteilerkästen reichen, die entlang der Straßen stehen, sondern in den einzelnen Gebäuden und ggf. auch Wohnungen enden bzw. ab dort zur weiteren Nutzung zur Verfügung stehen.

Des Weiteren gibt es seit geraumer Zeit auch Bestrebungen, dass aus dem Bereich der örtlichen Stadtwerke heraus der Glasfaserausbau vorangetrieben wird. Dabei werden von den Stadtwerken neue Glasfaseranschlüsse bis in die Kellerbereiche gelegt (FTTB, Fibre to the Basement). Von da an übernimmt insbesondere das Unternehmen Tele Columbus die Erschließung größerer Wohnobjekte mit Glasfaseranschlüssen bis an die Wohnungen, so im Fall mehrerer Wohnungsgenossenschaften sowie Unternehmen der städtischen Wohnungswirtschaft.

Aufgrund dieses Ineinandergreifens von eigenwirtschaftlichem und geförderten Glasfaserausbau gehen die Verantwortlichen in der Stadt davon aus, dass im Jahr 2026 das Ziel erreicht werden könnte, als eine der ersten Großstädte in Deutschland eine annähernd vollständige Erschließung mit glasfaserbasierten, gigabitfähigen Anschlüssen ausrufen zu können. Damit könnten gleichzeitig die infrastrukturellen Grundlagen für zukünftige Smart City-Anwendungen gelegt werden.

2. 5G-Mobilfunkausbau

Wie bereits anhand der Aktivitäten zum Glasfaserausbau dargestellt, sieht die Stadt Jena den Aufbau einer leistungsfähigen Telekommunikationsinfrastruktur und deren fortwährende Anpassung an den Stand der Technik als einen wesentlichen Baustein der Daseinsfürsorge. Dazu zählen aber ebenso die Aktivitäten der Mobilfunknetzbetreiber sowie deren Infrastrukturgesellschaften, den sog. TowerCos. Die Stadt Jena hat deshalb eine zentrale

Anlaufstelle für bauliche Themen und zur Unterstützung notwendiger Verfahren bzw. Genehmigungsläufe eingerichtet.

Damit einher geht der Anspruch der Stadt Jena, ihre Liegenschaften und bestehende Infrastruktur wie Gebäude oder Lichtmasten als Flächen für Antennenträger nutzbar zu machen und zur Verfügung zu stellen. Dadurch wird die oft langwierige Suche nach geeigneten Mobilfunkstandorten verkürzt und die 4G- und 5G-Netze können schneller ausgebaut werden.

Die Nutzung von städtischer Infrastruktur durch die Mobilfunknetzbetreiber bzw. die TowerCos erfolgt dabei grundsätzlich auf Basis der Gleichbehandlung und Nichtdiskriminierung. Alle vier am deutschen Markt agierenden Mobilfunknetzbetreiber bzw. deren assoziierte TowerCos sind eingeladen, von den Standortangeboten der Stadt Jena Gebrauch zu machen.

3. DFMG-Rahmenvereinbarung

In den vergangenen Jahren wurden mit allen interessierten Infrastrukturgesellschaften Verhandlungen zum Abschluss von Rahmenvereinbarungen geführt. Letztere haben den Vorteil, dass sie aufwändige einzelvertragliche Regelungen vermeiden und somit den Abschluss von Verträgen zur Standortnutzung drastisch vereinfachen und beschleunigen. Rahmenvereinbarungen unterstützen auf maßgebliche Weise die Bereitstellung einer hochmodernen, zukunftssicheren Infrastruktur, die wiederum als technologische Basis für die Digitalisierungsbestrebungen der Stadt Jena dient. Ziel ist es, mehr Tempo beim Ausbau der Mobilfunknetze zu erreichen. Dieses Vorgehen stimmt mit den Interessen der TowerCos durchaus überein. Diese wünschen sich ferner eine technologieneutrale Mietvertragsgestaltung nach einheitlichen und marktgerechten Entgeltmodellen.

Die Deutsche Funkturm, TowerCo der Deutschen Telekom, war die erste Infrastrukturgesellschaft, mit der bereits im Jahr 2021 eine finale Rahmenvereinbarung inklusive Mustermietverträgen für Makrostandorte ausverhandelt werden konnte. Die Verabschiedung im Jenaer Stadtrat erfolgte am 26.1.2022. Jena zählt damit zu den ersten Städten mit diesem Kooperationsmodell in Deutschland.

Auch zukünftig abzuschließende Rahmenverträge der Stadt Jena mit weiteren TowerCos werden so gestaltet werden, dass der diskriminierungsfreie Standortzugang grundsätzlich allen Mobilfunkanbietern zur Verfügung zu stellen ist. Auf diese Weise kann sichergestellt werden, dass ein volkswirtschaftlich sinnvoller Netzausbau erfolgt, der die Nutzung von Standorten durch ggf. mehrere Mobilfunkunternehmen gestattet und unnötige Redundanzen oder z.B. eine Häufung von Maststandorten im innerstädtischen

Raum vermeidet. Als Hightech- und Wissenschaftsstandort sowie als Heimat von rund 140 Digitalunternehmen steht die Stadt in der besonderen Verantwortung, die digitale Transformation vor Ort weiter zu fördern und gute Voraussetzungen für eine zeitgemäße Versorgung mit Mobilfunkdiensten zu schaffen. Auch die digitalen Großprojekte der Stadt Jena, so das Smart City Projekt und das Projekt zur 5G-Verkehrsvernetzung, werden hiervon profitieren.

Mittlerweile stellt der Deutsche Städte- und Gemeindebund auch diverse Musterverträge der gängigen Mobilfunkunternehmen zur Verfügung, um auch anderen Kommunen entsprechende Vertragsabschlüsse auf Grundlage von standardisierten Vertragsmustern zu ermöglichen, wobei zwischen diversen Anwendungsszenarien – u. a. Dachstandorten, frei aufgestellten Masten und sog. Small Cells – differenziert wird.[16]

4. Teilnahme am 5G-Innovationswettbewerb des Bundesverkehrsministeriums

Auf Basis eines Beschlusses des Deutschen Bundestages startete das Bundesministerium für Digitales und Verkehr (BMDV) am 1.8.2019 einen auf mehrere Jahre angelegten 5G-Innovationswettbewerb, um die 5G-Anwendungsentwicklung zu fördern sowie die Erprobung und Tests von 5G-fähigen Anwendungen unter realen Bedingungen vorzubereiten und umzusetzen.[17]

Im Rahmen des 5G-Innovationswettbewerbs wurden ausschließlich sog. Gebietskörperschaften, also Gemeinden, Städte und Landkreise sowie Zweckverbände gefördert. Unternehmen waren nicht antragsberechtigt, auch dann nicht, wenn es sich um 100-Prozent-Töchter der antragstellenden Gebietskörperschaften handelte. Gleichwohl war es von Seiten des BMDV ausdrücklich gewünscht, Kooperationspartnerschaften zu bilden. Diese wurden von dem Fördermittelgeber als Indiz für die Ernsthaftigkeit der weiteren Bearbeitung der Umsetzungskonzepte und deren späterer Realisierung gewertet. Zur Mitwirkung an einer Kooperationspartnerschaft in Jena wurden auch alle Mobilfunknetzbetreiber Deutschlands eingeladen, von denen sich schließlich die Telekom und Vodafone zu einer assoziierten Partnerschaft bereit erklärten. Die Telekom sorgte durch einen vorgezoge-

[16] Vgl. https://www.dstgb.de/themen/mobilfunk/mustervertraege-mobilfunkanlagen/ (19.6.2023).

[17] https://bmdv.bund.de/DE/Themen/Digitales/Mobilfunk/5G-Innovationsprogramm/5g-innovationsprogramm.html (19.6.2023).

nen 5G-Netzausbau dafür, dass Jena bereits im Juni 2020 als erste Stadt Thüringens ein flächendeckendes 5G-Netz erhielt.

Mit dem beschleunigten Roll-out der 5G-Technologie haben die Aktivitäten der Stadt Jena im 5G-Innovationswettbewerb des BMDV einen besonderen Anschub erfahren, um Projektpartner aus dem Bereich von Hochschulen, Forschungseinrichtungen, aber auch kleine und mittelständische Unternehmen (KMU) sowie städtische Gesellschaften durch Mitwirkung in einem Konsortium unter Leitung der Stadt Jena miteinander zu vernetzen. Damit einher ging das ausdrückliche Ziel, die Digitalisierung auf Basis der 5G-Technologie zu stärken, deren Möglichkeiten zu erforschen und frühzeitig die Validität und Nachhaltigkeit aktueller technologischer Trends und Entwicklungen einschätzen zu können.

Das BMDV hat das durch die Stadt Jena unter dem Namen „Jena 5G_V2X“ eingereichte Umsetzungskonzept mit einer Spitzenbewertung versehen und für einen Förderzeitraum von drei Jahren eine Projektförderung in Höhe von 4 Mio. € bereitgestellt.

Die grundsätzliche Idee für die Teilnahme am 5G-Innovationswettbewerb des BMDV bestand darin, eine 5G-basierte Vernetzung für alle Arten von Verkehrsteilnehmern, dazu zählen der Öffentliche Personennahverkehr (ÖPNV), der motorisierte Individualverkehr (MIV), vulnerable Personengruppen (wie Fußgänger, E-Roller, Fahrräder), zu entwickeln. Dafür wurden grundlegende Szenarien der Verkehrsvernetzung definiert, die typischerweise unter dem Begriff Cellular-Vehicle-to-Everything (C-V2X) gebündelt werden und denen die Einbindung einer zentralen Dateninstanz, eines sog. SensiNact-Datenbrokers, gemeinsam ist. [18]

Letztendlich stellt der SensiNact-Datenbroker eine seitens der Stadt Jena zur Verfügung gestellte Plattform dar, über die die Verkehrsteilnehmer sicherheitsrelevante Informationen austauschen und die Analyseergebnisse über einen Rückkanal nutzen können. Aktuell werden Schnittstellen für die Nutzung und Auswertung von Daten für die im Smart City Projekt entstehende urbane Datenplattform entwickelt. Der Datenbroker wird somit durch das Smart City Projekt weiter genutzt. In Verbindung mit der urbanen Datenplattform entsteht so eine zentrale Dateninstanz, die als funktionales und diverse Lebensbereiche und Adressatengruppen verbindendes, infrastrukturelles Kernelement der digitalen Stadt angesehen wird.[19]

---

[18] https://smartcity.jena.de/5g/projektbeschreibung (19.6.2023).

[19] *Richter,* in: Seckelmann (Hrsg.), Digitalisierte Verwaltung Vernetztes E-Government, 2019, Kap. 10, S. 265 ff.

Für die Fahrer von ÖPNV-Fahrzeugen wird dieser Rückkanal beispielsweise in Form eines Fahrerassistenzsystems realisiert werden. Für Teilnehmer des Individualverkehrs, insbesondere für vulnerable Verkehrsteilnehmer (VRU) wird der Rückkanal in Form einer Lichtsignalgebung umgesetzt, um an stark frequentierten Verkehrsknoten Kollisionswarnungen ausgeben zu können bzw. Kollisionen, beispielsweise zwischen dem Radverkehr und motorisierten Fahrzeugen, überhaupt zu vermeiden.

Für die zu betrachtenden Szenarien besteht die Anforderung, einen bidirektionalen Datenaustausch in Echtzeit nicht nur zwischen SensiNact-Datenbroker und verschiedenen Clienten wie den Lichtsignalanlagen (LSA), den ÖPNV-Fahrzeugen oder vulnerablen Verkehrsteilnehmern, sondern für ausgewählte Szenarien auch die direkte Kommunikation zwischen den Clienten untereinander zu ermöglichen. Die an dem Projekt beteiligten Kooperationspartner teilen die Überzeugung, dass erst die Kombination aus direkter und 5G-basierter Kommunikation das Potenzial einer vernetzten und intelligenten Mobilität ausschöpfen kann.

Die Beschreibung der in Realisierung befindlichen Szenarien zur 5G-basierten Verkehrsvernetzung wäre ohne die Erwähnung des sog. Lastmanagementsystems unvollständig. Im Mittelpunkt dieses Teilprojektes steht die Optimierung und bessere Ausnutzung von Kapazitäten im lokalen Energienetz und dessen Komponenten. Ein konkretes Anwendungsfeld des Lastmanagementsystems umfasst die Straßenbahnen des Jenaer Nahverkehrs und die dazugehörige Stromversorgung. Hier besteht das Ziel darin, die bestehende Infrastruktur zur Energieversorgung besser auszulasten, aber auch vor Überlastung zu schützen. Ein weiteres Anwendungsfeld umfasst die Elektrobusse des Jenaer Nahverkehrs und die dazugehörige Ladeinfrastruktur. Diese ist in Teilen im öffentlichen, aber auch im nichtöffentlichen elektrischen Energienetz installiert. Hier liegt der Fokus auf der Vermeidung von Überlastungen im Stromnetz bei gleichzeitiger Wahrung des Energiebedarfs der im Linienverkehr eingesetzten E-Busse sowie der Sicherstellung von deren Einsatzzeiten. Die beteiligten Komponenten sind via 5G vernetzt. Dies ermöglicht eine kommunikationstechnisch gleichermaßen einfache wie zuverlässige Anbindung der Messgeräte durch Sicherung eines definierten „Quality of Service" sowie die Minimierung der Latenzen für die Übertragung der Daten und Befehle.[20]

[20] 5G in Jena: Entspannter durch die Stadt | Episode 122 | Telekom Netz – Der Podcast – YouTube, abrufbar unter https://www.youtube.com/watch?v=z9u4FPLJ6S0 (19.6.2023).

Rechtliche Einkleidung hat der SensiNact-Datenbroker durch eine sog. Datenbrokervereinbarung erfahren. Darin werden nähere Bestimmungen zur Erstellung, Betrieb und Nutzung des Datenbrokers festgelegt. Es werden dort unterschiedliche Aufgaben und Zuständigkeiten der einzelnen Projektbeteiligten definiert sowie diverse Standards bzgl. der Aufbereitung und des Umganges mit (nichtpersonenbezogenen) Daten vorgegeben. Ferner finden sich dort Vorgaben hinsichtlich der zu erstellenden Ziel-IT-Architektur sowie zur Datensicherheit. Auf diese Weise kann zwischen allen Projektbeteiligten ein einheitliches Verständnis von den Leistungen und Anforderungen des Datenbrokers als zentraler IT-Einheit des Projektes geschaffen werden.

Beteiligte Konsortial- bzw. Projektpartner sind die KMUs Data In Motion Consulting GmbH aus Jena und das INAVET (Institut für angewandte Verkehrstelematik GmbH) aus Dresden, ferner die Professur für Verkehrsprozessautomatisierung der Technischen Universität Dresden, das Institut für Energiemanagement der Hochschule Mittweida, der Jenaer Nahverkehr, die Stadtwerke Jena Netze sowie die Stadt Jena mit dem Eigenbetrieb Kommunalservice als Konsortialführer bzw. sogenannter Verbundkoordinator.[21]

V. Smart City Strategie, Handlungsfelder und Maßnahmen

Im Frühjahr 2020 beauftragte der Oberbürgermeister den für Digitalisierung zuständigen Dezernenten, einen Antrag für die zweite Staffel der im Rahmen der vom Bundesministerium des Innern, für Bau und Heimat (die Federführung liegt nunmehr beim BMWSB) geförderten Modellprojekte Smart Cities bei der Kreditanstalt für Wiederaufbau (KfW) zu stellen. In die Erstellung des Antrages wurden interne Mitarbeiter, die Eigenbetriebe, die Jenaer Wirtschaftsförderung, die Stadtwerke Jena, sowie Jenaer Hochschulen und Forschungsinstitute einbezogen. Durch Stadtratsbeschluss vom 17.6.2020 (Beschlussvorlage Nr. 20/0354-BV)[22] wurde der Antrag auf den Weg gebracht. Am 8.9.2020 erhielt die Stadt Jena die Nachricht, dass sie zu einer von 32 geförderten Kommunen zählt. Jena erhält insgesamt 17,5 Mio. € Gesamtfördervolumen (inkl. 10 % Eigenanteil) für eine Laufzeit von sieben Jahren.

---

21 https://smartcity.jena.de/5g/foerderer-partner (19.6.2023).

22 https://sessionnet.jena.de/sessionnet/buergerinfo/getfile.php?id=93308&type=do& (19.6.2023).

Das Projekt untergliedert sich in eine erste Strategiephase von September 2020 bis März 2023 und eine sich daran anschließende Umsetzungsphase von April 2023 bis August 2027.

Ein wesentliches Element der Strategieerstellung ist die Bürgerbeteiligung und Öffentlichkeitsarbeit. In einem Prozess, der partizipativ die gesamte Stadtgesellschaft an der Entwicklung teilhaben ließ, hat die Stadt Jena eine Smart City Strategie formuliert, die fünf Handlungsfelder mit unterschiedlichen Maßnahmen ausweist. Der ursprünglich vorgesehene Ansatz einer ausbalancierten Kombination aus analogen und digitalen Veranstaltungen konnte pandemiebedingt erst im Sommer 2022 vollumfänglich umgesetzt werden. Die Smart City Strategie wurde durch den Stadtrat der Stadt Jena am 22.3.2023 verabschiedet und dem Fördermittelgeber zur Prüfung eingereicht.[23] Die Projekte der Dachmarke Smart City Jena mit bundesweiter Strahlkraft ergänzen auf diese Weise die Digitalisierungsbemühungen der Stadt Jena im Bereich von E-Government.

Im Gesamtprojekt wurden fünf Handlungsfelder identifiziert, die mit jeweils eigener Teilprojektleitung Teilstrategien in interdisziplinärer Abstimmung unter Koordination durch die Gesamtprojektleitung entwickelten. Die Querschnittsthemen Bürgerbeteiligung und Öffentlichkeitsarbeit werden begleitend gestaltet.

1. Handlungsfeld 1: Digitale Infrastruktur und Datenpolitik

Ziel des Handlungsfeldes 1 „Digitale Infrastruktur und Datenpolitik“ ist es in erster Linie, eine urbane Datenplattform – genannt „WISSENsAllmende Jena“ (WAJ) – aufzubauen und urbane Daten aus allen Bereichen der Verwaltung, ihrer Eigen- und Regiebetriebe sowie ihrer Tochtergesellschaften bereitzustellen. Diese stellt die technische Basis des Smart City Projektes dar. Um das volle Potential der städtischen Daten auszuschöpfen, soll ein urbaner Datenraum geschaffen werden. Dazu wurden strategische Ziele definiert und Maßnahmen erarbeitet.

2. Handlungsfeld 2: Stadtentwicklung, Umwelt und Verkehr

Das Handlungsfeld 2 umfasst die Themenfelder Stadtentwicklung, Umwelt und Verkehr. Den Schwerpunkt dieses Feldes bildet das Smarte Quartier

[23] Vgl. die Beschlussvorlage nebst Anlagen zur Smart City Strategie: https://sessionnet.jena.de/sessionnet/buergerinfo/vo0050.php?__kvonr=12941 (19.6.2023).

Jena-Lobeda[24] (SQJL) als Vorhaben der Stadtwerke Jena Gruppe, in dem die digitale Transformation des vieldimensionalen Anwendungsbereiches Wohnen umgesetzt wird. Mit dem Projekt verbindet sich die Möglichkeit, neue Wege zu gehen und damit auch – gemäß dem Konzept des Smart City Modellprojektes – Erfahrungswerte und Modelle zu schaffen, die auf andere Städte und Regionen übertragen werden können. Um die verschiedenen Themenfelder abzubilden, wurden verschieden Maßnahmenpakete (Sensorgestützte Stadtgrünpflege, Digitale Mobilitätsoptimierung, Partizipative Stadtentwicklung und Planung) entwickelt.

3. Handlungsfeld 3: Bildung, Kultur und Soziales

Das Handlungsfeld 3 befasst sich mit dem digitalen Wandel im Bereich Bildung, Kultur und Soziales. Im Umgang mit der Digitalisierung haben Kinder, Jugendliche, Erwachsene und Ältere unterschiedliche Erfahrungen und Kompetenzen. Institutionen und Fachkräfte müssen die Bürger an diesen „unterschiedlichen Orten“ abholen, während sie sich selbst mitten im digitalen Transformationsprozess befinden. Die entwickelten Maßnahmen (digitaler “Probierladen“ in der Volkshochschule, „Digitalagent“ für das Medienzentrum der Schulen, Digitales Stadterlebnis) soll die Stadtgesellschaft bei diesem Prozess unterstützen.

4. Handlungsfeld 4: Wirtschaft und Wissenschaft

Der Anspruch des Handlungsfeld 4 „Wirtschaft und Wissenschaft“ ist, die digitale Transformation der Wissenschaft, Wirtschaft und der Arbeitswelten, ebenso wie den weiteren Ausbau des Hochschulstandorts Jena und den Wandel hin zu einer emissionsarmen Wirtschaft erfolgreich und sozialverträglich voranzutreiben. Dafür schafft die Stadt im Rahmen ihrer Möglichkeiten optimale Rahmenbedingungen. Die Herausforderungen der Zukunft sind so komplex, dass sie allein nicht lösbar sind. Es braucht Kollaboration und Kooperation, Innovations- und Experimentierräume, Out-of-the-Box-Denken und Open Innovation-Ansätze, um gemeinsam Lösungen für unsere Stadt bzw. Region der Zukunft zu erarbeiten. Deshalb soll die Einrichtung der Jena Digital Werkstadt als analogem und digitalem Ort zur Lösung der Herausforderung beitragen.

[24] https://www.smartes-quartier.de/ (19.6.2023).

5. *Handlungsfeld 5: Digitale Verwaltung*

Bei der Digitalisierung von Verwaltungsleistungen soll die Nutzerorientierung im Vordergrund stehen. Daneben sollen im Handlungsfeld 5 „Digitale Verwaltung" aber auch interne Prozesse optimiert und Transparenz geschaffen werden, in dem der Stadtgesellschaft das Verwaltungshandeln aufgezeigt und Möglichkeiten zum erleichterten Wissenstransfer geboten werden. Das Maßnahmenpaket Smarte Verwaltung beinhaltet z.B. durch die Einführung eines Sprach- und Chatbots nicht nur eine Erleichterung für die Bürger, sondern auch für die Mitarbeiter der Stadtverwaltung Jena.

VI. Projektorganisation und Methodik

Die einem Projekt zugrunde liegenden Prämissen und Handwerkszeuge sind unabhängig von den konkreten Projektdetails allgemeingültig und verdienen daher aus verwaltungswissenschaftlicher Perspektive besondere Beachtung. In der Stadt Jena betrifft diese Aussage im Kontext der Smart City Aktivitäten sowohl das Smart City Projekt als auch das Projekt zur 5G-Verkehrsvernetzung. Beide Projekte sind als aufeinander abgestimmte Aktivitäten unter der Dachmarke „Smart City Jena" zu verstehen.

Jedes dieser Projekte ist durch einen klar definierten Beginn und ein konkretes Zieldatum zeitlich begrenzt. Die geschaffenen Projektorganisationen sind daher im Gegensatz zu klassischen Linien- oder Stabsorganisationen auch nur für die Dauer der Projektlaufzeiten der o.g. Projekte angelegt.

Es ist absolut sinnvoll, den formalen Start von Projekten im Rahmen eines Kick-Offs zu vollziehen. Dieser schafft bei allen Projektpartnern das Bewusstsein „Jetzt geht es los" und sorgt für ein ausgeprägtes Commitment. Der Kick-Off für das Projekt zur 5G-Verkehrsvernetzung wurde durch die Stadtverwaltung Jena langfristig vorbereitet und konnte bereits eine Woche nach Übergabe des formalen Zuwendungsbescheids durchgeführt werden. Auch der Kick-Off für das Smart-City Projekt fand zeitnah nach Erhalt der Förderzusage statt, jedoch wurde aufgrund der fortschreitenden Pandemie und der damit verbundenen Einschränkungen ein digitales Format gewählt. Der Anspruch bestand darin, trotz der dreistelligen Teilnehmerzahlen an diesem virtuellen Kick-Off eine Veranstaltungsform zu finden, die gleichermaßen ansprechend, frisch, innovativ und unterhaltsam ist, also in bestem Sinne neugierig macht und die Smart-City Strategie der Stadt Jena unterstützte. Die Wahl fiel auf das Tool Gather.town, das die Erstellung virtueller Räume und Marktplätze gestattete, die im "Look & Feel" der Stadt Jena nachempfunden wurden und in denen sich die Teilnehmenden frei bewegen und in strukturierter Form miteinander interagieren konnten.

Als außerordentlich hilfreich erwies sich im weiteren Verlauf der o.g. Projekte die Tatsache, dass die Stadt Jena bereits vor Projektbeginn über ein ausgearbeitetes Projektmanagement-Handbuch verfügte, das Standards für Prozesse und Vorlagen der Projektarbeit enthält und das für einen verwaltungsintern einheitlichen Projektmanagementstandard sorgt. Es ist als Toolbox zu verstehen und mit den notwendigen Dingen für alle „Lebenslagen des Projektmanagement-Alltags“ befüllt.

Die wesentlichen Elemente des Jenaer Projektmanagement-Handbuchs orientieren sich an folgenden Leitplanken:

- Projektstruktur
- Regelkommunikation
- Meeting-Struktur
- Meilensteinplanung
- Projektstrukturplan und Aufgaben
- Projektziele und Ziele der Teilprojektziele
- SWOT-Analyse und Risk-Assessment
- Medium für Online-Meetings
- Gemeinsame Datenablage

Auf detaillierte Ausführungen wird an dieser Stelle verzichtet. Erwähnt werden soll aber ausdrücklich, dass eine ausgewogene Meetingstruktur aus einem sinnvollen Mix von Präsenz- und Online-Meetings bestehen sollte. Insbesondere für das Projekt zur 5G-Verkehrsvernetzung fanden bzw. finden die durchzuführenden Gesamtmeetings gemäß Vorgabe des Fördermittelgebers halbjährlich statt, wofür sich alle Projektbeteiligte auf das Präsenzformat geeinigt haben. Neben den etablierten Arbeitsgruppen treffen sich ferner die Leiter der einzelnen Teilprojekte zweitmonatlich, um übergreifende Themen und Fragestellungen im Interesse des Gesamtprojektes auszutauschen und Lösungen zu erarbeiten. Hier hat es sich bewährt, die Meetings der Teilprojektleiter, sofern diese in Präsenz stattfinden, rotierend bei allen beteiligten Projektpartnern, das heißt an wechselnden Orten und Umgebungen, durchzuführen. Dieser Wechsel wird von den Teilprojektleitern als inspirierend und anregend empfunden und unterstützt das gegenseitige Kennenlernen der Projektbeteiligten sowie deren Institutionen bzw. Firmen.

VII. Fazit

Für die Stadt Jena ist es von großer Bedeutung, dass die Digitalisierung in den Mittelpunkt des alltäglichen, kommunalen Handelns rückt. Die Stadt ist besonders daran interessiert, sinnvolle kommunale Anwendungsfälle für das Projekt Smart City und das Projekt 5G-Verkehrsvernetzung zu identifizieren und umzusetzen. Alle durchgeführten Digitalisierungsprojekte tragen zur Gesamtstrategie der Digitalisierung bei. Angesichts der Bedeutung dieser Projekte ist ein professionelles Vorgehen von Projektmanagement, Technik und Politik notwendig, um erfolgreich zu sein.

Im Bereich des Projektmanagements ist eine wirksame Koordinierung von entscheidender Bedeutung, um eine reibungslose Abstimmung und Durchführung paralleler Projekte zu gewährleisten. Es ist wichtig, aus anderen Projekten zu lernen und eine Kultur des Lernens aus Fehlern zu schaffen. Eine gute Kommunikation, z.B. durch regelmäßige Treffen mit den relevanten Akteuren, ist unerlässlich. So werden beispielsweise bei den Projekten 5G und Smart City verschiedene regelmäßige Treffen und ein technischer Projektleiter, der in beiden Projekten tätig ist, genutzt, um sicherzustellen, dass die verwendete Technologie den entsprechenden Anforderungen beider Projekte entspricht. Dies trägt zur Nachhaltigkeit und zum effizienten Einsatz der Mittel bei.

Neben einem professionellen Projektmanagement erfordern Förderprojekte spezielles technisches Fachwissen, das in kommunalen Verwaltungen oft nicht vorhanden ist. In solchen Fällen ist es ratsam, externe Beratung in Anspruch zu nehmen, um das erforderliche Fachwissen einzubringen. Auch die Kontinuität des Projektpersonals ist entscheidend, um Projekt- und Prozesswissen zu erhalten und Informationsverluste und unnötige Reibungsverluste zu minimieren.

Eine aktive Kommunikation über Projektfortschritte und Herausforderungen ist notwendig, um die erforderliche Unterstützung und Lösungen zu erhalten. In Jena wird eine Berichtsvorlage verwendet, um verschiedene Bereiche der Verwaltung und den Stadtrat der Stadt Jena im Rahmen des Gremienprozesses regelmäßig über die Projekte zu informieren. Wichtig sind auch ein aktives Stakeholder-Management und der Einsatz geeigneter Projektmanagement-Tools sowie ein gemeinsamer virtueller Arbeitsplatz für die Zusammenarbeit und die Speicherung von Projektdokumenten und Daten.

Um das Umsetzungsprojekt 5G-Verkehrsvernetzung in Jena erfolgreich durchführen zu können, war es unabdingbar, frühzeitig in Verhandlungen mit Mobilfunkunternehmen zu treten, um eine erste 5G-Netzabdeckung zu realisieren. Strategische Partnerschaften mit der Telekom und Vodafone sowie Verhandlungen mit der Telekom-Tochter Deutsche Funkturm GmbH waren dafür entscheidende Voraussetzungen. Die Verhandlungen waren auf Nachhaltigkeit ausgerichtet und sollten nicht nur einem Projekt zugutekommen.

Auf politischer Ebene ist die Unterstützung des Oberbürgermeisters und der zuständigen Dezernenten entscheidend für die Projektumsetzung. Ihr persönliches und fachliches Vertrauen in die Gesamtprojektleitung und ihr gemeinsames Interesse am Projekterfolg sind maßgebliche Faktoren. Wesentliche Unterstützung leisten auch das Thüringer Ministerium für Wirtschaft, Wissenschaft und Digitale Gesellschaft, das Bundesministerium für Wohnen, Stadtentwicklung und Bau sowie das Bundesministerium für Digitales und Verkehr. Die politische Unterstützung und Förderung auf kommunaler, Landes- und Bundesebene ist für den Projekterfolg unerlässlich.

Für die Stadt Jena ist die Bereitstellung einer modernen und zukunftssicheren digitalen Infrastruktur eine unabdingbare Voraussetzung, um die Digitalisierung voranzutreiben und über einzelne Digitalisierungsprojekte hinaus zu einer Smart City Jena zu werden. Dies wird auch die weitere Entwicklung des Wirtschafts- und Wissenschaftsstandortes unterstützen.

Das Verständnis des Konzeptes der Smart City und des Smart Village in Polen

Radosław Mędrzycki, Mariusz Szyrski

I. Einleitung

Der Analyse der Hauptfrage sollten einleitende Bemerkungen vorausgehen. Das behandelte Thema kann unter dem Gesichtspunkt der öffentlichen Verwaltung betrachtet werden. Diese Annahme impliziert, dass Überlegungen zu den Konzepten von „Smart City“ und „Smart Village“ unter dem Gesichtspunkt der bestehenden rechtlichen Bedingungen, der Funktionsweise moderner Städte und Dörfer und der Verwaltungspolitik gegenüber diesen erfolgen kann. Eine ganzheitliche Betrachtung des vorliegenden Themas von der Verwaltungsseite her bezieht sich zweifellos auf die klassische Trias der Verwaltungswissenschaften: öffentliche Verwaltung und ihre Funktionsweise, Verwaltungsrecht sowie Verwaltungspolitik, deren Grundlagen von *Walter Jellinek* und *Fritz Stier-Somlo* gelegt wurden.[1] Es ist jedoch bekannt, dass eine solche ganzheitliche Studie das Risiko methodischer Unklarheiten birgt.

Die Konzepte von „Smart City“ und „Smart Village“ können auch als Teil der nicht-administrativen Realität betrachtet werden, was wiederum die Perspektive der soziologischen, technischen und ähnlichen Forschung eröffnet und folglich auch zu einer noch größeren methodischen Vielfalt führt. Diese Vorbedingungen sind der Ausgangspunkt für die Auswahl des methodischen Kriteriums für die hier durchgeführte Forschung. Die folgende Analyse wird aus der Sicht der klassischen Verwaltungsrechtswissenschaft durchgeführt, welche die Anwendung einer dogmatisch-rechtlichen und theoretisch-rechtlichen Forschungsmethode vorschreibt. Dennoch kann man sich den inspirierenden Errungenschaften der sog. Neuen Verwaltungsrechtswissenschaft nicht entziehen,[2] die die klassische Sichtweise

---

[1] Siehe z.B. *Ziekow*, AöR 1986, 219, (222ff.); *Gienow*, Leben und Werk von Fritz Stier-Somlo, 1990.

[2] Vgl. z.B. *Scherzberg*, in: Trute/Groß/Röhl (Hrsg.), Allgemeines Verwaltungsrecht – zur Tragfähigkeit eines Konzepts, 2008, 837ff.

des Verwaltungsrechts erfolgreich ergänzen kann. Im Rahmen der Neuen Verwaltungsrechtswissenschaft wird das Recht zu einem Steuerungsinstrument,[3] was gut dem Konzept der Entwicklung „intelligenter Verwaltungsgebiete" entspricht.

Darüber hinaus ist zu beachten, dass der Versuch, sich methodisch in der Dogmatik zu verschließen – selbst, wenn dies möglich wäre – bei Konzepten, die eine qualitative Veränderung der sozialen Wirklichkeit beinhalten, eher nicht ratsam ist. Eine solche qualitative Veränderung der sozialen Wirklichkeit erfolgt durch die Transformation der Lebenswelt im sog. Smart Model.[4] Es ist daher schwierig, die Verbindungen zwischen den klassischen Verwaltungswissenschaften nicht zu bemerken. Dieser Einfluss ist besonders ausgeprägt im Rahmen langfristiger städtischer und ländlicher Entwicklungspolitiken und -strategien (Verwaltungspolitik), die darauf abzielen, diese Gebiete in Richtung eines intelligenten Modells umzugestalten.

Die Übernahme der rechtsdogmatischen Perspektive als Basis für die einleitenden Überlegungen erfordert die Darstellung mehrerer rechtssystematischer Aspekte, die die weitere Argumentation beeinflussen. Polen ist ein Einheitsstaat, das heißt, es hat eine einheitliche innere Organisationsstruktur, ein einheitliches Rechtssystem und ein einheitliches Staatsgebiet. Einheitlichkeit bedeutet jedoch nicht Zentralisierung, denn der Gesetzgeber verlangt die Schaffung von dezentralen Strukturen, das heißt einer lokalen Selbstverwaltung.[5] Den öffentlich-rechtlichen Körperschaften obliegt es, im Rahmen der gesetzlich festgelegten Autonomie einen wesentlichen Teil der öffentlichen Aufgaben zu erfüllen. Auch wenn die Verwaltungsstruktur nicht die Merkmale der Autonomie aufweist, so ist es doch Aufgabe der kommunalen Selbstverwaltung, innerhalb der Grenzen des staatlichen Rechts über ihren Raum zu entscheiden, Entwicklungsrichtungen vorzugeben und die Aufgaben-Kompetenz-Autonomie zu verwirklichen, indem sie internes und allgemein gültiges Recht schafft.

Die aufgezeigte Interdependenz zwischen dem auf parlamentarischer Ebene erlassenen Recht und der Aufgabenautonomie der kommunalen Selbstverwaltung gebietet es, zunächst auf die nationale Gesetzgebung und dann auf Beispiele für die Rechtsetzungstätigkeit der kommunalen Selbstverwaltungseinheiten zu verweisen. Auch internationale und unionsrechtliche Regelungen, die einen wichtigen Hintergrund für interne Rechtsvorschriften oder Regulierungsimpulse bilden, dürfen nicht außer Acht gelas-

---

[3] Ausführlich *Schmidt-Aßmann*, Verwaltungsrechtliche Dogmatik, 2013, 66f., 136.

[4] Siehe z.B. *Olbrycht*, in: Szpor (Hrsg.), Internet rzeczy, 2015, 85ff.

[5] Mehr dazu *Florczak-Wątor*, in: Tuleja (Hrsg.), Konstytucja Rzeczypospolitej Polskiej. Komentarz, 2021, Art. 3 S. 33ff.

sen werden. Einleitend ist jedoch zu betonen, dass das Konzept „der intelligenten Stadt“ und „des intelligenten Dorfes“ weder im primären EU-Recht noch in den polnischen Rechtsakten direkt vorgesehen ist.

Das Hauptziel dieses Kapitels ist es, die Begriffe „Smart City“ und „Smart Village“ aus der Perspektive des in Polen geltenden Rechts darzustellen. Dank dieser Analyse wird es möglich sein, die Frage zu beantworten, ob sich das polnische Recht auf die untersuchte Problematik bezieht und inwieweit es diese mit den im EU-Recht verwendeten Konzepten kombiniert. So kann festgestellt werden, ob das polnische Recht bereits supranationale Lösungen in dem untersuchten Bereich übernommen hat.

II. Grundlegende Konzepte

1. Das Konzept der smarten Verwaltung

Der Begriff „smarte/intelligente Verwaltung“ (*smart administration*) taucht seit einigen Jahren in wissenschaftlichen Studien auf. Ohne an dieser Stelle beurteilen zu wollen, ob es sich bei dem Begriff der intelligenten Verwaltung um ein breiteres oder engeres Konzept als das der „intelligenten Stadt“ und des „intelligenten Dorfes“ handelt, lohnt es sich, der methodischen Ordnung halber auf die Bedeutung des Begriffs und die ihm zugeschriebenen Merkmale hinzuweisen. Der Begriff *smart administration* wird mit Kategorien in Verbindung gebracht wie: Digitalisierung, E-Office, Partizipation, elektronische Daten und Datenbanken, Online-Vernetzung.[6] Es wird darauf hingewiesen, dass eine intelligente Verwaltung in der Lage ist, angesichts der verfügbaren Ressourcen u. a. (1) Verluste zu minimieren und Gewinne zu maximieren, (2) künftige Ereignisse zu antizipieren sowie (3) effektive Strategien zu entwickeln, um die richtigen Entscheidungen zu treffen. Außerdem ist sie offen für die Gesellschaft, für die sie existiert, schafft Anreize für bürgerschaftliches Engagement und trägt zur Zivilgesellschaft bei.[7]

Der Begriff „Smarte Verwaltung“ umfasst sowohl das Konzept der Smart City als auch das des Smart Village. Er besagt, dass die öffentliche Verwaltung einerseits die Entwicklung neuer Technologien und neuer Konzepte fördert, andererseits aber auch sich auf bestimmte „weitsichtige“ und gut durchdachte Verfahren stützt, die diese modernen Entwicklungen berücksichtigen. Unter diesem Gesichtspunkt werden Planungsdokumente und Planungsverfahren im Rahmen einer Smarten Verwaltung eine besondere

---

[6] *Giełda*, Wroclaw Review of Law, Administration & Economics, 2 (2019), 40 (42 ff.).
[7] *Giełda* (Fn. 6), 51.

Rolle spielen. Es scheint auch, dass sich die Smarte Verwaltung so weit wie möglich auf Prozesse im Zusammenhang mit der Digitalisierung, der Beteiligung der Öffentlichkeit und der Verstärkung der sog. Vernetzung zwischen der öffentlichen Verwaltung und den Bürgern beziehen sollte. Eine Smarte Verwaltung bedeutet auch eine offene Verwaltung, das heißt sie soll offen sein für neue Konzepte, neue Trends und neue Ideen.[8] Diese Voraussetzungen scheinen sehr anspruchsvoll zu sein, aber in Wirklichkeit laufen sie auf das Verständnis der öffentlichen Verwaltung hinaus, welches ihr zugrunde liegt und das in den Lehrbüchern des Verwaltungsrechts beschrieben wird. Es handelt sich dabei um solche Merkmale der öffentlichen Verwaltung wie z.B. Flexibilität des Handelns, vorausschauende Planung, koordinierende und überwachende Tätigkeiten der Verwaltungsbehörden.[9]

2. Das Konzept der Smart City

Das Konzept der Smart City hat Gestalt angenommen, lange bevor es im normativen Raum reflektiert wurde. Es war nicht das Gesetz, sondern die Realität und die Entwicklung neuer Technologien, die dieses Konzept hervorbrachten, auf das dann in verschiedenen weichen Rechtsakten (*soft law*) und bis zu einem gewissen Grad auch in normativen Rechtsakten Bezug genommen wird. Das Konzept der Smart City ist vielschichtig und mehrdeutig und wurde in verschiedenen Wissenschaften behandelt. Das Recht, insbesondere das Verwaltungsrecht, ähnlich wie bei den neuen Technologien, soll die innovativen Formen des staatlichen Handelns und somit auch die verschiedenen Aspekte der Smart-City-Entwicklung unterstützen. Eine solche Unterstützung bedeutet jedoch nicht, dass das Konzept der Smart City in einen starren Rahmen rechtlicher Definitionen eingebunden werden soll. Aufgrund der Dynamik dieses Phänomens hätte eine solche normative Maßnahme auch wenig Sinn.

Trotz dieser Vorbehalte wird das Konzept der Smart City in verschiedenen wissenschaftlichen Studien analysiert, und demzufolge gibt es zahlreiche interdisziplinäre Definitionen des Phänomens.[10] Ausgehend von der ursprünglichen Bedeutung der Stadt, in der die Informations- und Kommunikationstechnologien eine Schlüsselrolle bei der Verbesserung der Lebens-

---

[8] Ausgehend davon lässt sich auch das Konzept der Smart Government ableiten. Mehr dazu *Melati/Janissek-Muniz*, Revista de Administracao Publica 3 (2020), 400 (402ff.).

[9] Vgl. *Zimmermann*, Prawo administracyjne, 2020, 43.

[10] *Albino/Berardi/Dangelico*, Journal of Urban Technology 1 (2015), 1723 (1735), die Autoren unterscheiden hier über zwanzig unterschiedliche Definitionen des Konzeptes.

qualität und der Erzielung wirtschaftlicher Spitzenleistungen spielen, drehen sich die Definitionen der Smart City zumeist um drei grundlegende thematische Achsen: Technologie, Menschen und Gemeinschaft.[11]

Es gibt zwei Hauptströmungen bei der Definition des Begriffs. Einerseits kann eine „intelligente Stadt" mit einer Stadt identifiziert werden, in der eine Infrastruktur geschaffen wird, die für wirtschaftliche und soziale Initiativen genutzt wird. Das Ziel dieser Initiativen ist es, wirtschaftliches Wachstum zu erzielen, soziales Kapital zu schaffen und eine höhere Effizienz bei der Nutzung städtischer Ressourcen zu erreichen. Andererseits kann ein breiterer Ansatz verfolgt werden. Aus dieser breiteren Perspektive kann die Smart City als neues Paradigma in der Stadtentwicklung betrachtet werden. Diesem zweiten Ansatz zufolge spielen das Human- und Sozialkapital sowie die Bildung eine wichtige Rolle. Dieses Verständnis setzt voraus, dass Strategien für städtische Gebiete entwickelt werden, die die Bedeutung des Wissens bei der Umsetzung verschiedener Arten von innovativen Lösungen berücksichtigen.[12] Generell sind sich die meisten Autoren einig, dass das Konzept der Smart City mit den folgenden Säulen zusammenhängt: intelligente Verwaltung, intelligente Wirtschaft, intelligente Mobilität, intelligente Umwelt, intelligente Menschen und intelligentes Wohnen.[13]

3. Das Konzept des Smart Village

Smart Village wird dagegen allgemein als „die Nutzung und Umsetzung innovativer Lösungen vor allem für die Bedürfnisse der Bevölkerung in ländlichen Regionen" definiert.[14] Das Konzept wird durch unterschiedliche Pilotprogramme umgesetzt, die darauf abzielen, den Zugang zu den neuesten Entwicklungen zu verbessern. Hier ist insbesondere die Digitalisierung ländlicher Gebiete gemeint, die durch einen breiten Zugang zu Breitband, eine Entwicklung von Infrastrukturinvestitionen, eine Verbreitung von E-Skills sowie eine rationalisierte Nutzung von Humankapital erfolgen soll.[15]

---

[11] *Albino/Berardi/Dangelico*, Journal of Urban Technology 1 (2015), 1723 (1736).

[12] Vgl. *Szczech-Pietkiewicz*, Prace Naukowe Uniwersytetu Ekonomicznego we Wrocławiu 391 (2015), 71 (73).

[13] Siehe dazu *Europäisches Parlament*, Mapping Smart Cities in the EU, 2014, abrufbar unter, https://t1p.de/s1wwy (22.8.2023).

[14] *Jeżyńska/Król*, Izby rolnicze w modelu społecznej gospodarki rynkowej, 2021, 172.

[15] *Jeżyńska/Król* (Fn. 14).

Ziel des intelligenten Dorfes ist es, die digitale Disparität zwischen ländlichen und städtischen Gebieten zu verringern. Es wird davon ausgegangen, dass die Digitalisierung des ländlichen Raums zu folgenden Ergebnissen führen sollte:

- Aufhalten der Entvölkerung ländlicher Gebiete durch den Wunsch junger Menschen, in diesen Gebieten zu bleiben, wodurch das negative Phänomen der Überalterung in ländlichen Gebieten verringert wird,
- Verbesserung des Zusammenhalts zwischen ländlichen und städtischen Gebieten,
- eine dynamischere und schnellere Entwicklung ländlicher Gebiete als bisher,
- Berücksichtigung praxisbezogener Faktoren (Effizienz, Effektivität) in Management und Verwaltung,
- sowie Verbesserung der Lebensqualität.

Zu den möglichen Bedrohungen gehört eine Art Verwischung der „ländlichen Identität". Sie ist mit einer Zunahme von Zwischengebieten (Gebiete, die weder städtisch noch ländlich sind) verbunden. Bei der Umgestaltung des ländlichen Raums geht es vor allem um die Art der Produktion in diesen Gebieten und die damit verbundene Veränderung der Lebensbedingungen. Es wird auch darauf hingewiesen, dass die Umsetzung des Smart-Village-Konzepts bestimmte Anforderungen an die lokalen (kommunalen) Behörden in Bezug auf die Gewährleistung der entsprechenden Infrastruktur stellt.[16]

Die Umsetzung des Konzepts des Smart Village beinhaltet zum Teil sowohl eine Eingriffs- als auch eine Leistungsverwaltung. Die heutigen digitalen Bedürfnisse, unabhängig vom Lebensumfeld, werden zu Existenzbedürfnissen, und diese liegen der Unterscheidung der Leistungsverwaltung zugrunde. Die Gestaltung eines modernen Netzes in verschiedenen Bereichen der sozialen Tätigkeit ist wiederum mit der Verwirklichung einer typischen Infrastrukturverwaltung verbunden. Schließlich erfordert die moderne technische Infrastruktur, mit der die lokalen Behörden arbeiten, geeignete Maßnahmen zur Gewährleistung der digitalen Sicherheit, und dies ist eine typische Domäne der Eingriffsverwaltung.[17]

[16] *Jeżyńska/Król* (Fn. 14).

[17] Vgl. *Forsthoff,* Die Verwaltung als Leistungsträger, 1938; *Gröttrup,* Die kommunale Leistungsverwaltung, 1976; *Durner,* in: Kahl/Ludwigs (Hrsg.), Handbuch des Verwaltungsrechts, Bd. 1, 2021, § 21; *Geis,* in: Kahl/Ludwigs (Hrsg.), Handbuch des Verwaltungsrechts, Bd. 1, 2021, § 18; in der polnischen verwaltungsrechtswissenschaftlichen Literatur siehe insbes. Podgórski (Hrsg.), Regulacja prawna administracji świadczącej, 1985.

Ein Smart Village kann als „ein rechtlich qualifiziertes ländliches Gebiet und seine Gemeinschaft verstanden werden, dessen Potential von aktiven Bürgern und den zuständigen Behörden im Rahmen einer Strategie zur Verbesserung der sozialen, wirtschaftlichen und ökologischen Entwicklungsindikatoren innovativ genutzt wird, auch durch den Einsatz neuer Technologielösungen, wenn die Vorteile die Risiken, insbesondere in Bezug auf den Datenschutz und die Cybersicherheit, überwiegen".[18]

Eine Durchsicht der polnischen Rechtsliteratur führt zu dem Schluss, dass das Thema „Smart Village" nicht von großem Interesse ist und noch nicht Gegenstand einer monographischen Studie war. Dieser Umstand ist auf ein relativ neues Forschungsgebiet zurückzuführen. Weitere Untersuchungen sollten die Frage beantworten, warum dies der Fall ist. Diesem Zweck dient die Annahme, dass die Reaktion der Verwaltungsrechtslehre eng mit der Gesetzgebungstätigkeit der EU und der nationalen Gesetzgeber verbunden ist. Anschließend soll versucht werden, die Frage zu beantworten, ob sich der zwingende Regelungsimpuls der EU zu den genannten Konzepten in der polnischen Gesetzgebung niederschlägt oder ob er sich in irgendeiner Weise auf das Kommunalrecht, einschließlich der Planungsakte,[19] auswirkt.

III. Überlegungen zu den Konzepten der Smart City und des Smart Village in der Gesetzgebung

1. Der „normative Impuls der EU"

In letzter Zeit ist eine rege Aktivität der Europäischen Union zu beobachten, die (auf verschiedenen Ebenen) zunächst weiche und dann normative Rechtsakte im Zusammenhang mit dem weit gefassten Begriff „smart" schafft. Dies ist nicht verwunderlich, da dieses Konzept, wie bereits erwähnt, mit vielen gesellschaftlichen Bereichen wie der intelligenten Mobilität, der Umwelt oder dem sog. intelligenten Leben/Wohnen (*Smart living/Smart Home*) verbunden ist. Dadurch taucht der Begriff „smart" in den EU-Rechtsvorschriften in sehr unterschiedlichen Fällen und Bedeutungen

---

[18] Vgl. *Szpor*, Smart Village, abrufbar unter https://geodezja.mazovia.pl/projekty/smartv/zadania/z1-uksw-pojecie-smart-village.pdf (22.8.2023). Diese Definition entstand im Rahmen der Arbeit einer Forschungsgruppe (Szpor/Badowski/Olszewska, Kardinal-Stefan-Wyszyński-Universität in Warschau), die das von den Behörden der Woiwodschaft Masowien koordinierte Projekt Smart Village umsetzt. Mehr dazu unter https://geodezja.mazovia.pl/projekty/smartv/smart-village.html (22.8.2023).

[19] Siehe III.4.

auf. Dieses Phänomen lässt sich mit den Begriffen „Innovation“ und „innovativ“ vergleichen, die einige Jahre zuvor in Mode kamen und auf praktisch alle Bereiche angewendet wurden, die mit der Verteilung von EU-Mitteln zu tun hatten. Diese Aktivitäten haben dazu geführt, dass der Begriff „Innovation“ sogar Eingang in das sog. Oslo-Handbuch gefunden hat.[20] Das Adjektiv „smart“ ist dabei dem Adjektiv „innovativ“ sehr ähnlich geworden. Es ist ein Oberbegriff für ein bestimmtes konventionelles Innovationsniveau, z.B. in der Entwicklung auf kommunaler Ebene. Es ist jedoch nicht immer möglich, spezifische und messbare Faktoren für den Stand dieser Entwicklung zu ermitteln. Die ganze Angelegenheit wird noch komplizierter durch die Tatsache, dass sowohl im EU-Recht als auch im polnischen Recht die Begriffe „Smart City“ und „Smart Village“ keine rechtliche Definition haben. Sie tauchen jedoch in vielen Dokumenten unterschiedlicher Art auf, z.B. in Erwägungsgründen zu EU-Richtlinien und -Verordnungen.

Die Europäische Kommission beispielsweise definiert in ihren Dokumenten eine intelligente Stadt als einen Ort, an dem traditionelle Netze und Dienste durch digitale Lösungen zum Nutzen der Einwohner und Unternehmen verbessert werden. Eine intelligente Stadt geht über den Einsatz digitaler Technologien zur besseren Nutzung von Ressourcen und zur Senkung von Emissionen hinaus. Das bedeutet intelligentere städtische Verkehrsnetze, verbesserte Wasserversorgungs- und Abfallentsorgungssysteme und effizientere Methoden zur Beleuchtung und Beheizung von Gebäuden. Es bedeutet auch eine interaktivere und reaktionsfreudigere Stadtverwaltung, sicherere öffentliche Räume und die Erfüllung der Bedürfnisse einer alternden Bevölkerung.[21]

Die Europäische Kommission unterstützt dabei auch ein spezielles Forum *Smart Cities Marketplace*. Es ist eine Initiative, die Städte, Industrie, KMU, Investoren und Forscher zusammenbringt. Die gemeinsamen Ziele für alle Beteiligten sind die Verbesserung der Lebensqualität der Bürger, die Steigerung der Wettbewerbsfähigkeit der europäischen Städte und der Industrie sowie die Erreichung der europäischen Energie- und Klimaziele.[22]

Die Frage der „intelligenten“ Wohngebiete taucht vor allem in der Gesetzgebung zur Regelung des Klimas auf. Als ein gutes Beispiel kann die Richtlinie (EU) 2019/944 vom 5.6.2019 über gemeinsame Vorschriften für

---

[20] Vgl. *OECD/Eurostat*, Oslo Manual, 2018, 20ff., abrufbar unter https://www.oecd.org/science/oslo-manual-2018-9789264304604-en.htm (22.8.2023).

[21] *Europäische Kommission*, Smart Cities, abrufbar unter https://ec.europa.eu/info/eu-regional-and-urban-development/topics/cities-and-urban-development/city-initiatives/smart-cities_en (22.8.2023).

[22] *Europäische Kommission* (Fn. 21).

den Elektrizitätsbinnenmarkt[23] dienen. Im 23. Erwägungsgrund wird darauf hingewiesen, dass die Mitgliedstaaten sicherstellen sollten, dass alle Nutznießer regulierter Preise in der Lage sein sollten, die auf dem Wettbewerbsmarkt verfügbaren Angebote in vollem Umfang zu nutzen, wenn sie dies wünschen. Zu diesem Zweck müssen diese Begünstigten mit intelligenten Messsystemen (*Smart Metering*) ausgestattet werden und Zugang zu Verträgen mit dynamischen Strompreisen erhalten. Darüber hinaus sollten sie direkt und regelmäßig über die auf dem Wettbewerbsmarkt verfügbaren Angebote und Einsparungen informiert werden, insbesondere im Hinblick auf Verträge mit dynamischen Strompreisen. Dabei sollten sie unterstützt werden, auf Marktangebote zu reagieren und davon zu profitieren.

Begriffe im Zusammenhang mit den sog. „intelligenten Räumen" finden sich also direkt im Text von EU-Verordnungen oder -Richtlinien in Bezug auf verschiedene Bereiche menschlicher Tätigkeit.[24] Trotz der unterschiedlichen Übersetzungen solcher Fachbegriffe in den nationalen Rechtsakten ist ein deutlicher Trend zu zunehmend harmonisierten sektoralen Regelungen und zur Umsetzung einzelner Begriffe in nationales Recht festzustellen.[25]

2. *Gesetzliche Regelungen*

Es ist schwierig, eine geschlossene Klassifizierung der polnischen normativen Akte im Zusammenhang mit dem Thema „intelligente" Gebiete vorzunehmen. Dies liegt daran, dass die meisten Bestimmungen, die in Gesetzen selbst auf Regierungsebene geschaffen werden, einen Bezug zu den Verhältnissen in der lokalen Verwaltung haben und somit auch in gewissem Maße das Funktionieren lokaler Gemeinschaften wie Städte und Dörfer beeinflussen. Es wäre also methodisch müßig, auf solche Verordnungen und Gesetze hinzuweisen, die sich nur auf Städte oder Dörfer beziehen. Es ist jedoch möglich, bestimmte ausgewählte Themenbereiche zu analysieren, die sich auf die hier behandelten Räume beziehen. In der polnischen Gesetzgebung gibt es vor allem zwei solche Themenbereiche: Verkehr und Energie.

---

[23] ABl. 2019 L 158/125.

[24] Z. B. IKT bei der Lösung von Problemen im Zusammenhang mit der Straßeninfrastruktur oder der Verbrechensbekämpfung; siehe im Zusammenhang mit patentrechtlichen Lösungen *Świerczyński*, in: Szpor (Hrsg.), Internet rzeczy, 2015, 33 ff.

[25] Vgl. *Olbrycht* (Fn. 4), 85 (86 f.).

a) Verkehr

Das Gesetz vom 21.3.1985 über öffentliche Straßen[26] führt als Teil der Legaldefinition den Begriff „intelligente Verkehrssysteme" ein, das heißt Systeme, die Informations- und Kommunikationstechnologien im Bereich des Straßenverkehrs, einschließlich der Infrastruktur, der Fahrzeuge und ihrer Nutzer, sowie in den Bereichen Verkehrsmanagement und Mobilitätsmanagement und für Schnittstellen mit anderen Verkehrsträgern nutzen. In Art. 43a Abs. 2 werden die allgemeinen Grundsätze für den Betrieb intelligenter Verkehrssysteme genannt. Dazu gehören Grundsätze wie: Wirksamkeit,[27] Kostenwirksamkeit,[28] Verhältnismäßigkeit,[29] Gewährleistung der Interoperabilität,[30] Förderung des gleichberechtigten Zugangs[31] sowie Wahrung der Kohärenz.[32] Es sollte hinzugefügt werden, dass der unmittelbare Zweck dieser Bestimmungen darin bestand, die Richtlinie (EU) 2010/40 vom 7.7.2010 zum Rahmen für die Einführung intelligenter Verkehrssysteme im Straßenverkehr und für Schnittstellen zu anderen Verkehrsträgern in das polnische Rechtssystem umzusetzen.[33]

In der Fachliteratur wird darauf hingewiesen, dass das obige Konzept der „intelligenten Verkehrssysteme" in den Bereich der sog. „intelligenten Straße" fällt.[34] Diese bedeutet, dass mit Hilfe der neuesten Generation von Telematiklösungen Informationen über eventuelle Störungen im Straßenverkehr

---

[26] Dz.U. 1985 Nr. 14, Pos. 60; einheitliche Fassung: Dz.U. 2022, Pos. 1693.

[27] D.h. ein echter Beitrag zur Lösung der wichtigsten Herausforderungen im europäischen Straßenverkehr, insbes. zur Verringerung der Verkehrsüberlastung, zur Verringerung der Schadstoffemissionen, zur Steigerung der Energieeffizienz des Verkehrs, zur Erhöhung der Sicherheit und zum Schutz der IVS-Nutzer, einschließlich der schwächeren Verkehrsteilnehmer.

[28] D.h. eine Optimierung des Kosten-Nutzen-Verhältnisses gemessen an der Erreichung der konkreten Ziele.

[29] D.h. eine Gewährleistung unterschiedlicher Qualitätsniveaus der Systemdienste und ihrer Umsetzung, ggf. unter Berücksichtigung lokaler, regionaler, nationaler und europäischer Besonderheiten.

[30] D.h. eine Gewährleistung, dass das System und die zugrundeliegenden Geschäftsprozesse in der Lage sind, Daten, Informationen und Wissen auszutauschen, um die effektive Erbringung von Dienstleistungen zu ermöglichen.

[31] D.h. eine Gewährleistung, dass die Anwendungen und Dienste des Systems für schwächere Verkehrsteilnehmer zugänglich sind und diese nicht diskriminieren.

[32] D.h. eine Berücksichtigung bestehender Grundsätze, Politiken und Maßnahmen der Europäischen Union, die auf das System anwendbar sind.

[33] ABl. 2010 L 207/1; dazu ausführlich *Rychter*, Ustawa o drogach publicznych. Komentarz, Lex 2019.

[34] Siehe zu den Lösungen in Österreich, https://itwelt.at/news/smart-street-kooperation-die-intelligente-strasse-nimm-formen-an/ (22.8.2023).

in das System eingespeist werden. Gleichzeitig werden die Nutzer so schnell wie möglich an ihr Ziel geführt.[35] Die Straße wird sich selbst mit den im Fahrzeug installierten Telematikanwendungen verbinden. Der Verkehrsweg wird auch laufend das Verkehrsaufkommen, die Wetterlage und den Informationsbedarf der Nutzer messen und bei Bedarf die Rettungsdienste informieren. Die von diesem System gesammelten Daten können u.a. dazu verwendet werden, Ampelprogramme in städtischen Gebieten zu korrigieren, Informationszentren zu schaffen, für die Nutzung der Straßeninfrastruktur zu bezahlen und intelligente Fahrzeugsicherheitssysteme der Zukunft zu entwickeln.[36]

b) Energie

Im Energiebereich sind vor allem die Bestimmungen über intelligente Systeme zur Messung des Stromverbrauchs zu nennen. Im Energiegesetz vom 10.4.1997[37] enthält Art. 1 Abs. 3 Nr. 64 eine Definition des Begriffs „Fernauslesezähler".[38] Es ist ein Messgerät, welches für die Messung von Elektrizität und die Abrechnung dieser Energie verwendet wird und mit der Funktion der Kommunikation mit einem Fernauslesesystem ausgestattet ist. In diesem Zusammenhang taucht ein weiterer Begriff auf, der auf intelligente Lösungen hindeutet, nämlich *Smart Grid*.[39] Diese Bestimmung sowie weitere ähnliche Regelungen sind eine unmittelbare Folge der Umsetzung der Richtlinie (EU) 2019/944.[40]

Intelligente Stromnetze (*Smart Grids*) sind Netze, deren einzelne Punkte miteinander verbunden sind und welche miteinander kooperieren (das heißt kommunizieren) können.[41] Es handelt sich um ein bestimmtes Elektrizitätssystem, das die Aktivitäten aller Strommarktteilnehmer sowohl auf der Ebene der Erzeugung, der Übertragung und der Verteilung als auch auf der Ebene des Stromverbrauchs auf wirtschaftlich effiziente, sichere und zuver-

---

35 *Rychter* (Fn. 33).

36 *Lewicki*, Autobusy: technika, eksploatacja, systemy transportowe 7–8 (2012), 106 (108 ff.); vgl. auch *Halwax*, DRdA 5 (2012), 532 (533 f.).

37 Dz.U. 1997 Nr. 54, Pos. 348; einheitliche Fassung: Dz.U. 2022, Pos. 1385.

38 Vgl. zu den Lösungen in Deutschland https://bvi-verwalter.de/aktuelles/news/bundestag-beschliesst-reform-der-verordnung-ueber-heizkostenabrechnung/ (22.8.2023).

39 Mehr dazu *Szyrski*, Energetyka lokalna, 2019.

40 *Europäische Kommission* (Fn. 21).

41 Dazu *Rehman* u.a., Renewable and Sustainable Energy Reviews 82 (2018), 1675 (1680 ff.).

lässige Weise kombiniert.[42] Mit Blick auf die intelligenten Zähler wird betont, dass sie Teil des intelligenten Netzsystems sind und technische und organisatorische Lösungen darstellen, die die Kommunikation zwischen allen Teilnehmern des Energiemarktes ermöglichen, um Energiedienstleistungen zu den niedrigsten Kosten und auf die effizienteste Weise zu erbringen und dezentrale Energiequellen, einschließlich der erneuerbaren Energiequellen, zu integrieren.[43] Bei intelligenten Netzen geht es im Wesentlichen darum, die verteilten Komponenten des Stromnetzes miteinander zu verbinden, sie zu steuern und eine effiziente Kommunikation zwischen ihnen herzustellen, was durch verschiedene Geräte wie Schalter, Schreiber oder Zähler ermöglicht wird.[44]

3. Lokale Gesetzgebung

Wie in der Einleitung zu diesem Beitrag erwähnt, ist Polen ein Einheitsstaat, und die lokalen Gebietskörperschaften sind, obwohl sie eine unabhängige dezentrale Behörde darstellen, nicht autonom, auch nicht bei der Gesetzgebung. Die von ihnen erlassenen Rechtsakte sind von den Gesetzen abgeleitet. *Dorota Dąbek* unterscheidet in einem grundlegenden Werk der Verwaltungsrechtslehre über Akte des Kommunalrechts in Polen zwischen den Akten mit systemorganisatorischem Charakter, den Verordnungsakten und den Durchführungsakten.[45] Aufgrund der Besonderheit der Verordnungsakte, deren Aufgabe es ist, den Wert von Sicherheit und Ordnung in der lokalen Regierungseinheit zu gewährleisten, sind diese Rechtsakte für die Umsetzung des Smart-Village-Konzepts nicht geeignet.

Andererseits „besteht der Zweck der lokalen Durchführungsakten darin, das Gesetz zu präzisieren, indem materielle und technische Fragen unter Berücksichtigung der Besonderheiten der örtlichen Gemeinschaft und der örtlichen Bedingungen und Bedürfnisse geregelt werden".[46] Der Erlass dieser Rechtsakte stützt sich auf die Angabe einer jeweils spezifischen Rechtsgrundlage. Im weitesten Sinne können diese Rechtsakte bei der Verwirklichung des Smart Village hilfreich sein. Ein lokaler Raumordnungsplan kann beispielsweise ein solcher Rechtsakt sein, der die Flächennutzung festlegt. Er ermöglicht es den lokalen Behörden, die Hoheit über den Raum auszu-

[42] Siehe *Elżanowski*, in: Cherka u.a. (Hrsg.), Energetyka i ochrona środowiska w procesie inwestycyjnym, 2010, 17 (18ff.).

[43] *Bartczak*, Przegląd Elektrotechniczny 1 (2016), 170 (172ff.).

[44] *Bartczak*, Przegląd Elektrotechniczny 1 (2016), 170 (172ff.).

[45] Vgl. *Dąbek*, Prawo miejscowe, 2020, 191ff.

[46] *Dąbek* (Fn. 45), 183f.

üben. Im lokalen Raumordnungsplan können die Gebiete ausgewiesen werden, in denen die Smart-Village-Infrastruktur errichtet werden soll. Die Einbeziehung des örtlichen Raumordnungsplans als grundlegende Vorlage für die funktionale und räumliche Entwicklung korreliert mit den Erfordernissen der strategischen Planung, die auf der Idee beruht, soziale Ziele durch Infrastrukturinvestitionen zu erreichen.

Das Konzept der Smart City und des Smart Village könnte auch im sog. organisatorischen Recht seinen Ausdruck finden. Es handelt sich in diesem Fall um Vorschriften über die Organe und den organisatorischen Aufbau z. B. der lokalen Verwaltungseinheiten (z. B. im Kontext der Digitalisierung einer Behörde bzw. im Zusammenhang mit den organisatorischen Reformen zur Erleichterung einer intelligenten Verwaltung). Recherchen auf der Grundlage der beiden größten kommerziellen Rechtsinformationssysteme in Polen, LEX (Wolters Kluwer) und Legalis (C. H. Beck) (die kombinierten Datenbanken aller Amtsblätter der Woiwodschaft enthalten, in denen lokale Rechtsakte veröffentlicht werden), lassen jedoch nicht darauf schließen, dass die Kommunalverwaltungen bisher rechtliche Schritte im Bereich des Smart Village unternommen haben.[47]

Quantitativ ist die Situation bei den Handlungen im Zusammenhang mit dem Konzept der Smart City nicht viel besser. Erwähnenswert ist der Beschluss des Krakauer Stadtrats zur Einrichtung einer Haushaltsstelle,[48] die mit der Durchführung von Aufgaben im Zusammenhang mit der Umsetzung von Smart-City-Lösungen betraut ist, einschließlich der Entwicklung des 5G-Mobilfunknetzes und des Internets der Dinge (IoT). Dies ist jedoch eine der unterschiedlichen 38 Aufgaben dieser Haushaltsstelle, so dass man kaum davon ausgehen kann, dass sie absichtlich eingerichtet wurde, um das Konzept der Smart City in Krakau umzusetzen.

2. *Politische Verwaltungsakte*

Neben den oben genannten lokalen Rechtsakten lässt sich eine Gruppe von Rechtsvorschriften ausmachen, die sich nur schwer eindeutig klassifizieren lassen. Die einzige Grundlage für diese Unterscheidung ist, dass diese Rechtsakte der Planung kurz-, mittel- und langfristiger Aktivitäten dienen. Zum einen kann es sich dabei um Akte mit internem Charakter handeln, also um Akte des lokalen Rechts (allgemein anwendbar); zum anderen gibt es

---

[47] Eigene Untersuchung, Mai 2022.

[48] Beschluss Nr. XXII/459/19 des Rates der Stadt Krakau v. 17.7.2019 über die Einrichtung und Genehmigung des Statuts einer Haushaltseinheit mit dem Namen „Klimat-Energia-Gospodarka Wodna“, Dz.Urz. Małop. 2019, Pos. 5638.

Planungsakte sowohl mit allgemeinem als auch mit spezifischem Charakter; zum dritten werden Planungsakte sowohl auf der Grundlage einer allgemeinen Aufgabennorm als auch einer spezifischen Kompetenznorm erlassen.[49]

Die Gebietskörperschaften sind bei der Wahrnehmung der Interessen der lokalen Gemeinschaft nicht nur dazu aufgerufen, ihre Aufgaben im Einklang mit dem Gesetz zu erfüllen, sondern haben auch die Möglichkeit, im Rahmen des Gesetzes frei zu handeln. Dank dieser Freiheit kann die Planung die beiden grundlegenden Elemente der öffentlichen Verwaltung auf lokaler Ebene vereinen: den Dienst an der lokalen Gemeinschaft und die Verwaltung ihrer Angelegenheiten. Nach Ansicht von *Magdalena Łyszczek-Małecka* „ermöglicht es [die Planung], nicht nur die Bedeutung einer durchdachten Organisation der von den lokalen Behörden durchgeführten Aktivitäten hervorzuheben, sondern sie führt auch zu einer angemessenen Umsetzung ihrer Ziele und Aufgaben, indem sie versucht, die Interessen der verschiedenen Gemeinschaften zu formulieren und umzusetzen“.[50] Planungsakte sind daher das Ergebnis spezifischer Verwaltungspolitiken lokaler Behörden, die von rechtlichen und nicht-rechtlichen Faktoren beeinflusst werden, von denen die beiden wichtigsten in unserem Kulturkreis die Europäisierung und die Globalisierung sind.[51]

Bei der Analyse der Planungsakte ist festzustellen, dass die Gruppe der Planungsakte in Bezug auf ihren Gegenstand äußerst vielfältig ist. In Polen gibt es mehr als zwanzig Arten von Planungsgesetzen auf den einzelnen Ebenen der Kommunalverwaltung, die sich mit allgemeinen Fragen (einschließlich ländlicher Gebiete), Sozialfürsorge, Gesundheitsfürsorge, Familienfürsorge, Raumordnung, Denkmalschutz, Verhinderung der Obdachlosigkeit von Tieren, Abfallwirtschaft und Verwaltung der Kommunalverwaltung und ähnlichem befassen.[52] Daraus ist zu schließen, dass je breiter die Idee von Smart City und Smart Village gefasst wird, desto mehr könnten diese Akte ein potentielles Feld für die Planung von Projekten im Sinne von Smart Village und Smart City sein (z. B. im Bereich des Gesundheitswesens auf kommunaler Ebene: Planung solcher Dienstleistungen wie E-Diagnose bzw. E-Beratung).

[49] Vgl. https://geodezja.mazovia.pl/projekty/smartv/zadania/z1-uksw-polityka-administr-wobec-obszarow-wiejskich-wybrane-zagadnienia-w-formie-syntezy-.pdf (22.8.2023).

[50] Vgl. *Małecka-Łyszczek*, Samorząd Terytorialny 10 (2016), 6 (8 ff.).

[51] Vgl. *Lipowicz*, in: Niewiadomski (Hrsg.), Prawo administracyjne, 2006, 36 ff., 44 ff.

[52] Z. B.: Kommunale Strategie zur Lösung von sozialen Problemen, Strategie zur Entwicklung des ländlichen Raums, Kommunales Programm für die Denkmalpflege, Provinzielles Programm zum Schutz der Luft.

Die Aktivitäten im Rahmen der Entwicklung von Smart Villages und Smart Cities in bestimmten Gemeinden müssen im Rahmen allgemeiner Planungsakte, wie der kommunalen Entwicklungsstrategie, der übergemeindlichen Entwicklungsstrategie und der Entwicklungsstrategie der Provinzselbstverwaltung, erfolgen. Diese Rechtsakte haben eine spezifische Rechtsgrundlage in den jeweiligen Gesetzen der lokalen Gebietskörperschaften.[53] Sie sind auch Teil der mittelfristigen nationalen Planung. Die Entwicklungsaktivitäten im Rahmen des Smart-Village-Konzeptes können ein Teil der sog. „anderen Entwicklungsstrategien“[54] sein. Die „Modernisierung des ländlichen Raums“ ist dabei als Aufgabe der Landesregierung zu betrachten.[55]

Es lassen sich konkrete Beispiele für die Einbeziehung „intelligenter Lösungen“ in allgemeine Entwicklungsstrategien auf lokaler Ebene anführen. So weist beispielsweise der Beschluss Nr. LIV/1065/2021 des Stadtrats von Kielce vom 2.12.2021 zur Änderung des Beschlusses über den Beitritt zur Ausarbeitung des Entwurfs der Entwicklungsstrategie der Stadt Kielce für 2021–2030 auf einen separaten Handlungsbereich zur Umsetzung des Smart-City-Konzepts in der Entwicklungsstrategie der Stadt Kielce 2030+ hin.[56]

IV. Fazit

Die wichtigste Schlussfolgerung dieser Studie ist, dass das EU-Recht in keiner Weise den Raum für die Schaffung rechtlicher Definitionen für das Funktionieren des gesamten Systems der Smart City oder des Smart Village einnimmt. Die EU-Gesetzgebung gibt in Richtlinien oder Verordnungen weder an, wie diese Begriffe zu verstehen sind, noch definiert sie diese direkt. Das EU-Recht nähert sich dieser Frage auch nicht von der subjektiven Seite, das heißt es gibt keine Regelung für bestimmte verwaltende Einheiten, wie z.B. kommunale Einheiten. Eine solche Regelung ist praktisch auch nicht möglich, da sie dem Grundsatz der Verhältnismäßigkeit des EU-

[53] Art. 10e und 10g des Gesetzes v. 8.3.1990 über die kommunale Selbstverwaltung (Dz.U. 2023, Pos. 40); Art. 11 des Gesetzes v. 5.6.1998 über die Selbstverwaltung der Woiwodschaft (Dz.U. 2022, Pos. 2094).

[54] Art. 9 Nr. 3 des Gesetzes v. 6.12.2006 über die Grundsätze der Entwicklungspolitik, Dz.U. 2023, Pos. 225.

[55] Art. 14 Abs. 1 Nr. 6 des Gesetzes über die Selbstverwaltung der Woiwodschaft (Dz.U. 2022, Pos. 2094).

[56] Dz.Urz. Woj. Świętokrzyskiego 2021, Pos. 4384.

Rechts zuwiderlaufen würde: solche Bereiche können nur direkt durch das Recht der EU-Mitgliedstaaten geregelt werden. Das europäische Recht regelt jedoch ausgewählte „thematische Bereiche“, in denen es spezifische Konzepte verwendet, die mit dem Begriff „smart“ verbunden sind. Dieser Einfluss, der in diesem Aufsatz als EU-Impuls bezeichnet wird, wird in der polnischen Gesetzgebung vor allem auf der Ebene der einzelnen Gesetze sichtbar.

Eine weitere Schlussfolgerung ist, dass Begriffe, die mit dem Konzept „smart“, zusammenhängen, nur in Bereichen auftauchen, die mit neuen Technologien zu tun haben. Daher sind Bereiche wie moderne Energie (erneuerbare Energien, intelligente Netze) und moderner Verkehr von besonderer Bedeutung. Die obigen Ausführungen lassen aber auch den Schluss zu, dass es dem nationalen Gesetzgeber leider an Initiative jenseits des EU-Regelungsimpulses fehlt. Auf legislativer Ebene mangelt es an bedeutenden innovativen oder visionären Errungenschaften im Bereich der Smart City oder des Smart Village. Polen tritt in diesem Zusammenhang in der Rolle eines soliden, aber eher unauffälligen Mitglieds der Europäischen Union auf.[57]

In den Kommunalverwaltungen ist die Situation anders. Hier sind die Aktivitäten jedoch – und das ist charakteristisch für die Kommunalverwaltung – verstreut, vielfältig und innovativ. Dies ist ein großer Wert der Selbstverwaltung, der den Schwerpunkt der Forschung und Einführung von Smart-City- und Smart-Village-Konzepten grundsätzlich auf dezentrale Strukturen verlagern sollte. Zum Beispiel führt die Eigeninitiative der Gemeinden dazu, dass viele von ihnen innovative Projekte in Angriff nehmen, von denen einige Teil der Entwicklung des Konzepts der „smarten Verwaltung“ sind.

In den polnischen Kommunalverwaltungen wäre es lohnend, die im Rahmen der sog. Bürgerhaushalte (das heißt der partizipativen Haushalte) der Gemeinden eingereichten Projekte im Hinblick auf die Erfüllung der Kriterien für eine Smart City bzw. ein Smart Village zu untersuchen. Bislang wurde jedoch keine derartige Studie durchgeführt. Zusammenfassend sind die Autoren dieses Aufsatzes der Meinung, dass eine solche Untersuchung die Offenheit der lokalen Gemeinschaften und zum Teil auch der kommunalen Behörden für diese Art von innovativen Projekten zeigen könnte.

[57] Vgl. *Europäische Kommission*, EU Energy in Figures: Statistical Pocketbook 2021, 2021, abrufbar unter https://data.europa.eu/doi/10.2833/511498 (22.8.2023).

Digitalisierung im öffentlichen Gesundheitswesen in Deutschland

Nils Grosche

I. Digitalisierung als Erwartung an ein leistungsfähiges Gesundheitssystem

Kennzeichen des öffentlichen Gesundheitswesens in Deutschland ist ein hohes Maß an Komplexität, die sich in staats- und verwaltungsorganisatorischen Strukturen von Föderalismus und Selbstverwaltung und im Verlauf der stetigen Anpassungsanstrengungen eines laufenden Systems an die jeweiligen gesundheitspolitischen Herausforderungen einer Zeit herausgebildet hat. Dabei haben die Leistungsgrenzen des Gesundheitssystems in der Corona-Pandemie sowohl die Notwendigkeit als auch den im Vergleich zu anderen Staaten hinterherhinkenden Stand der Digitalisierung des deutschen Gesundheitssystems veranschaulicht.[1] Der Sachverständigenrat zur Begutachtung der Entwicklung im Gesundheitswesen (SVR) hat beispielsweise in seinem Gutachten „Digitalisierung für Gesundheit“ Erwartungen in Fragen verkleidet:

> „Und wie viele wichtige Hinweise hätten digital verfügbare Datensätze von Patientinnen und Patienten in der Corona-Pandemie geben können? Etwa, wenn man Informationen über eventuelle Risikofaktoren (z.B. Blutgruppen, Blutdrucksenker, Übergewicht, Vorerkrankungen usw.) hätte abgleichen können? Zugleich hätte digitalisierte Gesundheitsversorgung den behandelnden Ärztinnen und Ärzten helfen können, ihre Patientinnen und Patienten mit COVID-19 besser zu begleiten – z.B. durch die telemedizinisch unterstützte Überwachung von Vitalparametern wie Körpertemperatur, Blutdruck, Herzschlagfrequenz. Ebenso wäre eine ambulant und mit einem Fingerclip nichtinvasiv gemessene und telemedizinisch überwachte Sauerstoffkonzentration bei betroffenen Menschen regelhaft möglich. So würden nicht nur Krankenhäuser entlastet. Patientinnen und Patienten könnten gut überwacht zu Hause bleiben. Damit würde auch

---

[1] Siehe 4. Stellungnahme des Expertenrates der Bundesregierung zu COVID-19, Dringende Maßnahmen für eine verbesserte Datenerhebung und Digitalisierung, 2022, abrufbar unter https://www.bundesregierung.de/resource/blob/974430/2000794/163ad51228f03eb35700d58fd02f8918/2022-01-22-nr-4expertenrat-data.pdf?download=1 (22.8.2023).

vermieden, durch unnötiges Aufsuchen von Praxen oder Krankenhäusern das dortige Risiko von Fremd- oder Selbstansteckung zu erhöhen."[2]

Resümiert wird die sich immer mehr aufdrängende Schlüsselrolle der Digitalisierung für den optimalen Schutz von Leben und Gesundheit. Die Corona-Krise sei letzter Anstoß für die auch ethisch gebotene qualitätsgesicherte Nutzung von Gesundheitsdaten für Forschung und Versorgung.[3] Sie habe zudem deutlich gemacht, dass informationelle Selbstbestimmung des Einzelnen nicht nur in einem Abwägungsverhältnis mit dem eigenen Leben und der Gesundheit anderer stehe, sondern auch mit den ideellen und materiellen Grundlagen des Miteinanders durch Erziehung, Bildung, Arbeit und Kultur.[4]

Man wird dem SVR nichts unterstellen, wenn man annimmt, dass er nicht nur die technologischen Herausforderungen, sondern auch das bisherige rechtliche Verständnis von informationeller Selbstbestimmung als bremsenden Faktor einer fortschreitenden Digitalisierung im Gesundheitswesen in Deutschland auffasst.[5] Das Verständnis informationeller Selbstbestimmung wird dabei maßgeblich durch die am unionsrechtlichen Vorrang teilhabende DSGVO geprägt, die Gesundheitsdaten zur Kategorie besonders sensibler Daten nach Art. 9 zählt, deren Verarbeitung hohen Rechtfertigungsanforderungen unterliegt.[6] Die Kritik des SVR ähnelt auch Forderungen nach einer konzeptionellen Neuorientierung des Datenschutzes in Richtung von „Datensouveränität als informationelle Freiheitsgestaltung", die mit Blick auf die Rolle von Gesundheitsdaten und Bedingungen der Möglichkeiten von „Big Data" und „Machine Learning" aufgestellt wurden.[7]

Gegenständlich bezieht sich die Erwartung von Digitalisierung im öffentlichen Gesundheitswesen auf verschiedene Bereiche wie etwa die digitale Verwaltung und Vernetzung von Gesundheitsdaten, digitale Formen der Behandlung und Beratung von Patienten, mobile Gesundheits-Applikationen, die Verfügbarkeit von Gesundheitsdaten zu Forschungszwecken oder

[2] *SVR* zur Begutachtung der Entwicklung im Gesundheitswesen, Digitalisierung für Gesundheit, 2021, Rn. 45.

[3] *SVR* (Fn. 2), Rn. 46 und 48.

[4] *SVR* (Fn. 2), Rn. 8; dabei sind derartige Argumente mittelbarer Wirkungen in einer verfassungsrechtlichen Abwägung nicht unproblematisch, weil sie Abwägungsschalen einseitig volllaufen lassen können.

[5] Vgl. *SVR* (Fn. 2), Rn. 6, 38 ff.; 447.

[6] Als „quasiverfassungsrechtlicher Effekt des einfachen Datenschutzrechts" beschrieben bei *Buchheim*, PharmR 2022, 546 (554)

[7] Siehe *Deutscher Ethikrat*, Big Data und Gesundheit – Datensouveränität als informationelle Freiheitsgestaltung, 2017; siehe auch *Hummel* u. a., Datensouveränität, 2021, S. 5 f.; *S. Augsberg*, in: ders./Gehring (Hrsg.), Datensouveränität, 2022, 121 (124 f.).

die digitale Kompetenz der Patienten. Der Sozialrechtsgesetzgeber hat im Gesundheitsrecht inzwischen zahlreiche Begrifflichkeiten gebildet, die das Attribut digital aufweisen.[8] Dem Recht kommt bei der Digitalisierung des öffentlichen Gesundheitswesens vor allem deswegen eine besondere Rolle zu, weil der Gesundheitssektor durch seine sozialrechtliche Überformung und die unmittelbar tangierten Rechtsgüter eine außerordentlich hohe Regulierungsdichte aufweist. Entsprechend engmaschig fällt beispielsweise die gesetzliche Ausgestaltung einer digitalen Infrastruktur in der Gesundheitsversorgung im für mehr als 73 Millionen Bundesbürger betreffenden SGB V[9] aus, die gleichzeitig das wettbewerbliche Umfeld für digitale Versorgungsinnovationen bestellt, zu denen die gesetzlichen Krankenkassen allerdings zunächst gesondert ermächtigt werden müssen.[10]

Ist der Sog der digitalen Transformation[11] für das Recht des öffentlichen Gesundheitswesens in Deutschland also vielleicht weniger wirkmächtig, träger oder sogar kontrollierbarer[12]? Digitale Transformationserscheinungen erscheinen jedenfalls rechtsakzessorischer als in manch anderen Bereichen wie etwa in der Plattformökonomie von sozialen Netzwerken. Welche Balance findet aber das deutsche Recht zwischen der sich immer wieder aktualisierenden Frage nach dem Verhältnis von Offenheit für Digitalisierungschancen einerseits und der gebotenen Einhegung von Risiken für Gesundheit und informationelle Selbstbestimmung andererseits?[13] Und wie wird das in § 1 SGB V angelegte Verhältnis von Eigenverantwortlichkeit eines Versicherten für die eigene Gesundheit durch eine digital optimierte Le-

---

[8] Vgl. die Übersicht bei *Kircher*, in: Becker/Kingreen, SGB V, 2022, § 33a Rn. 4.

[9] Siehe Ergebnisse der GKV-Statistik KM1 Stand: 3.4.2023, abrufbar unter https://www.bundesgesundheitsministerium.de/themen/krankenversicherung/zahlen-und-fakten-zur-krankenversicherung/mitglieder-und-versicherte.html (22.8.2023).

[10] § 68a SGB V; siehe zur komplexen Austarierung *Münkler*, NZS 2021, 41 (42).

[11] Vgl. die Beschreibung bei *Hoffmann-Riem*, Recht im Sog der digitalen Transformation, 2022.

[12] Nach dem *SVR* (Fn. 2), Rn. 42 ermöglicht ein Gesundheitssystem in öffentlicher Hand „Standards für Datenschutz und Datensicherheit vorzuschreiben und ihre wirksame Kontrolle ebenso durchzusetzen wie die Sanktionierung von Verstößen. So wird mehr (informationelle) Selbstbestimmung gewährleistet, als wenn man die Menschen mit ihrer Sorge um Leben und Gesundheit den rein kommerziellen Anbietern digitaler Beratung und Versorgung – auch aus anderen Rechts- und Wirtschaftssystemen – überlässt."

[13] Vgl. zur Grundfrage *S. Augsberg* (Fn. 7), 121 (122); *Bretthauer*, Die Verwaltung 2021, 411 (412); *Spiecker gen. Döhmann/Bretthauer*, Schutzlos in Karlsruhe, VerfBlog, 5.5.2020 weisen darauf hin, dass Risiken oftmals diffus bleiben und nur generalisiert beschrieben werden können.

bensführung im Verhältnis zu legitim erwartbarer Solidarität austariert?[14] Antworten auf diese Fragen sind nicht statisch, sondern verändern sich unter dem Eindruck gesellschaftlicher und technologischer Erfahrungen und Entwicklungen im demokratischen Prozess.

Der deutsche Gesetzgeber hat die zu Beginn der 2000er einsetzende Regulierungsfrequenz im Bereich der Digitalisierung des öffentlichen Gesundheitswesens deutlich erhöht, was sich an der Abfolge von e-Health-Gesetz (2015)[15], Digitale-Versorgungs-Gesetz (2019)[16], Patientendatenschutzgesetz (2020)[17] und Gesetz zur digitalen Modernisierung von Versorgung und Pflege (2021)[18] ablesen lässt. Auch auf europäischer Ebene[19] zeigt sich eine Vielzahl von Regelungen und Entwicklungen, die Einfluss auf die Entwicklung der Digitalisierung im Gesundheitswesen haben, wie etwa die Medizinprodukteverordnung 2017/745, die vorgeschlagene Verordnung zur Regulierung Künstlicher Intelligenz[20], der Vorschlag einer Verordnung für einen Europäischen Gesundheitsdatenraum[21] oder die Förderung von *e-health* im Rahmen von Programmen wie EU4health[22]. Es geht also immer weniger um Fragen des *Ob* und immer mehr um das *Wie* der Digitalisierung im öffentlichen Gesundheitswesen.

II. Fokus der Digitalisierung im öffentlichen Gesundheitswesen

Im Folgenden sollen einige ausgewählte bestehende Regelungsstrukturen vorgestellt werden, die im Fokus der Digitalisierung im öffentlichen Gesundheitswesen in Deutschland stehen. Sie veranschaulichen typische Kon-

[14] Vgl. *Münkler*, NZS 2021, 41 (47).

[15] Gesetz für sichere digitale Kommunikation und Anwendungen im Gesundheitswesen v. 21.12.2015, BGBl. I, 2408.

[16] Gesetz für eine bessere Versorgung durch Digitalisierung und Innovation v. 9.12.2019, BGBl. I, 2562.

[17] Gesetz zum Schutz elektronischer Patientendaten in der Telematikinfrastruktur v. 14.10.2020, BGBl. I, 2115.

[18] V. 3.6.2021, BGBl. I, 1309.

[19] Zur Kompetenz siehe *Wallrabenstein*, in: Wegener (Hrsg.), Enzyklopädie Europarecht, 2021, § 8 Gesundheitspolitik; siehe auch *Münkler*, in: Terhechte (Hrsg.), Verwaltungsrecht der Europäischen Union, 2022, § 32.

[20] KOM(2021) 206 endg.

[21] KOM(2022) 197 endg.

[22] Siehe VO (EU) 2021/522 und den Bezug der Ziele auf digitalen Wandel Art. 3 lit. d v; allgemein *Münkler* (Fn. 19), § 32 Rn. 35 f.

flikte und Herausforderungen, vor der die Digitalisierung des öffentlichen Gesundheitswesens in Deutschland steht.

1. Elektronische Patientenakte

Im Rahmen einer von der Elektronischen Gesundheitskarte unabhängigen Informationsinfrastruktur (sog. Telematikinfrastruktur) hat der Gesetzgeber mit dem Patientendatenschutzgesetz (PDSG) die elektronische Patientenakte (ePA) ausgestaltet (§§ 341–355 SGB V). Sie dient der zeitnahen und barrierefreien Zugänglichkeit konsistenter und strukturierter Informationen und kann die bedarfsgerechte und abgestimmte Versorgung von Patienten unterstützen, die Patientensouveränität und -informiertheit stärken und Datengrundlagen für Forschungszwecke liefern.

a) Opt-in-Modell

Dabei verfolgt der Gesetzgeber ein Konzept freiwilliger Zustimmung (§ 341 Abs. 1 S. 2 SGB V), bei dem die grundsätzliche Nutzung wie auch weitere konkrete Verwendungen der von den Kassen geschaffenen und verwalteten Hülle[23] auf die freiwillige Patienteneinwilligung angewiesen ist. So bedürfen auch Entscheidungen über Einbringung und Entfernung von Gesundheitsdaten sowie Zugriffsberechtigungen (§§ 339 Abs. 1, 352, 353 SGB V)[24] und die Freigabe zu Forschungszwecken (§§ 339, 341, 342 SGB V) der Einwilligung.[25] Das inzwischen politisch wieder vor einer Revision stehende geltende Modell unterscheidet sich von anderen Staaten, die auf ein *Opt-out*-Modell setzen.[26] Letzteres wird auch seitens des SVR für Deutschland empfohlen, der zum einen auf die Risiken einer durch ein Opt-in-Verfahren bestehenden Selektionsprozesse, wie etwa die potentielle Verstärkung bestehender Ungleichheiten[27] oder die Gefahr selektiver Datenbestände als Forschungsgrundlage, hinweist.[28] Zum anderen verweist der SVR darauf,

---

[23] *Buchheim*, PharmR 2022, 546 (546).

[24] Zur Legitimation des Zugriffs siehe *Kircher*, in: Becker/Kingreen, SGB V, 2022, § 363 Rn. 31.

[25] § 335 Abs. 3 SGB V legt fest, dass die Versicherten nicht bevorzugt oder benachteiligt werden dürfen, weil sie einen Zugriff auf Daten bewirkt oder verweigert haben.

[26] Siehe die Übersicht des *SVR* (Fn. 2), Rn. 241; zur rechtlichen Möglichkeit *Krönke*, Opt-out-Modelle für die elektronische Patientenakte aus datenschutzrechtlicher Perspektive, 2022.

[27] So wird die erhöhte Nichtinanspruchnahme von Menschen mit niedrigem sozialem Status und mit höherem Alter digitale Versorgungsangebote befürchtet, *SVR* (Fn. 2), Rn. 217.

[28] Siehe die Übersicht des *SVR* (Fn. 2), Rn. 212.

dass die Frage von Erfolg oder Misserfolg der ePA in Deutschland von der ausreichenden Zahl der aktiv Nutzenden abhängig sei, denn nur dann könnten Leistungserbringer routiniert mit der ePA arbeiten und nur dann wären die erforderlichen Investitionen in die Infrastruktur gerechtfertigt.[29]

Es geht mit anderen Worten um die Folgen der gewählten Grundeinstellung als Teil der Entscheidungsarchitektur[30] in Bezug auf die Teilnahme an der ePA – eine Debatte, deren Strukturmerkmale denjenigen über die Organspende[31] ähneln. Anders als bei letzterer dient die ePA aber in erster Linie dem Wohl der Patienten, so dass das Absehen vom Erfordernis aktiver Entscheidung für die Teilnahme an der ePA auf den ersten Blick paternalistisch wirkt. Der in einem freiheitlichen Verfassungsstaat Illegitimität unterstellende Hinweis auf Paternalismus droht allerdings zu verdunkeln, dass die Entscheidung, sich nicht positiv für eine Teilnahme an der ePA zu entscheiden, auf ganz unterschiedlichen Gründen beruhen kann[32] und gerade in Gesundheitsfragen viele Patientinnen und Patienten es gewohnt sind, Entscheidungen an kompetente Stellen zu delegieren und darauf zu vertrauen, dass die Ausgestaltung des gesetzlichen Rahmens in erster Linie an dem Patientenwohl[33] orientiert ist und grundlegende Leistungen im Zusammenhang mit der Gesundheitsversorgung automatisch erbracht werden.[34]

Nach Einschätzung des SVR ist der Opt-out-Ansatz „sachlich und ethisch“ geboten, war aber „politisch im Jahr 2021 kaum durchsetzbar“.[35] Bezeichnend für die mühselige Stückwerktechnologie bei der Digitalisierung im Gesundheitswesen ist, dass sich nur zwei Jahre später der politische

---

[29] Siehe die Übersicht des *SVR* (Fn. 2), Rn. 12.

[30] Zum Konzept der Entscheidungsarchitektur *Sunstein*, Choosing not to choose, 2015, 25 ff.

[31] Siehe hierzu einerseits *Höfling*, ZRP 2019, 2; *Rixen*, in: FS für Hermann Plagemann, 2020, 525; andererseits *Hufen*, Staatsrecht II, 2021, § 10 Rn. 57.

[32] *Sunstein* (Fn. 30), 113: “some people choose not to choose (…) diversity of reasons: They might fear that they will err. They might be aware of their own lack of information or perhaps their own behavioral biases (…). They might find the underlying questions confusing, difficult, painful, and troublesome – empirically, morally, or otherwise. They might not enjoy choosing. They might be busy and lack ‘mental bandwith’. They might anticipate their own regret and seek to avoid it. They might not want to take responsibility for potentially bad outcomes for themselves (and at least indirectly for others)”.

[33] Zum Zusammenhang von Patientenwohl und selbstbestimmungsermöglichende Sorge siehe *Deutscher Ethikrat*, Patientenwohl als ethischer Maßstab für das Krankenhaus, 2016, 38.

[34] Zum Risiko der Komplexität und des Aufwandes *SVR* (Fn. 2), Rn. 294.

[35] *SVR* (Fn. 2), Rn. 217, 294 f. („doppelte opt-out-Regelung“).

Wille für eine erneute Umkehr abzeichnet.[36] Dass ein Wechsel zu einem Opt-out-Modell allerdings (unions)grundrechtliche Rechtfertigungslasten verschieben würde, macht die Nichtannahme einer Verfassungsbeschwerde gegen Regelungen der ePA durch das Bundesverfassungsgericht deutlich. Das Gericht verwies insoweit auf die vorgesehene Freiwilligkeit in der gesetzlichen Regelung, um die grundrechtliche Betroffenheit des Rechts auf informationelle Selbstbestimmung zu verneinen, weil der Einzelne etwaige Verletzungen durch Nichterteilung der Einwilligung zur Nutzung der ePA abwenden kann.[37] Auf Unionsebene eröffnet die DSGVO dem Gesetzgeber Spielräume für eine datenschutzkonforme Ausgestaltung im Bereich des Gesundheitswesens durch die Verarbeitungstatbestände des Art. 9 Abs. 2 lit. h i. V. m. Abs. 3 DSGVO (individuelle Gesundheitsversorgung) sowie Art. 9 Abs. 2 lit. i DSGVO (öffentliche Gesundheit), die prinzipiell auch einen Opt-out-Ansatz tragen können.[38]

b) Zugriffsmanagement

Die Berechtigten können nach § 341 Abs. 1 S. 1, Abs. 2 SGB V darüber disponieren, ob sie die ePA nutzen und mit welchen Informationen sie diese befüllen. Eine andere Frage ist, inwieweit die Berechtigten den Datenzugriff potentiell zugriffsberechtigter Personen nach ihren Vorstellungen passgenau zuschneiden können, ob sie beispielweise sicherstellen können, dass im Zusammenhang mit einer zahnärztlichen Behandlung nicht auf psychotherapeutische Diagnosen Zugriff genommen werden kann.[39] Implikationen der Ausgestaltung des Zugriffsmanagements bestehen nicht nur mit Blick auf das Persönlichkeitsrecht. Sie beziehen sich auch auf Möglichkeiten des Einzelnen, eine ärztliche Zweitmeinung nachzusuchen, die unbeeinflusst vom Ankereffekt der ersten Diagnose und auf gleicher Informationsgrundlage wie diese erfolgt.

Nach der gesetzlichen Regelung bestehen Steuerungsmöglichkeiten seit 2022 für die Berechtigten mit Blick auf die Auswahl der zugriffsberechtigten Personen und nach bestimmten Dokumententypen und Behandlungsbereichen, wobei beim Zugriff auf die ePA mittels der persönlichen Benutzeroberfläche eines geeigneten Endgeräts eine feingranulare Steuerung (vgl. § 342 Abs. 2 Nr. 2 lit. b SGB V) und bei Nutzung der dezentralen Infrastruktur der Leistungserbringer eine mittelgranulare Steuerung (vgl. § 342 Abs. 2

36 Siehe Bundesminister Prof. Karl Lauterbach, https://www.bundesgesundheitsministerium.de/presse/interviews/interview/fas-030324-elektronische-patientenakte.html.

37 BVerfG NJW 2021, 1300; siehe hierzu auch *Eichenhofer*, NVwZ 2021, 1090 (1094).

38 Zur Vereinbarkeit mit der DSGVO *Krönke* (Fn. 26).

39 Beispiel bei *Eichenhofer*, NVwZ 2021, 1090 (1093).

Nr. 2 lit. s SGB V) vorzusehen ist.[40] Auf diese Weise hat der Gesetzgeber die Problematik der Entstehung von „Ganz-oder-gar-nicht“-Entscheidungssituationen beim Zugriffsmanagement adressiert, auch wenn keine umfassende, im Belieben der Berechtigten stehende Feinsteuerungsmöglichkeit geschaffen wurde. Anlass für das Erfordernis einer Lösung waren Zweifel mit Blick auf die Freiwilligkeit der datenschutzrechtlichen Einwilligung nach der DSGVO, soweit der Einzelne die Vorteile der Nutzung der Informationen in der ePA durch Leistungserbringer nur um den Preis eines umfassenden Teilens seiner Daten erzielen konnte.[41] Die technische und praktische Umsetzung der rechtlichen Lösung des datenschutzrechtlichen Problems kann aber auch mit Risiken verbunden sein. So kann unter Umständen das Design des Zugriffsmanagements eine pauschale Erteilung oder Versagung von Zugriffsrechten begünstigen.[42] Auch besteht das Risiko, dass infolge mangelnden Wissens medizinische Informationen verschattet werden, obwohl sie für den konkreten Fall relevant wären und Leistungserbringer den fehlerhaften Schluss ziehen, dass die Abwesenheit einer Dokumentation über eine Tatsache auch deren Nichtvorhandensein bedeutet.

c) Forschungsdatenspende

Nach § 363 Abs. 1 SGB V können Patienten ihre Daten aus der ePA zu Forschungszwecken zur Verfügung stellen (sog. Datenspende). Im Vergleich zur auch bisher bestehenden Möglichkeit einer Zurverfügungstellung von Patientendaten an die Forschung ist der administrative Aufwand im Fall der ePA deutlich geringer und unkomplizierter.[43] Die Nutzung von Versorgungsdaten zu Forschungszwecken stellt der SVR in den Zusammenhang des Leitbilds eines dynamisch lernenden Gesundheitssystems. Die entsprechenden Daten könnten neben den primär wissenschaftlichen Zwecken bei entsprechender Aufbereitung auch „für eine Verbesserung der Behandlung und Gesundheitsversorgung“ Nutzen stiften.[44]

Nach der gesetzlichen Konzeption kann die Bereitstellung von Daten gegenüber dem öffentlich getragenen Forschungsdatenzentrum (FDZ) erfolgen, die diese dann treuhänderisch Nutzungsberechtigten nach den Vorgaben des § 303e SGB V zugänglich macht.[45] Das FDZ erhält diese Daten

---

[40] Vgl. BT-Drs. 19/18793, 115; zur Rechtfertigung der Unterscheidung siehe *Buchheim*, PharmR 2022, 546 (549 f.).

[41] Vgl. *Buchheim*, PharmR 2022, 546 (549).

[42] *Buchheim*, PharmR 2022, 546 (548 ff.).

[43] *Bretthauer*, Die Verwaltung 2021, 411 (428).

[44] *SVR* (Fn. 2), Rn. 445.

[45] Zum Prozess der Datenverarbeitung *Bretthauer*, Die Verwaltung 2021, 411 (429 f.).

zusätzlich zu den aus dem Datentransparenzverfahren nach § 303b Abs. 1 SGB V und § 3 Abs. 1 DaTraV erhaltenen Abrechnungsdaten.[46] Bei den Daten aus der ePA verlangt das Gesetz eine informierte Einwilligung des Versicherten (§ 363 Abs. 2 SGB V). Umstritten ist, ob die Forschungsdatenspende an das FDZ als Fall einer in der DSGVO vorgesehenen gesetzlichen Erlaubnis der Datenverarbeitung zu verstehen ist[47] oder ob das gesetzliche Erfordernis informierter Einwilligung zum Ausdruck bringt, dass die Befugnis zur Datenverarbeitung von einer Einwilligung i. S. d. DSGVO abhängt.[48] Auf die Prüfung der Möglichkeit eines gesetzlich vorgesehenen Verzichts des Erfordernisses einer Einwilligung ohne Opt-out-Möglichkeit bei Versorgungsdaten, die als besonders relevant für die Gesundheitsforschung gelten, drängt der SVR.[49]

Die gespendeten Daten dürfen nur zu den in § 303e Abs. 2 SGB V benannten Zwecken verarbeitet werden. Hierzu zählen die Wahrnehmung von Steuerungsaufgaben durch die Kollektivvertragspartner, die Verbesserung der Qualität der Versorgung, die Forschung, die Unterstützung politischer Entscheidungsprozesse für die Weiterentwicklung der gesetzlichen Krankenversicherung, die Analyse und Entwicklung von sektorenübergreifenden Versorgungsformen sowie von Einzelverträgen der Krankenkassen und schließlich die Wahrnehmung von Aufgaben der Gesundheitsberichterstattung.[50] Zum Kreis der Nutzungsberechtigten zählen vornehmlich öffentliche Träger, nicht aber Unternehmen der Pharmaindustrie oder entsprechende Verbände.[51] Sollen nach dem Willen eines Patienten die Daten nicht weiter für Forschungszwecke zur Verfügung stehen, kann dieser die Einwilligung widerrufen, woraufhin die Daten, die bereits an das Forschungszentrum übermittelt wurden, gelöscht werden (§ 363 Abs. 6 S. 1 SGB V). Für konkrete Forschungsvorhaben bereits verwendete Daten dürfen allerdings weiterhin für das entsprechende Forschungsvorhaben verar-

---

46 *Bretthauer*, Die Verwaltung 2021, 411 (429); zur Ablehnung einer einstweiligen Anordnung in diesem Zusammenhang BVerfG ZD 2020, 412.

47 Vgl. BT-Drs. 19/18793, 131.

48 Letzteres nimmt bspw. *Kircher*, in: Becker/Kingreen, SGB V, 2022, § 363 Rn. 31 an; eine diesbezügliche Klarstellung fordert *Bretthauer*, Die Verwaltung 2021, 411 (432); als Einwilligungsvorbehalt und Widerrufsmöglichkeit innerhalb gesetzlicher Verarbeitungstatbestände versteht *Buchheim*, PharmR 2022, 546 (550 f.) die Vorschrift.

49 *SVR* (Fn. 2), Rn. 23. Insoweit verweist der SVR darauf, dass dies für die Abrechnungsdaten nach §§ 303a ff. SGB V schon vorgesehen ist.

50 Kritisch zur Weite insbes. der auf öffentliche Interessen zugeschnitten Zwecke der Unterstützung politischer Entscheidungsprozesse und Gesundheitsberichterstattung *Bretthauer*, Die Verwaltung 2021, 411 (431 f.).

51 *Buchheim*, PharmR 2022, 546 (547).

beitet werden (§ 363 Abs. 6 S. 2 SGB V). Letzteres stößt auf datenschutzrechtliche Kritik.[52]

Neben der Datenfreigabe an das FDZ besteht die Möglichkeit, dass die Versicherten ihre Daten auf Grundlage einer informierten Einwilligung für ein bestimmtes Vorhaben oder für bestimmte Bereiche der wissenschaftlichen Forschung zur Verfügung stellen. Entsprechend kommt eine (mglw. entgeltliche) Datenspende auch zu Gunsten von kommerziell agierenden Pharmaunternehmen in Betracht. Dabei beschränkt § 335 Abs. 1 und 2 SGB V die Dispositionsfreiheit der Patientinnen und Patienten, indem der Zugriff auf Daten weder verlangt werden darf noch Vereinbarungen des Zugriffs zu nicht gesetzlich vorgesehenen Zwecken oder gegenüber gesetzlich nicht genannten Personen erlaubt sind.[53] § 363 Abs. 8 SGB V enthält keine gesetzliche datenschutzrechtliche Befugnis, so dass die Anforderungen an eine informierte Einwilligung unmittelbar aus Art. 9 Abs. 2 lit. a i. V. m. Art. 7 DSGVO folgen.[54] Die datenschutzrechtliche Kritik, dass eine zu „breite" Einwilligung der Nutzung besonders sensibler Daten in Bezug auf nicht hinreichend spezifizierte „bestimmte Bereiche wissenschaftlicher Forschung" als zulässiger Verarbeitungstatbestand zweifelhaft sei[55], kann nicht überzeugen.[56] Sie vernachlässigt den Querschnittscharakter der DSGVO, der zwar aus Perspektive eines spezifischen Schutzbedürfnisses ein System von Regel-Ausnahme entwirft, hierdurch aber nicht einfach unionsgrundrechtliche Konflikte (hier zwischen Art. 8 und Art. 13 GrCh) systematisch einseitig präjudizieren soll. Andernfalls drohten einseitige Verzerrungen mit Blick auf einen angemessenen Ausgleich zwischen gegenläufig betroffenen und prinzipiell gleichgeordneten Grundrechten.

2. *Digitale Gesundheitskompetenz*

Der SVR konstatiert, dass der Bildungs- und Handlungsbedarf im Bereich der digitalen Gesundheitskompetenz der Bürgerinnen und Bürger (*eHealth literacy*) erheblich sei.[57] Unterschiede in Bezug auf die Fähigkeit, Informationen auszuwählen, zu erschließen und auszuwerten, übersetzen sich in un-

---

[52] Überzeugend hiergegen unter Verweis auf die nicht konstitutive Bedeutung der Einwilligung für eine erfolgte Datenbreitstellung durch das FDZ *Buchheim*, PharmR 2022, 546 (551).

[53] *Scholz*, in: BeckOK SozR, 68. Ed. 1.3.2023, SGB V § 335 Rn. 1.

[54] *Bretthauer*, Die Verwaltung 2021, 411 (430).

[55] *Dochow*, MedR 2021, 115 (122 f.).

[56] Siehe auch *Buchheim*, PharmR 2022, 546 (552).

[57] Zum *status quo SVR* (Fn. 2), Rn. 575 ff.

terschiedliche reale Entscheidungen, die eine freiheitliche Ordnung als Ausfluss von Selbstbestimmung nur bedingt hinterfragt. So hat das Bundesverfassungsgericht beispielsweise klargestellt, dass die Entscheidung des Einzelnen, ob und inwieweit er eine Krankheit diagnostizieren und behandeln lässt, sich nicht an einem Maßstab objektiver Vernünftigkeit ausrichten muss. Eine Pflicht des Staates, den Einzelnen 'vor sich selbst in Schutz zu nehmen', eröffne keine 'Vernunfthoheit' staatlicher Organe über den Grundrechtsträger dergestalt, dass dessen Wille allein deshalb beiseitegesetzt werden dürfte, weil er von durchschnittlichen Präferenzen abweicht oder aus der Außensicht unvernünftig erscheint.[58]

Dies bedeutet aber nicht, dass der Staat mit Blick auf die Voraussetzungen selbstbestimmter Entscheidungen im Dienste der eigenen Gesundheit keine Verantwortung trägt und mit Blick auf die grundrechtlichen Schutzpflichten und das Sozialstaatsprinzip zu einem gewissen Grad die Bedingungen ermöglichter Selbstbestimmung gewährleisten muss.[59] Je mehr beispielsweise die digitalen Netzwerke zu zentralen Orten gesundheitsrelevanter Kommunikation und Informationsbeschaffung werden, desto bedeutender wird die Kompetenz im Umgang mit entsprechenden Informationen in digitalen Medien und desto größer wird das Risiko einer gesundheitsrelevanten digitalen Kluft.[60] Dies gilt auch mit Blick auf digitale Gesundheitsanwendungen. Gesundheitliche und soziale Ungleichheit gehen nicht selten Hand in Hand.[61]

a) Kompetenzförderung als Leistungsangebot der Krankenkassen

Digitale Gesundheitskompetenz wird vom SVR definiert als „Fähigkeit, das Wissen und die Motivation, digitale Technologien selbstbestimmt in den Bereichen der Gesundheitsförderung, Prävention und Krankheitsbewältigung zu nutzen."[62] Bereits 2018 wurde der Nationale Aktionsplan Gesundheitskompetenz mit 15 Empfehlungen entwickelt, der einerseits die Chan-

---

[58] BVerfG NJW 2017, 53 (56 Rn. 74): „Die Freiheitsgrundrechte schließen das Recht ein, von der Freiheit einen Gebrauch zu machen, der in den Augen Dritter den wohlverstandenen Interessen des Grundrechtsträgers zuwider läuft. Daher ist es grundsätzlich Sache des Einzelnen, darüber zu entscheiden, ob er sich therapeutischen oder sonstigen Maßnahmen unterziehen will, auch wenn sie der Erhaltung oder Verbesserung seiner Gesundheit dienen.

[59] Zu Selbstbestimmung vgl. *Deutscher Ethikrat* (Fn. 33), S. 38 ff.

[60] Zur digitalen Kluft *Koch*, Public Health Forum 2015, S. 61.

[61] Vgl. *SVR* (Fn. 2), Rn. 617 ff.; vgl. auch *Grosche*, ZESAR 2020, 420.

[62] *SVR* (Fn. 2), Rn. 559.

cen der Digitalisierung, aber auch das Risiko der Informationsflut in der digitalen Informations- und Wissensgesellschaft hervorhebt.[63]

Mit dem Digitale-Versorgungs-Gesetz hat der Gesetzgeber die Förderung digitaler Gesundheitskompetenz als Leistung in § 20k SGB V aufgenommen und in Abs. 1 S. 2 als Funktion des Kompetenzerwerbs die Befähigung zur Nutzung digitaler oder telemedizinischer Anwendungen umschrieben. Abs. 2 sieht vor, dass der Spitzenverband Regelungen zu bedarfsgerechten Zielstellungen, Zielgruppen sowie zu Inhalt, Methodik und Qualität der Leistungen entwirft[64] und nach Abs. 3 dem Bundesministerium für Gesundheit gegenüber berichtet.[65]

b) Nationale Gesundheitsportal als staatliche Kompetenzplattform in Gesundheitsfragen

Ein weiterer Baustein im Kontext der Digitalkompetenz bildet das in § 395 SGB V geregelte Nationale Gesundheitsportal (NGP). Es wird vom Bundesministerium für Gesundheit errichtet und betrieben[66], wobei sich das Ministerium im Wege der Erfüllungsprivatisierung der Hilfe einer privaten Agentur bedient.[67] Als Ziel weist das Portal die zuverlässige und verständliche Vermittlung von gesundheitsbezogenem Wissen durch qualitätsgesicherte[68], neutrale und verständliche Gesundheitsinformationen aus. Der Anspruch von Neutralität bezieht sich dabei vor allem auf die Abwesenheit kommerzieller Interessen. Der SVR empfiehlt aber, dass das NGP in eine politisch unabhängige Trägerschaft überführt wird und zügig zur qualitativ besten Wissensplattform bei allen Fragen rund um die Gesundheit ausgebaut wird.[69] Der Gesetzgeber hat sich allerdings weder für ein die bestehenden verschiedenen Plattformen öffentlicher Institutionen zusammenfüh-

---

[63] Abrufbar unter https://www.nap-gesundheitskompetenz.de (22.8.2023).

[64] Abrufbar sind die Regelungen unter https://www.gkv-spitzenverband.de/media/dokumente/krankenversicherung_1/telematik/2020-11-25_Regelungen_GKV-SV_nach_20k_Abs_2_SGB_V.pdf (22.8.2023).

[65] Der erste Bericht v. 16.12.2021 konstatiert noch eine geringe Nachfrage nach den bisher etablierten Leistungen (S. 14), abrufbar unter https://fragdenstaat.de/anfrage/bericht-20k-abs-3-sgb-v/674148/anhang/BerichtdesGKV-SVnach20kSGBV.pdf (22.8.2023).

[66] Siehe www.gesund.bund.de (22.8.2023).

[67] *Scholz*, in: BeckOK SozR, 68. Ed. 1.3.2023, SGB V § 395 Rn. 3.

[68] Hier erfolgt eine Zusammenarbeit mit dem IQWiG und dem Robert-Koch-Institut, vgl. *Scholz*, in: BeckOK SozR, 68. Ed. 1.3.2023, SGB V § 395 Rn. 5.

[69] *SVR* (Fn. 2), Rn. 26; zu den erfolgreichen nordischen Modellen siehe *Lorenz*, GuP 2021, 135 (139).

rendes[70] noch für eine organisatorische Ausgestaltung von Unabhängigkeit entschieden. Als organisationsrechtliches Vorbild könnte für letzteres zwar das auf Grundlage des § 139a SGB V als Stiftung organisierte Institut für Qualität und Wirtschaftlichkeit im Gesundheitswesen (IQWiG) herangezogen werden. Allerdings unterscheidet sich das NGP als Verwaltungsstelle dadurch, dass es reine Informationsaufgaben wahrnehmen soll und nicht in erster Linie[71] mit Forschungsaufgaben betraut ist.[72] Auch das Bundesinstitut für Risikobewertung ist beispielsweise nur bei seinen wissenschaftlichen Bewertungen und Forschungen sowie deren Kommunikation in der Öffentlichkeit nach § 2 Abs. 3 BfRG vorbehaltlich des § 8 Abs. 1 BfRG weisungsunabhängig.[73] Zudem sind auch forschende Bundesinstitute, wie das Robert-Koch-Institut oder das Bundesinstitut für Arzneimittel und Medizinprodukte, im Geschäftsbereich des Ministeriums als oberste Bundesbehörde organisiert.[74] Im Ergebnis dürfte bereits aus verfassungsrechtlichen Gründen zweifelhaft sein, ob und inwieweit bei Einrichtungen mit Verwaltungsaufgaben, die vor allem das unmittelbar erfahrbare kommunikative Verhältnis zwischen Verwaltung und Bürgerinnen und Bürgern betreffen, auf eine umfassende demokratische Rückbindung verzichtet werden kann.

Spannungen erzeugt das NGP im Verhältnis zu privaten Anbietern von Gesundheitsinformation, weil es mit diesen um die Aufmerksamkeit der Nutzerinnen und Nutzern konkurriert. So hat beispielsweise das Landgericht München I die Zusammenarbeit zwischen dem dominierenden Suchmaschinenanbieter Google und dem NGP, bei der Inhalte des NGP bei der Suche nach bestimmten Krankheiten in besonders herausgehobenen Informationsboxen angezeigt wurden, aus wettbewerbsrechtlichen Gründen untersagt. Dem wettbewerbsrechtlichen Unterlassungsanspruch stünde insbesondere nicht entgegen, dass beim Betrieb des NGP eine öffentliche Aufgabe wahrgenommen werde. Die Teilnahme am allgemeinen Geschäftsverkehr durch einen Träger hoheitlicher Gewalt verliere den Charakter einer ge-

---

[70] Weitere Plattformen sind bspw. patienten-information.de (betreut vom ÄZQ im Auftrag von BÄK und KBV), gesundheitsinformation.de (Website des IQWiG), krebsinformationsdienst.de (gefördert durch BMBF und BMG); weitere Beispiele bei *Lorenz*, GuP 2021, 135 (138).

[71] Siehe zur Aufgabe der Bereitstellung von Informationen an Bürgerinnen und Bürger des IQWiR § 139a Abs. 3 Nr. 7 SGB V.

[72] Zu selbstständigen Bundesbehörden mit Forschungsaufgaben siehe *Gärditz/Linzbach*, Gesundheitswissen in Behördenhand, 2022.

[73] *Gärditz/Linzbach* (Fn. 72), 83.

[74] Siehe den Überblick bei *Gärditz/Linzbach* (Fn. 72), 34 ff., die darauf hinweisen, dass der reale „Grad an Abhängigkeit und Unabhängigkeit sich jedenfalls nicht vom organisationsrechtlichen Setting ablesen lässt."

schäftlichen und damit den Bindungen des Kartellrechts unterliegenden Tätigkeit nicht schon deshalb, weil mit ihr auch öffentliche Aufgaben erfüllt oder öffentlichen Interessen genügt werden soll. Ein Hoheitsträger, der bei der Erfüllung seiner Aufgaben zu von der Privatrechtsordnung bereitgestellten Mitteln greife, unterliege den gleichen Beschränkungen wie jeder andere Teilnehmer am privatrechtlich organisierten Markt.[75]

Im Ergebnis statuiert das Gericht damit eine Art von Verbot einer Flucht aus dem Privat- bzw. Kartellrecht, soweit hoheitliche Aufgaben in einem privaten Marktumfeld wahrgenommen werden. Zwar wird hierdurch die wettbewerbliche Integrität des privatrechtlich organisierten Marktes bewahrt, gleichzeitig wird aber der Staat in einer digitalisierten Informationsgesellschaft in den allgemeinen Wettbewerb um Aufmerksamkeit gezwungen, soweit es private Unternehmen sind, die digitale Plattformen als primäre Kommunikationsräume der Bürgerinnen und Bürger organisieren. Denn die öffentliche Verwaltung, die ihre gesetzlich zugewiesene Informationsaufgabe effektiv erfüllen will, ist insoweit auf diese Schnittstellen der allgemeinen Kommunikationsinfrastruktur angewiesen. Es erscheint daher durchaus nachvollziehbar, im Falle eines engen Zusammenhangs zwischen der effektiven Erfüllung einer kommunikativen Aufgabe und ihrer Angewiesenheit auf eine privat organisierte Kommunikationsinfrastruktur die Bindungen einer übermäßig formalen Wettbewerbslogik aufzulockern und einen Vorrang der öffentlich-rechtlich bestimmten Grenzen hoheitlicher Informationstätigkeit anzunehmen.[76] Auch die Regeln des Kartellrechts dienen letztlich („nur") öffentlichen Interessen.

Neben dem Wettbewerbsrecht stellt sich zudem die Frage, inwieweit das Betreiben des NGP gegen das sich aus Art. 5 Abs. 1 S. 2 GG ergebende Gebot der Staatsferne der Presse verstößt. Dabei ist fraglich, inwieweit die im Grundgesetz vorgesehenen und die verfassungsrechtliche Rechtsprechung prägenden technischen Gattungsgrenzen von Medien in der digitalen Netzwerkarchitektur ohne Weiteres fortgeschrieben werden können.[77] Das LG

---

[75] LG München I GRUR-RS 2021, 1338 Rn. 81; siehe auch LG Bonn, Urt. v. 28.6.2023, Az. 1 O 79/21 Rn. 100ff. unter Hinweis auf BGH, Urt. v. 12.3.2020 – I ZR 126/18, Rn. 48ff.

[76] Nach der Annahme des BGH in seiner Entscheidung „WarnWetterApp" ist zwar die hoheitliche Aufgabe einer wettbewerblichen Prüfung entzogen, aber nur bis zur Überschreitung des Aufgabenbereichs, BGH, Urt. v. 12.3.2020 – I ZR 126/18, Rn. 48ff. Auch dies überzeugt nicht, weil es nicht Aufgabe des Wettbewerbsrechts ist, die Kompetenzgrenzen von Hoheitsträgern bei Erfüllung staatlicher Aufgaben durchzusetzen. Siehe dem BGH mit Blick auf das Portal gesund.bund.de folgend LG Bonn, Urt. v. 28.6.2023, Az. 1 O 79/21 Rn. 100ff.

[77] Vgl. *Vesting*, Die Tagesschau-App und die Notwendigkeit der Schaffung eines „Intermedienkollisionsrechts", 2013, 9ff.; *Cornils* ZUM 2019, 89 (103).

Bonn hat jedenfalls einen Verstoß gegen Art. 5 Abs. 1 S. 2 GG angenommen und sich an der jüngeren Rechtsprechung zu kommunalen Publikationen orientiert.[78] Dabei zieht es den Kreis erlaubter hoheitlicher Informationstätigkeit eng und limitiert die hoheitliche Aufgabenerfüllung durch Information selbst für den Fall einer ausdrücklichen gesetzlichen Ermächtigung, die im Dienste der Schutzpflicht aus Art. 2 Abs. 2 GG und dem Sozialstaatsprinzip steht. An diesem weiten und absoluten Verständnis der Staatsfreiheit der Presse bestehen schon deshalb Zweifel, weil in der verfassungsrechtlichen Rechtsprechung die verfassungsrechtlich ohne explizite Ermächtigung erlaubte Öffentlichkeitsarbeit gegenständlich nicht nur auf die Selbstdarstellung des eigenen politischen Handelns und akute Krisenbewältigung begrenzt ist.[79] Es liegt nahe, dass zumindest wissenschaftsbasierte Informationsangebote des Staates nicht bereits unter Hinweis auf die Staatsferne der Presse unzulässig sind. Der weite verfassungsrechtliche Pressebegriff und die Staatsferne schließen daher – etwa unter Hinweis auf den Wissenschaftsjournalismus – auch nicht aus, dass das Bundesinstitut für Risikobewertung oder das Robert-Koch-Institut die verfügbaren Forschungsinformationen für die Öffentlichkeit nach Maßgabe ihres gesetzlichen Auftrags aufbereiten.[80]

3. Digitale Gesundheitsanwendungen

Digitale Gesundheitsanwendungen[81] weisen besondere Potentiale mit Blick auf die Diagnose, aber auch Therapie von Krankheiten auf.[82] Als Schlüsselelement der Erschließung gilt die Evaluation von Wirksamkeit und Nutzen, die im Vergleich zu tradierten Gesundheitsanwendungen unter der Bedingung kurzer Entwicklungszyklen stattfindet.[83] Die Digitalisierungslogik von räumlicher und zeitlicher Kompression trifft mit derjenigen einer bewusst entschleunigten Evidenzvalidierung von Nutzen im Bereich tradierter Gesundheitsversorgungsleistungen zusammen. Die Regulierung steht

---

[78] LG Bonn, Urt. v. 28.6.2023, Az. 1 O 79/21 Rn. 133 ff.

[79] Siehe zur Bundeszentrale für politische Bildung BVerfG, NJW 2011 Rn. 23; siehe zur Diskussion der Begrenzung durch die Staatsfreiheit der Presse *Cornils*, in: Stern/Sodan/Möstl (Hrsg.), Bd. 4, § 119 Rn. 112 ff.

[80] Siehe das Abstellen auf das gesamte Telemedienangebot beim Verbot der Presseähnlichkeit nach § 30 Abs. 7 MStV, BGH ZUM 2015, 989 (995).

[81] Zur Definition *SVR* (Fn. 2), Rn. 325.

[82] *Gordon/Landman/Zhang/Bates*, npj Digital Medicine 2020, abrufbar unter https://www.nature.com/articles/s41746-019-0212-z (22.8.2023); zur Evidenz des Nutzens in ausgewählten medizinischen Bereichen *SVR* (Fn. 2), Rn. 330 ff.

[83] *SVR* (Fn. 2), Rn. 16.

insoweit vor besonderen Herausforderungen, weil und soweit digitale Gesundheitsanwendungen mit Blick auf administrative Hürden von den Herstellern nicht als Medizinprodukte auf den Markt gebracht werden und ihren ökonomischen Erfolg nicht im verdichtet regulierten sog. ersten Gesundheitsmarkt suchen.[84] Eine solcher Zustand wirft Fragen der Qualitätssicherung und beeinträchtigter Innovationschancen im Rahmen der Gesetzlichen Krankenversicherung auf.[85]

Mit der Regelung des § 33a SGB V hat das Digitale-Versorgungs-Gesetz einen gesonderten Leistungsanspruch auf digitale Gesundheitsanwendungen eingeführt (sog. Fast-Track-Verfahren). Die Anforderungen an Sicherheit, Funktionstauglichkeit, Datenschutz sowie Qualität und an den Nachweis positiver Versorgungseffekte werden in §§ 3 ff. DiGAV festgelegt. Mit dem Abstellen auf einen positiven Versorgungseffekt im Unterschied zum medizinischen Nutzen hat der Gesetzgeber eine wesentliche Neuerung geschaffen, die auf die Bedingungen und Funktionalität digitaler Lösungen zugeschnitten ist.[86] Das Gesetz macht zur Voraussetzung, dass die digitale Gesundheitsanwendung vom Bundesinstitut für Arzneimittel und Medizinprodukte in das Verzeichnis nach § 139e SGB V aufgenommen wurde (§ 33a Abs. 1 S. 2 Nr. 1 SGB V), womit der Leistungsanspruch aus § 33a SGB V positiv konkretisiert wird.[87] Dabei senkt § 139e Abs. 4 SGB V die Nachweisführungslast auch in zeitlicher Hinsicht, ermöglicht die Vorschrift doch die vorläufige Aufnahme einer digitalen Gesundheitsanwendung für einen Zeitraum von zwölf Monaten, wenn dem Hersteller der Nachweis eines positiven Versorgungseffekts noch nicht möglich ist und er die sonstigen Voraussetzungen für eine Eintragung erfüllt. Voraussetzung des Anspruchs auf die Versorgung mit einer digitalen Gesundheitsanwendung nach § 33a SGB V ist ferner, dass es sich um ein Medizinprodukt niedriger Risikoklasse handelt – eine Klassifizierung, die sich in der Regel an die durch Zweckbestimmung bestimmte Einstufung als Medizinprodukt nach der Medizinprodukteverordnung 2017/745 anschließt.[88] Insoweit knüpft das Verwaltungsverfahren zur Prüfung der Erstattungsfähigkeit an das me-

[84] Sie wurden auf den sog. zweiten Gesundheitsmarkt gebracht, der aus privat finanzierten Gesundheitsprodukten und -dienstleistungen besteht, vgl. *SVR* (Fn. 2), Rn. 106, 321.

[85] *SVR* (Fn. 2), Rn. 106; *Münkler*, NZS 2021, 41 (42 f.), die die Ambivalenz der Entwicklung aus einer Innovationsperspektive hervorhebt.

[86] *Münkler*, NZS 2021, 41 (45 f.); *SVR* (Fn. 2), Rn. 378.

[87] Hierzu näher *Münkler*, NZS 2021, 41 (45 f.).

[88] Siehe zum Ablauf *SVR* (Fn. 2), Rn. 348 ff. und zur Klassifizierungspraxis Rn. 358; vgl. *Münkler*, NZS 2021, 41 (44 f.). Die Klassifizierung selbst regelt Anhang VIII der VO (EU) 2017/745.

dizinproduktrechtliche an (vgl. § 33a Abs. 2 SGB V; § 1 Abs. 2 DiGAV). Die Preisregulierung erfolgt in § 134 SGB V.[89]

Für digitale Anwendungen höherer Risikoklassen gilt das Fast-Track-Verfahren nicht. Der SVR empfiehlt hier mit Blick auf die Nutzenbewertung nach Marktzugang der jeweiligen Anwendungen die Etablierung von Nutzungsbewertungsverfahren, wobei im Hinblick auf kurze Innovationszyklen adaptive Studiendesigns vorgeschlagen werden.[90]

III. Bilanz: Digitalisierung im Gesundheitswesen in Deutschland als tentative und nebenläufige Digitalisierung

Die vorstehend beschriebenen Strukturen und Entwicklungen verdeutlichen das vom Gesetzgeber erkannte Regelungsbedürfnis im Bereich der Digitalisierung im öffentlichen Gesundheitswesen. Will man eine vorsichtige erste Bilanz ziehen, drängt sich der Eindruck auf, dass der gesetzlich gesteuerte Prozess der Digitalisierung im Gesundheitswesen in Deutschland sich im internationalen Vergleich tentativer vollzieht – etwa mit Blick auf die anscheinend bald wieder überholte Absage an ein Opt-out-Modell bei der ePA. Deutlich machen dies zudem die an vielen Stellen weitergehenden Forderungen des SVR ebenso wie die von ihm ausgeleuchtete europäische Vergleichsperspektive. Letztere ist nicht zuletzt deswegen interessant, weil hier ebenfalls unter den Bedingungen des unionsrechtlich vereinheitlichten Datenschutzes operiert wird.

Charakteristisch für die Digitalisierung im Gesundheitswesen in Deutschland ist zudem eine gewisse konzeptionelle Nebenläufigkeit der gesetzlich vorgesehenen Digitalisierungsprozesse, bei der digitale Lösungen weniger als zu moderierende Umbruchserscheinungen als zu den im analogen Umfeld gewachsenen Strukturen hinzutretendes Element behandelt werden. So ist beispielsweise die ePA nicht so konzipiert, dass sie andere Formen von Dokumentationen mittelfristig oder langfristig ablösen soll. Regulierungsstrategisch stellt sich aber natürlich die Frage, ob Digitalisierung im Gesundheitswesen in Deutschland als Ergänzung im Sinne eines tradierte Ordnungselemente bewahrenden Aufbaus von Parallelstrukturen oder aber zumindest auch zum Teil als disruptive Veränderung verstanden wird. Insoweit umfasst die erforderliche strategische Vergewisserung nicht nur die Frage nach der Weiterentwicklung der Digitalisierung des Gesund-

---

89 Eingehend hierzu *SVR* (Fn. 2), Rn. 397 ff.

90 *SVR* (Fn. 2), Rn. 17, zu den adaptiven Studiendesigns Rn. 370 ff.

heitssystems im Lichte des Ziels eines dynamisch lernendes Gesundheitssystem zur Steigerung des Patientenwohls.[91] Die Zukunft der rechtlichen Ordnung der Digitalisierung im Gesundheitswesen in Deutschland ist alles andere als abgeschlossen.

[91] Zu strategischen Fragen siehe *SVR* (Fn. 2), Rn. 348.

Telemedizin und elektronische Krankenakten – Digitalisierung im polnischen Gesundheitssystem

Sebastian Sikorski

I. Einleitung

Als Ausgangspunkt der durchzuführenden Analyse werden im ersten Teil des Aufsatzes Fragen im Bereich der elektronischen Gesundheitsdienste erörtert, wobei der Schwerpunkt auf der Telemedizin und den – neben den Krankenakten – funktionell verwandten elektronischen Verschreibungen, elektronischen Krankschreibungen und elektronischen Überweisungen liegt. Die Umsetzung dieser Lösungen in Polen erfolgt seit 2015. Der Ausbruch der COVID-19-Pandemie hat die Durchführung dieser Lösungen jedoch beschleunigt und vorangetrieben.

Im zweiten Teil werden die Krankenakten und ihre Digitalisierung aus rechtswissenschaftlicher Perspektive analysiert. Dabei wird begrifflich zwischen elektronischen Krankenakten und solchen, die lediglich in elektronischer Form geführt werden, unterschieden. Es werden die im polnischen Rechtssystem eingeführten Lösungen für die Digitalisierung von Krankenakten analysiert. Der Gesetzgeber hat einzelne Lösungen uneinheitlich umgesetzt, was zu einer mangelnden Kompatibilität der einzelnen Mechanismen in der Praxis führt.

Als Ergebnis der Analyse und Überprüfung der aufgestellten Forschungsfragen werden *de lege ferenda* Postulate formuliert.

II. Begriffsbestimmungen und geltende Rechtsvorschriften

Das umfassendste Konzept, bei dem Informationssystemen in der Patientenversorgung eingesetzt werden, ist das der elektronischen Gesundheitsdienste (engl. *e-health*), zu dem auch Konzepte wie Telemedizin und Telepflege gehören.[1] Entscheidend für die Umsetzung rechtlicher Lösungen in

[1] Siehe dazu *Mazurkiewicz/Klich*, in: Flaga-Gieruszyńska/Kołaczyński/Szostak

diesem Bereich in Polen war das Gesetz vom 9.10.2015 zur Änderung des Gesetzes über das Informationssystem im Gesundheitswesen und einiger anderer Gesetze,[2] auf deren Grundlage Änderungen an den wichtigsten normativen Rechtsakten des Gesundheitswesens vorgenommen wurden. Diese Vorschriften können in drei Gruppen eingeteilt werden: (1) diejenigen, die den Betrieb von Gesundheitseinrichtungen (einschließlich der Patientenrechte) betreffen, (2) diejenigen, die die Grundsätze der Erbringung von aus öffentlichen Mitteln finanzierten Gesundheitsdienstleistungen regeln, und (3) diejenigen, die die Grundsätze der Ausübung einzelner medizinischer Berufe festlegen.

Von grundlegender Bedeutung für die Tätigkeit der medizinischen Einrichtungen ist das Gesetz vom 15.4.2011 über die medizinische Tätigkeit.[3] In Übereinstimmung mit Art. 3 Abs. 1 dieses Gesetzes hat der Gesetzgeber für alle Therapieträger[4] eine ausdrückliche Rechtsgrundlage für die Durchführung von Behandlungstätigkeiten – einschließlich insbesondere der Erbringung von Gesundheitsdienstleistungen – unter Verwendung von E-Health-Lösungen, das heißt „über IKT-Systeme oder Kommunikationssysteme" eingeführt. Durch die Einführung dieser Bestimmung wird die Telemedizin (die im Konzept der elektronischen Gesundheitsdienste enthalten ist) eindeutig als eine therapeutische Tätigkeit definiert.[5] Dieses Gesetz regelt auch – im Rahmen von Pauschalbestimmungen – zwei äußerst wichtige Fragen in diesem Bereich. Der Gesetzgeber hat nämlich in Art. 22 Abs. 3a des Gesetzes einerseits ausdrücklich die Anwendung allgemeiner Anforderungen[6] an Räumlichkeiten und Einrichtungen, die therapeutische Tätigkeiten ausschließlich mit Hilfe von Teleinformationssystemen oder Kommunikationssystemen ausführen, ausgeschlossen. Andererseits wurde die gesetzliche

---

(Hrsg.), E-obywatel, e-sprawiedliwość, e-usługi, 2017, 67 (69); *Ochmański*, in: Knopek/Mucha (Hrsg.), Wybrane problemy prawa materialnego i procesowego. Teoria i praktyka, Bd. 4, 2016, 14–24.

[2] Dz.U. 2015, Pos. 1991 m. Änderungen.

[3] Dz.U. 2021, Pos. 711 m. Änderungen.

[4] Art. 3 des Gesetzes über die medizinische Tätigkeit enthält eine rechtliche Definition des Begriffs der therapeutischen Tätigkeit. Art. 4 und 5 dieses Gesetzes definieren die Art der Tätigkeiten, die medizinische Einrichtungen (Art. 4) und Berufsverbände (Art. 5) ausüben. Siehe dazu *Dercz/Rek*, Ustawa o działalności leczniczej. Komentarz, 2019.

[5] *Dercz/Rek* (Fn. 4); dazu auch *Chojecka/Nowak*, IKAR 8 (2016), 74 (75 ff.); *Sikorski/Florczak*, in: Lipowicz/Szpor/Świerczyński (Hrsg.), Telemedycyna i e-zdrowie. Prawo i informatyka, 2019, 40–65.

[6] VO des Gesundheitsministers v. 26.3.2019 über die detaillierten Anforderungen an die Räumlichkeiten und die Ausstattung der Einrichtung, die eine therapeutische Tätigkeit ausübt, Dz.U. 2022, Pos. 402.

Befugnis des Gesundheitsministers, die diesbezüglichen Anforderungen für Einrichtungen, die ausschließlich in dieser Form therapeutisch tätig sind, festzulegen, in Art. 22 Abs. 3b des Gesetzes über die medizinische Tätigkeit festgelegt. Diese Behörde hat jedoch noch nicht von dieser Befugnis Gebrauch gemacht, die allerdings nur fakultativen Charakter hat.[7]

Das wichtigste Element bei der Umsetzung von E-Health-Lösungen, insbesondere auch der Telemedizin, war die Einführung gesetzlicher Lösungen für die elektronische Verschreibungspflicht (das sog. E-Rezept), elektronische Überweisungen zur Behandlung und die elektronische Krankschreibung. Die Telemedizin ermöglicht es, eine angemessene Differenzialdiagnose zu stellen, eine Untersuchung durchzuführen und dem Patienten Empfehlungen zu geben. Ohne die Möglichkeit, eine Behandlung durchzuführen, für die in den meisten Fällen ein Rezept erforderlich ist, hätte die Telemedizin jedoch kaum praktische Auswirkungen. Aus diesem Grund ist das Gesetz vom 19.7.2019 zur Änderung bestimmter Gesetze im Zusammenhang mit der Einführung von E-Health-Lösungen so wichtig,[8] auf dessen Grundlage die elektronische Verschreibungspflicht tatsächlich eingeführt wurde. Die Änderungen liefen darauf hinaus, dass der Gesetzgeber die Kommunikationskanäle erweiterte, über die der Patient Informationen über das E-Rezept erhalten kann. Zusätzlich zu den bereits bestehenden, das heißt E-Mail und SMS mit einem Zugangscode und Informationen über die Notwendigkeit der Angabe einer PESEL-Nummer beim Einlösen eines Rezepts, wurde die Funktionalität des Internet-Patientenkontos erweitert. Folglich ist es Sache des Patienten, zu entscheiden, wie er das E-Rezept erhalten möchte.[9]

Gleichzeitig ist im Zusammenhang mit der praktischen Anwendung der elektronischen Verschreibungen zu bedenken, dass der Wortlaut von Art. 42 Abs. 2 des Gesetzes vom 5.12.1996 über die Berufe des Arztes und des Zahnarztes,[10] der die Fortsetzung der Behandlung betrifft, beim derzeitigen Stand der Gesetzgebung einige Zweifel aufwerfen kann. Es ist nämlich nicht klar, ob die Fortführung der Behandlung nur eine Änderung der Dosierung des Medikaments oder die Einführung eines völlig anderen Medikaments umfasst.[11]

---

[7] Siehe dazu *Kaczan*, Zeszyty Prawnicze 17 (2017), 93 (100).

[8] Dz.U. 2019, Pos. 1590.

[9] Vgl. *Twarowski*, Wpływ ustawy o funkcjonowaniu ochrony zdrowia w związku z epidemią COVID-19 na świadczeniodawców – informatyzacja ochrony zdrowia, LEX/el. 2020.

[10] Dz.U. 2021, Pos. 790 m. Änderungen; im Folgenden: Gesetz über den Arztberuf.

[11] Dazu *Sikorski/Florczak* (Fn. 5).

In der Praxis gibt es jedoch größere Schwierigkeiten bei der E-Überweisung zur ärztlichen Behandlung, die durch die Bestimmungen des noch vom 28.4.2011 stammenden Gesetzes über das Informationssystem im Gesundheitswesen[12] eingeführt wurde. Diese entstehen in Bezug auf den Anschluss an das E-Health-System (das sog. P1-System).[13] Die elektronische Überweisung vereinfacht die Verfahren zur Überwachung und Verwaltung der Warteschlangen bei den Überweisungsdiensten, aber es gibt immer noch kein wirksames IT-Instrument, um in Echtzeit die Verfügbarkeit von Behandlungsplätzen zu ermitteln.

Auch bei der Umsetzung von E-Krankschreibungen traten ernsthafte Schwierigkeiten auf, die durch eine Fehlinterpretation des Ministers für Familie, Arbeit und Sozialpolitik bedingt waren. Gemäß den Bestimmungen der Art. 53–60 des Gesetzes vom 25.6.1999 über Geldleistungen der Sozialversicherung bei Krankheit und Mutterschaft[14] sind Ärzte und Zahnärzte sowie Arzthelfer[15] und leitende Arzthelfer, die von der Sozialversicherungsanstalt (poln. *Zakład Ubezpieczeń Społecznych*, im Folgenden: ZUS) durch einen entsprechenden Bescheid ermächtigt wurden, befugt, diese auszustellen. Die detaillierten Regeln für die Entscheidung über eine vorübergehende Arbeitsunfähigkeit sind in der Verordnung des Ministers für Arbeit und Sozialpolitik vom 10.11.2015 über das Verfahren und die Art und Weise der Entscheidung über eine vorübergehende Arbeitsunfähigkeit geregelt.[16]

Entscheidende Bedeutung hatte hier der Wortlaut des § 6 Abs. 1 dieser Verordnung. Nach dieser Regelung „wird (die Krankschreibung) nur nach einer direkten Untersuchung des Gesundheitszustandes des Versicherten ausgestellt", wobei eine „direkte" Untersuchung, auf der Grundlage einer sprachlichen Auslegung, ausschließlich als eine Untersuchung mit physi-

---

[12] Dz.U. 2011, Pos. 657 m. Änderungen; im Folgenden: Gesetz über das Informationssystem bzw. Gesundheitsinformationsgesetz

[13] Ein detaillierter Katalog der Leistungen, die auf der Grundlage einer elektronischen Überweisung zur Verfügung stehen, ist in der VO des Gesundheitsministers v. 15.4.2019 über die in elektronischer Form im medizinischen Informationssystem ausgestellten Überweisungen (Dz.U. 2019, Pos. 711) enthalten.

[14] Dz.U. 2021, Pos. 1133 m. Änderungen.

[15] Arzthelfer (poln. *felczer*) ist ein Beruf, der in Polen durch das Gesetz v. 20.7.1950 (Dz. U. 2022, Pos. 1529) geregelt ist. Ein Arzthelfer bietet eine medizinische Grundversorgung an (siehe Art. 2 dieses Gesetzes). Er kann unter der Aufsicht eines Arztes oder in Zusammenarbeit mit einem Arzt am Behandlungsprozess teilnehmen. Es gibt ein vom Obersten Sanitätsrat geführtes Zentralregister der Arzthelfer (Art. 1 des Gesetzes). Ein Arzthelfer hat nach drei Jahren Berufspraxis Anspruch auf den Titel eines älteren Arzthelfers (Art. 3 des Gesetzes). In der Praxis ist der Beruf selten.

[16] Dz.U. 2015, Pos. 2013.

schem Kontakt zwischen dem Arzt und dem Patienten interpretiert wurde. Letztlich wurde hier aber generell eine zweckgerichtete und funktionale Auslegung angewandt, wonach die Grundsätze und Voraussetzungen für die Ausübung des Arztberufs umfassend durch das Gesetz über dem Arztberuf[17] geregelt sind. Nach Art. 4 dieses Gesetzes ist es der Arzt, der entscheidet, ob bei einem bestimmten Zustand eine sachgerechte Beurteilung des Gesundheitszustandes und der Beeinträchtigung der Körperfunktionen durch eine Fernuntersuchung (im Rahmen einer telefonischen bzw. Online-Besprechung) und eine eventuelle Erteilung einer E-Krankschreibung möglich ist. Wie bereits erwähnt, sehen Art. 2 Abs. 4 und Art. 42 Abs. 1 des Gesetzes über den Arztberuf die Möglichkeit vor, dass ein Arzt seine Tätigkeit über IKT-Systeme oder Kommunikationssysteme ausübt, mit allen sich daraus ergebenden Konsequenzen, einschließlich der Ausstellung einer elektronischen Krankschreibung.[18]

Gemäß Art. 22 Abs. 5 des Gesetzes über die medizinische Tätigkeit erließ der Gesundheitsminister u. a. eine Verordnung zur Änderung des Erlasses über den organisatorischen Standard der Telekonsultation in der medizinischen Grundversorgung.[19] Eine Lösung, die ernsthafte Bedenken aufwirft, ist der Ausschluss der Möglichkeit der Telekonsultation in § 1 Abs. 1 dieser Verordnung für Personen im Alter bis zu sechs Jahren und für Personen mit einer chronischen Krankheit, bei der sich die Symptome verschlimmert oder verändert haben, im Zusammenhang mit einem Krebsverdacht. Ausnahmen hiervon sind: (1) Ausstellung von Bescheinigungen, (2) Verschreibungen, die für die Fortsetzung der Behandlung erforderlich sind, sowie (3) Bestellungen von Arzneimitteln. In der Begründung zu dieser Verordnung heißt es, dass die vorgenommene Änderung zur: „Verringerung der Verschlechterung des Gesundheitszustands aufgrund einer verspäteten Diagnose oder einer unzureichenden Diagnose und Behandlung von Kindern und Senioren“ führen soll. Gleichzeitig „zielt die Lösung darauf ab, die Möglichkeit der Telekonsultation für die am stärksten gefährdeten Patien-

---

[17] Fn. 10.

[18] Mehr dazu *Sikorski/Florczak*, Czy w obecnym stanie prawnym można wystawić zwolnienie, korzystając z telemedycyny?, Dziennik Gazeta Prawna, 8.3.2018, abrufbar unter https://serwisy.gazetaprawna.pl/zdrowie/artykuly/1109651,wystawienie-zwolnienia-lekarskiego-za-pomoca-telemedycyny.html (21.8.2023).

[19] VO des Gesundheitsministers v. 12.8.2020, Dz.U. 2020, Pos. 1395 m. Änderungen; siehe auch VO des Gesundheitsministers v. 5.3.2021 zur Änderung der VO über den organisatorischen Standard der Telekonsultation, Dz.U. 2021, Pos. 427.

tengruppen zu beseitigen, die intensivere und vielfältigere gesundheitliche Bedürfnisse haben".[20]

Gegen einen solchen Ansatz gibt es jedoch Einwände. Zunächst ist zu fragen, ob diese Vorschrift nicht faktisch gegen die gesetzlichen – und damit übergeordneten – Regeln für die Ausübung der einzelnen Heilberufe verstößt. Es sei daran erinnert, dass die einzelnen Berufe in der Regel auf gesetzlicher Ebene einerseits das Recht haben, Gesundheitsdienstleistungen unter Verwendung von Informations- und Kommunikationssystemen zu erbringen, und andererseits die Verpflichtung, den Beruf in einer bestimmten Weise auszuüben.[21] In Anbetracht der angeführten Begründung für die oben genannte Verordnung[22] scheint es die Absicht des Gesundheitsministers zu sein, diese Gruppe von Patienten vor Störungen zu schützen, die vor allem während der COVID-19-Pandemie auftreten. Es sollte jedoch deutlich hervorgehoben werden, dass es im polnischen Rechtssystem einschlägige Bestimmungen gibt, die eine Kontrolle der Korrektheit der Erbringung von Dienstleistungen mit allen sich daraus ergebenden Konsequenzen ermöglichen, und zwar sowohl auf der Grundlage von Gesetzen: über die medizinische Tätigkeit[23] und über die aus öffentlichen Mitteln finanzierten Gesundheitsdienstleistungen,[24] als auch von Gesetzen, die die Grundsätze der disziplinarischen Verantwortung regeln, z. B. das Gesetz über die Ärztekammern.[25]

Nach Art. 5 Abs. 35 des Gesundheitsdienstleistungsgesetzes ist eine garantierte Leistung eine Gesundheitsdienstleistung, die ganz oder teilweise aus öffentlichen Mitteln nach den Grundsätzen und in dem Umfang finanziert wird, die im Gesetz festgelegt sind. Der Umfang der aus öffentlichen Mitteln finanzierten Gesundheitsdienste wurde auf der Grundlage von Art. 15 des Gesundheitsdienstleistungsgesetzes definiert. Der Gesundheitsminister legt durch eine Verordnung fest, welche Gesundheitsdienstleistun-

[20] Die Begründung v. 9.2.2021 verfügbar unter: https://legislacja.rcl.gov.pl/docs/516/12343400/12764002/12764003/dokument488982.pdf (22.8.2023).

[21] Nach Art. 4 des Gesetzes über den Arztberuf: „Der Arzt ist verpflichtet, seinen Beruf nach dem Stand der medizinischen Erkenntnisse, nach den ihm zur Verfügung stehenden Methoden und Mitteln zur Vorbeugung, Diagnose und Behandlung von Krankheiten, nach den Grundsätzen der Berufsethik und mit der gebotenen Sorgfalt auszuüben". Gleichzeitig besagt Art. 2 Abs. 4 dieses Gesetzes, dass ein Arzt Leistungen erbringen kann „auch mit Hilfe von Informations- und Kommunikationssystemen".

[22] *Sikorski/Florczak* (Fn. 18).

[23] Fn. 3.

[24] Gesetz v. 27.8.2004, Dz.U. 2004, Pos. 2135 m. Änderungen; im Folgenden: Gesundheitsdienstleistungsgesetz.

[25] Gesetz v. 2.12.2009, Dz.U. 2009, Pos. 1708 m. Änderungen.

gen aus öffentlichen Mitteln finanziert werden können (Art. 31d des Gesundheitsdienstleistungsgesetzes). Dabei hat die Einstufung von Gesundheitsdiensten als öffentlich finanzierte Leistungen, die mit Hilfe von IKT- und Kommunikationssystemen erbracht werden, zur weit verbreiteten Nutzung von telemedizinischen Lösungen beigetragen hat. Das bedeutet auch, dass der Gesundheitsminister befugt ist, Tele-Sprechstunden, die sich an Menschen in einer bestimmten Altersspanne, das heißt bis zum Alter von sechs Jahren, und an Menschen mit einer chronischen Krankheit, bei der sich die Symptome verschlimmert oder verändert haben (im Zusammenhang mit einem Krebsverdacht) richten, möglicherweise aus dem Umfang der öffentlich finanzierten Gesundheitsdienste zu streichen.

Darüber hinaus wirft die eingeführte in der Verordnung zur Änderung des Erlasses über den organisatorischen Standard der Telekonsultation in der medizinischen Grundversorgung Ausnahmeregelung auch unter dem Gesichtspunkt der gesetzlichen Patientenrechte Zweifel auf. Gemäß Art. 17 des Gesetzes über Patientenrechte und den Ombudsmann für Patientenrechte[26] hat der Patient (auch ein Minderjähriger über 16 Jahre) das Recht, der Durchführung einer Untersuchung oder der Erbringung anderer Gesundheitsdienstleistungen zuzustimmen oder sie abzulehnen. Gleichzeitig wird gemäß Art. 18 Abs. 1 des Gesetzes im Falle eines chirurgischen Eingriffs oder der Anwendung einer Behandlungs- oder Diagnosemethode, die ein erhöhtes Risiko für den Patienten darstellt, diese Einwilligung schriftlich erteilt. Das Recht, nach angemessener Aufklärung in medizinische Leistungen einzuwilligen, steht gemäß den oben genannten Bestimmungen dem Patienten zu, der so den Schutz seiner Autonomie in Bezug auf so grundlegende Güter wie Freiheit, Würde und Privatsphäre verwirklichen kann. In der Regel kann jede Person sowohl die Notwendigkeit als auch die Methoden der medizinischen Behandlung selbst beurteilen.[27] Im vorliegenden Fall ist die Art des medizinischen Verfahrens, das heißt die Erbringung einer Gesundheitsdienstleistung in Form einer Telekonsultation, Gegenstand einer solchen Beurteilung. Daraus lässt sich schließen, dass der Patient das Recht hat, seine Zustimmung zu verweigern oder dem ersten persönlichen Besuch zu widersprechen, und zwar auf der Grundlage des erwähnten Art. 17 des Patientenrechtegesetzes. Eine solche gesetzliche Regelung kann nicht durch eine Verordnung geändert werden, die ein untergeordneter Rechtsakt ist.

---

[26] Gesetz v. 6.11.2008, Dz.U. 2020, Pos. 849 m. Änderungen; im Folgenden: Patientenrechtegesetz.

[27] Vgl. Karkowska (Hrsg.), Prawa pacjenta i Rzecznik Praw Pacjenta. Komentarz, 2020.

Gleichzeitig richtet sich die Verordnung mit ihren Änderungen als Durchführungsrechtsakt an den Gesundheitsdienstleister und kann nicht so verstanden werden, dass sie dem Patienten eine Verpflichtung auferlegt, dessen Entscheidungsfreiheit durch das Patientenrechtegesetz garantiert wird.[28] Medizinische Erwägungen stehen natürlich außer Frage, denn wann immer ein Arzt, eine Krankenschwester oder eine Hebamme eine medizinische Notwendigkeit für einen persönlichen Besuch eines Patienten bei einem Gesundheitsdienstleister sieht, sind sie absolut verpflichtet, die Dienstleistung in dieser Form anzubieten.

III. Elektronische Krankenakten

Auf Grundlage von Art. 11 Abs. 1 i. V. m. Art. 2 Abs. 6 des Gesetzes über das Informationssystem im Gesundheitswesen[29] hat der Gesetzgeber den sog. Dienstleistern[30] die Verpflichtung auferlegt, elektronische Krankenakten zu führen. Elektronische Krankenakten sind „in elektronischer Form erstellte Dokumente, die mit einer qualifizierten elektronischen Signatur, einer vertrauenswürdigen Signatur, einer persönlichen Signatur oder mit einem Mittel zur Bestätigung der Herkunft und der Integrität der in einem IKT-System verfügbaren Daten versehen sind", insbesondere Rezepte, Überweisungen, Bestellungen von Arzneimitteln, Lebensmittel für besondere Ernährungszwecke, Medizinprodukte und Impfausweise.[31]

Das Informationssystem des Gesundheitswesens ist dichotomisch aufgebaut. Es gibt zwei IKT-Systeme, die einen wesentlichen Teil der staatlichen Gesundheitsinformationsinfrastruktur bilden: (1) die elektronische Plattform für die Sammlung, Analyse und den Austausch von digitalen Ressourcen über medizinische Ereignisse (P1-System) und (2) die Plattform für den Online-Austausch von Diensten und digitalen Ressourcen der medizinischen Register (P2-System). Das P1-System soll den Leistungsempfängern und anderen befugten Stellen den Zugang zu Informationen und Berichten über bereits erbrachte und geplante Gesundheitsleistungen ermöglichen, die von den Leistungserbringern an das medizinische Informationssystem

---

[28] Dazu *Sieńko*, Obowiązki placówki medycznej w związku udzielaniem świadczeń dzieciom do 6 roku życia, LEX 2020/el.

[29] Fn. 12.

[30] Dies ist eher eine unglückliche Bezeichnung für Einrichtungen, die Gesundheitsdienstleistungen anbieten.

[31] Vgl. Zielińska (Hrsg.), System Prawa Medycznego: Pojęcie, źródła i zakres prawa medycznego, Bd. 1, 2018.

übermittelt werden. Diese Plattform ist ein universelles IT-Instrument, das den Austausch von Daten aus elektronischen Patientenakten gewährleisten soll (siehe Art. 7 des Gesetzes über das Informationssystem). Das P2-System soll hingegen die Zusammenarbeit des Medizinischen Informationssystems (poln. *System Informacji Medycznej*, im Folgenden: SIM) mit den medizinischen Registern sicherstellen, um die in ihnen verarbeiteten Daten zu erhalten, sie zu integrieren, zu aktualisieren und verfügbar zu machen.[32]

In der Literatur wird die Auffassung vertreten, dass die Bestimmungen des Gesundheitsinformationsgesetzes für die zur Verarbeitung von Gesundheitsdaten verpflichteten Stellen gelten, insbesondere für den für das Gesundheitswesen zuständigen Minister, den Woiwoden (den Gouverneur in der Woiwodschaft, eines Verwaltungsbezirkes der obersten Stufe), den Nationalen Gesundheitsfonds (poln. *Narodowy Fundzusz Zdrowia*, im Folgenden: NFZ), den Obersten Sanitätsrat, den Obersten Rat der Krankenschwestern und Hebammen, den Landesapothekeninspektor, die Bezirksapothekerkammern, den Obersten Arzneimittelrat, den Nationalen Rat der Labordiagnostiker, das Zentrum für medizinische Fortbildung sowie öffentliche und nicht-öffentliche Gesundheitseinrichtungen (siehe Art. 3 des Gesetzes über das Informationssystem).[33] Gegen eine solche Vorgehensweise sind jedoch schwerwiegende Einwände zu erheben. Vor allem sind einige rechtliche Definitionen bereits fragwürdig. Gemäß Art. 2 Abs. 15 ist ein Dienstleister ein Dienstanbieter „im Sinne von Art. 5 Abs. 41 des Gesundheitsdienstleistungsgesetzes[34] und eine Apotheke“. Der Verweis auf dieses Gesetz deutet darauf hin, dass nur die Leistungserbringer, die aus öffentlichen Mitteln finanzierte Leistungen erbringen, verpflichtet sind, die im Gesetz über das Informationssystem im Gesundheitswesen festgelegten Pflichten zu erfüllen, während Art. 1 – der den sachlichen und objektiven Anwendungsbereich dieses Gesetzes festlegt – keine derartige Einschränkung enthält. Außerdem werden in Art. 5 Abs. 41 des Gesundheitsdienstleistungsgesetzes therapeutische Einrichtungen aufgezählt, während eine unabhängige öffentliche Gesundheitseinrichtung nur eine der aufgeführten Formen ist, in denen eine therapeutische Tätigkeit ausgeübt werden kann.

Bei der Analyse des Umfangs elektronischer Krankenakten sollte auch das Recht des Patienten auf Zustimmung zu ihrer Freigabe berücksichtigt werden. Der Patient kann nur über die Regeln für den Zugang der medizinischen Fachkräfte zu seinen personenbezogenen Daten oder zu einzelnen

---

[32] Mehr dazu Budzisz/Jaworska-Dębska/Olejniczak-Szałowska (Hrsg.), Decentralizacja i centralizacja administracji publicznej, 2019.

[33] Vgl. *Wąsik*, Ustawa o systemie informacji w ochronie zdrowia. Komentarz, 2015.

[34] Siehe Fn. 3.

medizinischen Daten, die im SIM verarbeitet werden, entscheiden (siehe Art. 35 Abs. 1a des Gesundheitsinformationsgesetzes, mit Ausnahme des sog. automatischen Zugangs nach Art. 35 Abs. 1 des Gesundheitsinformationsgesetzes). Gemäß § 8 Abs. 1(3) der Verordnung des Gesundheitsministers über Art, Umfang und Muster der medizinischen Aufzeichnungen und die Art und Weise ihrer Verarbeitung[35] kann die Einverständniserklärung des Patienten zur Erbringung von Gesundheitsdienstleistungen über ein Internet-Patientenkonto ausgedrückt werden, aber auch durch Einreichung der Erklärung in Papierform, die der Leistungserbringer zu möglichen Beweiszwecken aufbewahren sollte. Die gewählte Lösung erhöht die Sicherheit und die Kontrolle der sensiblen Daten dank eines Bevollmächtigungsmechanismus (das heißt der Patient entscheidet über den Zugang zu den Unterlagen). Neben dem Patienten erhalten aber auch die von ihm bevollmächtigten Personen automatisch Zugang zur elektronischen Patientenakte. Darüber hinaus haben auch der Arzt, der die elektronische Patientenakte erstellt hat (ohne zeitliche Begrenzung), der Arzt, die Krankenschwester oder die Hebamme, die den Patienten primär versorgen, der Arzt im Rahmen der Fortsetzung der Behandlung, als auch jeder Mediziner in einer lebensbedrohlichen Situation des Patienten einen solchen Zugang.[36]

Art. 13a des Gesundheitsinformationsgesetzes ermächtigt den Gesundheitsminister, die Arten von elektronischen Krankenakten festzulegen. Der Umfang elektronischer Krankenakten ist in § 1 der Verordnung des Gesundheitsministers über die Arten elektronischer Krankenakten definiert:[37]

„Elektronische Krankenakten sind:
1) Informationen über die Diagnose der Krankheit, des Gesundheitsproblems oder der Verletzung, die Ergebnisse der durchgeführten Untersuchungen, den Grund für die Verweigerung der Einweisung in das Krankenhaus, die erbrachten Gesundheitsleistungen und eventuelle Empfehlungen – im Falle der Verweigerung der Einweisung des Patienten in das Krankenhaus, die in den gemäß Art. 30 des Patientenrechtegesetzes[38] erlassenen Vorschriften genannt werden;
2) Informationen für den Arzt, der den Leistungsempfänger in eine Fachklinik oder ein Krankenhaus einweist, über die Diagnose, die Behandlung, die Prognose, die verordneten Arzneimittel, Lebensmittel für besondere Ernährungszwecke und Medizinprodukte, einschließlich der Dauer ihrer Anwendung und der Dosierung, sowie über die vorgesehenen Kontrollbesuche, die in den gemäß Art. 137 Abs. 2 des Gesundheitsdienstleistungsgesetzes[39] erlassenen Verordnungen genannt werden;

[35] VO v. 6.4.2020, Dz.U. 2020, Pos. 666 m. Änderungen.

[36] Dazu siehe die Information vom Gesundheitsministerium (Centrum e-Zdrowia, Ministerstwo Zdrowia), (EDM), LEX/el. 2020.

[37] VO v. 8.5.2018, Dz.U. 2021, Pos. 1153.

[38] Fn. 25.

[39] Fn. 3.

3) Informationen über die Krankenhausbehandlung, das in den auf der Grundlage von Art. 30 des Patientenrechtegesetzes erlassenen Vorschriften genannt wird;
4) Ergebnisse von Labortests, einschließlich Beschreibungen;
5) eine Beschreibung anderer als der oben unter Nummer 4 genannten Labortests".

Vor dem Hintergrund eines solchen Konzepts wirft die elektronische Krankenakte jedoch einige Fragen auf. Gemäß der zitierten Bestimmung umfasst die Dokumentation die Beschreibung der diagnostischen Tests. Gleichzeitig übermittelt der medizinische Dienstleister gemäß § 2 Abs. 1(6) der Verordnung des Gesundheitsministers über den Umfang der im Informationssystem verarbeiteten Daten eines medizinischen Ereignisses sowie die Art und Weise und die Fristen für die Übermittlung dieser Daten an das medizinische Informationssystem[40] an die SIM: „Daten zu medizinischen Aufzeichnungen, die in elektronischer Form gemäß dem HL7-Standard geführt werden, und, im Hinblick auf bildgebende Aufzeichnungen, im DICOM-Format, die im Zusammenhang mit der erbrachten Gesundheitsdienstleistung erstellt wurden". Es stellt sich daher die Frage nach den Gründen für eine solche Unterscheidung im Rahmen der elektronischen Dokumentation.

Bei der Analyse elektronischer Krankenakten ist es auch wichtig, den Fall der Unterauftragsvergabe zu berücksichtigen. Als Beispiel kann hier eine typische Situation angeführt werden, in der die Institution der primären Gesundheitsversorgung Laboruntersuchungen an ein externes Labor untervergeben hat. In Anbetracht der allgemeinen Verpflichtungen nach dem Gesundheitsinformationsgesetz ist davon auszugehen, dass derjenige, der ein medizinisches Verfahren in Auftrag gegeben hat, verpflichtet ist, die Daten im Rahmen seiner Meldepflicht an das SIM zu übermitteln. Er ist auch zur Aufbewahrung der elektronischen Patientenakte verpflichtet, wobei die detaillierten Verpflichtungen in einem Vertrag zwischen dem Dienstleistungserbringer und dem Unterauftragnehmer festgelegt werden müssen.

IV. Digitalisierung in der Gesundheitsversorgung

Unter Bezugnahme auf die in der Einleitung gemachten Annahmen ist darauf hinzuweisen, dass der Gesetzgeber im Gegensatz zum Begriff „der elektronischen Krankenakte" den Begriff „Krankenakte" nicht definiert. In Art. 25 des Patientenrechtegesetzes hat der Gesetzgeber nur festgelegt, welche Elemente die Krankenakten zumindest enthalten sollten. Dazu gehören: Identifizierung des Patienten, so dass seine Identität festgestellt werden

[40] VO v. 26.6.2020, Dz.U. 2020, Pos. 1253.

kann; Identifizierung des Gesundheitsdienstleisters, einschließlich der Organisationseinheit, in der die Gesundheitsdienstleistungen erbracht wurden; eine Beschreibung des Zustands des Patienten oder der erbrachten Gesundheitsdienstleistungen sowie das Datum der Meldung.[41]

Jede Einrichtung, die Gesundheitsdienstleistungen erbringt, einschließlich eines Arztes, der im Rahmen einer Einzel- oder Gruppenpraxis praktiziert, ist verpflichtet, Krankenakten gemäß den Grundsätzen der Art. 23–30a des Patientenrechtegesetzes, der Art. 10–14 und 22 des Gesundheitsinformationsgesetzes und der Verordnung des Gesundheitsministers über Art, Umfang und Muster von Krankenakten und die Art ihrer Verarbeitung[42] zur Verfügung zu stellen. Nach dem Wortlaut von § 1 Abs. 1 dieser Verordnung ist die Einrichtung, die Gesundheitsdienstleistungen erbringt, verpflichtet, medizinische Unterlagen in elektronischer Form aufzubewahren. In Abs. 2 dieser Regelung hat der Gesundheitsminister jedoch die Aufbewahrung von Krankenakten in Papierform in den in der Verordnung aufgeführten Fällen erlaubt: „wenn […] die organisatorischen und technischen Bedingungen die Aufbewahrung von Unterlagen in elektronischer Form nicht zulassen“. In der Doktrin wird darauf hingewiesen, dass unter fehlenden organisatorischen und technischen Voraussetzungen sowohl ein dauerhaftes Fehlen von IT-Lösungen als auch eine vorübergehende Unfähigkeit zur Aufbewahrung von Unterlagen in elektronischer Form zu verstehen ist, z. B. aufgrund eines Ausfalls des IKT-Systems, in dem die Unterlagen aufbewahrt werden. Die Formulierung des § 1 Abs. 2 der oben genannten Verordnung ist so allgemein gehalten, dass die auferlegte Verpflichtung in der Praxis *de facto* fakultativ ist.

Eine Ausnahme bilden die oben beschriebenen elektronischen Krankenakten (nach Bestimmungen des Gesundheitsinformationsgesetzes), die ein anderes Konzept darstellen als die Krankenakten im Sinne des Patientenrechtegesetzes. Obwohl der Umfang der in den beiden Krankenakten enthaltenen Informationen zum Teil derselbe ist, unterscheiden sich die beiden Akten in ihrer Funktion, da die elektronische Krankenakte dazu dient, die SIM-Informationen einzuspeisen. Die Krankenakten hingegen stehen in engem Zusammenhang mit dem Recht des Patienten auf medizinische Dokumentation. Sie werden gemäß § 2 Abs. 1 und 2 der Verordnung des Gesundheitsministers über Art, Umfang und Muster der medizinischen Dokumentation und die Art und Weise ihrer Verarbeitung unterteilt in (1) in-

---

[41] Vgl. Zielińska (Hrsg.), System Prawa Medycznego: Regulacja prawna czynności medycznych, Bd. 2, Teil 1, 2018.

[42] Fn. 3.

dividuelle externe Akten, die für den Bedarf des Patienten bestimmt sind, der die von der Gesundheitseinrichtung erbrachten Gesundheitsleistungen in Anspruch nimmt, (2) interne Akten, die für den Bedarf der Gesundheitseinrichtung bestimmt sind und einzelne Patienten betreffen, die Gesundheitsleistungen in Anspruch nehmen, und (3) kollektive Akten, die alle Patienten oder bestimmte Patientengruppen betreffen, die Gesundheitsleistungen in Anspruch nehmen.

In Art. 13b Abs. 1 des Gesundheitsinformationsgesetzes hat der Gesetzgeber einen anderen Begriff aus dem hier zu betrachtenden Bereich definiert, nämlich: „Digitalisierung von Krankenakten", wonach ein Dienstleistungserbringer die Form der auf Papier geführten und gespeicherten medizinischen Aufzeichnungen in elektronische Form umwandeln kann, mit Ausnahme der medizinischen Aufzeichnungen, die Archivmaterial im Sinne von Art. 1 des Gesetzes über die nationalen Archive und Aufzeichnungen sind.[43] Aus dieser Bestimmung ergibt sich also, dass die Digitalisierung der einmal in Papierform erstellten Aufzeichnungen keine Pflicht des Krankenaktenführers ist, sondern nur eine Option. Wenn eine Einrichtung also beschließt, mit der Digitalisierung ihrer Krankenakten zu beginnen, ist sie dabei an keine Frist gebunden. Einrichtungen, die über Krankenakten in Papierform verfügen, können diese während des in Art. 29 des Patientenrechtegesetzes vorgeschriebenen Zeitraums weiterhin in dieser Form aufbewahren. Diejenigen, die sie in elektronische Form umwandeln möchten, haben jetzt die Möglichkeit, dies zu tun.

Gemäß Art. 13b Abs. 2 des Gesundheitsinformationsgesetzes handelt es sich bei einem digitalisierten Datensatz um einen Datensatz, der digital abgebildet wurde und – was besonders wichtig ist – mit einer qualifizierten elektronischen Signatur, einer vertrauenswürdigen Unterschrift oder einer persönlichen Unterschrift durch eine vom Diensteanbieter bevollmächtigte Person versehen wurde, um die Übereinstimmung der digitalen Abbildung mit dem Papierdokument zu bestätigen. Gemäß Abs. 3 dieser Regelung ist das aus der Digitalisierung von Krankenakten hervorgegangene Dokument dem Original dieses Dokuments gleichwertig.

Für den Fall der Digitalisierung der gesamten oder eines Teils der Krankenakte gewährleistet Art. 13b Abs. 4 des Gesundheitsinformationsgesetzes dem Patienten, zu dem die Akte gehört, bestimmte Rechte. Zunächst ist der Diensteanbieter verpflichtet, den Empfänger der Dienstleistung (das heißt den Patienten) über die Digitalisierung seiner Akten und über die Möglichkeit zu informieren, die Krankenakten in Papierform innerhalb einer be-

[43] Gesetz v. 14.7.1983, Dz.U. 2020, Pos. 164 m. Änderungen.

stimmten Frist abzuholen, die jedoch nicht kürzer als ein Jahr ab dem Zeitpunkt der Bereitstellung der Informationen sein darf. Der Gesetzgeber hat weder die Frist noch die Form einer solchen Mitteilung angegeben. Die Krankenakten können gemäß Art. 13b Abs. 5 des Gesundheitsinformationsgesetzes auch durch den gesetzlichen Vertreter oder eine vom Patienten bevollmächtigte Person abgeholt werden, nach dem Tod des Patienten auch durch einen nahen Angehörigen gemäß den Grundsätzen von Art. 26 Abs. 2–2b des Patientenrechtegesetzes. Werden die Krankenakten in Papierform nicht innerhalb eines Jahres nach der Meldung abgeholt, kann der Leistungserbringer sie so vernichten, dass eine Identifizierung des Patienten unmöglich ist.

Es gibt mindestens zwei Einwände gegen das Fehlen einer Verpflichtung zur Digitalisierung von Krankenakten. Erstens gibt es bereits jetzt enorme Schwierigkeiten bei der Aufbewahrung von Krankenakten im Falle der Schließung einer Einrichtung, was insbesondere für Gesundheitsdienstleister bzw. Praxen gilt, die Primärversorgung oder ambulante Spezialversorgung anbieten. Dieses Problem wird durch die Tatsache verschärft, dass die überwiegende Mehrheit des medizinischen Personals im Vorruhestandsalter ist. Darüber hinaus sind mehr als 90 % der in diesem Bereich der Gesundheitsversorgung tätigen Einrichtungen nicht öffentlich, sie bieten nur öffentlich finanzierte Gesundheitsdienste an. Medizinische Einrichtungen und Berufspraxen sind gemäß Art. 106 Abs. 3(10a) und Abs. 4(8a) des Gesetzes über die medizinische Tätigkeit verpflichtet, den Ort der Aufbewahrung von Krankenakten im Falle ihrer Schließung anzugeben. In der Praxis besteht die einzige Lösung darin, mit einer anderen Einrichtung/Praxis zu fusionieren oder einen Vertrag über die Aufbewahrung von Krankenakten abzuschließen.

Zweitens bedeutet das Fehlen einer obligatorischen Digitalisierung medizinischer Aufzeichnungen eine Einschränkung ihrer Interoperabilität in diesem Bereich für die nächsten Jahrzehnte. Gemäß Art. 29 des Patientenrechtegesetzes muss ein Gesundheitsdienstleister medizinische Unterlagen 20 Jahre lang aufbewahren, gerechnet ab dem Ende des Kalenderjahres, in dem die letzte Eintragung vorgenommen wurde. Aufgrund der in dieser Bestimmung festgelegten Ausnahmen ist die Einrichtung verpflichtet, die medizinischen Unterlagen 30 Jahre lang aufzubewahren, wenn ein Patient aufgrund einer Verletzung oder Vergiftung verstorben ist und wenn die Daten für die Überwachung des Verbleibs von Blut und Blutbestandteilen erforderlich sind; zehn Jahre für Röntgenaufnahmen und fünf Jahre bzw. zwei Jahre bei Überweisungen für Untersuchungen oder ärztliche Anordnungen. Im Gegensatz dazu werden die Krankenakten von Kindern unter zwei Jahren 22 Jahre lang aufbewahrt. Erst nach Ablauf dieser Fristen sollte der Gesundheitsdienstleister die medizinischen Unterlagen so vernichten, dass der Patient, auf den sie sich beziehen, nicht mehr identifiziert werden kann. Zur Vernichtung bestimmte Krankenakten können dem Patienten, seinem gesetzlichen Vertreter oder einer vom Patienten bevollmächtigten Person ausgehändigt werden, mit Ausnahme von Krankenakten, die Archivgut im Sinne der Bestimmungen des Gesetzes über das nationale Archivgut und die Archive sind.

In Anbetracht der oben genannten Argumente erscheint es ratsam, eine Verpflichtung zur Digitalisierung von Krankenakten, auch zu einem sehr fernen Zeitpunkt, aufzuerlegen, allerdings unter Angabe der Finanzierungsquellen, das heißt der Unterstützung der Leistungserbringer durch öffentliche Mittel.

V. Fazit

Im polnischen Gesundheitssystem wurden in den letzten Jahren eine Reihe von Lösungen im Bereich der breit verstandenen elektronischen Gesundheitsdienste, insbesondere der Telemedizin und der damit funktional verbundenen elektronischen Verschreibungen, relativ effektiv umgesetzt. Die COVID-19-Pandemie hat diese Umsetzung zweifellos beschleunigt, indem sie zu einer Art Katalysator für die Umsetzung dieser Lösungen wurde.

Grundlegende Bedeutung für die Tätigkeit der für die Gesundheitsversorgung wichtigen Einrichtungen hat das Gesetz vom 15.4.2011 über die medizinische Tätigkeit. Mit Art. 3 Abs. 1 dieses Gesetzes hat der Gesetzgeber eine klare Rechtsgrundlage für alle therapeutischen Einrichtungen geschaffen, die eine therapeutische Tätigkeit, insbesondere die Erbringung von Gesundheitsdienstleistungen unter Verwendung von E-Health-Lösungen, das heißt „mittels IKT-Systemen oder Kommunikationssystemen", ausüben. Die durch die Verordnung des Gesundheitsministers vom 5.3.2021 zur Änderung der Verordnung über den organisatorischen Standard der Telemedizin in der primären Gesundheitsversorgung umgesetzte Lösung, nach der die Möglichkeit der Erbringung von Telegesundheitsdiensten für verschiedene Patienten, einschließlich Kindern unter sechs Jahren, ausgeschlossen wurde, ist jedoch als rechtlich fehlerhaft zu betrachten.

Vor allem verstößt die vorgenannte Bestimmung der Verordnung *de facto* gegen die gesetzlichen Regelungen zur Ausübung der einzelnen Heilberufe (das Gesetz vom 5.12.1996 über die Berufe des Arztes und des Zahnarztes), die grundsätzlich die Möglichkeit vorsehen, Gesundheitsdienstleistungen unter Einsatz von IKT und Kommunikationssystemen zu erbringen. Aus der Begründung der Verordnung kann man die Absicht herauslesen, in der Bestimmung des § 1 Abs. 1 eine Gruppe von Patienten auszuschließen, um sie vor Unregelmäßigkeiten zu schützen, die insbesondere während der COVID-19-Pandemie aufgetreten sind. Im polnischen Rechtssystem gibt es jedoch einschlägige Bestimmungen, die es ermöglichen, die Korrektheit der Erbringung von Dienstleistungen mit all ihren Konsequenzen zu kontrollieren. Es ist daher schwierig, Lösungen zu akzeptieren, die aufgrund der Ineffizienz der Kontrollorgane gegen den Grundsatz des Aufbaus des gesamten Rechtssystem, das heißt den Grundsatz der Hierarchie der Rechtsquellen (die Bestimmungen des Gesetzes vor den Bestimmungen der Verordnung), verstoßen sollen.

In der Praxis gibt es immer noch Schwierigkeiten bei der elektronischen Verschreibung, die zwar die Verfahren zur Überwachung und Verwaltung der Warteschlangen für die Erbringung von Dienstleistungen auf Überweisung vereinfacht, aber es gibt immer noch kein wirksames IT-Instrument, um in Echtzeit die Verfügbarkeit von Behandlungsplätzen zu ermitteln.

Im Zusammenhang mit der elektronischen Patientenakte herrscht eine große begriffliche Verwirrung, da es zwei verschiedene Begriffe gibt, die in ihrer Bedeutung sehr nahe beieinander liegen: elektronische Krankenakten und Krankenakten. Für den ersten Begriff gibt es eine Legaldefinition (Art. 2 Abs. 6 des Gesundheitsinformationsgesetzes), während der zweite Begriff aus Art. 25 des Patientenrechtegesetzes interpretiert wird, der eine Aufzählung von Elementen einführt, die die Krankenakten „mindestens" enthalten sollten.

In der Verordnung des Gesundheitsministers vom 10.4.2020 über Art, Umfang und Muster von Krankenakten und die Art und Weise ihrer Verarbeitung wurde in § 1 Abs. 1 eine Verpflichtung zur Aufbewahrung von Krankenakten „in elektronischer Form" geschaffen. Die Verordnung war jedoch nicht kohärent, denn gleich in Abs. 2 ließ der Gesundheitsminister die Möglichkeit zu, die Krankenakten in den in der Verordnung aufgeführten Fällen in Papierform aufzubewahren, wenn „die organisatorischen und technischen Bedingungen die Aufbewahrung in elektronischer Form unmöglich machen". Diese Formulierung ist so allgemein gehalten, dass sie in der Praxis die auferlegte Verpflichtung *de facto* fakultativ macht.

Es stellt sich die Frage, ob elektronische Krankenakten nicht als eine Sammlung von Daten, die eine Krankenakte darstellt, erfasst werden könnten. Dies wäre umso mehr gerechtfertigt, als diese Daten zwei IKT-Systeme speisen sollen, die ein wesentlicher Bestandteil der staatlichen Informationsinfrastruktur im Gesundheitswesen sind, nämlich: Plattform für den

Online-Austausch von Diensten und digitalen Ressourcen von medizinischen Registern (P2) und elektronische Plattform für die Sammlung, Analyse und den Austausch von digitalen Ressourcen über medizinische Ereignisse (P1).

Der subjektive Geltungsbereich des Gesetzes über das Informationssystem im Gesundheitswesen sowie die Inkonsistenz der durch nachfolgende Verordnungen des Gesundheitsministers eingeführten Regelungen (z.B. von 2018 und 2020, siehe Punkt 4 dieser Studie) lassen ebenfalls grundlegende Zweifel aufkommen. Der Gesetzgeber hat die Pflichten zur Digitalisierung von Krankenakten unpräzise formuliert (siehe Art. 13b Abs. 1 des Gesundheitsinformationsgesetzes). Die Durchführung der Digitalisierung ist nur fakultativ vorgesehen. Wie im Text angedeutet, wäre es vernünftig, eine Verpflichtung zur Digitalisierung von Krankenakten – auch zu einem sehr weit entfernten Zeitpunkt – aufzuerlegen, jedoch mit der Angabe der Finanzierungsquellen dafür, das heißt der Unterstützung der Leistungserbringer aus öffentlichen Mitteln. Dies ist durch die extreme Schwierigkeit der Aufbewahrung im Falle der Auflösung eines Gesundheitsdienstleisters oder einer Berufspraxis gerechtfertigt. Außerdem bedeutet das Fehlen einer obligatorischen Digitalisierung, dass die Interoperabilität der Informationssysteme in den nächsten Jahrzehnten begrenzt sein wird.

Digitalisierung in der Finanzdienstleistungsaufsicht in Deutschland

Michael Hippeli

I. Einleitung

Die Finanzdienstleistungsaufsicht wird in Deutschland zentral von der Bundesanstalt für Finanzdienstleistungsaufsicht (BaFin) als Allfinanzaufsicht[1] wahrgenommen. Die BaFin ist nach § 1 Abs. 1 FinDAG als bundesunmittelbare, rechtsfähige Anstalt des öffentlichen Rechts organisiert. Sie untersteht nach § 2 FinDAG der Rechts- und Fachaufsicht des Bundesministeriums der Finanzen.

Die Aufgaben der BaFin sind in § 4 Abs. 1 und Abs. 1a FinDAG festgelegt. Im Wesentlichen geht es dabei um Aufgaben der Bankenaufsicht, der Versicherungsaufsicht und der Wertpapieraufsicht, die vor 2002 auch bereits von den drei Vorgängerbehörden (Bundesaufsichtsamt für das Kreditwesen, Bundesaufsichtsamt für den Wertpapierhandel und Bundesaufsichtsamt für das Versicherungswesen) wahrgenommen wurden. Mit der Schaffung des einheitlichen europäischen Bankenaufsichtsmechanismus (Single Supervisory Mechanism – SSM) im Rahmen der europäischen Bankenunion musste die BaFin allerdings Ende 2014 die Aufsicht über systemrelevante deutsche Großbanken an die Europäische Zentralbank (EZB) abgeben.[2] Die Systemrelevanz bestimmt sich dabei nach Art. 6 Abs. 4 der SSM-VO anhand der Einstufungskriterien (i) Größe, (ii) Relevanz für die Wirtschaft der EU oder eines teilnehmenden Mitgliedstaats, und (iii) Bedeutung der grenzüberschreitenden Tätigkeiten. Zusätzlich handelt es sich beim Aufgabenkreis der BaFin seit 2015 um Aspekte des kollektiven Verbraucherschutzes. Insoweit kann die BaFin nun alle Anordnungen treffen, die geeignet und erforderlich sind, um verbraucherschutzrelevante Missstände zu verhindern oder zu be-

---

[1] *Auerbach*, in: ders. (Hrsg.), Banken- und Wertpapieraufsicht, 2023, Teil A Rn. 1 ff.; *Fuchs*, in: ders./Zimmermann, Wertpapierhandelsrecht, 2016, WpHG Einl. Rn. 9.

[2] Vgl. *Selmayr*, in: v. der Groeben/Schwarze/Hatje, Europäisches Unionsrecht, 2015, AEUV Art. 127 Rn. 51 ff.; *Geier*, in: Jahn/Schmitt/ders. (Hrsg.), Handbuch Bankensanierung und -abwicklung, 2016, B.I. Rn. 24.

seitigen, wenn eine generelle Klärung im Interesse des Verbraucherschutzes geboten erscheint. Die Aufgabe bestimmt sich insoweit in weiten Teilen aus der Befugnis zum Zweck der einschlägigen Aufgabenwahrnehmung.

Daneben ist die BaFin im Europäischen Aufsichtssystem die zuständige NCA (National Competent Authority)[3] und damit zentraler Ansprechpartner für die drei europäischen ESAs (European Supervisory Authorities: EBA [Bankenaufsicht], ESMA [Wertpapieraufsicht] und EIOPA [Versicherungsaufsicht]) sowie ehedem für alle Belange der Zusammenarbeit mit den ausländischen Komplementärbehörden zuständig. Dieser Umstand stellt allerdings – wie bereits die Überschrift von § 4 FinDAG zeigt – weniger eine Aufgabe dar, denn eine Zuständigkeitsbestimmung.

Die BaFin muss sich seit einigen Jahren zunehmend mit der Digitalisierung des Finanzdienstleistungssektors auseinandersetzen. Ein zentrales Beispiel dafür ist die Entwicklung und der voranschreitende Einsatz der Blockchain-Technologie. Blockchain verzichtet auf zentrale Intermediäre und ist letztlich eine verteilt gespeicherte Datenbank, die in identischer Form oft miteinander kommunizierender Rechner in einem Netzwerk verwaltet wird.[4] Mit dem Einsatz dieser Technologie als Grundlage für Kryptowährungen wie z. B. Bitcoin droht die Währungshoheit des Staates umgangen zu werden, wenn Kryptowährungen nicht in gleicher Weise reguliert und beaufsichtigt werden wie die eigentliche Zentralbankwährung Euro. Der BaFin obliegt es in diesem Zusammenhang etwa, zumindest den gewerblichen Umgang mit Kryptowährungen im Benehmen mit der Deutschen Bundesbank näher zu definieren, so dass jeweils klar ist, ob eine Erlaubnispflicht nach dem Kreditwesengesetz (KWG) ausgelöst wird. Die Fixierung dieser Festlegungen ist Inhalt eines fortwährend aktualisierten Merkblatts nach § 32 Abs. 1 KWG.[5] Eine weitere deutliche Veränderung ist etwa die Einführung von elektronischen Wertpapieren durch das Gesetz über elektronische Wertpapiere vom 10.6.2021, welches die Wertpapieraufsicht der BaFin strukturell verändern wird. Nach dem neuen Koalitionsvertrag auf Bundesebene von SPD, FDP und Bündnis 90/Die Grünen sollen digitale Finanzdienstleistungen ohne Medienbrüche funktionieren, wofür ein Rechtsrahmen ge-

---

[3] Vgl. *Fischer/Boegl*, in: Schimansky/Bunte/Lwowski (Hrsg.), Bankrechts-Handbuch, Bd. 2, 2017, § 126 Rn. 2; *Laudien*, in: Momsen/Grützner (Hrsg.), Wirtschafts- und Steuerstrafrecht, 2020, § 23 Rn. 3; *Bauerfeind*, JuS 2020, 1100 (1103).

[4] *Möslein*, in: FS 25 Jahre WpHG, 2019, 465 (466 f.); *Schliesky*, NVwZ 2019, 693 (695); *Teichmann*, ZfPW 2019, 247 (266); *Weiss*, JuS 2019, 1050 (1051).

[5] Vgl. www.bafin.de/SharedDocs/Downloads/DE/Merkblatt/WA/dl_fidierlaubnis_buba.html;jsessionid=4AE92EE038312677F98479A4EEA9E03B.2_cid500?nn=7906360 (22.8.2023).

schaffen und die Emission elektronischer Wertpapiere auch auf Aktien ausgeweitet werden soll.[6] Dies wird nun 2023/2024 im Zuge der Umsetzung von Art. 16 des Zukunftsfinanzierungsgesetzes erfolgen. Ebenso stellt der zunehmende Einsatz von Cloud-Technologie im Finanzsektor vor neue Herausforderungen.[7]

Umgekehrt sieht sich die BaFin nicht nur mit der Digitalisierung im von ihr beaufsichtigten Finanzdienstleistungsmarkt und bei den dortigen Marktakteuren wie etwa Banken, Wertpapierinstituten und Emittenten konfrontiert. Vielmehr kann sie nicht nur rein hierauf reagieren, sondern auch selbst proaktiv die Digitalisierung vorantreiben, etwa indem auch sie künftig auf Basis automatisierter Systeme und von Künstlicher Intelligenz (KI) ihre Aufsichtsprozesse steuert. Die Rede ist insoweit von „RegTech", also einem Kofferwort aus den Begriffen „Regulierung" und „Technologie".[8] Damit wäre/ist es ihr möglich, ihre durchaus beachtenswerte Personalkapazität von derzeit rund 2.900 Mitarbeitern teilweise umzuschichten und Prozesse zu reorganisieren und zu repriorisieren. Jeder Mitarbeiter, der etwa keine händischen Prüfprozesse mehr machen muss, da es im jeweiligen Segment eine automatisierte Prüfung gibt, kann sich um anderweitige Tätigkeiten kümmern. Bislang ist es in diesem Zusammenhang bei Lichte besehen ein Unding, dass die BaFin seit mehreren Jahren jährliche Aufsichtsschwerpunkte[9] veröffentlicht. Denn dies bedeutet eigentlich nichts anderes, als dass man zugibt, an anderen Stellen nicht so genau bzw. gar nicht hinzuschauen und die gesetzlich vorgesehene Aufsicht unter dem Blickwinkel einer Repriorisierung nicht oder nicht vollständig vornimmt, da es (angeblich) an Personal fehlt. Die seit Jahren von der BaFin-Spitze so ausgelobte „Aufsicht mit Biss" oder neuerdings auch „Aufsicht auf Weltklasseniveau"[10] wird dabei schon durch derartige eigene Aussagen konterkariert. Seit Jahren schon hätte schließlich durch gezielten Einsatz von Digitalisierung viel mehr Personal freigemacht werden können, um brachliegende Aufsichtsbereiche effektiv und nachhaltig zu bewirtschaften.

---

6 Vgl. www.spd.de/fileadmin/Dokumente/Koalitionsvertrag/Koalitionsvertrag_2021-2025.pdf (22.8.2023).

7 *Dahmen*, BKR 2019, 533 ff.; *Arkat/Müller*, BKR 2021, 424 ff.

8 *Zetsche/Yeboah-Smith*, in: FS 25 Jahre WpHG, 2019, 481 (483); *Klebeck/Dobrauz-Saldapenna*, RdF 2017, 180; *Möslein/Omlor*, BKR 2018, 236 (242); *Zetzsche*, AG 2019, 1 (16).

9 Vgl. https://www.bafin.de/DE/Aufsicht/Fokusrisiken/aufsichtsschwerpunkte_Ueberblick.html (22.8.2023).

10 Vgl. im Überblick *Hippeli*, DZWiR 2021, 549 (556).

Jedenfalls hat sich die BaFin im Jahr 2018 und damit vergleichsweise erst sehr spät eine Digitalisierungsstrategie[11] verordnet. Hierin sind drei wesentliche Fragestellungen angelegt: 1.) Wie ist aufsichtlich und regulatorisch mit den Marktveränderungen umzugehen, die durch die Digitalisierung ausgelöst werden? 2.) Wie kann die BaFin sicherstellen, dass die innovativen Technologien und IT-Systeme sowie Daten, die bei den beaufsichtigten Unternehmen genutzt werden, sicher sind? 3.) Wie muss sich die BaFin angesichts der fortschreitenden Digitalisierung weiterentwickeln – intern und an den Schnittstellen zum Markt. Wie noch zu zeigen sein wird, bedeutet die eigene Verordnung einer Digitalisierungsstrategie allerdings noch lange nicht, dass diese auch zeitnah umgesetzt wird.

Einen weiteren Digitalisierungsschub wird nun bei der BaFin aber wohl auch der Wirecard-Skandal bringen. Bereits der Sieben-Punkte-Plan des Bundesfinanzministeriums zur wegen des Versagens der BaFin bei Wirecard[12] für erforderlich gehaltenen Reform der BaFin spricht in Punkt 7 davon, dass eine zentrale Data Intelligence Unit (DIU) und ein digitales Aufseher-Cockpit künftig das Rückgrat einer IT-getriebenen Aufsicht des Finanzsektors bilden sollen.[13] Bei der DIU sollen Fachleute mit Hilfe zeitgemäßer quantitativer Analysetools große Datenmengen analysieren und auswerten.[14] Hier wird es darauf ankommen, wie gut oder schlecht diese Ankündigung umgesetzt wird. Wohl auch als Reaktion auf den Wirecard-Skandal veröffentlichte die BaFin Ende 2020 im Zusammenhang rein mit der Bankenaufsicht (zusammen mit der Bundesbank) zudem eine Digitale Agenda.[15] Danach sollen künftig Daten für Aufsichtszwecke über flexible digitale Kanäle schneller und einfacher erhoben und aufbereitet werden können. Bei den Analysen der Aufsicht sollen große Datenmengen zügiger ausgewertet werden und beispielsweise mit Hilfe von KI Warnfunktionen für die Aufseher generieren, und zwar mit Analysetools, die u.a. auf Advanced-Analytics-Methoden, Machine Learning und Text Mining beruhen. Schließlich soll der Datenaustausch zwischen BaFin und Bundesbank künf-

---

[11] Vgl. https://www.bafin.de/DE/PublikationenDaten/Jahresbericht/Jahresbericht 2018/Kapitel1/Kapitel1_5/Kapitel1_5_2/kapitel1_5_2_node.html (22.8.2023).

[12] Vgl. etwa *Hippeli*, DZWiR 2021, 549ff.; *ders.*, JSE 2021, 75ff.

[13] Vgl. www.bundesfinanzministerium.de/Content/DE/Standardartikel/Themen/Internationales_Finanzmarkt/Finanzmarktpolitik/2021-02-02-mehr-biss-fuer-die-finanzaufsicht.html (22.8.2023).

[14] www.bafin.de/SharedDocs/Veroeffentlichungen/DE/Meldung/2021/meldung_2021_07_01_Aenderung_Statuten.html (22.8.2023).

[15] Vgl. https://www.bafin.de/SharedDocs/Veroeffentlichungen/DE/RedenInterviews/re_201110_namensartikel_EDBA_handelsblatt.html (22.8.2023).

tig verbessert mit Hilfe einer gemeinsamen Arbeitsoberfläche, einer Art Dashboard, erfolgen.

Die Praxis äußert in der Zwischenzeit ihren Unmut über die veralteten Methoden der BaFin unter dem Aspekt „Nachholbedarf bei Digitalisierung und Nachhaltigkeit". So protestierte im Frühjahr 2021 etwa ein Sparkassenchef u. a. beim damaligen Bundesfinanzminister Scholz über Papierbescheide der BaFin per Post und die entsprechenden Portokosten, was schlechterdings aus der Zeit gefallen sei.[16]

II. Digitalisierungsansätze

Im Folgenden soll ein Überblick über die aktuellen Digitalisierungsansätze bei der BaFin erfolgen. Klarzustellen ist dabei, dass die Entwicklungen bei der BaFin sehr heterogen sind. Dies ist alleine schon dadurch bedingt, dass die BaFin dezentral an zwei Standorten (Bonn und Frankfurt am Main) organisiert ist und die einzelnen Aufsichtssäulen im Verhältnis zueinander, aber auch intern, von sehr unterschiedlichen Arbeitsweisen gekennzeichnet sind.

Zudem hat die Corona-Krise auch bei der BaFin Spuren hinterlassen und zu einem plötzlich zwingenden Voranschreiten bei der Digitalisierung der deutschen Finanzdienstleistungsaufsicht genötigt.

1. Corona und deren Folgen für die Digitalisierung

Bis kurz vor Beginn der Corona-Krise im Frühjahr 2020 lässt sich jedenfalls konstatieren, dass Teile der BaFin noch mit veralteten Telefaxgeräten arbeiteten, etwa wenn Informationen an/von beaufsichtigten Banken, Wertpapierinstituten oder Emittenten übermittelt werden sollten. In weiten Teilen der BaFin wurde zudem immer noch ausschließlich mit Papierakten gearbeitet. Zwar wurden in den meisten Organisationseinheiten Aktenbestandteile auch elektronisch registriert, jedoch konnte eben nicht jeder Mitarbeiter an/mit einer elektronischen Akte arbeiten. Auch lag die technische Ausstattung im Behördenvergleich auf einem Stand ca. fünf bis zehn Jahre hinter anderen vergleichbaren Behörden im Segment der Wirtschafts- und Finanzaufsicht. Beispiele hierfür bilden etwa die Deutsche Bundesbank

---

[16] Vgl. www.handelsblatt.com/finanzen/banken-versicherungen/banken/protestbrief-an-bundesregierung-214-200-blatt-papier-verschwendet-sparkassen-chef-kritisiert-schreiben-der-bafin/27157106.html (22.8.2023).

oder die Börsenaufsichtsbehörden bei den Wirtschafts- und Finanzministerien der Bundesländer. Kurz vor Ausbruch der Corona-Krise standen etwa nur vereinzelt dienstliche Mobilgeräte (Blackberry-Geräte) zur Verfügung und waren dann vor allem Führungskräften vorbehalten. Auch Notebooks und Bootsticks, mit denen von zu Hause oder von unterwegs mobil gearbeitet werden kann, waren kaum vorhanden. Der typische Arbeitsplatz eines BaFin-Mitarbeiters war immer noch mit einem Tower-PC und einem Festnetztelefon mit Schnurhörer ausgestattet. An der Ausstattung gegenüber dem Stand 2000 hatte sich eigentlich nur geändert, dass mittlerweile Flachbildschirme vorhanden waren.

Stand Frühjahr 2020 befand sich die BaFin somit IT-technisch auch im Behördenvergleich hoffnungslos im Hintertreffen, die Ausstattung war deutlich veraltet. Im Vergleich dazu war etwa bei der Hessischen Börsenaufsicht jeder Arbeitsplatz mit einem Notebook samt integrierter Kamera ausgestattet, jeder Mitarbeiter verfügte zudem über ein iPhone und konnte das Skype-System des Hauses ohne weiteres nutzen. Der Übergang zum Home Office war dort somit jederzeit problemlos möglich, Corona bedingte keinerlei Einschränkungen. Anders bei der BaFin: Die veraltete technische Ausstattung führte dazu, dass bei Ausbruch der Corona-Krise ein Großteil der Mitarbeiter nach Hause geschickt werden musste, ohne von dort arbeiten zu können. Im Eiltempo galt es nun, zumindest erst einmal nach und nach Bootsticks zu beschaffen, damit Mitarbeiter von ihrem häuslichen PC aus arbeiten konnten. Allerdings blieben die dienstlichen und externen Kommunikationsmöglichkeiten deutlich eingeschränkt. Selbst Mitte 2023 waren dienstliche und externe Besprechungen überwiegend nur mit den privaten Telefongeräten der Mitarbeiter möglich. Die mangelnde Verschlüsselung führt insoweit zu offenen datenschutzrechtlichen und verschwiegenheitstechnischen Fragestellungen. Auch wurde bei der BaFin zwar das Kommunikationssystem Cisco Webex eingeführt, der Zugang aber nur einer sehr begrenzten Anzahl an Mitarbeitern eröffnet (typischerweise in jedem Referat nur dem Referatsleiter und einer weiteren Person). Visuelle Besprechungsmöglichkeiten waren damit nur beschränkt möglich. Selbst eine hausweite Mitarbeiterversammlung per Cisco Webex (erstmals im Sommer 2021) geriet zum Fiasko, als die Verbindung zusammenbrach. 2023 war die BaFin schließlich im Mai wegen IT-Problemen zwei Tage gar nicht erreichbar (E-Mails, Telefon, Datenportale), im September brach zudem die Homepage wegen eines Hacker-Angriffs zusammen und war fast einen Tag lang nicht erreichbar.

Insgesamt gibt es also auch derzeit noch deutlichen Nachholbedarf. Die BaFin hinkt hinter ihren Aufsichtsobjekten in punkto Digitalisierung hoffnungslos weit hinterher. Fast symptomatisch wirkt der Umstand, dass die BaFin-Mitarbeiter bis 2020/2021 nicht einmal einen elektronischen Dienstausweis besaßen. Vielmehr gab es bis dahin noch Dienstausweise in Papierform, einen elektronischen Chip für die Stechuhr und gesonderte Kantinenkarten zum Aufladen (nur) mit Bargeld. Eine einheitliche Karte mit allen vorgenannten Funktionen ist eigentlich schon seit vielen Jahren in anderen Behörden und in nahezu jedem Unternehmen Standard, nur bei der BaFin funktionierte dies nicht. Vielmehr wurde bei der BaFin nahezu ein Jahrzehnt über ein solches rein internes Digitalisierungsprojekt diskutiert. Auch jetzt ist lediglich ein elektronischer Dienstausweis mit der Einzelfunktion der Legitimationsmöglichkeit eingeführt worden. Wenn nicht einmal derartige interne Projekte klappen, darf von der Verwirklichung einer Digitalisierungsstrategie naturgemäß nicht allzu viel erwartet werden.

2. Einzelne Digitalisierungsansätze

Ohne Anspruch auf Vollständigkeit sollen nachstehend einige der wesentlichen Digitalisierungsansätze bei der BaFin dargestellt werden.

a) MVP-Portal

Über das Portal zur Melde- und Veröffentlichungsplattform (MVP-Portal) bietet die BaFin schon länger eine Möglichkeit, vielen Melde-, Veröffentlichungs- und Hinterlegungspflichten auf elektronischem Wege nachkommen. Als technischer Standard für das MVP-Portal wird seit 1.1.2017 ausschließlich das Protokoll TLS 1.2 in Kombination mit Perfect Forward Secrecy (PFS) verwendet.[17] Um für ein Fachverfahren Einreichungen vornehmen zu können, muss zuerst eine Registrierung am MVP-Portal erfolgen. Zur Hilfestellung bei der Registrierung existiert ein Benutzerhandbuch im PDF-Format. Laut den FAQs[18] zum MVP-Portal wird ein Internet-fähiger Computer und ein Internetanschluss, ein kompatibler Web-Browser (z.B. Mozilla Firefox oder Internet Explorer 8 und höher) und ein E-Mail-Zugang benötigt. Benutzernamen und Passwort werden aus Sicherheitsgründen bei der Registrierung zugeordnet. Bei Fragen und technischen Problemen hilft die MVP-Supporthotline der BaFin, die (nur) per E-Mail zu erreichen ist.

---

[17] Vgl. www.bafin.de/SharedDocs/Veroeffentlichungen/DE/Merkblatt/mvp_portal_mitteilungen.html?nn=7845910 (22.8.2023).

[18] Vgl. www.bafin.de/SharedDocs/Veroeffentlichungen/DE/FAQ/faq_MVP_Portal.html?nn=7845910 (22.8.2023).

Das MVP-Portal kann für immer mehr Fachverfahren genutzt werden. Dies waren zuletzt solche für Einreichungen im AIFMD-Berichtswesen im Bereich der Investment-Aufsicht[19], für Meldungen nach Art. 5 der MAR i.V.m. der Delegierten Verordnung (EU) 2016/1052 bei Aktienrückkaufprogrammen und Stabilisierungsmaßnahmen, für Beschwerdeberichte nach Art. 26 Abs. 6 der Delegierten Verordnung (EU) 2017/565, für Datenerhebung nach Art. 27 der Zahlungskonten-RL, für die Einreichung verschiedenster Prüfberichte von Wirtschaftsprüfern, für bankaufsichtsrechtliche Meldungen nach §§ 26, 28 KWG und §§ 22, 23 ZAG, für die elektronische Hinterlegung endgültiger Angebotsbedingungen nach § 6 Abs. 3 S. 3 WpPG bzw. Art. 8 Abs. 5 der Prospekt-VO, für elektronische Meldungen bzw. Mitteilungen nach verschiedenen Teilverfahren von EMIR, für Meldungen nach Art. 9 Abs. 1 der CSDR-VO in Bezug auf Abwicklungsinternalisierer, für Anzeigen nach § 87 WpHG mit Blick auf das Mitarbeiter- und Beschwerderegister[20], für elektronische Mitteilungen von Referenzdaten zu Finanzinstrumenten sowie Informationen zu Transparenzberechnungen, für das MMF-Berichtswesen, für Informationsersuchen nach § 42 SAG im Rahmen der NAB-Abwicklungsplanung, für Meldungen nach Art. 14 Abs. 4 der Delegierten Verordnung (EU) 2015/63 hinsichtlich der NAB-Bankenabgabe, für Mitteilungen nach der Leerverkaufs-VO in Bezug auf Netto-Leerverkaufspositionen, für Positionslimits für Warenderivate, für das Einreichen von Prospekten, Nachträgen, Vermögensanlagen-Informationsblättern und Wertpapier-Informationsblättern nach der Prospekt-VO/dem WpPG und dem VermAnlG[21], für Meldungen nach § 54 Abs. 1 S. 1 ZAG in Bezug auf PSD2-Zahlungssicherheitsvorfälle, für Meldungen nach § 19 SAG bei der Sanierungsplanung nach vereinfachten Anforderungen, für Stimmrechtsmitteilungen und TEST-Stimmrechtsmitteilungen nach §§ 33 ff. WpHG[22], für Transaktionsmeldungen nach Art. 26 der MiFIR, für Verdachtsmeldungen nach Art. 16 Abs. 1 und Abs. 2 der MAR[23], für elektronische Meldun-

[19] *Boxberger*, in: Weitnauer/ders./Anders, Kapitalanlagengesetzbuch: KAGB, 2021, § 44 Rn. 41a; *Jünemann/Wirtz*, RdF 2018, 109 ff.

[20] *Kumpan/Misterek*, in: Schwark/Zimmer, Kapitalmarktrechts-Kommentar, 2020, WpHG § 87 Rn. 43 ff.

[21] *Prescher*, in: Schwark/Zimmer, Kapitalmarktrechts-Kommentar, 2020, WpPG § 5 Rn. 3; *Zwissler*, in: Habersack/Mülbert/Schlitt (Hrsg.), Handbuch der Kapitalmarktinformation, 2020, § 8 Rn. 139 f.

[22] Vgl. auch § 5 StimmRMV sowie *Poelzig*, in: Ebenroth/Boujong/Joost/Strohn, HGB, Bd. 1, 2020, WpHG §§ 33–39 Rn. 25; *Hitzer/Hütten*, in: BeckOK Wertpapierhandelsrecht, 8. Ed. 1.6.2023, WpHG § 38 Rn. 249; *Petersen*, in: BeckOGK AktG, 1.7.2023, § 22 Rn. 57.

[23] Vgl. *Renz/Leibold*, in: Meyer/Veil/Rönnau (Hrsg.), Handbuch zum Marktmiss-

gen an die Versicherungsaufsicht, für die elektronische Einreichung von formgebundenen Erläuterungen an die Versicherungsaufsicht und für elektronische Meldungen an die Versicherungsaufsicht nach der Solvency II-RL. Weitere Nutzungsmöglichkeiten sollen 2023/2024 im Zuge der Umsetzung des Zukunftsfinanzierungsgesetzes geschaffen werden, bspw. im Bereich des Übernahmerechts nach dem WpÜG.

Durch die elektronische Einreichung über das MVP-Portal entstehen in der Folge deutliche Effizienzgewinne. So ist es nicht nur für die Pflichtigen und häufig auch deren anwaltliche Vertreter deutlich einfacher, elektronische Einreichungen nach erfolgter Registrierung vorzunehmen. Denn damit entfallen beispielsweise die Übermittlungsrisiken der Übersendung per Post oder Telefax. Ferner bleiben die Einreichungsdokumente fortwährend bearbeit- und prozessierbar, ein oftmals mehrfacher und umständlicher Wechsel zwischen Papier- und elektronischer Form entfällt. Auch für die BaFin sind elektronische Einreichungen von Vorteil. Dies kann nachstehend beispielsweise anhand des Prospektrechts und von Stimmrechtsmitteilungen illustriert werden.

Im Prospektrecht gilt nach § 22 Abs. 1 und Abs. 2 WpPG, dass der Prospekt einschließlich der Übersetzung der Zusammenfassung sowie Nachträge und endgültige Bedingungen des Angebots elektronisch über das MVP-Portal der BaFin zu übermitteln bzw. zu hinterlegen sind. Nach § 5 Abs. 1 WpPG ist auch das Wertpapier-Informationsblatt der BaFin elektronisch und in elektronisch durchsuchbarem Format über das MVP-Portal zu übermitteln. Für Verkaufsprospekte und Vermögensanlagen-Informationsblätter nach dem VermAnlG gilt dies in ähnlicher Weise nach Maßgabe von § 14 Abs. 4 VermAnlG. Diese Regelungen der alleinigen verpflichtenden elektronischen Einreichungen über das MVP-Portal gibt es bezogen auf das WpPG erst seit 2017 (vormals in § 13 Abs. 5 WpPG a. F.).[24] Zuvor war eine zusätzliche Einreichung in Papierform vorgeschrieben. Dies führte dazu, dass in der BaFin Frankfurt am Main bis 2017 zum einen Papierberge per Post eingingen, zum anderen standen oftmals zu nächtlicher Stunde Rechtsanwälte vor der Tür, um am Empfang noch innerhalb der Frist einen Prospekt in Papierform abzugeben. Für die Prospektprüfung bedeutete dies, dass die Prüfung oftmals anhand des Prospekts in Papierform vorgenommen wurde, da die Prüfung auf einem Bildschirm in Standardgröße zum einen zu kompliziert war, zum anderen verfügte die BaFin auch noch nicht

brauchsrecht, 2023, § 25 Rn. 13; *Kumpan/Misterek*, in: Schwark/Zimmer, Kapitalmarktrechts-Kommentar, 2020, MAR Art. 16 Rn. 62.

[24] *Preuße*, in: Schwark/Zimmer, Kapitalmarktrechts-Kommentar, 2020, WpPG § 22 Rn. 1; *Groß*, in: ders., Kapitalmarktrecht, 2022, WpPG § 22 Rn. 2.

über Programme wie Adobe DC Professional, mit deren Hilfe Anmerkungen direkt in das PDF eingezogen werden konnten. Mittlerweile wurden in den entsprechenden Referaten der Abteilung WA 5 größere Bildschirme und entsprechende Programme angeschafft, die nun auch Ausdrucke auf Seiten der BaFin entbehrlich machen und eine vollständige digitale Prospektprüfung gewährleisten sollen. Jedoch muss gesehen werden, dass der Digitalisierungsimpuls hier aus Europa stammt und die Regelungen des WpPG sich nur an den Forderungen nach elektronischen Hinterlegungen aus der Prospekt-VO anlehnen. In noch nicht vollharmonisierten Bereichen wie etwa dem WpÜG müssen Angebotsunterlagen immer noch im Original (in Papierform) eingereicht werden[25] und werden in der Folge auch dementsprechend in dieser Form händisch und mit Anmerkungen per Kugelschreiber auf Lesekopien geprüft. Erst 2023/2024 soll dies im Zuge der Umsetzung des Zukunftsfinanzierungsgesetzes anders werden, was erst durch einen Fachaufsatz des hiesigen Autors aus Mai 2022 samt Übersendung direkt an den BaFin-Präsidenten angestoßen werden musste.[26] Zuvor kam aus dem Übernahmereferat der BaFin hierfür kein Impuls und außenstehende Wissenschaftler und Rechtsanwälte trauten sich schlicht nicht, dieses Erfordernis in der Literatur offen anzusprechen. Seit dem Referentenentwurf des Zukunftsfinanzierungsgesetzes gibt es nun doch erste weitere Literaturstimmen, die von einer an dieser Stelle „überfälligen Digitalisierung des übernahmerechtlichen Verwaltungsverfahrens“ sprechen.[27]

Was Stimmrechtsmitteilungen anbelangt, so verfügte die BaFin früher über zwei Referate (WA 12 und WA 13), wo sich neben zahlreichen Sachbearbeitern des gehobenen Dienstes teilweise ein halbes Dutzend Volljuristen des höheren Dienstes mit der Vollständigkeit und Richtigkeit der abgegebenen Stimmrechtsmitteilungen befasste. Nachdem für Stimmrechtsmitteilungen zusätzlich zur Einreichung über das MVP-Portal ein automatisiertes Prüfverfahren eingeführt wurde, konnte ein komplettes Referat eingespart werden. Im zunächst fortbestehenden Referat WA 13 (nun auf Branchenreferate in der Abteilung WA 2 verteilt) gibt es nur noch eine Volljuristin als Referentin. Das Fachverfahren prüft bei Einreichung automatisiert, ob die Stimmrechtsmitteilung ordnungsgemäß i. S. d. § 33 Abs. 1 und Abs. 5 WpHG

[25] *Bastian*, in: Steinmeyer, WpÜG, 2019, § 14 Rn. 2; *Wackerbarth*, in: MüKo AktG, Bd. 6, 2021, § 14 Rn. 5; a. A. (praxisfern) etwa *Beurskens/Oechsler*, in: Beurskens/Ehricke/Ekkenga, WpÜG, 2021, § 14 Rn. 3.

[26] *Hippeli*, WM 2022, 1051 ff.

[27] *Schulze de la Cruz/Schmoll*, Börsen-Zeitung, 22.7.2023, vgl. www.noerr.com/de/-/media/news/2023/2023_07_22_boersenzeitung_schulze_de_la_cruz_schmoll_uebernahmeverfahren.pdf (22.8.2023).

i.V.m. der Verordnung zur Konkretisierung von Anzeige-, Mitteilungs- und Veröffentlichungspflichten nach dem Wertpapierhandelsgesetz (WpAV) und der Stimmrechtsmitteilungsverordnung der Bundesanstalt (StimmRMV) abgegeben wurde. Sollte dies nicht der Fall sein, erhält der nach dem Geschäftsverteilungsplan zuständige Sachbearbeiter[28] eine elektronische Nachricht und überprüft in der Folge nur noch die dergestalt auffällig gewordene Stimmrechtsmitteilung. Bei rechtlichen Fragestellungen zieht er die Referentin hinzu. Gerade bei derartigen Verfahren mit wenig Einzelfallabweichung zeigen sich durch Automatisierung und Digitalisierung erhebliche Einsparungspotenziale und damit Effizienzgewinne. Die Nutzung des MVP-Portals im Zusammenhang mit Stimmrechtsmitteilungen ist zwar nicht verpflichtend[29], es wird aber in der Praxis nahezu zu 100 % durch die Pflichtigen genutzt. Dennoch können Pflichtige ihre Stimmrechtsmitteilung entweder schriftlich oder per Telefax an die BaFin übersenden, wobei eine Übermittlung per E-Mail mit (einfacher) elektronischer Signatur bzw. einer gescannten Unterschrift grundsätzlich nicht ausreicht.[30] Allerdings bleibt § 3a VwVfG hiervon unberührt.[31] Mittlerweile bietet die BaFin die Möglichkeit an, schriftformersetzende elektronische Dokumente rechtswirksam im Sinne des § 3a Abs. 2 VwVfG zu übermitteln.[32]

b) Elektronische Erhebung von Marktdaten

Nach Art. 26 Abs. 1 der MiFIR müssen Wertpapierfirmen, die Geschäfte mit Finanzinstrumenten tätigen, der zuständigen Behörde die vollständigen und zutreffenden Einzelheiten dieser Geschäfte so schnell wie möglich und spätestens am Ende des folgenden Arbeitstags melden. Die Meldepflicht besteht dabei nicht für sämtliche Geschäfte mit Finanzinstrumenten, sondern nur für solche kapitalmarktbezogenen Geschäfte, die Finanzinstrumente nach Art. 26 Abs. 2 MiFIR betreffen.[33] Die Marktdaten nach Art. 26 MiFIR entsprechen dabei den vormals auf Basis von § 9 WpHG a.F. abverlangten Daten („9er-Daten"). Auch dieser Sachverhalt ist von der Einreichung über

---

[28] Die Zuständigkeit richtet sich insoweit nach dem oder den Anfangsbuchstaben des Emittenten, auf den sich die Stimmrechtsmitteilung bezieht.

[29] Emittentenleitfaden der BaFin, Modul B, Stand 30.10.2018, 8.

[30] BaFin (Fn. 29), 8.

[31] BaFin (Fn. 29), 8.

[32] Vgl. www.bafin.de/DE/DieBaFin/Kontakt/RechtswirksameKommunikation/rechtswirksame_kommunikation_artikel.html (22.8.2023).

[33] *Gebauer/Klanten*, in: Assmann/Schneider/Mülbert, Wertpapierhandelsrecht, 2023, MiFIR Art. 26 Rn. 1; *Patz*, in: BeckOK Wertpapierhandelsrecht, 8. Ed. 1.6.2023, MiFIR Art. 26 Rn. 1.

das MVP-Portal erfasst. Die BaFin kann diese Datensätze nun auch auswerten und leichter an ESMA weiterleiten.

Ähnlich zu Art. 26 MiFIR verlaufen die Reporting-Pflichten etwa von AIF-Verwaltungsgesellschaften nach § 35 KAGB. Danach muss die BaFin insbesondere fortwährend über die Finanzinstrumente informiert werden, mit oder auf denen gehandelt und in die investiert wird. Auch dieser Bestandteil eines digitalen Regulatory Reporting bildet die Basis für eine Datenauswertung zum Zwecke der Erhöhung der Compliance-Kontrolle und der Intensivierung oder Verbesserung der Finanzdienstleistungsaufsicht insgesamt im Zuge von RegTech.[34]

Daneben überwacht die BaFin seit Umsetzung der MiFID II-RL nun auch Datenbereitstellungsdienste, also genehmigte Veröffentlichungssysteme oder Meldemechanismen i.S.d. § 2 Nr. 40 WpHG. Bestimmte Daten können dabei nach § 7 Abs. 2 WpHG herausverlangt werden, nach den §§ 58 ff. WpHG bestehen für die Datenbereitstellungsdienste auch einige Organisationspflichten.

c) Big Data

Das Schlagwort Big Data bezeichnet Datenmengen, welche beispielsweise zu groß, zu komplex, zu schnelllebig oder zu schwach strukturiert sind, um sie mit manuellen und herkömmlichen Methoden der Datenverarbeitung auszuwerten, die aber mit Hilfe des Einsatzes von KI (Big Data Analytics) effizient genutzt werden können.[35] Die BaFin ist sich dabei bewusst, dass Big Data eher die im Bereich der Wertpapieraufsicht betroffenen Daten erfasst, weniger allerdings Daten im Bereich der Banken- und Versicherungsaufsicht.[36]

Bislang betrachtet die BaFin Big Data eher unter dem Blickwinkel etwaiger Regulierung neuer Geschäftsmodelle im Markt. In ihrer eigenen Aufsichtstätigkeit sah sie noch 2018 alleine Einsatzmöglichkeiten bei der Auswertung erhaltener Daten im Hinblick auf Geldwäsche-Verdachtsfälle.[37] Auch bei Auffälligkeiten im Zusammenhang mit Marktmanipulation dürf-

---

[34] *Zetsche/Yeboah-Smith* (Fn. 8), 481 (484 ff.); *Klebeck/Dobrauz-Saldapenna*, RdF 2017, 180 (181).

[35] *Sarre/Pruß*, in: Auer-Reinsdorff/Conrad (Hrsg.), Handbuch IT und Datenschutzrecht, 2019, § 2 Rn. 1; *Gronau/Rojahn*, in: Leupold/Wiebe/Glossner (Hrsg.), Münchener Anwaltshandbuch IT-Recht, 2021, Teil 10.1 Rn. 7.

[36] Vgl. www.bafin.de/SharedDocs/Downloads/DE/dl_bdai_studie.html (22.8.2023).

[37] Vgl. www.bafin.de/SharedDocs/Downloads/DE/dl_bdai_studie.html (22.8.2023).

ten aber evidente Einsatzmöglichkeiten bestehen.[38] Bei Daten etwa von Banken, Versicherern und Wertpapierfirmen besteht das Problem, dass die BaFin erhaltene Daten allerdings nicht grenzenlos verarbeiten darf. Da viele Datensätze personenbezogene Daten enthalten, ist die DSGVO anwendbar. Nach Art. 6 der DSGVO müsste aber insbesondere eine Einwilligung der betroffenen Person erfolgen, was allerdings (z. B. bei den Marktdaten nach Art. 26 der MiFIR) gar nicht recht vorstellbar ist. Jenseits dessen kommt es darauf an, ob ein berechtigtes Interesse an der Datenverarbeitung vorliegt und schutzwürdige Interessen des Betroffenen dem nicht entgegenstehen oder aber, ob die Datenverarbeitung im öffentlichen Interesse oder in Ausübung öffentlicher Gewalt erforderlich ist. Beide Varianten werden aber nicht vorliegen, sofern die BaFin durch Big Data Analytics lediglich effizienter arbeiten will. Von daher kann es bei Big Data im Zusammenhang mit der Aufsichtstätigkeit der BaFin eigentlich immer nur um Datensätze gehen, die keine personenbezogenen Daten beinhalten.

Eine greifbare Möglichkeit besteht aber in der Mitwirkung beim Financial Big Data Cluster (FBDC)[39]. Wesentliche Akteure der Branche schließen sich derzeit zu einer solchen Plattform zusammen, um eine cloudbasierte Datenplattform für den Finanzsektor aufzubauen. Die Plattform soll die bislang nicht verknüpften Finanzdaten von Unternehmen, Behörden und der Wissenschaft in einem gemeinsamen Datenpool integrieren und auf die Entwicklung von KI-Anwendungen bzw. -Systemen optimiert sein. Soweit dies die BaFin betrifft, kann sie allerdings nur Nutznießer des FBDC sein, denn die Verschwiegenheitspflichten nach den einzelnen materiellen Fachgesetzen verbieten ihr wohl regelmäßig das Einspielen bei ihr vorliegender Finanz- und Marktdaten.

Schließlich wäre auch daran zu denken, dass die BaFin künftig ihre einzelnen Aufsichtsbereiche stärker vernetzt und etwa über größere Banken, Versicherer, Wertpapierinstitute und Emittenten zentral Daten sammelt und auswertet, so dass diese bereichsübergreifend und insbesondere auch KI-ausgewertet zur konkreten Aufsichtstätigkeit vorliegen. Tatsächlich müssen sich Aufsichtsobjekte bis heute damit herumschlagen, dass unterschiedliche Referate der BaFin ein- und dieselbe Information oftmals mehrfach erfragen. So weiß die linke Hand bisweilen nicht, was die rechte Hand tut. Ein gutes Beispiel hierfür sind etwa die Inhaberkontrollverfahren bei Banken oder Wertpapierinstituten. Die dort oftmals bei der Bankenaufsicht

---

[38] Vgl. www.bmwi.de/Redaktion/DE/Artikel/Digitale-Welt/GAIA-X-Use-Cases/financial-big-data-cluster-fbdc.html (22.8.2023).

[39] Vgl. www.bmwi.de/Redaktion/DE/Artikel/Digitale-Welt/GAIA-X-Use-Cases/financial-big-data-cluster-fbdc.html (22.8.2023).

eingehenden Informationen sind zumeist auch bei der Wertpapieraufsicht von Relevanz, eine einheitliche Datenbank fehlt jedoch.

d) Chiffrierte E-Mail-Kommunikation

Weiterhin bietet die BaFin den von ihr beaufsichtigten Instituten und Unternehmen die Möglichkeit, vertrauliche Informationen per E-Mail gesichert zu übertragen (SecureMail).[40] Zur gesicherten Übertragung von E-Mails stehen drei Optionen zur Verfügung: Eine verschlüsselte E-Mail-Kommunikation mit PGP oder S/MIME, der Abruf von verschlüsselten E-Mails über GINAmail oder die Nutzung des Kontaktformulars auf der BaFin-Homepage. Die Voraussetzungen sind dabei sehr unterschiedlich. Die erste Variante erfordert das Zusenden eines gültigen Schlüssels oder Domänenzertifikats an die BaFin. Die zweite Variante setzt eine Registrierung voraus. Nur die dritte Variante kann ohne weiteres genutzt werden.

Ähnlich zur dritten Variante liegt die Ausgestaltung eines elektronischen Hinweisgebersystems. Dieses Hinweisgebersystem stellt eine Möglichkeit für Whistleblower dar.[41] Nach § 4d Abs. 1 S. 1 FinDAG geht es dabei um ein System zur Annahme von Meldungen über potentielle oder tatsächliche Verstöße gegen Gesetze, Rechtsverordnungen, Allgemeinverfügungen und sonstige Vorschriften sowie Verordnungen und Richtlinien der EU, bei denen es die Aufgabe der BaFin ist, deren Einhaltung durch die von ihr beaufsichtigten Unternehmen und Personen sicherzustellen oder Verstöße dagegen zu ahnden. Tatsächlich handelt es dabei vor allem um potentielle oder wirkliche Marktmissbrauchs-Verstöße.[42] Nach § 4d Abs. 1 S. 2 FinDAG können diese Meldungen auch anonym abgegeben werden. Die Anonymität der jeweiligen Meldung wird durch einen vereidigten Sachverständigen garantiert[43], technisch soll es unmöglich sein, den Hinweisgeber zu ermitteln[44]. Auch diese technische Modalität zählt jedenfalls zur Digitalisierung.

---

[40] Vgl. www.bafin.de/DE/DieBaFin/Kontakt/GesicherteKommunikation/gesicherte_kommunikation_node.html (22.8.2023).

[41] *Poelzig*, Kapitalmarktrecht, 2021, Rn. 932; *Langenbucher*, Aktien- und Kapitalmarktrecht, 2022, § 4 Rn. 109; *Buck-Heeb*, Kapitalmarktrecht, 2022, § 18 Rn. 1273.

[42] *Saliger*, in: Park (Hrsg.), Kapitalmarktstrafrecht, 2019, Teil 3 VII Rn. 309; *Litsoukov*, in: Meyer/Veil/Rönnau (Hrsg.), Handbuch zum Marktmissbrauchsrecht, 2023, § 10 Rn. 53.

[43] Vgl. www.bkms-system.net/bkwebanon/report/clientInfo?cin=2BaF6&c=-1&language=ger (22.8.2023).

[44] *Kumpan/Grütze*, in: Schwark/Zimmer, Kapitalmarktrechts-Kommentar, 2020, MAR Art. 23 Rn. 21; *Al-Souliman*, BaFin-Journal Juli 2017, 26 (28).

e) Elektronischer Interbehördenverkehr

Deutlichen Nachholbedarf weist die BaFin auch im Bereich des elektronischen Interbehördenverkehrs auf. Im Verhältnis zu Gerichten wird dabei von elektronischem Rechtsverkehr[45] gesprochen. Hier fehlen allerdings bei der BaFin bis heute klare Rechtsvorschriften. Über § 4 Abs. 2 FinDAG hinaus regeln die einzelnen materiellen Fachgesetze die Aspekte der Zusammenarbeit mit anderen deutschen oder ausländischen Behörden und Stellen, ohne aber Details zum elektronischen Rechtsverkehr zu beinhalten. Auch die Satzung der BaFin[46] beinhaltet hierzu nichts.

Folge dieser Rechtsunsicherheit ist, dass die BaFin etwa mit den einzelnen Staatsanwaltschaften im Umfeld von etwaigen oder tatsächlichen Straftaten nach § 54a KWG, § 82 WpIG, § 119 f. WpHG, § 339 KAGB, § 331 VAG überwiegend immer noch in Papierform kommuniziert und Rückfragen insbesondere per Telefon oder neuerlich per Post oder Telefax beantwortet. Indes fehlt es an Möglichkeiten der Datenübermittlung etwa über eine sichere Cloud oder in einer Form wie die Kommunikation zwischen Gerichten und Rechtsanwälten über das besondere elektronische Anwaltspostfach (beA)[47], aufbauend auf der EGVP-Infrastruktur.

f) Ausweitung E-Akte

2018 hatte die BaFin die hausweite Einführung der elektronischen Akte (E-Akte) als Ziel beschrieben.[48] Andere Behörden waren zu diesem Zeitpunkt schon längst so weit. 2022/23 war dieses Ziel allerdings immer noch nicht erreicht. So mussten während der Arbeit im Home-Office in der Corona-Krise zahlreiche Mitarbeiter der BaFin regelmäßig dennoch in die BaFin kommen, um sich aus Papierakten Kopien zu fertigen und mit nach Hause zu nehmen (die Mitnahme von Papierakten verbietet dagegen eine Dienstanweisung der BaFin). Dieses Beispiel zeigt, dass auch hier noch Handlungsbedarf besteht. Ziel muss es sein, dass künftig alles, was über die Poststellen der BaFin in Papierform in die BaFin gelangt, registriert und in E-Akten gespeichert wird.

---

[45] Vgl. etwa *Bacher*, NJW 2015, 2753 ff.; *Ulrich/Schmieder*, NJW 2019, 113 ff.

[46] www.bafin.de/SharedDocs/Veroeffentlichungen/DE/Aufsichtsrecht/Satzung/satzung_bafin.html (22.8.2023).

[47] Vgl. dazu etwa *Degen/Emmert*, in: dies. (Hrsg.), Elektronischer Rechtsverkehr, 2021, § 2 Rn. 49 ff.; *Leuering*, NJW 2019, 2739 ff.

[48] www.bafin.de/DE/PublikationenDaten/Jahresbericht/Jahresbericht2018/Kapitel0/kapitel0_node.html (22.8.2023).

g) Website mit Datenbanken

Die BaFin macht auf ihrer Website zudem zahlreiche Datenbanken zugänglich.[49] Dabei geht es etwa um zugelassene Unternehmen, vertraglich gebundene Vermittler, hinterlegte Prospekte, bedeutende Stimmrechte und sog. Director's Dealings. Die BaFin liefert dazu den Rechtshinweis, wonach hierin alle Daten und Angaben sorgfältig zusammengestellt worden sind, jedoch eine Haftung der BaFin für die Vollständigkeit und Richtigkeit der Angaben ausgeschlossen wird.[50] Problematisch erscheint, dass der Inhalt der Datenbanken tatsächlich nicht immer vollständig und richtig ist. Das liegt daran, dass die Datenbanken bis heute immer noch in den einzelnen Referaten der BaFin weitestgehend händisch gepflegt werden. Insoweit hängt es oft auch vom Zufall ab, wer das Einpflegen übernommen hat, denn der Sorgfaltsgrad der einzelnen Sachbearbeiter variiert doch stark. Hier müssten dringend elektronische Fachprozesse aufgesetzt werden, denn nicht verlässliche Datenbanken helfen letztlich niemandem.

III. Fazit

Die BaFin hat die ersten Digitalisierungsschritte unternommen, muss aber (Stand: Sommer 2023) immer noch weite Wege gehen. Zu allererst ist an eine zeitgemäße technische Ausstattung zu denken, die bislang immer noch auf sich warten lässt. Sodann muss das Thema Datensammlung und -auswertung mithilfe von Blockchain und KI verstärkt angegangen werden. Schließlich sollte eine effiziente elektronische Kommunikation mit Aufsichtsobjekten und anderen Behörden/Stellen im In- und Ausland ermöglicht werden. Nur wenn diese Themen nun massiv bearbeitet werden, ist eine effiziente Aufsichtstätigkeit (wieder) möglich. Derzeit ist ein erheblicher Digitalisierungsvorsprung der Aufsichtsobjekte und teilweise auch von vergleichbaren Behörden zu konstatieren, eine Aufsicht mit Biss oder auf Weltklasseniveau liegt noch in weiter Ferne.

---

[49] www.bafin.de/DE/PublikationenDaten/Datenbanken/Datenbanken_node.html (22.8.2023).

[50] www.bafin.de/DE/PublikationenDaten/Datenbanken/Datenbanken_node.html (22.8.2023).

Digitalisierung der Bankenaufsicht aus Sicht der polnischen Rechtslösungen

Agnieszka Mikos-Sitek, Piotr Zapadka

I. Einleitung

Die Bankenaufsichtsbehörde ist heutzutage ein wichtiger Faktor, der die Grenzen der Banktätigkeit bestimmt und die Sicherheits- und Stabilitätsstandards für das Funktionieren des Bankensystems festlegt. Die Art der Geschäftstätigkeit der Banken und die Tatsache, dass sie als Einrichtungen des öffentlichen Vertrauens gegründet wurden, ist die Grundlage für bestimmte Erwartungen ihrer Kunden in Bezug auf das Maß an Professionalität bei der Erbringung von Dienstleistungen und die Gewährleistung der Sicherheit der anvertrauten Gelder. Auch wenn dies nur ein Hinweis auf bestimmte Aspekte ist, muss betont werden, dass moderne Bankensysteme ein wichtiger Teil des Finanzsystems im weiteren Sinne sind und ihr ordnungsgemäßes Funktionieren aus dieser Perspektive wichtig ist. Dabei dürfen die Regeln für das Funktionieren der Banken in einem zweistufigen Bankensystem und ihre Rolle bei der Umsetzung der von der Zentralbank des Landes festgelegten geldpolitischen Ziele nicht vergessen werden.

Die Hauptziele der Bankenaufsicht konzentrieren sich auf die Verhinderung und Aufdeckung von Verstößen gegen die geltenden Bankgesetze und die laufende Überwachung der Liquiditätslage der Banken und des Bankensektors insgesamt. Die Tätigkeit dieser Institutionen steht auch im Zusammenhang mit der kontinuierlichen Überwachung der Einhaltung der Bankendisziplin bei ihren Bankgeschäften, einschließlich derjenigen im Zusammenhang mit dem Risikomanagement.[1]

Ein weiteres wichtiges Problem – insbesondere unter dem Gesichtspunkt des zu untersuchenden Themas – ist das derzeitige Modell der Organisation der Aufsicht über die Finanzmarktinstitutionen in Polen. Im Laufe der Jahre haben sich die Regelungen in diesem Bereich stark verändert. Ursprüng-

---

[1] Vgl. *Ofiarski*, Prawo bankowe, 2017, 676f.; *Zaleska*, in: dies. (Hrsg.), Współczesna bankowość, Bd. 1, 2007, 57–61.

lich war die Bankenaufsicht in der Organisationsstruktur der staatlichen Zentralbank angesiedelt. 1946 wurde die neu gegründete Polnische Nationalbank (poln. NBP) mit der Bankenaufsicht betraut.[2] 1988 wurde die Generalinspektion für Bankenaufsicht (poln. GINB) gegründet, die gemäß dem Gesetz über die Polnische Nationalbank und dem damals geltenden Bankengesetz[3] Aufgaben im Zusammenhang mit der Bankenaufsicht wahrgenommen hat. Die GINB war organisatorisch in der Struktur der Polnischen Nationalbank angesiedelt und unterstand direkt dem Präsidenten der NBP. Am 1.1.1998 wurde die Kommission für Bankenaufsicht (poln. KNB) zum Kollegialorgan für die Bankenaufsicht und die GINB zu ihrem Organisations- und Koordinationsorgan.[4] Die Änderungen, die damals in Polen im Bereich der Bankenaufsicht eingeführt wurden, waren nicht nur für die Institution der Aufsicht selbst wichtig, sondern auch für die Bewertung neuer Vorschriften, die sich auf die Sicherheit der Bankgeschäfte auswirken.

Eine weitere wichtige Änderung im Bereich der Bankenaufsicht in Polen war die Zuweisung der betreffenden Kompetenzen an die Kommission für Finanzaufsicht (poln. KNF), die eine Folge der institutionellen Reform zur Integration der Finanzaufsicht war. Bis zum Inkrafttreten des Gesetzes vom 21.7.2006 über die Finanzmarktaufsicht[5] gab es im Rahmen der sektoralen Aufsicht in Polen drei unabhängige Aufsichtsbehörden, das heißt die oben genannte Kommission für Bankenaufsicht, die Wertpapier- und Börsenkommission und die Kommission für die Aufsicht über Versicherungen und Pensionsfonds. Am 19.9.2006 wurden die beiden letztgenannten Institutionen abgeschafft, am 1.1.2008 folgte die Bankenaufsichtskommission. Die Zuständigkeiten im Bereich der Finanzaufsicht wurden auf eine einzige Institution, die Finanzaufsichtsbehörde (poln. KNF),[6] übertragen. Es bedeutete einen direkten Übergang zu Lösungen, die für eine integrierte Finanzmarktaufsicht (sog. Allfinanzaufsicht) typisch sind. Die derzeitige pol-

---

[2] Mehr dazu *Gronkiewicz-Waltz*, Bank centralny od gospodarki planowej do rynkowej, 1992, 21; *Dobaczewska*, Nadzór bankowy, 1998, 25.

[3] Bankengesetz v. 31.1.1989, Dz.U. 1992 Nr. 72, Pos. 359 (das alte Bankengesetz); Gesetz v. 31.1.1989 über die Polnische Nationalbank, Dz.U. 1992 Nr. 72, Pos. 360; im Folgenden: NBP-Gesetz.

[4] Vgl. Art. 25–30 des NBP-Gesetzes und Art. 131–141 des Bankengesetzes v. 31.1.1989; mehr dazu *Gronkiewicz-Waltz* (Fn. 2), 21; *Dobaczewska* (Fn. 2), 25 ff.; *Niemierka*, Glosa 9 (1998), 3 (4); *Daniluk/Niemierka*, Prawo Bankowe 4 (1998), 59 (60, 61); *Kaszubski*, Glosa 11 (1998), 5 (10).

[5] Dz.U. Nr. 157, Pos. 1119; einheitliche Fassung: Dz.U. 2022, Pos. 660; im Folgenden: Finanzmarktaufsichtsgesetz.

[6] Dazu *Ofiarski* (Fn. 1), 682 ff.; *Kasprzak*, in: Świderska (Hrsg.), Współczesny system bankowy, 2013, 160 f.

nische Gesetzgebung nennt als Ziele dieser Aufsicht: das ordnungsgemäße Funktionieren des Finanzmarktes, seine Stabilität, Sicherheit und Transparenz, das Vertrauen in den Finanzmarkt sowie die Gewährleistung des Schutzes der Interessen der Teilnehmer an diesem Markt auch durch zuverlässige Informationen über das Funktionieren des Finanzmarktes (siehe Art. 2 des Gesetzes über die Finanzmarktaufsicht).[7] Die allgemeinen Ziele der Aufsicht werden auch durch die Umsetzung spezifischer Ziele erreicht, die in separaten gesetzlichen Bestimmungen festgelegt sind.[8]

Gleichzeitig ist zu beachten, dass die oben beschriebenen Lösungen für die Grundsätze der Bankenaufsicht in Polen im Laufe der Jahre von vielen Faktoren beeinflusst wurden. An erster Stelle sind hier der Beitritt Polens zur Europäischen Union im Jahr 2004, die Globalisierungsprozesse auf den weltweiten Finanzmärkten und die damit verbundenen Turbulenzen, bedeutende Veränderungen in der Struktur der Bankdienstleistungen sowie die Entwicklung neuer Technologien zu nennen. All diese Faktoren haben die Mechanismen für das Funktionieren des Bankensektors sowie die Grundsätze und das Modell der Bankenaufsicht in Polen direkt beeinflusst. Nicht unbedeutend im Zusammenhang mit den dynamischen Prozessen der Internationalisierung und Europäisierung der Finanzaufsicht ist auch die Aufnahme der polnischen Aufsicht in das Europäische Finanzaufsichtssystem (European System of Financial Supervision, ESFS).[9]

II. Regulierung der Bankenaufsicht in Polen

Die in der polnischen Rechtsordnung geltenden Regelungen zu Fragen der Finanzaufsicht sind in erster Linie durch die Bestimmungen des oben genannten Gesetzes vom 21.7.2006 über die Finanzmarktaufsicht[10] abgedeckt,

---

[7] Fn. 5.

[8] Vgl. Bankengesetz v. 29.8.1997, Dz.U. 1997 Nr. 140, Pos. 939, einheitliche Fassung: Dz.U. 2022, Pos. 2324; Gesetz v. 22.5.2003 über die Versicherungs- und Rentenaufsicht, einheitliche Fassung: Dz.U. 2019, Pos. 207; Gesetz v. 15.4.2005 über die zusätzliche Beaufsichtigung von Kreditinstituten, Versicherungsunternehmen, Rückversicherungsunternehmen und Wertpapierfirmen, die Teil eines Finanzkonglomerats sind, einheitliche Fassung: Dz.U. 2020, Pos. 1413; Gesetz v. 29.7.2005 über die Kapitalmarktaufsicht, einheitliche Fassung: Dz.U. 2022, Pos 837; Gesetz v. 5.11.2009 über genossenschaftliche Spar- und Kreditvereinigungen, einheitliche Fassung: Dz.U. 2022, Pos. 924 und das Gesetz v. 19.8.2011 über Zahlungsdienste, einheitliche Fassung: Dz.U. 2021, Pos. 1907.

[9] Mehr dazu *Kasprzak* (Fn. 6), 186–208; *Kohtamäki*, Die Reform der Bankenaufsicht in der Europäischen Union, 2012, 115 ff.

[10] Fn. 5.

welches die Organisation, den Umfang und den Zweck der Finanzmarktaufsicht definiert.

Darüber hinaus sind die spezifischen Ziele und Tätigkeiten der Bankenaufsicht in den Bestimmungen des Bankengesetzes[11] festgelegt, und ihre Umsetzung besteht in der Gewährleistung:

(1) der Sicherheit der auf Bankkonten gehaltenen Gelder;
(2) der Übereinstimmung der Tätigkeit der Banken mit den Bestimmungen des Bankengesetzes, der Verordnung (EU) 575/2013,[12] des NBP-Gesetzes, der Satzung einer Bank sowie der Entscheidung über die Erteilung einer Lizenz zur Gründung einer Bank;
(3) und der Einhaltung der Bestimmungen des Gesetzes vom 29.7.2005 über den Handel mit Finanzinstrumenten bei den von den Banken durchgeführten Maklertätigkeiten,[13] des Bankengesetzes, der Verordnung (EU) 596/2014,[14] der auf Grundlage dieser Verordnung delegierten Rechtsakte und der Satzung einer Bank.

Das erste der oben genannten Ziele der Bankenaufsicht ist von grundlegender Bedeutung, und seine Umsetzung ist dank der Instrumente möglich, die der Finanzaufsichtsbehörde bei ihrer Tätigkeit zur Verfügung stehen. Das zweite und dritte Ziel der Bankenaufsicht besteht darin, zu kontrollieren, ob die Banken die geltenden Rechtsvorschriften einhalten und ihre Tätigkeit im Einklang mit der Satzung und der erteilten Lizenz ausüben.

Das Bankengesetz definiert die Tätigkeiten, die im Rahmen der Bankenaufsicht durchgeführt werden. Diese bestehen insbesondere aus:

(1) Bewertung der Finanzlage der Banken, einschließlich der Prüfung der Solvenz, der Qualität der Aktiva, der Zahlungsliquidität und des Finanzergebnisses der Banken;
(2) Prüfung der Qualität des Managementsystems, insbesondere des Risikomanagementsystems und des internen Kontrollsystems der Banken;
(3) Prüfung der Übereinstimmung von Krediten, Barkrediten, Akkreditiven, gewährten Bankgarantien und -bürgschaften sowie ausgestellten Banksicherheiten mit den geltenden Vorschriften;
(4) Prüfung der Sicherheit und Pünktlichkeit der Rückzahlung von Darlehen und Barkrediten;

---

[11] Fn. 8.

[12] VO (EU) 596/2014 v. 16.4.2014 über Marktmissbrauch und zur Aufhebung der RL (EG) 2003/6 sowie der RL (EG) 2003/124, RL (EG) 2003/125 und RL (EG) 2004/72, ABl. 2014 L 17/1.

[13] Einheitliche Fassung: Dz.U. 2022, Pos. 1500.

[14] VO (EU) 575/2013 v. 23.6.2013 über Aufsichtsanforderungen an Kreditinstitute und zur Änderung der VO (EU) 649/2012, ABl. 2013 L 176/1.

(5) Prüfung der Einhaltung der in Art. 79a des Bankengesetzes und der in Art. 395 der Verordnung (EU) 575/2013 genannten Obergrenzen[15] sowie Bewertung des Verfahrens zur Ermittlung, Überwachung und Kontrolle der Konzentration von Krediten, einschließlich Großkrediten;
(6) Prüfung der Einhaltung der von der Finanzaufsichtsbehörde festgelegten Normen für akzeptable Risiken bei der Banktätigkeit, des Risikomanagements, einschließlich der Anpassung des Prozesses der Risikoermittlung und -überwachung sowie der Risikoberichterstattung an die Art und den Umfang der Banktätigkeit;
(7) Bewertung der Schätzung, Erhaltung und Überprüfung des internen Kapitals;
(8) Prüfung der Umsetzung der in Art. 56a, Art. 59a, Art. 59b, Art. 92ba–92bd und Art. 111c des Bankengesetzes genannten Verpflichtungen durch die Banken.[16]

Einzelne Fragen im Zusammenhang mit der Bankenaufsichtspraxis werden auch durch Entschließungen und Empfehlungen der Finanzaufsichtsbehörde (KNF) bestimmt. Sie ist auch befugt, in Einzelfällen Auslegungen vorzunehmen.[17] In diesem Zusammenhang sind auch die Stellungnahmen und Mitteilungen der KNF zu nennen, die derzeit eine der grundlegenden Maßnahmen zur Gestaltung der Regeln für die Umsetzung und praktische Anwendung von Finanzinnovationen in Polen darstellen.[18]

In Bezug auf die EU-Rechtsvorschriften zu Fragen der Bankenaufsicht ist zunächst auf die Richtlinie (EU) 2013/36 vom 26.6.2013 über die Zulassung von Kreditinstituten und die Aufsicht über Kreditinstitute, zur Änderung der Richtlinie (EG) 2002/87 und zur Aufhebung der Richtlinien (EG) 2006/48 und 2006/49 hinzuweisen.[19]

---

[15] Es handelt sich um die Obergrenzen für Kredite, Barkredite, Bankgarantien und Bürgschaften sowie um die Obergrenzen für Großkredite.

[16] Es handelt sich um (1) die Möglichkeit der Bank, im Todesfall eine Einzahlungsanweisung zu erteilen; (2) das Erlöschen des Bankkontovertrags; (3) die Verpflichtung der Bank, festzustellen, ob der Kontoinhaber lebt; (4) Informationspflichten gegenüber Personen, die einen Rechtsanspruch auf das Erbe des Kontoinhabers erwerben und (5) Informationspflichten gegenüber der Gemeinde des letzten Wohnsitzes des Kontoinhabers im Falle des Erlöschens des Vertrags.

[17] Art. 11b des Finanzmarktaufsichtsgesetzes.

[18] Dazu *Byrski/Synowiec*, Monitor Prawniczy 20 (2020), 79 (80ff.).

[19] ABl. 2013 L 176/338.

III. Digitalisierungsansätze

Die digitale Revolution ist ein ständig wachsendes Phänomen, das immer neue Bereiche des gesellschaftlichen und wirtschaftlichen Lebens erfasst. Um Wachstumschancen zu erhalten und wettbewerbsfähig zu bleiben, werden digitale Lösungen auch im Bankensektor eingesetzt.[20] Dieser Prozess betrifft einzelne Gruppen von Finanzmarktteilnehmern, aber auch damit verbundene öffentliche Einrichtungen. Die fortschreitenden technologischen Entwicklungen in verschiedenen Bereichen der Funktionsweise der Finanzmärkte und die Notwendigkeit der digitalen Transformation haben auch die Maßnahmen der polnischen Finanzmarktaufsichtsbehörde in dieser Hinsicht untermauert. Die KNF hat die grundlegenden Aktionspläne für die Umsetzung neuer Technologien formuliert, und die Digitalisierung der Bankenaufsicht ist eine ihrer wichtigsten Aktivitäten im Zusammenhang mit der Implementierung innovativer digitaler Lösungen.

Die Aktivitäten der Finanzaufsichtsbehörde im Bereich der Digitalisierung und neuer Technologien können in vier Gruppen unterteilt werden. Die erste Gruppe betrifft neue Entwicklungen auf dem Finanzmarkt, die noch nicht gesetzlich definiert und geregelt sind. Die in diesem Bereich unternommenen Aktivitäten zielen darauf ab, einen Zustand der Regulierungssicherheit zu erreichen, der vor allem aus Sicht der nichtprofessionellen Finanzmarktteilnehmer wichtig ist. Der genannte Tätigkeitsbereich der Finanzaufsichtsbehörden betrifft u. a. den Handel mit digitalen Vermögenswerten, das Phänomen des Crowdfunding oder die Nutzung sozialer Medien in der Kommunikation.[21]

Die zweite Gruppe ist auf die Unterstützung von FinTech, das heißt auf die Entwicklung von Innovationen auf dem Finanzmarkt gerichtet. Die Aktivitäten in diesem Bereich zielen darauf ab, Gesetzesinitiativen zur Festlegung der Regeln für die Einführung innovativer Dienstleistungen auf dem Finanzmarkt zu unterstützen und Finanzinnovationen zu fördern, die von verschiedenen (nicht nur beaufsichtigten) Unternehmen geschaffen werden.[22]

---

[20] Vgl. Kawiński/Sieradz (Hrsg.), Wyzwania informatyki bankowej, 2019.

[21] Zu solchen Innovationen wie Crowdfunding siehe *Sobociński*, Jaka przyszłość czeka polski rynek crowdfundingu udziałowego, 22.7.2022, abrufbar unter https://crido.pl/blog-law/jaka-przyszlosc-czeka-polski-rynek-crowdfundingu-udzialowego/ (22.8.2023); vgl. auch KNF-Information: https://www.knf.gov.pl/dla_rynku/crowdfunding (22.8.2023).

[22] Mehr dazu *Folwarski*, Research Papers of Wrocław University of Economics 529 (2018), 84 (86 ff.).

Die dritte Gruppe ist mit den KNF-Aktivitäten im Bereich der IT-Sicherheit verbunden. Dabei geht es in erster Linie um Fragen der Erhöhung des Sicherheitsniveaus der in der Cloud verarbeiteten Informationen. Die Aktivitäten der Finanzaufsichtsbehörde sollen sich in diesem Fall auf die Überprüfung von Empfehlungen zum IT-Risikomanagement im Finanzmarkt und die Einführung eines einheitlichen Analysemodells von Cybersicherheitsrisiken konzentrieren. Auch Aufklärungsmaßnahmen zur Sensibilisierung für Cybersicherheitsrisiken sind vorgesehen.[23]

Die vierte Gruppe betrifft Tätigkeiten im Zusammenhang mit der Ausweitung der Digitalisierung des Schriftverkehrs innerhalb des Finanzaufsichtssystems, der Einführung neuer Formen der Kommunikation mit der Finanzaufsichtsbehörde und der Straffung ihrer Verwaltungsverfahren. Dazu gehören die Entwicklung von Automatisierungsprozessen sowie die Anpassung der Mechanismen für den Austausch verschiedener Arten von Daten unter Verwendung neuer Technologien.[24]

IV. Praktische Probleme

Die Hauptherausforderung, vor der die Finanzinstitute, darunter auch die Banken, im digitalen Zeitalter stehen, nämlich die Offenheit für Innovationen, wird sich in der Integration von Marketing und IT in die Finanzdienstleistungen manifestieren, die den Kern des Digitalisierungsprozesses ausmacht. In der Tat ist Innovation die Grundlage für die Entwicklung und Bereitstellung von Produkten und Dienstleistungen im digitalen Zeitalter. Der Finanzdienstleistungsmarkt verändert sich rasant, so dass die Aufrechterhaltung einer übergreifenden Wettbewerbsposition für Finanzinstitute eine äußerst effektive Verbindung zwischen neuen Technologien und den Geschäftsbereichen des Finanzinstituts erfordert. Es besteht kein Zweifel daran, dass immer mehr Kunden von Finanzinstituten Mobiltelefone und Tablets für Bankdienstleistungen nutzen und dass der sog. Omnichannel-Ansatz[25] für die Kommunikation zwischen Kunden und Finanzinstituten an Bedeutung gewinnt. Ein Omni-Channel bedeutet, dass man innerhalb eines einzigen Kaufvorgangs den Vertriebskanal wechseln kann. So schließt ein Kunde beispielsweise den ersten Teil eines Kreditkaufs online

[23] Ausführlich *Pitera*, Przegląd Nauk o Obronności 4 (2017), 181 (182ff.).

[24] Vgl. *KNF*, Cyfrowa agenda nadzoru, 2019, abrufbar unter https://www.knf.gov.pl/knf/pl/komponenty/img/Cyfrowa_agenda_nadzoru_68264.pdf (22.8.2023).

[25] Vgl. https://www.oracle.com/de/industries/retail/omnichannel/what-is-omnichannel/ (22.8.2023).

ab (Antragstellung) und kann dann über einen anderen Kanal weitermachen – Mobile Banking, Telefonbanking oder in einer Filiale.[26]

Die Mobilität von kundenorientierten Lösungen wird zu einem Schlüsselelement der digitalen Strategie, der sich die beaufsichtigten Finanzinstitutionen stellen müssen. Um auf einem sich schnell verändernden Finanzmarkt relevant zu bleiben, müssen die traditionellen Banken ihre Geschäftsmodelle an die technologischen Entwicklungen und Innovationen im Internetbereich dynamisch anpassen.[27] Diese Anpassungen betreffen insbesondere die Verbesserung der IT-Prozesse sowie die Entwicklung neuer Produkte und Dienstleistungen. Mit dem technologischen Wandel haben sich auch die Erwartungen der Kunden an das Tempo der Einführung neuer Lösungen im Bankensektor verändert. Neue Produkte und Dienstleistungen wiederum zwingen die Finanzaufsicht zu einer dynamischen Reaktion, sowohl aus institutioneller als auch aus regulatorischer Sicht. FinTech soll in erster Linie die technologischen Lösungen bereitstellen, die für die Unterstützung von Finanzdienstleistungen verantwortlich sind. Zu den FinTech-Lösungen gehören z. B. neue Schnittstellen, die neue Märkte schaffen, wie Crowdfunding, Kryptowährungen bzw. innovative Zahlungslösungen, (u. a. Sofortüberweisungen, elektronische Geldbörsen oder Pay-by-Link-Transaktionen)[28] sowie technologische und organisatorische Lösungen zur Unterstützung der Tätigkeit auf dem Finanzdienstleistungsmarkt, darunter Blockchain, Sandbox oder Innovation Hub. Diese Lösungen müssen den Bedürfnissen der Kunden der Finanzinstitute entsprechen und sind eine unmittelbare Folge des aktuellen Stands der technologischen Entwicklung in den Gesellschaften. Die Mechanismen der Finanzaufsicht müssen mit diesen technologischen Entwicklungen korrelieren, um die Stabilität der Finanzmärkte wirksam zu gewährleisten.[29]

Dies ist besonders wichtig angesichts der zunehmenden Beliebtheit von Lösungen, die darauf abzielen, einen Dienst wie LiveBank, das heißt das Konzept eines virtuellen Banksystems, zu implementieren. LiveBank ist ein

---

[26] Dazu *Druszcz*, Ruch Prawniczy, Ekonomiczny i Socjologiczny 1 (2017), 237 (239 ff.); vgl. auch https://routemobile.com/blog/know-what-is-omnichannel-banking/ (22.8.2023).

[27] Vgl. am Beispiel von der Credit-Agricole Bank in Polen: https://itwiz.pl/credit-agricole-bank-polska-przyspieszylismy-digitalizacje-projekty-omnichannel/ (22.8.2023).

[28] Dazu *Waseda*, WINPEC Working Paper Series E 2204 (2022), 1 (3 ff.).

[29] Siehe dazu *Elsner*, Finanzaufsicht öffnet sich der FinTech-Welt, Capital, 6.5.2016, abrufbar unter https://www.capital.de/wirtschaft-politik/finanzaufsicht-oeffnet-sich-der-fintech-welt (22.8.2023); zu den neuen Herausforderungen im Zusammenhang mit der Entwicklung von FinTech-Unternehmen siehe *Weber/Bauer/Hinz*, SAFE White Paper 80 (2021), 1 (12–15).

technologisch fortschrittlicher Dienst im Bereich des virtuellen Bankwesens und soll den Verbrauchern ein Höchstmaß an Service bieten, ohne dass sie eine Bankfiliale aufsuchen müssen. Der Kunde kontaktiert den Berater per Chat oder Videoübertragung und spart seine Zeit für traditionelle Bankformalitäten. Das System gewährleistet von sich aus ein hohes Maß an Sicherheit für die durchgeführten Transaktionen durch verschlüsselte Verbindungen und Stimmbiometrie zur Autorisierung der Transaktionen.[30]

Um diesen Bereich der Finanzdienstleistungserbringung wirksam zu überwachen, muss die Bankenaufsicht jedoch ähnliche oder gleichwertige technologische Instrumente einsetzen, die eine angemessene Reaktion auf die technologischen Prozesse im Bereich der Erbringung von Bankdienstleistungen und eine wirksame Identifizierung der mit der Funktionsweise dieses Bereichs der Banktätigkeit verbundenen Risiken ermöglichen.[31]

Mit dem Aufkommen neuer Bankdienstleistungen und Vertriebskanäle entwickeln die Banken ständig neue Techniken, um Betrug zu verhindern und den Kundenschutz zu gewährleisten. Es liegt in der Natur der Sache, dass – wie es in den Aufgaben der Bankenaufsicht zum Ausdruck kommt – insbesondere diejenigen Bereiche der Erbringung von Finanzmarktdienstleistungen, die den Schutz der Kunden und der von ihnen anvertrauten Einlagen betreffen, für die Bankenaufsicht von besonderem Interesse und Anliegen sein müssen. Einer der wenigen Bereiche, in denen veraltete Datenerhebungs- und Datenverarbeitungsmethoden immer noch in großem Umfang eingesetzt werden, ist die Identifizierung von Kunden. Dies geschieht in der Regel auf der Grundlage eines Personalausweises oder Führerscheins, den der Kunde bei vielen Kontakten mit der Bank vorlegen muss. Die Unfähigkeit mittels verschiedener Vertriebskanäle, Kundendaten auszutauschen, ist enttäuschend für die Kunden des „digitalen Zeitalters", die einen sofortigen Service und möglichst wenig umständliche Verfahren wünschen.[32]

Angesichts der Vielfalt der Kundenbeziehungen zur Bank in verschiedenen Dienstleistungsgruppen wie Verbraucher- und Hypothekendarlehen

[30] Vgl. *Grzywacz/Jagodzińska-Komar*, Nauki Ekonomiczne 27 (2018), 77 (83).

[31] In der polnischen Finanzaufsichtsbehörde wurde eine spezielle Abteilung für FinTech-Finanzinnovation (poln. DFT), geschaffen, zu deren Aufgaben die Entwicklung der neuen Aufsichtsstrategien auf der Grundlage digitaler Finanz-, Regulierungs- und Aufsichtsinstrumente sowie die Initiierung, Unterstützung und Koordinierung von Aktivitäten zur Computerisierung der Aufsicht gehören, insbes. die Auswahl, Gestaltung und Umsetzung innovativer Regulierungs- und Aufsichtslösungen, siehe dazu https://www.knf.gov.pl/o_nas/urzad_komisji/dane_teleadresowe_struktura?articleId=61228&p_id=18 (22.8.2023).

[32] Dazu *Druszcz* (Fn. 26), 247.

oder Kreditkarten kann von den Kunden nicht verlangt werden, ihre Daten zu wiederholen und erneut einzugeben, wenn sie eine andere von der Bank angebotene Dienstleistung in Anspruch nehmen wollen. Diese Daten sollten sich bereits im Besitz der Bank befinden, und die Möglichkeit einer einfachen gemeinsamen Nutzung durch die verschiedenen Abteilungen sollte Standard sein. Eine gute Lösung in dieser Hinsicht ist die Biometrie, die einige Banken bereits einsetzen, da sie die Identifizierung der Kunden durch Fingerabdrücke oder Stimme ermöglicht. All dies bedeutet jedoch, dass rasche Veränderungen im technologischen Bereich der beaufsichtigten Unternehmen gleichzeitig zu raschen Veränderungen im technologischen Bereich der beaufsichtigenden Behörde führen müssen.[33]

Dies sind jedoch große Herausforderungen für die Bankenaufsicht, wenn es darum geht, regulatorische Lösungen und Aufsichtsstandards für die breit angelegte Digitalisierung der Bankenaufsicht zu erarbeiten und die Risiken zu erkennen, die mit der rasanten Entwicklung der neuen Technologien im Alltag der Beaufsichtigten verbunden sind. Eine spürbare Auswirkung der Digitalisierung der Bankenaufsicht ist auch die Schaffung der sog. elektronischen Behörde. Das Konzept einer solchen „digitalen Behörde" beinhaltet die Konzeption und Umsetzung von Mechanismen für die technologische Kommunikation der Behörde mit dem Markt (das heißt sowohl mit den beaufsichtigten Unternehmen als auch mit den Kunden der Finanzinstitute und anderen Akteuren der Behörde) unter ausschließlicher Verwendung von IT-Werkzeugen.[34]

Es wird davon ausgegangen, dass der gesamte Kommunikationsprozess mit einer solchen elektronischen Behörde und seine tägliche Arbeit auf einer vollständigen Digitalisierung beruhen. Dies hat viele organisatorische und rechtliche Vorteile (neben der Beweiskraft der digital aufgezeichneten Tätigkeiten). Es wirkt sich zweifellos auch positiv auf das Image eines solchen Amtes aus, das innovativ agiert, das heißt neue Technologien nutzt, schnell und transparent über seine Aktivitäten informiert und rasch auf die Bedürfnisse seiner Stakeholder reagiert. Die Digitalisierung der öffentlichen Verwaltung, insbesondere in Ländern wie Polen, die sich im Systemwandel befinden und sich wirtschaftlich entwickeln, erfordert auch einen Bewusst-

---

[33] Vgl. *Henniger*, Biometrische Erkennungssysteme – Nutzen und Hemmnisse im Verbraucheralltag, DIN-Verbraucherrat, 2020, 27ff.

[34] Dies steht im Einklang mit den EU-Initiativen zur Schaffung einer digitalisierten öffentlichen Verwaltung in unterschiedlichen Marktsektoren. Vgl. zur EU-Unterstützung in diesem Bereich https://www.haufe.de/oeffentlicher-dienst/digitalisierung-transformation/eu-unterstuetzung-fuer-aufbau-der-digitalen-verwaltung_524786_538100.html (22.8.2023).

seinswandel bei den Beamten der Bankenaufsicht im Hinblick auf die vollständige Digitalisierung der Aufsichtsfunktionen. Zu den neuen Tätigkeiten digitalisierter Ämter können gehören: Digitalisierung von Dokumenten-Workflows, erleichterte Kommunikation mit Beamten, z. B. durch Videokonferenzen und E-Plattformen, Automatisierung von Aufsichtsprozessen (einschließlich Automatisierung von Analyseprozessen, Risikobewertungen sowie Inspektionen und Untersuchungen). Ergänzt werden diese Mechanismen durch die Einrichtung und sichere Verwaltung elektronischer Datenbanken über beaufsichtigte Finanzinstitute. Dies ist von besonderer Bedeutung im Rahmen der Europäisierung der Finanzaufsicht und der Entstehung vielfältiger Informationspflichten sowohl auf der Ebene der mikro- als auch der makroprudenziellen Aufsichtskoordination.[35]

V. Auswirkungen der EU-Vorschriften auf den Digitalisierungsprozess der Bankenaufsicht

Die Europäische Union hat seit langem die Notwendigkeit erkannt, die Digitalisierungsbemühungen in den Mitgliedstaaten zu synchronisieren, auch auf den Finanzmärkten und im Hinblick auf die Aktivitäten der öffentlichen Verwaltung.[36] Ein Beispiel hierfür ist die Stellungnahme des Europäischen Wirtschafts- und Sozialausschusses, eines beratenden Organs der Europäischen Union, das Arbeitnehmer- und Arbeitgeberorganisationen sowie andere Interessengruppen vertritt und Stellungnahmen zu EU-Angelegenheiten an die Europäische Kommission, den Rat der Europäischen Union und das Europäische Parlament richtet, zum Thema „Digitalisierung und innovative Geschäftsmodelle im europäischen Finanzsektor – Auswirkungen auf Beschäftigung und Kunden".[37] In der Stellungnahme wird darauf hingewiesen, dass sich der Banken- und Versicherungssektor in den letzten Jahrzehnten unter dem Einfluss von Technologie, Regulierung und

[35] Siehe dazu Handelsblatt, EU-Bankenbehörde EBA untersucht Nutzung von „RegTech" in der Branche, 29.6.2021, abrufbar unter https://www.handelsblatt.com/finanzen/banken-versicherungen/banken/technologie-eu-bankenbehoerde-eba-untersucht-nutzung-von-regtech-in-der-branche/27375350.html (22.8.2023); vgl. *Beck* u. a., Reports of the Advisory Scientific Committee 12 (2022), 37 ff.

[36] Vgl. Digital Transformation of Public Administration and Services, 21.12.2021, abrufbar unter https://knowledge4policy.ec.europa.eu/foresight/digital-transformation-public-administration-services_en (22.8.2023); *Europäische Kommission*, EU-eGovernment Aktion Plan 2016–2020. Beschleunigung der Digitalisierung der öffentlichen Verwaltung, 19.4.2016, KOM(2016) 179 endg.

[37] Die Stellungnahme v. 26.4.2017, 2017/C 246/02.

Kundenbedürfnissen und -erwartungen stetig gewandelt hat. Neue Investitions-, Spar-, Versicherungs- und Geldtransfermodelle ermöglichen es wesentlich mehr Menschen als je bevor, sich an Projekten unterschiedlicher Größe zu beteiligen. All dies macht FinTech- und InsurTech-Unternehmen zu Partnern öffentlicher Institutionen für den Finanzsektor bei der Modernisierung ihrer Dienstleistungen, indem sie ihre Stärken und Schwächen kombinieren und Synergien zwischen ihnen schaffen.

Die Notwendigkeit, Vertrauen und Stabilität im Finanzsektor zu gewährleisten, ist daher im letzten Jahrzehnt deutlich geworden. Die Bewältigung des Übergangs von einem traditionellen Bankensystem, das auf klassischen Dienstleistungen in einer Bankfiliale basiert, zu einem neuen System mit mobilen und Online-Diensten ist von entscheidender Bedeutung. In diesem Zusammenhang wurde in der oben genannten Stellungnahme die Einführung geeigneter Bestimmungen in das EU-Recht im Hinblick auf den Prozess der Schaffung einer Bankenunion und eines digitalen Binnenmarktes gefordert, um das Wirtschaftswachstum in den EU-Mitgliedstaaten und die Innovation im öffentlichen Sektor zu ermöglichen und gleichzeitig den Schutz der Verbraucher und der Arbeitnehmer in der Finanzbranche zu gewährleisten. Für letztere bedeutet der technologische Wandel Umschulung und möglicherweise die Androhung von Entlassungen u.a. wegen der Schließung klassischer Bankfilialen.[38] Es wurde auch anerkannt, dass die Politik der Europäischen Kommission gleiche Wettbewerbsbedingungen für Innovationen in allen EU-Mitgliedstaaten fördern sollte, um einen wirklich einheitlichen europäischen Finanzmarkt zu schaffen. Ein risikobasierter Regulierungsansatz sollte über den gesamten Innovationszyklus hinweg kohärent sein und einen angemessenen und vereinfachten Regulierungsrahmen für etablierte und neue Finanzmarktteilnehmer bieten, damit diese mit neuen Technologien und neuen Geschäftsmodellen experimentieren können.[39]

Die Europäische Kommission reagierte auf die oben genannte Stellungnahme mit einer Mitteilung vom 8.3.2018 mit dem Titel „FinTech-Aktionsplan: Für einen wettbewerbsfähigeren und innovativeren EU-Finanzsektor".[40] In dieser Mitteilung wurde auf die wachsende Bedeutung von FinTech im Zusammenhang mit der Erbringung von Finanzdienstleistungen im Finanzbinnenmarkt hingewiesen. Der Finanzbinnenmarkt ist somit ein wichtiger Bestandteil des digitalen Binnenmarktes. Der Finanzsektor ist in

[38] Vgl. *Reczulski*, Firma i Rynek 1 (2019), 163 (167ff.).

[39] Dazu auch die EBA https://www.eba.europa.eu/financial-innovation-and-fintech (22.8.2023).

[40] KOM(2018) 109 endg.

der Tat der größte Nutzer digitaler Technologien und die wichtigste Triebkraft für die digitale Transformation von Wirtschaft und Gesellschaft.[41] Aus diesem Grund prägen Dokumente politischer Natur, wie die Strategie der Kommission für einen digitalen Binnenmarkt,[42] die EU-Cybersicherheitsstrategie[43] und der Aktionsplan „Finanzdienstleistungen für Verbraucher"[44] sowie auch verbindliche Rechtsakte wie die eIDAS-Verordnung[45] das gemeinsame Bild der Harmonisierungsbemühungen im Finanzbinnenmarkt im Hinblick auf die Einführung neuer Technologien und die Bewältigung der damit verbundenen komplexen Herausforderungen.

FinTech im Binnenmarkt bietet eine Chance für eine dynamischere Europäische Union und ihre Wettbewerbsfähigkeit auf den globalen Märkten. In der Mitteilung hat die Kommission auch ausdrücklich auf Fragen der Finanzaufsicht und der konsequenten Harmonisierung der Finanzregulierung hingewiesen. Finanztechnologie kann die Einhaltung von Vorschriften und die Berichterstattung erleichtern, rationalisieren und automatisieren und die Aufsicht verbessern. Dienstleistungsanbieter können regulierten Unternehmen FinTech-basierte Compliance-Dienste anbieten. Die beaufsichtigten Unternehmen bleiben jedoch für die Einhaltung ihrer Verpflichtungen verantwortlich. So können beispielsweise Unternehmen, die gemäß den AML-Vorschriften zur Überprüfung ihrer Kunden verpflichtet sind, die Verantwortung für die Einhaltung dieser Vorschriften nicht an externe Dienstleister delegieren.[46]

Der europäische Regulierungs- und Aufsichtsrahmen sollte es den im EU-Binnenmarkt tätigen Unternehmen ermöglichen, die Vorteile der Finanzinnovation zu nutzen, um ihren Kunden die am besten geeigneten und zugänglichsten Produkte anzubieten. Der Rahmen sollte auch ein hohes Schutzniveau für Verbraucher und Anleger sowie die Widerstandsfähigkeit und Integrität des Finanzsystems gewährleisten. Die Vorteile der technologischen Innovation standen bereits im Mittelpunkt der Änderungen der

---

[41] KOM(2018) 109 endg., Einführung.

[42] *Europäische Kommission*, Mitteilung v. 6.5.2015, „Strategie für einen digitalen Binnenmarkt für Europa", KOM(2015) 192 endg.

[43] *Europäische Kommission*, Gemeinsame Mitteilung v. 13.9.2017, „Abwehrfähigkeit, Abschreckung und Abwehr: die Cybersicherheit in der EU wirksam erhöhen", JOIN/2017/450 endg.

[44] *Europäische Kommission*, Mitteilung v. 23.3.2017, „Aktionsplan Finanzdienstleistungen für Verbraucher: bessere Produkte, mehr Auswahl", KOM(2017) 139 endg.

[45] VO (EU) 910/2014 v. 23.7.2014 über elektronische Identifizierung und Vertrauensdienste für elektronische Transaktionen im Binnenmarkt und zur Aufhebung der RL (EG) 1999/93, ABl. 2014 L 257/73.

[46] KOM(2018) 109 endg., 2.

Richtlinie (EU) 2015/2366 über Zahlungsdienste[47] und der Richtlinie (EU) 2014/65[48] und Verordnung (EU) 600/2014 über Märkte für Finanzinstrumente[49].

Technologische Innovationen haben zur Entstehung neuer Arten von Finanzanlagen geführt, wie z.B. Kryptowährungen. Kryptowährungen und die zugrunde liegende Blockchain-Technologie stellen vielversprechende Lösungen für Finanzmärkte dar. Ihre Verwendung ist auch mit Risiken verbunden, wie die hohe Volatilität der Kryptowährungspreise, Betrug und Unzulänglichkeiten in der Funktionsweise von Kryptowährungsbörsen und ihre Anfälligkeit für solche Risiken zeigen. Auf EU-Ebene wurden bereits Maßnahmen ergriffen, um einigen spezifischen Risiken zu begegnen.[50]

Die Europäische Kommission hat auch klar festgestellt, dass die technologische Innovation im Finanzbinnenmarkt bei den Tätigkeiten der Europäischen Aufsichtsbehörden (einschließlich der Europäischen Bankenaufsichtsbehörde, EBA)[51] und bei der Überprüfung der Funktionsweise des ESFS insgesamt, auch im Zusammenhang mit der Aufsicht auf der makroprudentiellen Ebene, berücksichtigt werden muss.[52]

Die Europäische Kommission hat in ihrer Mitteilung von 2018 einige Ankündigungen für künftige gesetzgeberische Maßnahmen in Bezug auf FinTech formuliert, die auch systematisch umgesetzt werden. Die Initiativen betreffen u.a. die Schaffung eines günstigen Umfelds für die Entwicklung innovativer Geschäftsmodelle in der gesamten Europäischen Union durch klare und einheitliche Zulassungsanforderungen, die Stärkung des Wettbewerbs und der Zusammenarbeit zwischen den Marktteilnehmern durch gemeinsame Normen und interoperable Lösungen, die Erleichterung des Ent-

---

[47] RL (EU) 2015/2366 v. 25.11.2015 über Zahlungsdienste im Binnenmarkt, zur Änderung der RL (EG) 2002/65, RL (EG) 2009/110 und RL (EU) 2013/36 und der VO (EU) 1093/2010 sowie zur Aufhebung der RL (EG) 2007/64, ABl. 2015 L 337/35.

[48] RL (EU) 2014/65 v. 15.5.2014 über Märkte für Finanzinstrumente sowie zur Änderung der RL (EG) 2002/92 und RL (EU) 2011/61, ABl. 2014 L 173/349.

[49] VO (EU) 600/2014 v. 15.5.2014 über Märkte für Finanzinstrumente und zur Änderung der VO (EU) 648/2012, ABl. 2014 L 173/84.

[50] Zum EU-Rechtsrahmen für Kryptoanlagen siehe https://ec.europa.eu/info/law/better-regulation/have-your-say/initiatives/12089-Finanzdienstleistungen-EU-Rechtsrahmen-fur-Kryptoanlagen_de (22.8.2023); vgl. *Europäische Kommission*, Vorschlag für eine Verordnung des Europäischen Parlaments und des Rates on Markets in Crypto-Assets, and amending Directive (EU) 20191937, KOM(2020) 593 endg. (sog. MiCA-VO); siehe dazu https://www.bafin.de/DE/Aufsicht/FinTech/Geschaeftsmodelle/DLT_Blockchain_Krypto/DLT_Blockchain_Krypto_node.html (22.8.2023).

[51] Vgl. https://www.eba.europa.eu/financial-innovation-and-fintech/fintech-knowledge-hub (22.8.2023).

[52] Dazu Kasten Nr. 3 in der Mitteilung KOM(2018) 109 endg.

stehens innovativer Geschäftsmodelle in der Europäischen Union durch Innovationskoordinatoren; die Beseitigung von Hindernissen für Cloud-Dienste, die Schaffung eines günstigen Umfelds für FinTech-Lösungen durch eine EU-Blockchain-Initiative, die Technologie zur Unterstützung des Vertriebs von Anlageprodukten für Kleinanleger im Binnenmarkt einzusetzen und den Ausbau der Kapazitäten und Kenntnisse der Regulierungs- und Aufsichtsbehörden im EU-FinTech-Lab.

Es gibt immer noch rechtliche, aber auch praktische Hindernisse (Unterschiede in der technologischen Entwicklung zwischen den Mitgliedstaaten), die die konsequente Einführung neuer Technologien im Finanzsektor verhindern. Es gibt keinen gemeinsamen Ansatz der nationalen Regulierungs- und Aufsichtsbehörden für diese Fragen. Einige Technologieanbieter bemühen sich bereits, Regulierungs- und Aufsichtsbehörden über die Art ihrer Technologien und deren Anwendung im Finanzsektor zu informieren. Viele Behörden zögern jedoch, an Schulungen oder Diskussionen teilzunehmen, die von ausgewählten Anbietern organisiert werden. Aus diesem Grund hat die Europäische Kommission das EU-FinTech-Lab gegründet, das seit 2018 in Betrieb ist,[53] um die Kapazitäten und das Wissen der Regulierungs- und Aufsichtsbehörden über neue Technologien zu verbessern. Das Labor entwickelt gemeinsame Positionen zu Themen wie Authentifizierungs- und Identifizierungstechnologien, spezifische Anwendungsfälle für Distributed-Ledger-Technologien, Cloud-Computing-Technologien, maschinelles Lernen und Künstliche Intelligenz sowie Anwendungsprogrammierschnittstellen und offene Standards im Bankwesen.[54]

VI. Fazit

Die Schaffung einer übermäßigen und immer größer werdenden Kluft zwischen den von den beaufsichtigten Finanzunternehmen eingesetzten Technologien und den von der Bankenaufsicht „anerkannten" Technologien muss dazu führen, dass der Bankenaufsicht wirksame Aufsichtsinstrumente vorenthalten werden. Mit anderen Worten: Es lässt sich die weitreichende These aufstellen, dass eine Bankenaufsicht, die mit den technologischen

[53] Vgl. https://finance.ec.europa.eu/publications/first-meeting-eu-fintech-lab_en (22.8.2023).

[54] Die Europäische Kommission hat außerdem eine spezielle Plattform für den Austausch von Informationen und Erfahrungen im Bereich FinTech für die Akteure des Finanzsektors eingerichtet, abrufbar unter https://digital-finance-platform.ec.europa.eu/ (22.8.2023).

Veränderungen im Tätigkeitsbereich der Beaufsichtigten technologisch nicht „Schritt hält“, den grundlegenden Sinn ihrer Existenz – nämlich die Sicherheit der Kunden und die Sicherheit der von ihnen anvertrauten Gelder – verliert.

Eine optimale Situation wäre es, wenn die neu eingerichteten Organisationseinheiten der Bankenaufsicht einen solchen Zustand der Sensibilisierung und der technologischen Entwicklung der Bankenaufsicht herbeiführen würden, in dem sie bestimmte Mechanismen und Phänomene auf den Finanzmärkten vorausschauend erforschen und analysieren würden, um erstens technologische und funktionelle Veränderungen in den von den beaufsichtigten Unternehmen ausgeübten Tätigkeiten zu antizipieren und zweitens (noch wichtiger) die Bedrohungen für die Stabilität des Finanzdienstleistungssektors und die Bedrohungen für die Sicherheit der Kunden der beaufsichtigten Institute und der von ihnen anvertrauten Gelder zu erkennen.

Wenn jedoch organisatorische, konzeptionelle und vor allem budgetäre Zwänge einer solchen antizipierenden Analysefunktion der Bankenaufsicht entgegenstehen, wäre es zwingend erforderlich, sich auf ein gewisses Minimum bei der Bereitstellung solcher Lösungen und Standards für das Funktionieren der Bankenaufsicht zu konzentrieren, die durch die systematische Umsetzung von Digitalisierungsprozessen das Risiko einer Vergrößerung der „technologischen Distanz“ zwischen der Aufsichtsbehörde und den beaufsichtigten Unternehmen begrenzen.

Verzeichnis der Autorinnen und Autoren

PROF. DR. WOLFGANG BECK, Fachbereich Verwaltungswissenschaften der Hochschule Harz in Halberstadt

DR. ZIEMOWIT CIEŚLIK, Rechtswissenschaftliche Fakultät der Cardinal-Stefan-Wyszyński Universität in Warschau

DR. JASPER VON DETTEN, Andersen GmbH Rechtsberatung Steuerberatung

PROF. DR. CHRISTIAN DJEFFAL, Professur für Recht, Wissenschaft und Technik, Department of Science, Technology and Society der Technischen Universität München

UNIV.-PROF. DR. NILS GROSCHE, Lehrstuhl für Recht und Ökonomik der Gesundheits- und Risikoregulierung, Fakultät für Lebenswissenschaften: Lebensmittel, Ernährung und Gesundheit der Universität Bayreuth

UNIV.-PROF. DR. AGNIESZKA GRYSZCZYŃSKA, Rechtswissenschaftliche Fakultät der Cardinal-Stefan-Wyszyński Universität in Warschau

UNIV.-PROF. DR. ANNETTE GUCKELBERGER, Lehrstuhl für Öffentliches Recht, Rechtswissenschaftliche Fakultät der Universität des Saarlandes

PROF. DR. MICHAEL HIPPELI, Hessisches Ministerium für Wirtschaft, Energie, Verkehr und Wohnen

DR. MACIEJ HULICKI, Rechtswissenschaftliche Fakultät der Cardinal-Stefan-Wyszyński Universität in Warschau

UNIV.-PROF. DR. NATALIA KOHTAMÄKI, LL.M. (BONN), Rechtswissenschaftliche Fakultät der Cardinal-Stefan-Wyszyński Universität in Warschau

PROF. DR. IRENA LIPOWICZ, Rechtswissenschaftliche Fakultät der Cardinal-Stefan-Wyszyński Universität in Warschau

UNIV.-PROF. DR. RADOSŁAW MĘDRZYCKI, Rechtswissenschaftliche Fakultät der Cardinal-Stefan-Wyszyński Universität in Warschau

DR. AGNIESZKA MIKOS-SITEK, Rechtswissenschaftliche Fakultät der Cardinal-Stefan-Wyszyński Universität in Warschau

Univ.-Prof. Dr. Enrico Peuker, Lehrstuhl für Recht der Digitalisierung und des Datenschutzes, Juristische Fakultät der Julius-Maximilians-Universität Würzburg

Dorothea Prell, M.A., Smart City-Beauftragte der Stadt Jena

Dr. habil. Marlena Sakowska-Baryła, Sakowska-Baryła, Czaplińska Anwaltskanzlei

Dr.-Ing. Axel Schulz, TÜV Rheinland Consulting GmbH

Univ.-Prof. Dr. Sebastian Sikorski, Rechtswissenschaftliche Fakultät der Cardinal-Stefan-Wyszyński Universität in Warschau

Univ.-Prof. Dr. Mariusz Szyrski, Rechtswissenschaftliche Fakultät der Cardinal-Stefan-Wyszyński Universität in Warschau

Univ.-Prof. Dr. Piotr Zapadka, Rechtswissenschaftliche Fakultät der Cardinal-Stefan-Wyszyński Universität in Warschau

Stichwortverzeichnis